中华创世神话研究工程

系列丛书

上海市社会科学界联合会 组织编写

尧舜神话基本数据辑录：基于中国神话母题W编目（下）

COMPILATION OF THE MAIN DATA OF YAO AND SHUN'S MYTHOLOGY: A CATALOG BASED ON THE W MOTIF IN CHINESE MYTHOLOGY

王京 熊惠 编著

上海人民出版社 上海书店出版社

二、舜神话母题数据

0. 舜的产生【WYS000 ～ WYS009】

WYS000

舜的产生

实 例

（参见下级母题实例）

WYS001

舜自然存在

实 例

（实例待考）

WYS002

舜来源于某个地方

实 例

（参见下级母题实例）

WYS002.1

舜从天降（天降舜）

实 例

（参见下级母题实例）

WYS002.1.1

舜从天而降

实 例

汉 族（参见“WYS002.1.2.1 舜因射死天帝九个太阳儿子被天帝赶出天界”母题实例）

WYS002.1.2

舜被赶下凡

实 例

（参见下级母题实例）

WYS002.1.2.1

舜因射死天帝九个太阳儿子被天帝赶出天界

实 例

汉 族 舜射死天帝的 9 个太阳儿子，被天帝赶出了天界。

【流传】四川省 · 成都市 · 东城区

【出处】李芝讲，张光荣采录：《舜射九日》，见中国民间文学集成全国编辑委员会、《中国民间文学集成 · 四川卷》编辑委员会编《中国民间故事集成》（四川卷 · 上），北京：中国 ISBN 中心 1998 年版，第 90 页。

WYS002.2

舜源于其他特定地方

实 例

（实例待考）

WYS002.3

与舜源于某个地方有关的其他母题

实 例

（实例待考）

WYS003

舜是造出来的（特定人物造舜）

实 例

（实例待考）

WYS004

舜是生育产生的（生舜）①

实 例

（参见下级母题实例）

WYS004.1

神生舜

实 例

（实例待考）

WYS004.2

神性人物生舜

实 例

（参见下级母题实例）

WYS004.2.1

舜是女娲所生

实 例

汉 族 伏羲和女娲一代代又生下了黄帝、尧、舜、大禹，子子孙孙繁衍下去。

【流传】河南省 · 洛阳市 ·（洛龙区）· 龙门（龙门镇）[采录地点：洛阳南郊夜叉磨村]

【出处】吕娅娜采录，张振犁重写：《龙的传人》（1999.03.03），见张振犁编著《中原神话通鉴》（第一卷），郑州：河南大学出版社 2017 年版，第 292 页。

WYS004.3

特定的人生舜

实 例

（参见下级母题实例）

WYS004.3.1

女子吃苹果生舜

实 例

汉 族 古时候，有姑嫂俩从半坡上下来洗

① 舜是生育产生的（生舜），这种情形只强调生育“舜”的主体和结果，而在叙事中一般不把“婚姻”关系作为“生育舜”的前置条件，与“婚生舜”母题具有区别。

衣裳，高处流下来一个苹果。小姑吃后怀孕。后生的娃子就是舜。

【流传】河南省·（洛阳市）·栾川县［采录地点：漫寺头赵某某诊所］

【出处】赵某某（74岁，曾上过7年私塾，后习中医）讲，陈连山采录：《娃娃潭》，见张振犁编著，孟宪明、朱淑君统纂《中原神话通鉴》（第三卷），郑州：河南大学出版社2017年版，第1000页。

WYS004.3.2

瞽叟夜梦拥抱凤凰，次日其妻生舜

实　例

汉　族 上古时候，一条小河边住着个瞎眼的农夫，人家叫他瞽叟。有一天，瞽叟梦见一只凤凰对自己说："爸爸，我就是你的孩子。"瞽叟又惊又喜，张开双手去抱凤凰，凤凰却扑着翅膀飞走了。第二天，瞽叟的媳妇真的生了个男孩，取名"舜"。

【流传】甘肃省·天水市·北道区［采录地点：天水市北道区街子乡］

【出处】张文理（男，57岁，农民，小学）讲，柴亚方（男，34岁，农民，初中）采录：《舜的传说》（1987.05），见《中国民间故事集成》全国编辑委员会、《中国民间故事集成·甘肃卷》编辑委员会编《中国民间故事集成》（甘肃卷），北京：中国ISBN中心2001年版，第21页。

WYS004.3.3

瞽叟梦凤凰落石板，次日妻生重华（舜帝）

实　例

汉　族 同善镇宋家湾村后有诸冯山。传说很早以前，山上住着一对夫妇，男的叫瞽叟，他们以狩猎捕鱼为生。秋天的一个夜晚，瞽叟做了一个奇怪的梦，一只凤凰落在他家的槌衣石板上。第二天他的妻子就生下一个男孩，即后来的舜帝。帝的舜日因麻由眼胸看两个瞳仁，所以取名重华。

【流传】河南省·济源市·邵原镇［采录地点：邵原复印部］

【出处】秦随明（男，50岁，邵原镇双房村人，中学）讲，翟冬冬（男，21岁，邵原镇邵原村人，高中）采录：《诸冯生舜》（2004.02），见济源市邵原镇人民政府、济源邵州文化教育研究会编著《济源邵原创世神话群》，郑州：河南人民出版社2008年版，第27页。

WYS004.3.4

瞽叟梦凤凰衔米生舜

实　例

汉　族 舜的父亲瞽叟，有天晚上忽然做了个奇怪的梦，梦见一只凤凰，嘴里衔了稻米来喂他，并且告诉他，它的名字叫做"鸡"，是来给他做子孙的。后来他生了个儿子，取名叫舜。

【流传】（无考）

【出处】《尧舜二帝》，见金麦田编著《中国古代神话故事》，北京：京华出版社2003年版，第45～52页。

WYS004.3.5

瞽叟梦重明鸟后其妻生舜

实　例

汉　族 自从瞽叟梦见重明鸟以后，妻子真的怀上娃了。十个月后，生舜。

【流传】山西省·（临汾市）·翼城县［采录地点：翼城县西阎镇］

【出处】李士龙（男，79 岁，翼城县大河乡农民，初中）讲，王吉文（男，52 岁，翼城县文化局干部，中专）采录：《重明鸟》（1986），见中国民间文学集成全国编辑委员会、《中国民间文学集成·山西卷》编辑委员会编《中国民间故事集成》（山西卷），北京：中国 ISBN 中心 1999 年版，第 39 页。

WYS004.3.6
舜是五英所生

实 例

汉 族 舜生下不多长时儿，他的亲妈五英就病死了。

【流传】河南省·（南阳市）·桐柏县［采录地点：桐柏县·水帘洞］

【出处】释妙祥讲，刘剑、柳丹采录：《效舜》（1986.01），见张振犁编著，孟宪明、朱淑君统纂《中原神话通鉴》（第三卷），郑州：河南大学出版社 2017 年版，第 1001 页。

WYS004.3.6.1
舜从五英背中生

实 例

汉 族 虞成的老婆感彩虹怀了孕，一直怀了九年。一声响雷，五英大叫一声倒在地，背上炸开一个大口子，生舜。

【流传】河南省·（南阳市）·桐柏县［采录地点：桐柏县·水帘洞］

【出处】释妙祥讲，刘剑、柳丹采录：《虞舜出世》（1986.01），见张振犁编著，孟宪明、朱淑君统纂《中原神话通鉴》（第三卷），郑州：河南大学出版社 2017 年版，第 998 ～ 999 页。

WYS004.4
动物生舜

实 例

（实例待考）

WYS004.5
自然物生舜

实 例

（实例待考）

WYS004.6
卵生舜

实 例

（实例待考）

WYS004.7
其他特定物生舜

实 例

（实例待考）

WYS004.8
生育舜的情形

实 例

（参见下级母题实例）

WYS004.8.1

舜生之日现重明鸟

实 例

汉 族 自从瞽叟梦见重明鸟以后，妻子真的怀上娃了。十个月后，生了个胖墩墩的大小子。生娃那天，真的飞来一只重明鸟，落在瞽叟家门口，吱吱咕咕叫唤了好一会子。赶屋里生下娃（舜）了，重明鸟也不见了。

【**流传**】山西省·（临汾市）·翼城县［采录地点：翼城县西阎镇］

【**出处**】李士龙（男，79岁，翼城县大河乡农民，初中）讲，王吉文（男，52岁，翼城县文化局干部，中专）采录：《重明鸟》（1986），见中国民间文学集成全国编辑委员会、《中国民间文学集成·山西卷》编辑委员会编《中国民间故事集成》（山西卷），北京：中国ISBN中心1999年版，第39页。

WYS004.9

与生育舜有关的其他母题

实 例

（实例待考）

WYS005

舜是变化产生的（变化产生舜）

实 例

（参见下级母题实例）

WYS005.1

神变成舜

实 例

（实例待考）

WYS005.2

神性人物变成舜

实 例

（实例待考）

WYS005.3

特定的人成为舜

实 例

（实例待考）

WYS005.4

动物变成舜

实 例

（参见下级母题实例）

WYS005.4.1

舜是凤凰的化身

实 例

汉 族 舜是凤凰的化身。

【**流传**】（无考）

【**出处**】陈勤建：《中国鸟崇拜》，北京：学苑出版社2003年版，第98页。

WYS005.5
与变化产生舜有关的其他母题

实 例

（实例待考）

WYS006
舜是婚生的（婚生舜）

实 例

（参见下级母题实例）

WYS006.1
神婚生舜

实 例

（实例待考）

WYS006.2
神性人物婚生舜

实 例

（实例待考）

WYS006.3
人婚生舜

实 例

汉 族 舜帝父亲名瞽叟，握登乃是他母亲。

【流传】湖北省·神农架林区

【出处】《人祖创世》，胡崇峻据秭归县新滩镇《黑暗传》清末抄本，阳日镇龙溪村村民杨有才和史光裕处口述材料，唐运青收集的祝天照、姜德龙抄本和唐运青采录的部分资料，贾邦修、张忠臣《黑暗大盘头》《黑暗纲鉴》资料以及林区下谷土家族民族乡石磨村戊子垭刘茂森处摘录转抄本的片断资料等整理，见胡崇峻搜集整理《黑暗传》，武汉：长江文艺出版社 2002 年版，第 222 页。

WYS006.4
动植物婚生舜

实 例

（实例待考）

WYS006.5
自然物婚生舜

实 例

（实例待考）

WYS006.6
与婚生舜有关的其他母题

实 例

（实例待考）

WYS007
舜是感生的（感生舜）

实 例

（参见下级母题实例）

WYS007.1
感生舜的原因

实 例

（参见下级母题实例）

WYS007.1.1

握登见大虹意感而生舜

实 例

汉 族 舜母握登见大虹意感而生舜。

【流传】（无考）

【出处】［南朝·梁］沈约：《宋书·符瑞志》。

WYS007.2

感生舜的时间

实 例

（参见下级母题实例）

WYS007.2.1

五英感生舜怀孕九年

实 例

汉 族 五英上山砍柴，见一条大彩虹从半空中向她扑来，就怀了孕，一直怀了九年。一声响雷，五英大叫一声倒在地，后来生的一个小男孩起名叫“舜”。

【流传】河南省·（南阳市）·桐柏县［采录地点：桐柏县·水帘洞］

【出处】释妙祥讲，刘剑、柳丹采录：《虞舜出世》（1986.01），见张振犁编著，孟宪明、朱淑君统纂《中原神话通鉴》（第三卷），郑州：河南大学出版社 2017 年版，第 998 ～ 999 页。

WYS007.3

感生舜的地点

实 例

（参见下级母题实例）

WYS007.3.1

握登见大虹感生舜于姚墟

实 例

中华民族 《世纪》云：“帝舜代（尧）立，帝舜姚姓，其先出自颛顼。颛顼生穷蝉，穷蝉生敬康，敬康生句芒，句芒生蟜牛，蟜牛生瞽瞍，瞍之妻握登见大虹意感而生舜于姚墟，故姓姚氏。”

【流传】（无考）

【出处】［唐］孔颖达疏：《周易正义·系传下》。

汉 族 母曰握登，见大虹意感而生舜于姚墟。

【流传】（无考）

【出处】［东周］史官：《竹书纪年·帝舜有虞氏》。

WYS007.3.2

五英于山上感生舜

实 例

汉 族 一户姓虞的人家，户主名叫虞成，娶了个老婆叫五英。五英上山砍柴时遇见一条大彩虹从半空中向她扑来，遂孕生舜。

【流传】河南省·（南阳市）·桐柏县［采录地点：桐柏县·水帘洞］

【出处】释妙祥讲，刘剑、柳丹采录：《虞舜出世》（1986.01），见张振犁编著，孟宪明、朱淑君统纂《中原神话通鉴》（第三卷），郑州：河南大学出版社 2017 年版，第 998 ～ 999 页。

WYS007.4

感生舜的主体

实 例

中华民族 （参见“WYS007.3.1 握登见大虹感生舜于姚墟”“WYS007.3.2 五英见彩虹感生舜”母题实例）

WYS007.5

感生舜的所感的对象

实 例

中华民族 （参见“WYS007.3.1 握登见大虹感生舜于姚墟”“WYS007.3.2 五英见彩虹感生舜”母题实例）

WYS007.5.1

感神生舜

实 例

（实例待考）

WYS007.5.2

感神性人物生舜

实 例

（实例待考）

WYS007.5.3

感特定的人生舜

实 例

（实例待考）

WYS007.5.4

感动物生舜

实 例

（实例待考）

WYS007.5.4.1

舜为感龙所生

实 例

（实例待考）

WYS007.5.5

感植物生舜

实 例

（实例待考）

WYS007.5.6

感自然物生舜

实 例

（参见下级母题实例）

WYS007.5.6.1

瞽叟妻感长虹生舜

实 例

中华民族 瞽叟的妻子握登突然看到一条七彩斑斓的长虹从高空飞扬而下，她顿时心醉神迷，怀孕生舜。

【流传】（无考）

【出处】《舜·孝悌有闻》，见卢静《尧舜禹》，北京：中华书局 2019 年版，第 35 ～ 36 页。

WYS007.5.6.2

舜母见大虹意感生舜

实 例

中华民族 舜母握登见大虹意感而生舜。

【流传】（无考）

【出处】［南朝·梁］沈约：《宋书·符瑞志》。

WYS007.5.6.2a

舜母五英见大彩虹怀孕生舜

实 例

汉 族 五英上山砍柴，见一条大彩虹从半空中向她扑来，就怀了孕，一直怀了九年。一声响雷，五英大叫一声倒在地，后来生的一个小男孩起名叫“舜”。

【流传】河南省·（南阳市）·桐柏县［采录地点：桐柏县·水帘洞］

【出处】释妙祥讲，刘剑、柳丹采录：《虞舜出世》（1986.01），见张振犁编著，孟宪明、朱淑君统纂《中原神话通鉴》（第三卷），郑州：河南大学出版社 2017 年版，第 998 ～ 999 页。

WYS007.5.7

感其他特定物生舜

实 例

（实例待考）

WYS007.6

与感生舜有关的其他母题

实 例

（实例待考）

WYS008

舜是转生的（托生舜）

实 例

（参见下级母题实例）

WYS008.1

舜是重名鸟托生

实 例

汉 族 那个大山林里，有的是豺狼虎豹、毒蛇怪兽。可那些东西见了舜，远远地就避开了。为啥？因为舜是重明鸟托生的。

【流传】山西省·（临汾市）·翼城县［采录地点：翼城县西阎镇］

【出处】李士龙（男，79 岁，翼城县大河乡农民，初中）讲，王吉文（男，52 岁，翼城县文化局干部，中专）采录：《尧王传舜》（1986），见中国民间文学集成全国编辑委员会、《中国民间文学集成·山西卷》编辑委员会编《中国民间故事集成》（山西卷），北京：中国 ISBN 中心 1999 年版，第 39 ～ 40 页。

WYS008.2

舜因托梦而生

实 例

汉 族 托梦而生的舜，眼睛长得很特别，每只眼睛里有两个瞳孔，所以又叫做重华。重华生长在妫水，除了每只眼睛里有两个瞳孔的奇特相貌以外，就是一个普通的青年。他中等的个头，因为常常在外面劳动把皮肤晒得黑黝黝的。

【流传】（无考）

【出处】《尧舜二帝》，见金麦田编著《中国古代神话故事》，北京：京华出版社 2003 年版，第 45 ～ 52 页。

WYS009

与舜的产生有关的其他母题

实 例

（参见下级母题实例）

WYS009.1

舜产生的征兆

【关联】［WYS004.3.3］瞽叟梦凤凰落石板，次日妻生重华（舜帝）

WYS009.1.1*

舜的出生吉兆故事不可信

实 例

中华民族 舜的出生吉兆故事是不可信的，而握登未婚而生舜，则比较符合当时的实际。

【流传】（无考）

【出处】杨东晨：《华夏始祖：尧舜禹时代》“三、帝舜的明德”，西安：三秦出版社 2007 年版，第 49 页。

WYS009.2

舜产生的时间

实 例

（参见下级母题实例）

WYS009.2.1

舜生于上古时代

实 例

（实例待考）

WYS009.2.2*

舜生于公元前 2317 年

实 例

中华民族 公元前 2317 年，尧继王位第四十年，虞舜诞生于蒲坂都诸冯邑姚墟。

【流传】（山西省）

【出处】中国先秦史学会尧舜禹文化研究基地编，叶雨青、张培莲著：《尧舜传》第十七章“握登砍柴遇彩虹，虞舜降生姚墟聚”，太原：山西出版集团 · 山西春秋电子音像出版社 2008 年版，第 107 页。

WYS009.3

舜的生日

实 例

（参见下级母题实例）

WYS009.3.1

舜的生日四月初八

实 例

（参见下级母题实例）

WYS009.3.2

舜的生日二月二日

实 例

中华民族 （参见“WYS009.4.5.1 虞舜诞生于蒲坂都诸冯邑姚墟”母题实例）

WYS009.4

舜的出生地（舜的出生地点）

实 例

（参见下级母题实例）

WYS009.4.1

舜生于诸冯

实 例

中华民族 舜生于诸冯，迁于负夏，卒于鸣条，东夷之人也。

【流传】（无考）

【出处】［战国］孟轲及其弟子：《孟子·离娄下》。

中华民族 舜出生历代邑考诸冯人，今浙江绍兴府余姚县，则直以县冯村为古墟矣。

【流传】（浙江绍兴府余姚县）

【出处】［唐］李吉甫：《元和郡县志》卷二。

中华民族 舜生于诸冯，迁于负夏，卒于鸣条，东夷之人也。学者多认为诸冯即今诸城市。负夏即今兖州市，又称夏丘。

【流传】（山东）

【出处】景以恩：《华夏血缘族团源于东方新探》，载《复旦学报（社会科学版）》1999 年第 1 期。

WYS009.4.1.1

诸冯在曹县西北五十里

实 例

汉 族 诸冯，在曹县西北五十里，相传舜生之地。今按其地与姚虚相去不远，恐或然也。

【流传】（曹县）

【出处】［明］方远宜、陆釴等纂修：《嘉靖山东通志》卷二十二《古迹》，见《天一阁藏明代方志选刊续编》第 52 册，上海：上海书店出版社 1990 年版，第 36 页。

WYS009.4.2

舜生于黄河下游山东诸城

实 例

中华民族 大舜出生和发祥于黄河下游的今天山东诸城，即位和称帝于黄河中游，晚年巡行，驻跸和崩于桂林或九嶷山等地。

【流传】（山东诸城市）

【出处】何海龙：《浅论大舜文化对岭南文化的影响》，载《2009 中国（诸城）大舜文化学术研讨会论文集》，2009 年。

WYS009.4.3

舜生于杭州萧山舜湖

实 例

汉 族 舜湖（在萧山市南，属桃源乡，距萧山市 25 公里）出过一个大贤大德的人，名叫舜。

【流传】浙江省·（杭州市）·萧山市［采录地点：萧山市桃源乡］

【出处】王焕根（男，30 岁，萧山市桃源乡，农民，高小）讲，吴桑梓（女，41 岁，萧山轻型车变速箱厂，工人，初小）采录：《舜拜天子》（1987），见中国民间文学集成全国编辑委员会、中国民间文学集成浙江卷编辑委员会编《中国民间故事集成》（浙江卷），北京：中国 ISBN 中心 1997 年版，第 77 页。

WYS009.4.4

舜的出生地是牛岭

实 例

汉 族 舜就出生在这坨儿的软岭，其实是牛岭，后来人叫转了，成了软岭。

【流传】河南省·（洛阳市）·栾川县［采录地点：漫寺头赵某某诊所］

【出处】赵某某（74 岁，曾上过 7 年私塾，后习中医）讲，陈连山采录：《娃娃潭》，见张振犁编著，孟宪明、朱淑君统纂《中原神话通鉴》（第三卷），郑州：河南大学出版社 2017 年版，第 1000 页。

WYS009.4.5

舜生于姚墟

【关联】［WYS061.1.1］握登生舜姚墟地，故以姚为姓名

实 例

汉 族 瞽叟妻曰握登，见大虹，意感而生舜于姚墟。

【流传】（无考）

【出处】［西汉］司马迁：《史记·五帝本纪》。

中华民族 帝舜生于姚墟。

【流传】（山西省）

【出处】［汉］无名氏撰：《孝经援神契》。

中华民族 上问（郑）弘，欲三河三辅选尚书、御史、孝廉、茂才，余郡不得选。弘对曰：“虞舜出于姚墟，夏禹生于石纽，二圣岂复出于三辅乎？”

【流传】（无考）

【出处】［晋］袁宏：《后汉纪》。

中华民族 《世纪》云：“颛顼生穷蝉，穷蝉生敬康，敬康生句芒，句芒生蟜牛，蟜牛生瞽瞍，瞍之妻握登见大虹意感而生舜于姚墟，故姓姚氏。”

【流传】（无考）

【出处】［唐］孔颖达疏：《周易正义·系传下》。

汉 族 舜帝父亲名瞽叟，握登乃是他母亲。握登生舜姚墟地，故此以姚为姓名。

【流传】湖北省·神农架林区

【出处】《人祖创世》，胡崇峻据秭归县新滩镇《黑暗传》清末抄本，阳日镇龙溪村村民杨有才和史光裕处口述材料，唐运青收集的祝天照、姜德龙抄本和唐运青采录的部分资料，贾邦修、张忠臣《黑暗大盘头》《黑暗纲鉴》资料以及林区下谷土家族民族乡石磨村戊子垭刘茂森处摘录转抄本的片断资料等整理，见胡崇峻搜集整理《黑暗传》，武汉：长江文艺出版社2002年版，第222页。

中华民族 第二年二月二日，握登在茅屋里生产。突然，屋里传来“哇哇”的婴儿哭声，接生婆道：“生啦！是个儿子。”公元前2317年，尧继王位第四十年，虞舜诞生于蒲坂都诸冯邑姚墟。

【流传】（山西省）

【出处】中国先秦史学会尧舜禹文化研究基地编，叶雨青、张培莲著：《尧舜传》第十七章“握登砍柴遇彩虹，虞舜降生姚墟聚”，太原：山西出版集团·山西春秋电子音像出版社2008年版，第107页。

中华民族 圣祖之生母握登氏，于唐尧壬午三十九年，感大虹生圣祖于姚墟（在今山西永济县），因以为姓。

【流传】（山西永济县）

【出处】《胡氏历代世系表序》，见中国先秦史学会尧舜禹文化研究基地编，叶雨青、张培莲著：《尧舜传》，太原：山西出版集团·山西春秋电子音像出版社2008年版，第108页。

中华民族 舜生于姚墟，亦曰“姚汭”。

【流传】（无考）

【出处】郭世谦：《古史传说考》（一、唐虞猛兽图腾集团），天津：天津出版传媒集团·天津古籍出版社2019年版，第46页。

中华民族 舜生于姚墟（今菏泽市牡丹区胡集镇尧王寺），耕作于历山（今山东菏泽郓城县闫什镇历山庙），渔猎于雷泽（今山东省菏泽市野城县彭楼镇一带），在黄河之滨烧制陶器，灰于常羊（今菏泽鄄城），贩在顿丘（今河南濮阳清丰县一带）经商做生意。

【流传】（山东省菏泽市）

【出处】陈勇行：《菏泽，舜帝的故乡》，见山东菏泽《首届中华伏羲祖源文化论坛论文集》，内部编印，2020年9月，第78页。

WYS009.4.6

舜生于茅屋

实　例

（参见下级母题实例）

WYS009.4.6.1

握登生舜于茅屋

【关联】［WYS052.4.1.0.1.1］舜的亲生母亲叫握登

实　例

中华民族 （参见“WYS009.4.5.1 虞舜诞生于蒲坂都诸冯邑姚墟”母题实例）

WYS009.4.7

舜生于永济县舜帝庙村

实 例

中华民族 今永济县有舜帝庙村，传说舜生于此。

【流传】（山西省永济县）

【出处】《史籍记载的尧舜源流与功绩》，见赵大勇、赵随意著《尧都平阳与尧舜禹》，太原：山西古籍出版社 1999 年版，第 28 页。

WYS009.4.8*

舜生于山东菏泽鄄城县

实 例

中华民族 学者们多认为舜生于今山东菏泽市鄄城县。

【流传】（无考）

【出处】杨东晨：《华夏始祖：尧舜禹时代》"三、帝舜的明德"，西安：三秦出版社 2007 年版，第 48 页。

WYS009.5

舜的籍贯

实 例

（参见下级母题实例）

WYS009.5.1

舜是东夷人

实 例

汉 族 舜生于诸冯，迁于负夏，卒于鸣条，东夷之人也。

【流传】（无考）

【出处】［战国］孟轲及其弟子：《孟子·离娄下》。

中华民族 握登生舜的地方和舜是东夷人。

【流传】（无考）

【出处】杨东晨：《华夏始祖：尧舜禹时代》"三、帝舜的明德"，西安：三秦出版社 2007 年版，第 47 页。

WYS009.5.1.1*

舜为东夷人并非说舜为山东人

实 例

中华民族 《孟子》中说的"舜东夷之人"，决不是说舜为山东人。

【流传】（无考）

【出处】任乃荣：《三皇五帝探源》第八章"舜有虞氏时代"，北京：新华出版社 2011 年版，第 197 页。

WYS009.5.2

舜冀州之人也

实 例

中华民族 舜，冀州之人也。舜耕历山，渔雷泽，陶河滨，作什器于寿丘，就时于负夏。

【流传】（无考）

【出处】［西汉］司马迁：《史记·五帝本纪》。

中华民族 舜生于诸冯，为东夷之人。史文云"舜冀州之人也"，系指继尧为帝后居于蒲坂城时之称。

【流传】（无考）

【出处】张大可、朱枝富编著：《人文始祖黄帝》，北京：商务印书馆 2018 年版，第 85 页。

WYS009.5.3

舜是蒲阪人

实 例

中华民族 舜名重华，蒲阪（今山西永济县西）人，蒲阪为古部落有虞氏之地，故称虞舜。

【流传】（山西永济县）

【出处】李天：《上古“帝王”纵横谈》，载《民族论坛》1991 年第 1 期。

WYS009.6

舜产生的帮助者（舜产生的参与者）

实 例

（实例待考）

WYS009.7

舜产生的关联者

实 例

（参见下级母题实例）

WYS009.7.1

舜同时产生的人物

实 例

（实例待考）

WYS009.7.2

与舜先后产生的人物

实 例

汉 族 他（舜）的亲母早年死，继母才生象弟身。

【流传】湖北省 · 神农架林区

【出处】《人祖创世》，胡崇峻据秭归县新滩镇《黑暗传》清末抄本，阳日镇龙溪村村民杨有才和史光裕处口述材料，唐运青收集的祝天照、姜德龙抄本和唐运青采录的部分资料，贾邦修、张忠臣《黑暗大盘头》《黑暗纲鉴》资料以及林区下谷土家族民族乡石磨村戊子垭刘茂森处摘录转抄本的片断资料等整理，见胡崇峻搜集整理《黑暗传》，武汉：长江文艺出版社 2002 年版，第 222 页。

WYS009.8

有关舜产生的其他研究

实 例

（实例待考）

WYS009.9

舜产生的其他母题

实 例

（实例待考）

1. 舜的特征
【WYS010 ～ WYS019】

WYS010

舜的特征

实 例

（参见下级母题实例）

WYS011

舜特征的产生

实 例

（实例待考）

WYS012

舜的综合体征

实 例

（参见下级母题实例）

WYS012.1

舜有特定的外形

实 例

中华民族（参见“WYS013.2.3 舜天庭饱满，一脸福相”母题实例）

WYS012.2

舜的头与身体

实 例

中华民族（参见“WYS013.2.3 舜天庭饱满，一脸福相”母题实例）

WYS012.3

舜的脸与身体

实 例

中华民族（参见“WYS013.2.3 舜天庭饱满，一脸福相”母题实例）

WYS012.4

舜的其他综合性特征

实 例

（参见下级母题实例）

WYS012.4.1*

舜非凡人

实 例

中华民族 舜虽是非婚的他人之子，但因母亲贤惠，瞽叟爱之，所以养父还是喜爱他的，并改姚姓为妫姓。还因为他以后当上了华夏部落联盟的“帝”（最高军事民主首长），所以文人学士们便又说瞽叟、握登是明媒正娶的夫妇，怀孕和生子也有有了神话般吉兆故事，以示舜非凡人。

【流传】（无考）

【出处】杨东晨：《华夏始祖：尧舜禹时代》

"三、帝舜的明德"，西安：三秦出版社 2007 年版，第 48 页。

WYS012.4.2

舜气度不凡

实 例

中华民族 舜气度不凡，中等身材，黑黝黝的皮肤，脸颊上没有胡须，特别是双眼炯炯有神，每个眼里都有两个瞳仁，很是奇特。

【流传】（山西省）

【出处】中国先秦史学会尧舜禹文化研究基地编，叶雨青、张培莲著：《尧舜传》第二十七章"去负夏拜见父母，赴平阳尧舜论道"，太原：山西出版集团·山西春秋电子音像出版社 2008 年版，第 181 ～ 182 页。

WYS013

舜的头部特征（舜的面部特征）

实 例

（参见下级母题实例）

WYS013.1

舜的头

实 例

（参见下级母题实例）

WYS013.1.1

舜脑球突出

实 例

中华民族 （参见"WYS013.2.3 舜天庭饱满，一脸福相"母题实例）

WYS013.1.2

舜头大而圆

实 例

中华民族 （参见"WYS013.2.3 舜天庭饱满，一脸福相"母题实例）

WYS013.2

舜的脸

实 例

（参见下级母题实例）

WYS013.2.1

舜面颔无毛

实 例

汉　族 舜身六尺有奇，面颔无毛，亦圣也。

【流传】（无考）

【出处】《孔丛子·居卫》。

WYS013.2.2

舜面庞黑而略方

实 例

中华民族 （参见"WYS013.2.3 舜天庭饱满，一脸福相"母题实例）

WYS013.2.3

舜天庭饱满，一脸福相

实 例

中华民族 舜出生后，脑球突出，眉骨隆起，头大而圆，面庞黑而略方，天庭饱满，一脸福相。

【流传】（山西省）

【出处】中国先秦史学会尧舜禹文化研究基地编，叶雨青、张培莲著：《尧舜传》第十七章“握登砍柴遇彩虹，虞舜降生姚墟聚”，太原：山西出版集团·山西春秋电子音像出版社 2008 年版，第 107 页。

WYS013.3

舜的鼻子

实 例

（实例待考）

WYS013.4

舜的眼睛

实 例

汉 族 舜是重明鸟托生的，他眼窝里有两个瞳仁，可以避妖驱邪。不管是毒蛇猛兽，还是妖魔鬼怪，只要舜一睁眼，它们就不顾命地逃跑了。

【流传】山西省·（临汾市）·翼城县［采录地点：翼城县西阎镇］

【出处】李士龙（男，79 岁，翼城县大河乡农民，初中）讲，王吉文（男，52 岁，翼城县文化局干部，中专）采录：《尧王传舜》（1986），见中国民间文学集成全国编辑委员会、《中国民间文学集成·山西卷》编辑委员会编《中国民间故事集成》（山西卷），北京：中国 ISBN 中心 1999 年版，第 39 ～ 40 页。

WYS013.4.1

舜的眼窝里有两个瞳仁

实 例

汉 族 舜两眸子，是谓重瞳。

【流传】（无考）

【出处】［东周］尸佼：《尸子》卷下。

汉 族 舜二瞳子，是谓重明，作事成法，出言成章。

【流传】（无考）

【出处】［西汉］淮南王刘安及门客：《淮南子·修务训》。

汉 族 舜两眸子，是谓重明。

【流传】（无考）

【出处】［宋］李昉、李穆、徐铉等：《太平御览·帝舜有虞氏》。

汉 族 舜出生后，和别的孩子长得不一样，两只眼里都有俩瞳仁。

【流传】河南省·（南阳市）·桐柏县［采录地点：桐柏县·水帘洞］

【出处】释妙祥讲，刘剑、柳丹采录：《虞舜出世》（1986.01），见张振犁编著，孟宪明、朱淑君统纂《中原神话通鉴》（第三卷），郑州：河南大学出版社 2017 年版，第 998 ～ 999 页。

汉 族 自从瞽叟梦见重明鸟以后，妻子怀孕生舜。东邻西舍都说瞽叟命好福大。再仔细看那小胎娃，两只眼窝就跟重明鸟的眼窝一模一样，一个眼窝里头有两个瞳仁儿，都说这个娃是重明鸟托生的，他就是后来的舜。

【流传】山西省·（临汾市）·翼城县［采录地点：翼城县西阎镇］

【出处】李士龙（男，79岁，翼城县大河乡农民，初中）讲，王吉文（男，52岁，翼城县文化局干部，中专）采录：《重明鸟》（1986），见中国民间文学集成全国编辑委员会、《中国民间文学集成·山西卷》编辑委员会编《中国民间故事集成》（山西卷），北京：中国ISBN中心1999年版，第39页。

汉　族 舜的眼睛里有两个瞳仁，所以取名重华。

【流传】河南省·济源市·邵原镇［采录地点：邵原复印部］

【出处】秦随明（男，50岁，邵原镇双房村人，中学）讲，翟冬冬（男，21岁，邵原镇邵原村人，高中）采录：《诸冯生舜》（2004.02），见济源市邵原镇人民政府、济源邵州文化教育研究会编著《济源邵原创世神话群》，郑州：河南人民出版社2008年版，第27页。

WYS013.4.2

舜的每只眼睛里有两个瞳孔

实　例

汉　族 托梦而生的舜，眼睛长得很特别，每只眼睛里有两个瞳孔，所以又叫做重华。重华生长在妫水，除了每只眼睛里有两个瞳孔的奇特相貌以外，就是一个普通的青年。他中等的个头，因为常常在外面劳动把皮肤晒得黑黝黝的。

【流传】（无考）

【出处】《尧舜二帝》，见金麦田编著《中国古代神话故事》，北京：京华出版社2003年版，第45～52页。

WYS013.4.3

舜的眼睛似重明鸟

实　例

汉　族 自从瞽叟梦见重明鸟以后，妻子怀孕生舜。东邻西舍都说瞽叟命好福大。再仔细看那小胎娃，两只眼窝就跟重明鸟的眼窝一模一样，一个眼窝里头有两个瞳仁儿，都说这个娃是重明鸟托生的，他就是后来的舜。

【流传】山西省·（临汾市）·翼城县［采录地点：翼城县西阎镇］

【出处】李士龙（男，79岁，翼城县大河乡农民，初中）讲，王吉文（男，52岁，翼城县文化局干部，中专）采录：《重明鸟》（1986），见中国民间文学集成全国编辑委员会、《中国民间文学集成·山西卷》编辑委员会编《中国民间故事集成》（山西卷），北京：中国ISBN中心1999年版，第39页。

WYS013.4a

舜的眉

实　例

（参见下级母题实例）

WYS013.4a.1

舜的眉骨隆起

实 例

中华民族（参见“WYS013.2.3 舜天庭饱满，一脸福相”母题实例）

WYS013.5

舜的耳朵

实 例

（实例待考）

WYS013.6

舜的嘴

实 例

（实例待考）

WYS013.7

舜的胡须

实 例

中华民族 舜气度不凡，中等身材，黑黝黝的皮肤，脸颊上没有胡须，特别是双眼炯炯有神，每个眼里都有两个瞳仁，很是奇特。

【流传】（山西省）

【出处】中国先秦史学会尧舜禹文化研究基地编，叶雨青、张培莲著：《尧舜传》第二十七章“去负夏拜见父母，赴平阳尧舜论道”，太原：山西出版集团·山西春秋电子音像出版社2008年版，第181～182页。

WYS014

舜的身体特征（舜的四肢特征）

实 例

（参见下级母题实例）

WYS014.1

舜的外形（舜的形体）

实 例

（参见下级母题实例）

WYS014.1.1

舜体魄魁梧

实 例

汉 族 尧远远就看见舜的身影，高约丈余，体魄魁梧。

【流传】山西省·运城市·绛县·古绛镇·尧寓村

【出处】郭延峰、李友益：《尧王访贤》，见田茂忠、申建华主编《尧王故里》，山西省绛县尧文化研究会编印，2009年，第114～117页。

WYS014.2

舜的身高

实 例

（参见下级母题实例）

WYS014.2.1

帝舜短

实 例

汉 族 帝尧长，帝舜短。文王长，周公短。

【流传】（无考）

【出处】［战国］荀况：《荀子·非相》。

WYS014.2.2

舜高约丈余

实 例

汉 族 尧远远就看见舜的身影，高约丈余，体魄魁梧。

【流传】山西省·运城市·绛县·古绛镇·尧寓村

【出处】郭延峰、李友益：《尧王访贤》，见田茂忠、申建华主编《尧王故里》，山西省绛县尧文化研究会编印，2009 年，第 114 ～ 117 页。

WYS014.2.3

舜中等个头

实 例

汉 族 托梦而生的舜，眼睛长得很特别，每只眼睛里有两个瞳孔，所以又叫做重华。重华生长在妫水，除了每只眼睛里有两个瞳孔的奇特相貌以外，就是一个普通的青年。他中等的个头，因为常常在外面劳动把皮肤晒得黑黝黝的。

【流传】（无考）

【出处】《尧舜二帝》，见金麦田编著《中国古代神话故事》，北京：京华出版社 2003 年版，第 45 ～ 52 页。

WYS014.3

舜的体重

实 例

（实例待考）

WYS014.4

舜的皮肤

实 例

（参见下级母题实例）

WYS014.4.1

舜的皮肤黑黝黝

实 例

汉 族 托梦而生的舜，眼睛长得很特别，每只眼睛里有两个瞳孔，所以又叫做重华。重华生长在妫水，除了每只眼睛里有两个瞳孔的奇特相貌以外，就是一个普通的青年。他中等的个头，因为常常在外面劳动把皮肤晒得黑黝黝的。

【流传】（无考）

【出处】《尧舜二帝》，见金麦田编著《中国古代神话故事》，北京：京华出版社 2003 年版，第 45 ～ 52 页。

中华民族 舜气度不凡，中等身材，黑黝黝的皮肤。

【流传】（山西省）

【出处】中国先秦史学会尧舜禹文化研究基地编，叶雨青、张培莲著：《尧舜传》第二十七章“去负夏拜见父母，赴平阳尧舜论道”，太原：山西出版集团·山西春秋电子音像出版社 2008 年版，第 181 ～ 182 页。

WYS014.4.2

舜霉黑

实 例

汉 族 神农憔悴，尧瘦臞，舜霉黑，禹胼胝。

【流传】（无考）

【出处】［西汉］淮南王刘安及门客：《淮南子·修务》。

WYS014.5

舜的手臂特征

实 例

（实例待考）

WYS014.6

舜的腿部特征

实 例

（实例待考）

WYS015

舜的性别特征

实 例

（参见下级母题实例）

WYS015.1

舜是女性

实 例

（实例待考）

WYS015.2

舜是男性

实 例

中华民族 舜是乐官瞽叟的儿子。

【流传】（无考）

【出处】杨东晨：《华夏始祖：尧舜禹时代》“三、帝舜的明德”，西安：三秦出版社 2007 年版，第 56 页。

WYS015.3

舜雌雄同体

实 例

（实例待考）

WYS016

舜的其他体征

实 例

（参见下级母题实例）

WYS016.1

舜有力量

实 例

中华民族 舜年过十岁了，虽然年纪还不大，由于自小劳动，练出了力气，能像大人一样干活了。

【流传】（山西省）

【出处】中国先秦史学会尧舜禹文化研究基地编，叶雨青、张培莲著：《尧舜传》第二十一章“父母驱赶离家园，舜耕历山美名扬”，太原：山西出版集团·山西春秋电子音像出版社 2008 年版，第 13 页。

WYS016.2

舜的内脏

实 例

（实例待考）

WYS016.3

舜的语言

实 例

汉 族［参见“WYS018.6 舜金口玉言（舜的语言有神力）”母题实例］

WYS016.4

舜的视力

实 例

（实例待考）

WYS017

舜的性格特征（舜的品质）

实 例

（参见下级母题实例）

WYS017.1

舜善良

实 例

（参见下级母题实例）

WYS017.1.1

舜心地善良，不忍抽打耕牛

实 例

汉 族 尧王上前问舜：“你为什么不打耕牛，要敲打簸箕呢？”舜和善地告诉尧王：“老人家，这牛可是农家的宝贝呀，怎么能忍心抽打它呢，我这样做，既爱护了耕牛，还赶快了农活，不也是两全其美吗？”尧王觉得这个后生既善良，又智慧。

【流传】山西省·运城市·绛县·古绛镇·尧寓村

【出处】郭延峰、李友益：《尧王访贤》，见田茂忠、申建华主编《尧王故里》，山西省绛县尧文化研究会编印，2009 年，第 114 ～ 117 页。

汉 族 尧王来到舜犁地的地方，见舜使的一头黄牛和一头黑牛，屁股上都绑个簸箕。问其故，舜说鞭打牛身上牛会疼的，哪个牛走得慢了，照簸箕上打一下，它就知道是打它的，就会紧走几步撵上去。尧王听罢暗暗称赞。

【流传】河南省·南阳市

【出处】杜加典讲，张楚北采录：《尧王访贤（二）》（1982.02），见张振犁编著，孟宪明、朱淑君统纂《中原神话通鉴》（第三卷），郑州：河南大学出版社 2017 年版，第 987 页。

汉 族 尧看到舜耕地的每头牛屁股上都绑着一个簸箕。尧问原因，舜说："鞭打黄牛黄牛痛，鞭打黑牛黑牛痛，鞭子打在簸箕上，黄牛黑牛都不痛。"

【流传】河南省 · 济源市 · 邵原镇［采录地点：讲述者家中］

【出处】高庆国（男，60 岁，邵原镇崔家庄人，高中）讲，王维军（男，35 岁，邵原镇小学教师，高中）采录：《尧王访贤》（2001.03.17），见济源市邵原镇人民政府、济源邵州文化教育研究会编著《济源邵原创世神话群》，郑州：河南人民出版社 2008 年版，第 29 页。

汉 族 尧王看见舜用牛犁地时，手里并没拿鞭，而是拿着一个小簸箕，不时地敲几下。当尧王问原因时，舜说："如果我再用鞭子去抽它，实在从良心上过意不去。所以我用敲簸箕的声音吓一吓它们就行了。"

【流传】山西 · 临汾县（临汾市）

【出处】焦道行、王宏搜集整理：《尧王访贤》，载《山西民间文学》1982 年第 3 期。

WYS017.1.2

舜心地善良，不忍抽打犁地的象

实 例

汉 族 舜在历山上架着两只象去犁地。一只象大一点，一只象小一点，他在每只象屁股上扣一个荆条编的筐萝，拿鞭子敲打筐梦。人们看着奇怪，问他是咋回事。他说："打着大象大象疼，打着小象小象疼，打着筐梦两不疼。"传说舜在历山耕了好多年地，没舍得打象一鞭子，那两只象也通人性，从不捣蛋，地犁得又匀又深。

【流传】山西省 ·（临汾市）· 翼城县［采录地点：翼城县西阎镇］

【出处】李士龙（男，79 岁，翼城县大河乡农民，初中）讲，王吉文（男，52 岁，翼城县文化局干部，中专）采录：《舜耕历山》（1986），见中国民间文学集成全国编辑委员会、《中国民间文学集成 · 山西卷》编辑委员会编《中国民间故事集成》（山西卷），北京：中国 ISBN 中心 1999 年版，第 40 页。

WYS017.1.3

舜心地善良，不与人争

实 例

汉 族 大舜心地善良，勤快能干，事事不与人争，常年在历山耕作。

【流传】河南省 · 济源市 · 邵原镇［采录地点：邵原村西街翟家祠堂门前］

【出处】翟良志（男，81 岁，邵原镇邵原村农民，不识字）讲，陈公平（男，46 岁，邵原镇邵原村人，高中）采录：《大舜耕田孝感天帝》（2004.08.20），见济源市邵原镇人民政府、济源邵州文化教育研究会编著《济源邵原创世神话群》，郑州：河南人民出版社 2008 年版，第 30 页。

WYS017.1.4
舜为人慈善，是动物保护者

实　例

汉　族 舜在历山脚下的小屋边开了一片荒地，种上了庄稼。那工夫，山上的大象挺多，不住地到田地里来，用鼻子翻着泥土寻找吃的；还有那些野鸟也来啄草籽充饥。舜为人慈善，从不无故去伤害这些动物。

【流传】山东省·济南市［采录地点：济南市］

【出处】徐臻（男，40 岁，干部，大专）讲，李奎元（男，40 岁，济南市委干部，大专）采录：《舜耕历山下》（1986 年春天），见《中国民间故事集成》全国编辑委员会、《中国民间故事集成·山东卷》编辑委员会编《中国民间故事集成》（山东卷），北京：中国 ISBN 中心 2007 年版，第 18 ～ 21 页。

WYS017.1.5
舜请求山神使采药人免受野兽伤害

实　例

汉　族 舜也常去采药，常碰到野兽伤人这样的事很伤心，就把山神请来说："老人家，每年四月，能不能把你的牲口看管好，别让它们出来伤害采药人吧！"山神听了舜的话，觉得他处处为百姓着想，很感动，就答应了舜的请求。

【流传】河南省·济源市·邵原镇［采录地点：讲述者家中］

【出处】翟钢炮（男，59 岁，邵原镇邵原村村民，初中）讲，翟小波（男，32 岁，邵原镇邵原村农民，中学）采录：《请山神》（2003.05），见济源市邵原镇人民政府、济源邵州文化教育研究会编著《济源邵原创世神话群》，郑州：河南人民出版社 2008 年版，第 28 页。

WYS017.1.6
舜慈善得不忍心鞭打耕牛

实　例

中华民族 时值春季，正是春播之时，舜肩着犁，牵着黄牛和黑牛到地里犁地。他将簸箕绑在牛的臀部，牛偷懒不走时，舜就用鞭子抽打簸箕。黄牛以为黑牛挨了打，怕打到自己，就飞快向前拉犁。同样黑牛以为黄牛挨了打，也不敢偷懒了。

【流传】（山西省）

【出处】中国先秦史学会尧舜禹文化研究基地编，叶雨青、张培莲著：《尧舜传》第二十六章"尧访贤众臣举舜，娶二女嫔于虞城"，太原：山西出版集团·山西春秋电子音像出版社 2008 年版，第 170 页。

WYS017.2
舜忠诚

实　例

（参见下级母题实例）

WYS017.2.1
舜相尧二十有八载非人之所能为

实　例

中华民族 舜相尧，二十有八载，非人之所能为也，天也。尧崩，三年之丧毕，舜避尧之子于南河之南。

【流传】（无考）

【出处】［战国］孟轲及其弟子：《孟子·万章上》。

WYS017.2.2

舜忠厚老实，宽宏大量

实　例

汉　族 人们看舜忠厚老实，宽宏大量，就推选他做了皇帝。舜当了皇帝。

【流传】河南省·（洛阳市）·偃师县（偃师市）

【出处】刘伯欣的母亲讲，刘伯欣采录：《种麻籽》（1981），见张振犁编著，孟宪明、朱淑君统纂《中原神话通鉴》（第三卷），郑州：河南大学出版社 2017 年版，第 1004 页。

WYS017.3

舜贤德（舜有德）

实　例

中华民族 舜德大明。于是夔行乐，祖考至，群后相让，鸟兽翔舞，《箫韶》九成，凤皇来仪，百兽率舞，百官信谐。

【流传】（略）

【出处】［西汉］司马迁：《史记·夏本纪》。

汉　族 尧王暗暗称赞舜的贤德。把舜带进王宫，把自己的两个女儿娥皇、女英许配给舜为妃，又把江山让给了舜。

【流传】河南省·南阳市

【出处】杜加典讲，张楚北采录：《尧王访贤（二）》（1982.02），见张振犁编著，孟宪明、朱淑君统纂《中原神话通鉴》（第三卷），郑州：河南大学出版社 2017 年版，第 988 页。

中华民族 帝尧从两个女儿、九个儿子的禀告中，知虞舜确如四岳所说是个有贤德的人，便任命舜为司徒，主理五典，制定度量衡，规范礼仪，划天下为十二州，立刑法，加强部落联盟机构对各地部落的管理。

【流传】（无考）

【出处】杨东晨：《华夏始祖：尧舜禹时代》"三、帝舜的明德"，西安：三秦出版社 2007 年版，第 65 页。

WYS017.3.1

舜不计前嫌，以大义为重

实　例

汉　族 舜的继母还多次想害舜，但都未能得逞。而舜不计较这些，同样孝敬父母，帮助弟弟。

【流传】山西省·（运城市）·芮城县［采录地点：芮城县杜庄乡历山村］

【出处】薛振东（男，56 岁，芮城县文化馆干部，小学）讲，文晓（男，24 岁，工人，高中）采录：《舜王打井》（1984.05），见中国民间文学集成全国编辑委员会、《中国民间文学集成·山西卷》编辑委员会编《中国民间故事集成》（山西卷），北京：中国 ISBN 中心 1999 年版，第 41 ～ 42 页。

汉　族 大舜当了皇帝，一点不记旧仇，派人把曾经谋害他的瞎爹、后娘和象傲都接了去。还封了个官给象傲做。

【流传】四川省·成都（成都市）

【出处】李茂生讲，陈钧整理：《害不死的大舜》，载《民间文学》1964 年第 3 期。

WYS017.3.2

舜心怀仁义，心胸坦荡

实　例

汉　族 舜为天子号有虞，不记（弟弟）象（多次暗害）仇封有神，心不格奸真仁义。

【流传】湖北省·神农架林区

【出处】《人祖创世》，胡崇峻据秭归县新滩镇《黑暗传》清末抄本，阳日镇龙溪村村民杨有才和史光裕处口述材料，唐运青收集的祝天照、姜德龙抄本和唐运青采录的部分资料，贾邦修、张忠臣《黑暗大盘头》《黑暗纲鉴》资料以及林区下谷土家族民族乡石磨村戊子垭刘茂森处摘录转抄本的片断资料等整理，见胡崇峻搜集整理《黑暗传》，武汉：长江文艺出版社 2002 年版，第 228 页。

汉　族 舜，传说中的远古帝王，五帝之一，姓姚，名重华，号有虞氏，史称虞舜。相传他的父亲瞽叟及继母、异母弟象，多次想害死他：让舜修补谷仓仓顶时，从谷仓下纵火，舜手持两个斗笠跳下逃脱；让舜掘井时，瞽叟与象却下土填井，舜掘地道逃脱。事后舜毫不嫉恨，仍对父亲恭顺，对弟弟慈爱。

【流传】辽宁省·（锦州市）·北镇市·常兴店镇

【出处】《青岩寺》见搜狐网：https://www.sohu.com/a/273611686 708238。

WYS017.3.3

舜宽宏大量，不计前嫌，躬行孝道

实　例

汉　族 后母见舜如此宽宏大量，从此痛改前非，不再为难舜。舜也不计前嫌，躬行孝道，侍奉后母，被传为千古佳话。

【流传】山西省·运城市·绛县·古绛镇·尧寓村

【出处】刘玉栋：《帝尧溯源》，原载《古绛春秋》，北京：长征出版社 2007 年版，见田茂忠、申建华主编《尧王故里》，山西省绛县尧文化研究会编印，2009 年，第 56 页。

汉　族 舜当了皇帝，并不跟后娘记仇，还是照样孝敬她。后娘觉着愧得慌，没脸见人，气得碰墙自尽了。

【流传】河南省·（洛阳市）·偃师县［采录地点：讲述者家中］

【出处】寇文贤（女，60 岁，偃师县邙山区农民，不识字）讲，刘伯欣（男，25 岁，河南大学中文系学生）采录：《舜王逃生》（1981.02），见《中国民间故事集成》全国编辑委员会、《中国民间故事集成·河南卷》编辑委员会编《中国民间故事集成》（河南卷），北京：中国 ISBN 中心 2001 年版，第 47 ～ 48 页。

汉　族 舜却常遭继母陷害、刁难虐待。

他不但不跟继母计较，反而对继母更加孝顺。

【流传】河南省・济源市・邵原镇［采录地点：邵原村西街翟家祠堂门前］

【出处】翟良志（男，81 岁，邵原镇邵原村农民，不识字）讲，陈公平（男，46 岁，邵原镇邵原村人，高中）采录：《大舜耕田孝感天帝》(2004.08.20)，见济源市邵原镇人民政府、济源邵州文化教育研究会编著《济源邵原创世神话群》，郑州：河南人民出版社 2008 年版，第 30 页。

WYS017.3.4

舜贤达明理

实　例

中华民族 舜自幼勤劳聪慧，以贤达明理而闻名于乡里。

【流传】（山东省济南市）

【出处】《娥皇、女英做舜妻》，见郭先芳编著《黄河的神话传说和民间故事》，郑州：黄河水利出版社 2015 年版，第 76 页。

WYS017.3.5

舜德行好

实　例

中华民族 有虞氏之德甚盛，茂以加矣！盖君臣、父子、兄弟、夫妇之彝性，天之命乎？人者，孰不俱是哉。帝之所以为盛德，亦尽吾性之所同然者耳，是则帝之泽流洽于民心，固将与天命并行，而不可泯，夫何有古今之间哉？

【流传】（广西桂林虞山石）

【出处】［宋］张栻：《韶音洞记》。

汉　族 舜的父亲是个糊涂透顶的人，人们叫他瞽叟，也就是瞎老头儿的意思。舜的生母早死了，后母很坏。后母生的弟弟名叫象，傲慢得没法说，瞽叟却很宠爱他。舜生活在这样一个家庭里，待他的父母、弟弟挺好。所以，大家认为舜是个德行好的人。

【流传】（无考）

【出处】《尧舜二帝》，见金麦田编著《中国古代神话故事》，北京：京华出版社 2003 年版，第 45 ～ 52 页。

WYS017.3.6

舜不当面言人过

实　例

汉　族 尧问舜哪头牛干活快时，舜看看牛，回答说，黄牛干活快，黑牛干活也不慢。尧认为他太虚伪。后来，舜跟着送到地头，小声对尧王说，刚才两头牛在旁边，我咋好说谁快谁慢呢？我说黄牛快，黑牛听了会咋想？

【流传】（中原一带）

【出处】《尧王选贤》，见孟宪明著《中原经典神话》，郑州：河南大学出版社 2016 年版，第 193 ～ 196 页。

汉　族 尧看到舜犁地时的黄牛肯出力，而黑牛偷懒，就问："这两个牛，哪个出力大呀？"耕地的没停犁，说："一样大呀！要不，一早耕了这么多地么？"舜把地耕完了，才对尧王解释说："你要当面说出谁出力大，那黑牛听了就心里不自在，以后地就不好耕了！”

【流传】山东省·（临沂市）·费县［采录地点：费县探沂镇立纪庄］

【出处】李素昌（50岁，探沂镇立纪庄小学教师，中专）讲，王有瑞（36岁，费县县志办公室干部，大专）采录：《尧王选贤》（1987年春天），见《中国民间故事集成》全国编辑委员会、《中国民间故事集成·山东卷》编辑委员会编《中国民间故事集成》（山东卷），北京：中国ISBN中心2007年版，第16页。

WYS017.3.7

舜注重布功散德制礼

【关联】［WYS035.6.1］舜在桂林驻跸并宣传德化

实　例

中华民族 昔虞舜以天德嗣尧，布功散德制礼，朔方幽都来服，南抚交趾，出入日月，莫不率俾。

【流传】（略）

【出处】［西汉］戴德：《礼记·少闲》。

WYS017.3.8

天下清明的德政始于舜

【关联】［WYS024.4.5.4*］舜是道德完美的圣君

实　例

中华民族 天下清明的德政，就从虞舜开始。

【流传】（无考）

【出处】《禹·承继帝位》，见卢静《尧舜禹》，北京：中华书局2019年版，第112页。

WYS017.3.9

与舜贤德有关的其他母题

实　例

（参见下级母题实例）

WYS017.3.9.1

舜以德感化人

【关联】［WYS049.1.3a］舜以德治国

实　例

中华民族 渔人们受到舜的感化，渐渐改变了做法，打斗少了，互相体谅多了，纷纷争着将好渔场让给他人。舜在渔人中树立了崇高的威望。

【流传】（山西省）

【出处】中国先秦史学会尧舜禹文化研究基地编，叶雨青、张培莲著：《尧舜传》第二十三章“舜渔雷泽让渔场，八元众人访虞舜”，太原：山西出版集团·山西春秋电子音像出版社2008年版，第150页。

WYS017.3.9.1.1

舜推行德教

实　例

中华民族 尧派舜负责推行德教，舜便以“五典”即父义、母慈、兄友、弟恭、子孝这五种美德为自己的行为标准，以身作则，广教臣民，收到很好的效果。

【流传】（无考）

【出处】《史籍记载的尧舜源流与功绩》，见赵大勇、赵随意著《尧都平阳与尧舜禹》，太原：山西古籍出版社 1999 年版，第 27 页。

WYS017.3.9.2

舜以土德王

实 例

中华民族 舜帝是"颛顼五世孙，姚姓。受尧禅，以土德王，都蒲坂。"

【流传】（山西省）

【出处】［清］雍正《山西通志》。

WYS017.4

舜谦让

实 例

中华民族 尧派使臣提亲，要嫁娥皇、女英与舜。舜深感意外，但总觉自己出身微贱，故而坚拒。

【流传】（山西省）

【出处】中国先秦史学会尧舜禹文化研究基地编，叶雨青、张培莲著：《尧舜传》第二十六章"尧访贤众臣举舜，娶二女嫔于虞城"，太原：山西出版集团·山西春秋电子音像出版社 2008 年版，第 174 页。

WYS017.5

舜廉政

实 例

汉 族 老百姓爱戴舜王。每逢年来节到，总给他送去各种各样的礼物。这一来，舜反使他坐卧不安。他对舜王奶说："咱最好搬离京都，另找一个地方去住。"舜王奶不解，舜王说："老百姓年年给咱送这么多礼物，劝又劝不住，我心里很不安宁。"

【流传】河南省·南阳市·方城县［采录地点：方城县清河乡老庄村］

【出处】郭延华（30 岁，农民）讲，郭国祥（35 岁，干部）记录：《舜王庙》（1985.09.04），见中国民间文艺家协会组织编写，罗杨总主编，毛秀荣本卷主编《中国民间故事丛书》（河南省·南阳市·方城卷），北京：知识产权出版社 2016 年版，第 73 ~ 74 页。

WYS017.6

舜为人谋福祉

实 例

汉 族 通过三次遇害妻子娥皇、女英相救的事，他对两个妻子更加敬重，由妻子的才能和人品他推想到岳父尧的不凡业绩，不禁在心里暗暗发誓，他一定要在两个妻子的辅佐下，以尧为榜样，干一番轰轰烈烈的事业，为天下百姓谋福祉。

【流传】山西省·运城市·绛县·古绛镇·尧寓村

【出处】张志善：《娥皇女英助舜脱险的故事》，见田茂忠、申建华主编《尧王故里》，山西省绛县尧文化研究会编印，2009 年，第 130 ~ 136 页。

WYS017.6.1

舜日理万机，为国为民

实 例

汉 族 舜帝接替尧王后，夙兴夜寐，操劳国事。经常到各地巡视，了解民间疾苦。

【流传】（中原一带）

【出处】《水仙花》，见孟宪明著《中原经典神话》，郑州：河南大学出版社 2016 年版，第 211 页。

WYS017.6.2

舜及处安居乐业，五谷丰登

实 例

汉 族 舜很有凝聚力，他所在的历山脚下的这个小村庄，就成了一个人人安居乐业、户户五谷丰登的小乐园。远处的人家都往这儿搬，日子不长，小村庄就变成了小城镇；舜的名声也越来越响，越传越远。

【流传】山东省 · 济南市［采录地点：济南市］

【出处】徐臻（男，40 岁，干部，大专）讲，李奎元（男，40 岁，济南市委干部，大专）采录：《舜耕历山下》（1986 年春天），见《中国民间故事集成》全国编辑委员会、《中国民间故事集成 · 山东卷》编辑委员会编《中国民间故事集成》（山东卷），北京：中国 ISBN 中心 2007 年版，第 18 ～ 21 页。

WYS017.6.3

舜以百姓利益为重

实 例

汉 族 舜做了几十年的国君，也像尧一样，把大伙的利益放在前头，给人民做了许许多多好事。

【流传】山东省 · 济南市［采录地点：济南市］

【出处】徐臻（男，40 岁，干部，大专）讲，李奎元（男，40 岁，济南市委干部，大专）采录：《舜耕历山下》（1986 年春天），见《中国民间故事集成》全国编辑委员会、《中国民间故事集成 · 山东卷》编辑委员会编《中国民间故事集成》（山东卷），北京：中国 ISBN 中心 2007 年版，第 18 ～ 21 页。

WYS017.6.4

舜勤民事而野死

实 例

中华民族 夫圣王之制祀也，法施于民则祀之，以死勤事则祀之，以劳定国则祀之，能御大灾则祀之，能捍大患则祀之。非是族也，不在祀典。黄帝能成命百物，以明民共财。颛顼能修之，帝喾能序三辰以固民，尧能单均刑法以仪民，舜勤民事而野死。

【流传】（无考）

【出处】［春秋］左丘明：《国语 · 鲁语上》。

WYS017.7

舜的其他美德

实 例

（参见下级母题实例）

WYS017.7.1

舜勤劳

实 例

汉 族 大舜心地善良，勤快能干，事事不与人争，常年在历山耕作。

【流传】河南省 · 济源市 · 邵原镇［采录地点：邵原村西街翟家祠堂门前］

【出处】翟良志（男，81 岁，邵原镇邵原村农民，不识字）讲，陈公平（男，46 岁，邵原镇邵原村人，高中）采录：《大舜耕田孝感天帝》(2004.08.20)，见济源市邵原镇人民政府、济源邵州文化教育研究会编著《济源邵原创世神话群》，郑州：河南人民出版社 2008 年版，第 30 页。

WYS017.7.1.1

舜勤快憨厚

实 例

汉 族 唐尧那时候，有个青年叫大舜，勤快憨厚，对父母十分孝顺。

【流传】河南省 ·（洛阳市）· 宜阳县

【出处】王上清（50 岁，农民）讲，王孟晓采录：《大舜耕田》(1986.08)，见张振犁编著，孟宪明、朱淑君统纂《中原神话通鉴》(第三卷)，郑州：河南大学出版社 2017 年版，第 1004 页。

汉 族 舜确是一个聪明老实的好孩子。在家里，脏活、累活抢着干，饭食专拣绿的吃。

【流传】山东省 · 济南市［采录地点：济南市］

【出处】徐臻（男，40 岁，干部，大专）讲，李奎元（男，40 岁，济南市委干部，大专）采录：《舜耕历山下》(1986 年春天)，见《中国民间故事集成》全国编辑委员会、《中国民间故事集成 · 山东卷》编辑委员会编《中国民间故事集成》(山东卷)，北京：中国 ISBN 中心 2007 年版，第 18 ～ 21 页。

WYS017.7.1.2

舜懂事勤快

实 例

汉 族 舜懂事勤快，家里的事不要大人分派，他都自己做。耕种收割，挑水做饭，喂猪打杂，一天忙到晚，人们都喜欢他。

【流传】湖北省 · 随州市［采录地点：随州市区］

【出处】冷明中（男，70 岁，随州市农民，小学）讲，冷明权（文化馆干部，大学）采录：《* 舜的传说》(1982)，见《中国民间故事集成》全国编辑委员会、《中国民间故事集成 · 湖北卷》编辑委员会编《中国民间故事集成》(湖北卷)，北京：中国 ISBN 中心 1999 年版，第 37 ～ 38 页。

WYS017.7.1.3

舜勤劳聪慧

实 例

中华民族 舜自幼勤劳聪慧，以贤达明理而闻名于乡里。

【流传】(山东省济南市)

【出处】《娥皇、女英做舜妻》，见郭先芳编著《黄河的神话传说和民间故事》，郑州：黄河水利出版社 2015 年版，第 76 页。

WYS017.7.2

舜孝顺

【关联】[WYS052.4.3.5] 舜不计后母前嫌，躬行孝道

实 例

汉 族 大舜是古时候有名的帝王，也是个孝子。

【流传】陕西省·（咸阳市）·淳化县［采录地点：淳化县胡家庙乡］

【出处】罗吉学（男，51 岁，淳化县北城堡乡，农民，小学）讲，张耀群（男，26 岁，淳化县胡家庙乡文化站，干部，高中）采录：《大舜的传说》（1988.04.21），见中国民间文学集成全国编辑委员会、中国民间文学集成陕西卷编辑委员会编《中国民间故事集成》（陕西卷），北京：中国 ISBN 中心 1996 年版，第 28 ～ 29 页。

WYS017.7.2.1

舜孝顺父母

实 例

中华民族 舜父瞽叟盲，而舜母死，瞽叟更娶妻而生象，象傲。瞽叟爱后妻子，常欲杀舜，舜避逃；及有小过，则受罪。顺事父及后母与弟，日以笃谨，匪有解。

【流传】（无考）

【出处】［西汉］司马迁：《史记·五帝本纪》。

汉 族 唐尧那时候，有个青年叫大舜，勤快憨厚，对父母十分孝顺。

【流传】（无考）

【出处】王上清讲，王孟晓记录：《大舜耕田》，见陶阳、钟秀编《中国神话》（中册），北京：商务印书馆 2008 年版，第 826 ～ 827 页。

中华民族 舜的母亲死后，父亲瞽叟又娶了后娘滋女，生下弟弟象。后娘不喜欢舜，连带着父亲也嫌恶他。但舜一如既往地孝敬父母，爱护弟弟。

【流传】（无考）

【出处】《舜·孝悌有闻》，见卢静《尧舜禹》，北京：中华书局 2019 年版，第 37 页。

汉 族 尧王又听说历山脚下有一个贤人叫舜，他爹是个瞎子，他娘是个后娘，他的异母弟弟象是个二半吊子，几口子合计着害舜，可舜一次又一次躲过暗算，还是一门心思地孝顺爹娘。

【流传】（中原一带）

【出处】《尧王选贤》，见孟宪明著《中原经典神话》，郑州：河南大学出版社 2016 年版，第 193 页。

汉 族 舜待后娘极孝，待象极好。每次爹娘和象吃饭，舜站在桌边盛饭添菜。平时，后娘稍不随意，就打舜，哪怕打得再重，他不喊痛，不流眼泪。

【流传】浙江省·（杭州市）·萧山市［采录地点：萧山市桃源乡］

【出处】王焕根（男，30 岁，萧山市桃源乡，农民，高小）讲，吴桑梓（女，41 岁，萧山轻型车变速箱厂，工人，初小）采录：《舜拜天子》（1987），见中国民间文学集成全国编辑委员会、中国民间文

学集成浙江卷编辑委员会编《中国民间故事集成》(浙江卷)，北京：中国 ISBN 中心 1997 年版，第 77 页。

中华民族 舜的生母早逝，年幼时，舜生活艰难。但舜一心向善，始终秉持对父母的孝心，对兄弟的爱护。

【流传】(无考)

【出处】卢静:《尧舜禹》导读，北京：中华书局 2019 年版，第 2 页。

汉 族 后娘处处苛刻舜，舜对后娘没有一点儿怨恨，一早一晚还问安。

【流传】河南省·(南阳市)·桐柏县［采录地点：桐柏县·水帘洞］

【出处】释妙祥讲，刘剑、柳丹采录:《效舜》(1986.01)，见张振犁编著，孟宪明、朱淑君统纂《中原神话通鉴》(第三卷)，郑州：河南大学出版社 2017 年版，第 1001 页。

汉 族 舜很讲孝道，忙罢部落的事，还要到井边给伯伯(亲生父亲)洗衣裳。

【流传】湖北省·随州市［采录地点：随州市区］

【出处】晏勋其(男，78 岁，随州市教师，大学)讲，刘大业(文化馆干部，初中)采录:《舜的传说》(1988)，见《中国民间故事集成》全国编辑委员会、《中国民间故事集成·湖北卷》编辑委员会编《中国民间故事集成》(湖北卷)，北京：中国 ISBN 中心 1999 年版，第 36 ～ 37 页。

WYS017.7.2.1.1

舜为继母治眼疾

实 例

汉 族 舜的继母眼睛疼痛，日夜呻吟。舜忽然想起了用舌舔目可以治好眼病的方法，就俯下身去，用舌头舔继母的左眼睛，不一会儿左眼果然复明了。

【流传】河南省·济源市·邵原镇［采录地点：邵原街十字路口］

【出处】张明海(男，58 岁，邵原村回民，初中)讲，许小伟(男，27 岁，邵原镇二中教师)采录:《孝敬父母》(2005.02.15)，见济源市邵原镇人民政府、济源邵州文化教育研究会编著《济源邵原创世神话群》，郑州：河南人民出版社 2008 年版，第 30 ～ 31 页。

WYS017.7.2.2

舜孝顺老人

实 例

汉 族 舜很孝顺，对老人的话一向都是言听计从。加之他生性老实，从来都是以坦荡之心待人，根本不会想到别人去害他。

【流传】山西省·运城市·绛县·古绛镇·尧寓村

【出处】张志善:《娥皇女英助舜脱险的故事》，见田茂忠、申建华主编《尧王故里》，山西省绛县尧文化研究会编印，2009 年，第 130 ～ 136 页。

WYS017.7.2.3

舜年二十以孝闻

实 例

中华民族 舜，冀州之人也。舜耕历山，渔雷泽，陶河滨，作什器于寿丘，就时于负夏。舜父瞽叟顽，母嚚，弟象傲，皆欲杀舜。舜顺适不失子道，兄弟孝慈。欲杀，不可得；即求，尝在侧。舜年二十以孝闻。

【流传】（无考）

【出处】［西汉］司马迁：《史记·五帝本纪》。

WYS017.7.2.4

舜送粮食孝敬父母

实 例

汉 族 （参见“WYS017.7.2.5 舜渔猎孝敬父母”母题实例）

WYS017.7.2.5

舜渔猎孝敬父母

实 例

汉 族 舜在历山打下粮食、瓜果蔬菜，都按时送些回家孝敬父母，制陶挣来钱打来鱼都及时给父母送去。还给弟妹买了好多礼品，姚婆不领情，用棍棒将舜打出门去。送一回打一回，舜不记仇恨，照旧送。

【流传】（山西省·运城市·盐湖区·鸣条）

【出处】相水虎主编：《鸣条尧舜禹关四圣出巡古庙会》，运城市盐湖区鸣条二月二古庙会文化活动中心内部交流本，2016 年，第 10 页。

WYS017.7.2.6*

晋南人将舜的功绩赞为“舜孝”

实 例

中华民族 晋南人对尧舜禹很敬佩，将他们的功绩称赞为“尧德”“舜孝”“禹功”。

【流传】（山西省南部）

【出处】《史籍记载的尧舜源流与功绩》，见赵大勇、赵随意著《尧都平阳与尧舜禹》，太原：山西古籍出版社 1999 年版，第 7 页。

WYS017.7.2.7*

舜是尽孝道的楷模

实 例

中华民族 尧和舜两位古帝，都是儒家津津乐道的以“德”治理天下的“明君”。而帝舜则又被儒家宣扬为能吃大苦、耐大劳、尽孝道的世人楷模。

【流传】（无考）

【出处】杨东晨：《华夏始祖：尧舜禹时代》“三、帝舜的明德”，西安：三秦出版社 2007 年版，第 41 页。

WYS017.7.2.8*

舜以孝化人

实 例

中华民族 舜是乐官瞽叟的儿子。其父心术不正，其母善于说谎，其弟象十分傲慢，对虞的态度很不友好。而舜和他们却能和睦相处。以自己孝行美德感化他们，家务处理得十分妥善。

【流传】（无考）

【出处】杨东晨：《华夏始祖：尧舜禹时代》"三、帝舜的明德"，西安：三秦出版社2007年版，第56页。

WYS017.7.2.8.1*

尊老、敬老、养老美德兴于舜

实 例

中华民族 尊老、敬老、养老乃中华民族之优良传统，此美德兴于舜，盛于舜，舜可谓华夏第一倡导者。

【流传】（山西省）

【出处】中国先秦史学会尧舜禹文化研究基地编，叶雨青、张培莲著：《尧舜传》第三十七章"尊师兴学教诸子，养老上庠与下庠"，太原：山西出版集团·山西春秋电子音像出版社2008年版，第254页。

WYS017.7.3

舜勤俭和气

实 例

汉 族 舜又勤俭、又和气、又能干的名声越传越远。

【流传】山西省·（临汾市）·翼城县［采录地点：翼城县西阎镇］

【出处】李士龙（男，79岁，翼城县大河乡农民，初中）讲，王吉文（男，52岁，翼城县文化局干部，中专）采录：《尧王传舜》（1986），见中国民间文学集成全国编辑委员会、《中国民间文学集成·山西卷》编辑委员会编《中国民间故事集成》（山西卷），北京：中国ISBN中心1999年版，第39～40页。

WYS017.7.4

舜讲究公平行事

实 例

汉 族 尧王来到历山，看到舜正在犁地。尧王见舜掌的那个里首牛很好，就满口夸奖。舜急忙轻声对尧王说；"你夸里首牛好，外首牛听见生气了，能再好好地拉犁吗?"尧王一听大喜，暗暗佩服大舜处世公道。

【流传】（无考）

【出处】王上清讲，王孟晓记录：《大舜耕田》，见陶阳、钟秀编《中国神话》（中册），北京：商务印书馆2008年版，第826～827页。

汉 族 尧王民间巡访来到历山，看见舜正在犁地。尧王见舜掌的那个里首牛很好，就满口夸奖。舜急忙轻声对尧王说："你夸里首牛好，外首牛听见生气了，会能好好地拉犁吗?"尧王一听大喜，暗暗佩服大舜处世公道。

【流传】河南省·（洛阳市）·宜阳县

【出处】王上清（50岁，农民）讲，王孟晓采录：《大舜耕田》（1986.08），见张振犁编著，孟宪明、朱淑君统纂《中原神话通鉴》（第三卷），郑州：河南大学出版社2017年版，第1005页。

汉 族 尧问舜为啥不对犁地的两头牛评价就走。舜说："水牛力气大，黄牛力气小，可它俩拉的泡杆是端的，绳索占位的多少是平的。我若说水牛不用劲，冤枉水牛；我若说黄牛不用劲，又冤枉了黄牛。对哑巴牲畜也应该和对人一样，要公平正直，不能凭口胡乱说。”

【流传】湖北省·（十堰市）·丹江口市［采录地点：丹江口市狮子沟］

【出处】葛朝荣（男，73 岁，盲人，私塾）讲，李征康（干部，高中）采录：《尧王选贤》（1987），见《中国民间故事集成》全国编辑委员会、《中国民间故事集成·湖北卷》编辑委员会编《中国民间故事集成》（湖北卷），北京：中国 ISBN 中心 1999 年版，第 35 ～ 36 页。

WYS017.7.5

舜博爱

实　例

中华民族 舜来到历山脚下，拓荒躬耕。他的博爱精神，感化了四周的农人，人心趋善，风俗亦为之大变，大家都能和平相处，安居乐业。

【流传】（山东省济南市）

【出处】《娥皇、女英做舜妻》，见郭先芳编著《黄河的神话传说和民间故事》，郑州：黄河水利出版社 2015 年版，第 77 页。

WYS017.7.6

舜尊老

实　例

汉　族 一日，舜在耕田，尧站在田埂上大声问：“喂，小哥，我问你，耕田是雄牛快，还是雌牛快？”舜一看是一个长者在问他，就放下犁，一直蹉到田壤边，洗干净脚，穿好草鞋，然后对长者行礼：“长老，耕田是雄牛快。”尧见舜果然懂得礼义，心里非常高兴。

【流传】浙江省·（杭州市）·萧山市［采录地点：萧山市桃源乡］

【出处】王焕根（男，30 岁，萧山市桃源乡，农民，高小）讲，吴桑梓（女，41 岁，萧山轻型车变速箱厂，工人，初小）采录：《舜拜天子》（1987），见中国民间文学集成全国编辑委员会、中国民间文学集成浙江卷编辑委员会编《中国民间故事集成》（浙江卷），北京：中国 ISBN 中心 1997 年版，第 77 页。

WYS017.7.7

舜以德报怨

实　例

汉　族 舜的继母屡屡想加害于舜，但舜仍一如既往地孝敬继母。

【流传】河南省·济源市·邵原镇［采录地点：邵原街十字路口］

【出处】张明海（男，58 岁，邵原村回民，初中）讲，许小伟（男，27 岁，邵原镇二中教师）采录：《孝敬父母》（2005.02.15），见济源市邵原镇人民政府、济源邵州文化教育研究会编著《济源邵原创世神话群》，郑州：河南人民出版社 2008 年版，第 30 ～ 31 页。

WYS017.7.8

舜懂感恩

实　例

汉　族 有一天，舜来到个小村庄讨饭。人们见他饿得皮包骨头，少气无力，怪可怜的，都主动拿了汤来给他喝，取了饭来给他吃。舜很受感动，发现这个村也不富裕，不少人家也是穷得锅底朝天。只是人们心肠好罢了。于是舜就想着要为这村做件好事，作为报答。

【流传】山西省 ·（晋城市）· 沁水县［采录地点：沁水县可陶村］

【出处】丁奉瑞（男，45 岁，沁水县可陶村小学教员）、丁奉礼（男，50 岁，沁水县可陶村农民）讲，董富来（男，54 岁，晋城市煤管局干部，中专）采录：《舜王传艺可陶村》（1987），见中国民间文学集成全国编辑委员会、《中国民间文学集成 · 山西卷》编辑委员会编《中国民间故事集成》（山西卷），北京：中国 ISBN 中心 1999 年版，第 40 ～ 41 页。

WYS017.7.9

舜的其他相关美德

实 例

（参见下级母题实例）

WYS017.7.9.1

舜大公无私

实 例

汉 族 舜把鲜嫩的山葱分给了大家。

【流传】河南省 · 济源市 · 邵原镇

【出处】卢毅（男，55 岁，邵原镇阳安村人，初中）讲，牛学鸣（男，46 岁，邵原镇小学教师，高中）采录：《锥山拔葱》（2000.10），见济源市邵原镇人民政府、济源邵州文化教育研究会编著《济源邵原创世神话群》，郑州：河南人民出版社 2008 年版，第 29 页。

汉 族 舜把帝位传给了治理洪水有功的禹。朝廷当官的和老百姓都说舜王没有私心，舜的威望更高了。

【流传】山西省 ·（临汾市）· 翼城县［采录地点：翼城县西阎镇］

【出处】李士龙（男，79 岁，翼城县大河乡农民，初中）讲，王吉文（男，52 岁，翼城县文化局干部，中专）采录：《丹朱墓》（1986），见中国民间文学集成全国编辑委员会、《中国民间文学集成 · 山西卷》编辑委员会编《中国民间故事集成》（山西卷），北京：中国 ISBN 中心 1999 年版，第 42 ～ 43 页。

WYS017.7.9.2

舜宽宏大度

实 例

汉 族 尧帝死后，舜帝不计前嫌，看到尧的儿子丹珠恶习已改，而且有了立功赎罪的念头，就想给他个机会，问他愿到哪儿去做官。

【流传】河南省 · 南阳市 · 淅川县［采录地点：淅川县荆紫关镇吴村］

【出处】习警文讲，习诏记录：《丹江的传说》（1985.03），见中国民间文艺家协会组织编写，罗杨总主编，王洪连、习诏本卷主编《中国民间故事丛书》（河南省 · 南阳市 · 淅川卷），北京：知识产权出版社 2016 年版，第 19 ～ 21 页。

WYS017.7.9.3

舜乐于助人

实 例

汉 族 舜种庄稼长得格外好，收下的粮食堆满仓。除了自己吃，还送给贫苦的农夫。这件事很快就传开了，方圆百里，无人不知，无人不晓。

【流传】甘肃省・天水市・北道区［采录地点：天水市北道区街子乡］

【出处】张文理（男，57 岁，农民，小学）讲，柴亚方（男，34 岁，农民，初中）采录：《舜的传说》(1987.05)，见《中国民间故事集成》全国编辑委员会、《中国民间故事集成・甘肃卷》编辑委员会编《中国民间故事集成》(甘肃卷)，北京：中国 ISBN 中心 2001 年版，第 21 页。

WYS017.7.9.3.1

舜热心传播知识

实 例

中华民族 舜种的庄稼长势好，收获丰盈，周围群众都赶来向舜求教学习。加之舜能干善良，生活勤俭，待人和气，名声越传越远。

【流传】(山西省中条山一带)

【出处】《史籍记载的尧舜源流与功绩》，见赵大勇、赵随意著《尧都平阳与尧舜禹》，太原：山西古籍出版社 1999 年版，第 29 页。

WYS017.8

舜的弱点

实 例

（参见下级母题实例）

WYS017.8.1

舜愚孝

实 例

（参见下级母题实例）

WYS017.8.1.1

舜愚孝，后母使坏，舜亦遵命

实 例

汉 族 尧王问舜，人家犁地都是顺着地身犁，你为啥老是横着啊？人和牛不是都很累吗？舜说，我来时娘有交代，一定要我横着耕。我要是顺着犁不就违拗了娘的话吗？

【流传】河南省南阳一带［采录地点：南阳市］

【出处】杜加典讲，张楚北采集：《尧王访贤》(1982.02)，见孟宪明著《中原经典神话》，郑州：河南大学出版社 2016 年版，第 193 页。

汉 族 尧王来到舜犁地的地方，见舜横着犁。原来舜知道这样犁地又慢又费劲，但母亲整天想法害他，怕不照着办会惹出祸来，就只好遵从。

【流传】河南省・南阳市

【出处】杜加典讲，张楚北采录：《尧王访贤（二）》（1982.02），见张振犁编著，孟宪明、朱淑君统纂《中原神话通鉴》（第三卷），郑州：河南大学出版社 2017 年版，第 987 页。

WYS017.9

与舜性格特征有关的其他母题

实　例

（参见下级母题实例）

WYS017.9.1

舜得道多助

【关联】［WYS043.5.1］动物帮助舜耕田

实　例

汉　族 大舜身患重病，累倒在地。他想着死去的母亲，有气无力地哭着。这哭声传开了，野猪听了来帮他拱地，小鸟听了来帮他啄草。

【流传】河南省·（洛阳市）·宜阳县

【出处】王上清（50 岁，农民）讲，王孟晓采录：《大舜耕田》（1986.08），见张振犁编著，孟宪明、朱淑君统纂《中原神话通鉴》（第三卷），郑州：河南大学出版社 2017 年版，第 1005 页。

WYS017.9.2

舜的人格魅力极强（舜得民心）

实　例

中华民族 孟子曰："否！不然也，天与贤则与贤，天与子则与子。昔者舜荐禹于天，十有七年，舜崩，三年之丧毕，禹避舜之子于阳城，天下之民从之，若尧崩之后，不从尧之子而从舜也。"

【流传】（无考）

【出处】［战国］孟轲及其弟子：《孟子·万章下》。

中华民族 舜耕历山，历山之人皆让畔；渔雷泽，雷泽上人皆让居；陶河滨，河滨器皆不苦窳。一年而所居成聚，二年成邑，三年成都。

【流传】（无考）

【出处】［西汉］司马迁：《史记·五帝本纪》。

汉　族 舜在历山脚下的小屋边开了一片荒地，种上了庄稼。人们看舜的日子过得满舒坦，也陆续搬到历山脚下来住。

【流传】山东省·济南市［采录地点：济南市］

【出处】徐臻（男，40 岁，干部，大专）讲，李奎元（男，40 岁，济南市委干部，大专）采录：《舜耕历山下》（1986 年春天），见《中国民间故事集成》全国编辑委员会、《中国民间故事集成·山东卷》编辑委员会编《中国民间故事集成》（山东卷），北京：中国 ISBN 中心 2007 年版，第 18 ～ 21 页。

中华民族 青春年华的舜，做事已然令人信服。天仙般的娥皇与女英，嫁到妫水边舜的家里，不知不觉中便被舜的人格感化了。

【流传】（无考）

【出处】《舜·孝悌有闻》，见卢静《尧舜禹》，北京：中华书局 2019 年版，第 37 页。

汉　族 玉溪老人看见舜王盟誓，而且从言行举止上看，舜王不像个心胸狭窄的人，才下决心推荐把鲧的儿子文命推荐给他。

【流传】河南省·（郑州市）·登封市

【出处】《玉溪垂钓》，见张振犁编著，孟宪明、朱淑君统纂《中原神话通鉴》（第四卷），郑州：河南大学出版社 2017 年版，第 1132 页。

汉　族 舜好像天生就有感化影响别人的能力。他在历山耕种，没有多久，历山的农人受了他德行的感化，都争着让起田界来；舜又到雷泽去打鱼，不久雷泽的渔夫也争着让起渔场来；舜又到河边去做陶器，没有多久，说也奇怪，河滨陶工做的陶器就都又精美又耐用了。

【流传】（无考）

【出处】《尧舜二帝》，见金麦田编著《中国古代神话故事》，北京：京华出版社 2003 年版，第 45 ～ 52 页。

WYS017.9.3

舜注重实践

实　例

汉　族 尧考察舜时，让舜对犁地的两头牛作出评价，如何分开勤懒强弱。舜说："我明日亲自拉它俩的绳索犁一天地，才能有公正话。"

【流传】湖北省·（十堰市）·丹江口市［采录地点：丹江口市狮子沟］

【出处】葛朝荣（男，73 岁，盲人，私塾）讲，李征康（干部，高中）采录：《尧王选贤》（1987），见《中国民间故事集成》全国编辑委员会、《中国民间故事集成·湖北卷》编辑委员会编《中国民间故事集成》（湖北卷），北京：中国 ISBN 中心 1999 年版，第 35 ～ 36 页。

WYS017.9.4

舜耐心

实　例

汉　族 舜对学艺的人也很耐心，不管你有多笨，也要想方设法手把手教会你做陶件，白天黑夜地细心教大家烧陶窑。

【流传】山西省·（晋城市）·沁水县［采录地点：沁水县可陶村］

【出处】丁奉瑞（男，45 岁，沁水县可陶村小学教员）、丁奉礼（男，50 岁，沁水县可陶村农民）讲，董富来（男，54 岁，晋城市煤管局干部，中专）采录：《舜王传艺可陶村》（1987），见中国民间文学集成全国编辑委员会、《中国民间文学集成·山西卷》编辑委员会编《中国民间故事集成》（山西卷），北京：中国 ISBN 中心 1999 年版，第 40 ～ 41 页。

WYS017.9.5

舜平易近人

实　例

汉　族 舜在厉山上开荒种地，收成好，待人好，厉山一带老百姓都愿意靠近他。大伙儿都照着舜的样子学，互相亲亲热热，和和气气像一家人，不光是没有人吵嘴打架、争田夺地，反而你敬我爱，互相让起田界来。

【流传】山西省·（临汾市）·翼城县［采录地点：翼城县西阎镇］

【出处】李士龙（男，79 岁，翼城县大河乡农民，初中）讲，王吉文（男，52 岁，翼城县文化局干部，中专）采录：《尧王传舜》（1986），见中国民间文学集成全国编辑委员会、《中国民间文学集成·山西卷》编辑委员会编《中国民间故事集成》（山西卷），北京：中国 ISBN 中心 1999 年版，第 39 ～ 40 页。

汉　族 舜上九嶷山的三峰石，住在一个百姓家里。这家没儿没女，只有两位老人，对他非常亲热。他天天出去爬山，走遍了九嶷山区，看遍了山山水水，奇峰岩洞。

【流传】湖南省·（永州市）·蓝山县［采录地点：蓝山县］

【出处】邝圣恒（男，干部，高中）讲，李夕考（男，干部，高师）采录：《娥皇女英》（1986），见中国民间故事集成全国编辑委员会、《中国民间故事集成·湖南卷》编辑委员会编《中国民间故事集成》（湖南卷），北京：中国 ISBN 中心 2002 年版，第 59 ～ 60 页。

WYS017.9.6

舜不卑不亢

实　例

（参见下级母题实例）

WYS017.9.6.1

面对傲气的官员，舜不卑不亢

实　例

汉　族 尧知道舜善耕种的事后，对舜非常敬佩仰慕，就派大臣罕去请他。舜对罕傲气的样子有些生气，但还是忍住，很平静地说："种地的人只想五谷丰登，不想什么重用不重用，你回去吧。"

【流传】山东省·（潍坊市）·诸城市［采录地点：诸城市万家庄乡官庄店村］

【出处】范炳忠（62 岁，万家庄乡官庄店村，小学）讲，范凤廷（47 岁，万家庄乡官庄店村，初中）采录：《尧王访舜》（1986.08），见《中国民间故事集成》全国编辑委员会、《中国民间故事集成·山东卷》编辑委员会编《中国民间故事集成》（山东卷），北京：中国 ISBN 中心 2007 年版，第 17 ～ 18 页。

WYS017.9.7

舜办事细心

实　例

汉　族 尧王发现舜办事细心，讲究方法，无论办啥事都能办得好的。

【流传】河南省·（南阳市）·南阳县（1994 年撤销，与原县级南阳市以人民路为界重组为宛城、卧龙二区）［采录地点：南阳市南阳旅社］

【出处】杜家典（男，57 岁，南阳县青华街农民，读过私塾）讲，张楚北（男，46 岁，河南省民间文艺家协会干部，高中）

采录：《尧王访贤》（1982.02），见《中国民间故事集成》全国编辑委员会、《中国民间故事集成·河南卷》编辑委员会编《中国民间故事集成》（河南卷），北京：中国 ISBN 中心 2001 年版，第 46 ～ 47 页。

WYS017.9.8

舜公正圣明，执法如山

实 例

汉 族 舜帝在九嶷山公正圣明，执法如山。

【流传】（无考）

【出处】 李美清讲，杨鹏搜集整理：《舜帝审案》，原载陶阳编《中国民间故事大观》，见陶阳、钟秀编《中国神话》（中），北京：商务印书馆 2008 年版，第 822 ～ 823 页。

汉 族 在上古时，长江三峡以上地带洪水泛滥。舜调回在这里治水不力的鲧下令处死。

【流传】 湖北省·宜昌市·西陵区［采录地点：宜昌市西陵区解放路］

【出处】 常宝琳讲，肖觉记录：《下牢溪》（1982 夏），见中国民间文艺家协会组织编写，罗杨总主编，王金碧、席群英、刘复军本卷主编《中国民间故事丛书》（湖北省·宜昌市·西陵点军卷），北京：知识产权出版社 2016 年版，第 42 ～ 44 页。

WYS017.9.9

舜的其他性格

实 例

（参见下级母题实例）

WYS017.9.9.1

舜能与人友好相处

实 例

中华民族 舜是乐官瞽叟的儿子。其父心术不正，其母善于说谎，其弟象十分傲慢，对虞的态度很不友好。而舜和他们却能和睦相处。以自己孝行美德感化他们，家务处理得十分妥善。

【流传】（无考）

【出处】 杨东晨：《华夏始祖：尧舜禹时代》“三、帝舜的明德”，西安：三秦出版社 2007 年版，第 56 页。

WYS017.9.9.2

舜深谋远虑，谨慎小心

实 例

汉 族 尧说“舜顺天应情，深谋远虑，谨慎小心，是天子之才。”

【流传】 河北省·保定市·唐县［采录地点：唐县峪山庄］

【出处】 韩增寿采录：《唐尧传说·造围棋》（2008.04），见中国民间文艺家协会组织编写，罗杨总主编，韩海山本卷主编《中国民间故事丛书》（河北省·保定市·唐县卷），北京：知识产权出版社 2016 年版，第 24 ～ 27 页。

WYS017.9.9.3

舜善反思

实 例

汉 族 舜到民间的半路上，他碰见个揭地

（犁地）的，脊背后边背着个簸箕，套着大、小一样两个牛，一个是黄牛，一个是黑牛。这人把鞭子扬起打牛时，鞭鞭落在自己背后的簸箕上，簸箕啪啪一响，两牛就往前曳哩。舜问原因，那人说："牛给人揭地下的多大的苦，打下粮食养活一家老小，我咋能忍心打嘛？在我心里，打牛就是打我的父母！"揭地的对他又说："你还问我哪个牛劲大？你想，两个牛各拉半股绳，我若说黄牛劲大，黑牛就会受委屈。我若说黑牛劲大，黄牛就要受委屈哩，我不能到两个牛面前说哪个牛不好。"大舜听了这话，想了几天，一个老百姓对牛如父母，我难道连个百姓都不如吗？

【流传】陕西省·（咸阳市）·淳化县［采录地点：淳化县胡家庙乡］

【出处】罗吉学（男，51岁，淳化县北城堡乡，农民，小学）讲，张耀群（男，26岁，淳化县胡家庙乡文化站，干部，高中）采录：《大舜的传说》（1988.04.21），见中国民间文学集成全国编辑委员会、中国民间文学集成陕西卷编辑委员会编《中国民间故事集成》（陕西卷），北京：中国ISBN中心1996年版，第28～29页。

WYS018

舜具有特定能力（舜的能力）

实 例

（参见下级母题实例）

WYS018.0

舜能力非凡

实 例

汉 族 舜是重明鸟托生的，他眼窝里有两个瞳仁，可以避妖驱邪。不管是毒蛇猛兽，还是妖魔鬼怪，只要舜一睁眼，它们就不顾命地逃跑了。

【流传】山西省·（临汾市）·翼城县［采录地点：翼城县西阎镇］

【出处】李士龙（男，79岁，翼城县大河乡农民，初中）讲，王吉文（男，52岁，翼城县文化局干部，中专）采录：《尧王传舜》（1986），见中国民间文学集成全国编辑委员会、《中国民间文学集成·山西卷》编辑委员会编《中国民间故事集成》（山西卷），北京：中国ISBN中心1999年版，第39～40页。

WYS018.1

舜会变化

实 例

（实例待考）

WYS018.2

舜会特定技能

实 例

（参见下级母题实例）

WYS018.2.1

舜掌握种植的技术

实 例

（参见下级母题实例）

WYS018.2.2

舜善耕（舜好耕）

实 例

汉 族 一年，天下颗粒无收，偏偏大舜种的庄稼成了。

【流传】陕西省·（咸阳市）·淳化县［采录地点：淳化县胡家庙乡］

【出处】罗吉学（男，51 岁，淳化县北城堡乡，农民，小学）讲，张耀群（男，26 岁，淳化县胡家庙乡文化站，干部，高中）采录：《大舜的传说》（1988.04.21），见中国民间文学集成全国编辑委员会、中国民间文学集成陕西卷编辑委员会编《中国民间故事集成》（陕西卷），北京：中国 ISBN 中心 1996 年版，第 28 ～ 29 页。

汉 族 尧知道舜善耕种的事后，对舜非常敬佩仰慕，就派大臣罕去请他。舜对罕傲气的样子有些生气，但还是忍住，很平静地说："种地的人只想五谷丰登，不想什么重用不重用，你回去吧。"

【流传】山东省·（潍坊市）·诸城市［采录地点：诸城市万家庄乡官庄店村］

【出处】范炳忠（62 岁，万家庄乡官庄店村，小学）讲，范凤廷（47 岁，万家庄乡官庄店村，初中）采录：《尧王访舜》（1986.08），见《中国民间故事集成》全国编辑委员会、《中国民间故事集成·山东卷》编辑委员会编《中国民间故事集成》（山东卷），北京：中国 ISBN 中心 2007 年版，第 17 ～ 18 页。

WYS018.2.3

舜会制陶（舜制陶）

【关联】①［WYS025.2.6］舜是制陶者；②［WYS044.6.2］舜教人制陶

WYS018.2.3.0

舜制陶的原因

实 例

（参见下级母题实例）

WYS018.2.3.0.1

灾后无餐具，故舜制陶

实 例

汉 族（参见"WYS018.2.3.4.5.1 舜制陶时，从配料、制坯、烧结、出窑、检验、出售每一道工序都有详细的规定"母题实例）

WYS018.2.3.1

舜熟练掌握制陶技术

实 例

汉 族 舜心灵手巧，大堆大堆的陶泥，他双手一舞，"哗哗"就变成了缸、罐、碗、盆。

【流传】山西省·（晋城市）·沁水县［采录

地点：沁水县可陶村］

【出处】丁奉瑞（男，45 岁，沁水县可陶村小学教员）、丁奉礼（男，50 岁，沁水县可陶村农民）讲，董富来（男，54 岁，晋城市煤管局干部，中专）采录：《舜王传艺可陶村》（1987），见中国民间文学集成全国编辑委员会、《中国民间文学集成·山西卷》编辑委员会编《中国民间故事集成》（山西卷），北京：中国 ISBN 中心 1999 年版，第 40 ～ 41 页。

WYS018.2.3.2

舜制陶的时间

实 例

（实例待考）

WYS018.2.3.3

舜制陶的地点

实 例

（参见下级母题实例）

WYS018.2.3.3.1

舜于陶城制陶

实 例

中华民族 （参见“WYS018.2.3.5.1 舜烧制的陶器质地坚牢，色泽光亮”母题实例）

WYS018.2.3.3.2

舜陶于桑干河之滨

实 例

中华民族 舜生在河南省东北部的虞城县。及长而迁居至山东菏泽地区，制陶为业。后来舜入赘尧，赴涿鹿潘城妫汭完婚。舜耕历山，地在涿鹿县保岱乡故潘城西北，今名釜山。舜陶于桑干河之滨。

【流传】（无考）

【出处】王大有：《三皇五帝时代》，转引自任乃荣《三皇五帝探源》第八章“舜有虞氏时代”，北京：新华出版社 2011 年版，第 194 页。

WYS018.2.3.3.3

舜于曹州制陶

实 例

中华民族 舜生于姚墟，从母居于妫州，耕渔于历山雷泽，制陶于曹州。

【流传】（无考）

【出处】杨东晨：《华夏始祖：尧舜禹时代》“三、帝舜的明德”，西安：三秦出版社 2007 年版，第 52 页。

WYS018.2.3.4

舜制陶的方法

实 例

（参见下级母题实例）

WYS018.2.3.4.0

舜制陶方法的获得

实 例

（参见下级母题实例）

WYS018.2.3.4.0.1

舜暗中学习陶艺

实　例

中华民族 舜在陶城旁砍树搭建房屋。舜到陶窑群落里，以看货为由，其实是观察陶工们如何制陶器。

【流传】（山西省）

【出处】中国先秦史学会尧舜禹文化研究基地编，叶雨青、张培莲著：《尧舜传》第二十四章“舜陶河滨陶器牢，鲧窃息壤治洪水”，太原：山西出版集团·山西春秋电子音像出版社 2008 年版，第 156 页。

WYS018.2.3.4.1

舜建造陶窑

实　例

中华民族 （参见“WYS018.2.3.5.1 舜烧制的陶器质地坚牢，色泽光亮”母题实例）

WYS018.2.3.4.2

制陶前，舜精心制胚

实　例

中华民族 （参见“WYS018.2.3.5.1 舜烧制的陶器质地坚牢，色泽光亮”母题实例）

WYS018.2.3.4.3

制陶时，舜掌握好火候

实　例

中华民族 （参见“WYS018.2.3.5.1 舜烧制的陶器质地坚牢，色泽光亮”母题实例）

WYS018.2.3.4.4

陶器出窑后，舜认真检查

实　例

中华民族 （参见“WYS018.2.3.5.1 舜烧制的陶器质地坚牢，色泽光亮”母题实例）

WYS018.2.3.4.5

舜规定制陶程序

实　例

（参见下级母题实例）

WYS018.2.3.4.5.1

舜制陶时，严把工序

实　例

汉　族 当时不时发大水，人们逃水灾来诸冯，生活十分困难，连盆碗都没有，舜知道后，便亲自开制陶坊，对用土和工序上要求极为严格，取上等黏土，从配料、制坯、烧结、出窑、检验、出售，每一道工序都有详细的规定。

【流传】（山西省·运城市·盐湖区·鸣条）

【出处】相水虎主编：《鸣条尧舜禹关四圣出巡古庙会》，运城市盐湖区鸣条二月二古庙会文化活动中心内部交流本，2016 年，第 9 页。

WYS018.2.3.5

舜制陶的结果

实　例

（参见下级母题实例）

WYS018.2.3.5.1
舜烧制的陶器质地坚牢，色泽光亮

实 例

中华民族 舜在陶城边沿选择一块场地，烧制起各种陶器来。舜认真选择好的黏土和泥细揉，精心制胚，精心烧制，掌握好火候，陶器出窑后，舜又认真检查，不满意的陶器，一一砸碎。这样，舜烧制出卖的陶器，质地坚牢，色泽光亮，远远超过了其他陶工的产品，很受大家的欢迎，人们都来买舜的陶器。

【流传】（山西省）

【出处】中国先秦史学会尧舜禹文化研究基地编，叶雨青、张培莲著：《尧舜传》第二十四章“舜陶河滨陶器牢，鲧窃息壤治洪水”，太原：山西出版集团 · 山西春秋电子音像出版社 2008 年版，第 15 页。

WYS018.2.3.5.2
舜制陶器无劣品

【关联】［WYS018.2.3.4.4］舜等陶器出窑后，认真检查

实 例

中华民族 舜在黄河岸边制作陶器，黄河两岸的陶器没有伪劣品。凡舜所在的地方，一年后成了村落，两年后成了乡邑，三年后成了市镇。

【流传】（无考）

【出处】张大可、朱枝富编著：《人文始祖黄帝》，北京：商务印书馆 2018 年版，第 171 页。

WYS018.2.4
舜会建造

实 例

（参见下级母题实例）

WYS018.2.4.1
舜建房

实 例

（参见下级母题实例）

WYS018.2.4.1.1
舜盖房屋的技术娴熟

实 例

（参见下级母题实例）

WYS018.2.4.1.1.1
舜建好房子用了不到两个时辰

实 例

汉 族 舜王奶送砖，舜王手疾眼快，砖到砌成，不到两个时辰，房子就盖好了。

【流传】河南省 · 南阳市 · 方城县［采录地点：方城县清河乡老庄村］

【出处】郭延华（30 岁，农民）讲，郭国祥（35 岁，干部）记录：《舜王庙》（1985.09.04），见中国民间文艺家协会组织编写，罗杨总主编，毛秀荣本卷主编《中国民间故事丛书》（河南省 · 南阳市 · 方城卷），北京：知识产权出版社 2016 年版，第 73 ～ 74 页。

WYS018.2.4.1.2
舜建房的方法

实　例

（参见下级母题实例）

WYS018.2.4.1.2.1
舜夯实地基，砍伐树木，搭建茅屋

实　例

中华民族（参见“WYS018.2.4.2.1 舜在茅屋旁盖了鸡舍羊圈”母题实例）

WYS018.2.4.2
舜建家园

实　例

（参见下级母题实例）

WYS018.2.4.2.1
舜在茅屋旁盖鸡舍羊圈

实　例

中华民族 舜被父母赶出家门，漫无目的地向北边的历山边走去。他决定就在这儿种地。便选择一块平整地方，割去杂草，夯实地基，砍伐树木，搭建茅屋，又在茅屋旁盖了鸡舍羊圈，准备饲养禽畜。

【**流传**】（山西省）

【**出处**】中国先秦史学会尧舜禹文化研究基地编，叶雨青、张培莲著：《尧舜传》第二十一章“父母驱赶离家园，舜耕历山美名扬”，太原：山西出版集团·山西春秋电子音像出版社 2008 年版，第 131 页。

WYS018.2.5
舜善弹琴

实　例

汉　族 舜弹琴弹得最好，尧便令娥皇、女英跟着舜学。后来，尧就把两个女儿嫁给舜做妻子。

【**流传**】河南省·（南阳市）·南阳县（宛城区、卧龙区）

【**出处**】邱海观（男，72 岁，农民）讲，范牧采录整理：《瑶琴》，见张振犁编著，孟宪明、朱淑君统纂《中原神话通鉴》（第三卷），郑州：河南大学出版社 2017 年版，第 992 页。

WYS018.2.6
舜作事成法，出言成章

实　例

汉　族 舜二瞳子，是谓重明，作事成法，出言成章。

【**流传**】（无考）

【**出处**】［西汉］淮南王刘安及门客：《淮南子·修务》。

WYS018.2.7
舜人小本事大

实　例

（参见下级母题实例）

WYS018.2.7.1
舜十岁便力顶成人

实 例

中华民族 舜年过十岁了，虽然年纪还不大，由于自小劳动，练出了力气，能像大人一样干活了。

【流传】（山西省）

【出处】中国先秦史学会尧舜禹文化研究基地编，叶雨青、张培莲著：《尧舜传》第二十一章“父母驱赶离家园，舜耕历山美名扬”，太原：山西出版集团 · 山西春秋电子音像出版社 2008 年版，第 13 页。

WYS018.3
舜精通特定知识

实 例

（参见下级母题实例）

WYS018.3.1
舜精通农业、天文

【关联】［WYS044.3.1］舜教人识天文

WYS018.4
舜善辨识

实 例

（参见下级母题实例）

WYS018.4.1
舜辨识吉凶

实 例

（参见下级母题实例）

WYS018.4.1.1
舜见乌鹊飞于江上，以此为吉兆

实 例

汉 族 大舜见江水旋涡上，有不少乌鹊飞来飞去，他以为这是吉兆，就撑了竹筏往北行向东横河上。

【流传】浙江省 ·（宁波市）· 慈溪市 · 石堰乡 · 上街头［采录地点：石堰乡上街头］

【出处】康启龙（40 岁，农民，初识字）讲，张信人（61 岁，医生，大专）记录：《虞舜传说》（1987），见中国民间文艺家协会组织编写，罗杨总主编，童银舫本卷主编《中国民间故事丛书》（浙江省 · 宁波市 · 慈溪卷），北京：知识产权出版社 2015 年版，第 7 ～ 8 页。

WYS018.5
舜能预测

实 例

（实例待考）

WYS018.6
舜金口玉言（舜的语言有神力）

实 例

（参见下级母题实例）

WYS018.6.1
舜下圣旨让骡子不孕

实 例

汉 族 舜下了一道圣旨：不准天下的骡

子再下驹。从这以后，骡子就再也不下驹了。

【流传】河南省·（洛阳市）·偃师县［采录地点：讲述者家中］

【出处】寇文贤（女，60岁，偃师县邙山区农民，不识字）讲，刘伯欣（男，25岁，河南大学中文系学生）采录：《舜王封娘娘》(1981.02)，见《中国民间故事集成》全国编辑委员会、《中国民间故事集成·河南卷》编辑委员会编《中国民间故事集成》(河南卷)，北京：中国ISBN中心2001年版，第48页。

WYS018.6.2

舜的语言让继母一眼明，一眼瞎

实 例

汉 族 舜金口玉言，他已经说让继母睁一只眼，闭一只眼了，继母便永远只能睁一眼，闭一眼，一眼明，一眼瞎了。

【流传】河南省·济源市·邵原镇［采录地点：邵原街十字路口］

【出处】张明海（男，58岁，邵原村回民，初中）讲，许小伟（男，27岁，邵原镇二中教师）采录：《孝敬父母》(2005.02.15)，见济源市邵原镇人民政府、济源邵州文化教育研究会编著《济源邵原创世神话群》，郑州：河南人民出版社2008年版，第30～31页。

WYS018.7

舜会法术

实 例

（参见下级母题实例）

WYS018.7.1

舜的法术的来历

实 例

（参见下级母题实例）

WYS018.7.2

舜能呼风唤雨

实 例

（参见下级母题实例）

WYS018.8

舜灵验（舜能显灵）

实 例

（参见下级母题实例）

WYS018.8.1

舜显灵惩恶

实 例

（实例待考）

WYS018.8.2

舜王爷显灵，一夜将庙搬到邙山

实 例

汉 族 有一天晚上，舜王爷显灵，一夜之间便把庙搬到了邙山上。

【流传】河南省·（洛阳市）·偃师县（偃师市）

【出处】寇文贤（60岁，女，农民，不识

字）讲，刘伯欣采录：《舜王庙（一）》（1981.02），见张振犁编著，孟宪明、朱淑君统纂《中原神话通鉴》（第三卷），郑州：河南大学出版社 2017 年版，第 1012 页。

WYS018.9

与舜具有特定能力有关的其他母题

实 例

（参见下级母题实例）

WYS018.9.1

舜的瞳仁可以避妖驱邪

实 例

汉 族 舜是重明鸟托生的，他眼窝里有两个瞳仁，可以避妖驱邪。不管是毒蛇猛兽，还是妖魔鬼怪，只要舜一睁眼，它们就不顾命地逃跑了。

【流传】山西省·（临汾市）·翼城县［采录地点：翼城县西阎镇］

【出处】李士龙（男，79 岁，翼城县大河乡农民，初中）讲，王吉文（男，52 岁，翼城县文化局干部，中专）采录：《尧王传舜》（1986），见中国民间文学集成全国编辑委员会、《中国民间文学集成·山西卷》编辑委员会编《中国民间故事集成》（山西卷），北京：中国 ISBN 中心 1999 年版，第 39 ～ 40 页。

WYS018.9.2

舜力大惊人

实 例

汉 族 舜力大惊人，大堆大堆的陶土，他肩担手推，三下五去二地就从山上运了下来。

【流传】山西省·（晋城市）·沁水县［采录地点：沁水县可陶村］

【出处】丁奉瑞（男，45 岁，沁水县可陶村小学教员）、丁奉礼（男，50 岁，沁水县可陶村农民）讲，董富来（男，54 岁，晋城市煤管局干部，中专）采录：《舜王传艺可陶村》（1987），见中国民间文学集成全国编辑委员会、《中国民间文学集成·山西卷》编辑委员会编《中国民间故事集成》（山西卷），北京：中国 ISBN 中心 1999 年版，第 40 ～ 41 页。

WYS018.9.3

舜命大

实 例

汉 族 舜到井边给伯伯（亲生父亲）洗衣裳。被后娘和弟弟设计弄到井里后，自古贵人命大。舜掉到井里，不说没死，连衣服也没打湿。

【流传】湖北省·随州市［采录地点：随州市区］

【出处】晏勋其（男，78 岁，随州市教师，大学）讲，刘大业（文化馆干部，初中）采录：《舜的传说》（1988），见《中国民间故事集成》全国编辑委员会、《中国民间故事集成·湖北卷》编辑委员会编《中国民间故事集成》（湖北卷），北京：中国 ISBN 中心 1999 年版，第 36 ～ 37 页。

WYS018.9.4

舜善管理（舜有管理才能）

实 例

（参见下级母题实例）

WYS018.9.4.1

舜将政事处理得井井有条

实 例

中华民族 尧让舜总管百官，处理政务，结果百事振兴无一荒废，显得井井有条，毫不紊乱。

【流传】（无考）

【出处】《史籍记载的尧舜源流与功绩》，见赵大勇、赵随意著《尧都平阳与尧舜禹》，太原：山西古籍出版社 1999 年版，第 27 页。

WYS018.9.5

舜有领导能力

实 例

汉　族 尧王死后，大舜做了皇帝。舜在位六十年，全国人民都能安居乐业，太平无事。这就是后来人们称赞的尧舜时代。

【流传】（无考）

【出处】王上清讲，王孟晓记录：《大舜耕田》，见陶阳、钟秀编《中国神话》（中册），北京：商务印书馆 2008 年版，第 826 ～ 827 页。

WYS018.9.5.1

舜能凝聚民心，迅速扩大地盘

实 例

中华民族 舜的言行不仅得到东夷族民的称赞，而且也得到西邻地区的华夏之民称赞，冀州西北的有虞氏之民、夷人和华人，都纷纷投靠于他，不到一年便形成氏族聚落（成聚），二年形成占据四井之地的邑落，三年形成占据四县地域的“都”，约有今山东菏泽市西南的地域，威望大增。

【流传】（无考）

【出处】杨东晨：《华夏始祖：尧舜禹时代》“三、帝舜的明德”，西安：三秦出版社 2007 年版，第 59 页。

WYS019

与舜特征有关的其他母题

实 例

（参见下级母题实例）

WYS019.1

舜具有智慧（舜睿智）

实 例

（参见下级母题实例）

WYS019.1.1

舜耕田时击打簸箕让牛不偷懒

实 例

中华民族 时值春季，正是春播之时，舜肩着犁，牵着黄牛和黑牛到地里犁地。他将簸箕绑在牛的臀部，牛偷懒不走时，舜就用鞭子抽打簸箕。黄牛以为黑牛挨了打，怕打到自己，就飞快向前拉犁。同样黑牛以为黄牛挨了打，也不敢偷懒了。

【流传】（山西省）

【出处】中国先秦史学会尧舜禹文化研究基地编，叶雨青、张培莲著：《尧舜传》第二十六章“尧访贤众臣举舜，娶二女嫔于虞城”，太原：山西出版集团·山西春秋电子音像出版社 2008 年版，第 170 页。

WYS019.2
舜的爱好

实　例

（实例待考）

WYS019.3
舜的原型

实　例

汉　族 舜是凤凰的化身。

【流传】（无考）

【出处】陈勤建：《中国鸟崇拜》，北京：学苑出版社 2003 年版，第 98 页。

WYS019.4
舜特征的应用

实　例

（实例待考）

WYS019.5
舜特征的变化

实　例

（实例待考）

WYS019.6
舜的图腾

实　例

（参见下级母题实例）

WYS019.6.1
舜氏族以驺虞为图腾

【关联】［WYS083.1.3］舜的图腾“驺虞”变为地名

实　例

中华民族 舜之氏族为有虞氏。虞也叫驺虞，与虎相似的一种猛兽，陆玑说就是“白虎”。有虞氏以虞即驺虞为图腾。

【流传】（无考）

【出处】郭世谦：《古史传说考》（一、唐虞猛兽图腾集团），天津：天津出版传媒集团·天津古籍出版社 2019 年版，第 54 页。

中华民族 李玄伯认为，我国最古老的地名，大部分是图腾的名字。用这种图腾（姓）的团，因定居在某一地，就用图腾以名其地。譬如：虞的图腾当系仁兽的驺虞，后变为地名（《诗·文王》：“虞芮质厥成”）。

【流传】（无考）

【出处】郭世谦:《古史传说考》(四、姜姬部落集团),天津:天津出版传媒集团·天津古籍出版社2019年版,第845～846页。

WYS019.6.2
舜的有虞氏部落以兽类驺虞为图腾

实 例

中华民族 舜的有虞氏部落以兽类驺虞为图腾,而东夷部落则以鸟类为图腾。

【流传】(山西省)

【出处】中国先秦史学会尧舜禹文化研究基地编,叶雨青、张培莲著:《尧舜传》前言,太原:山西出版集团·山西春秋电子音像出版社2008年版,第2页。

WYS019.6.3*
舜所属的有虞氏是以"仁兽"黑纹白虎为图腾的部落

实 例

中华民族 有虞氏是以"仁兽"黑纹白虎为图腾的部落,初兴起于燕山一带,后南下,迁居于雷泽(今山东省菏泽市鄄城县),成为东夷的一个部落,虞幕是其较早的首领。幕的子孙,亦相继任部落长,也是较早加入华夏部落联盟较早的东夷部落,且尊奉太昊、少昊为祖先。

【流传】(无考)

【出处】杨东晨:《华夏始祖:尧舜禹时代》"三、帝舜的明德",西安:三秦出版社2007年版,第42页。

WYS019.7
舜的崇拜

实 例

(实例待考)

2. 舜的身份与职能【WYS020 ～ WYS029】

WYS020
舜的身份

实 例

(参见下级母题实例)

WYS020.1
舜身份的产生

实 例

(参见下级母题实例)

WYS020.1.1
舜接受禅让

实 例

汉 族 尧王老了,跟前没有儿子,临终时把大臣、皇后等人叫到跟前说:"我死后，要让舜继承王位，你们一定要顺乎民意。”

【流传】（无考）

【出处】王上清讲，王孟晓记录：《大舜耕田》，见陶阳、钟秀编《中国神话》（中册），北京：商务印书馆 2008 年版，第 826 ～ 827 页。

WYS020.1.1.1

舜十八岁，尧把帝位于舜

实　例

汉　族 到虞舜十八岁时，尧让位给他，舜做了皇帝。

【流传】浙江省·（金华市）·武义县［采录地点：武义县后树乡］

【出处】张舍囡（男，46 岁，武义县后树乡黄泥坑村，盲艺人，不识字）讲，吴钟文（男，43 岁，武义县文化局，干部，大专）、程源源（女，44 岁，武义县文化馆，干部，大专）、邱德芝（女，26 岁，武义县后树乡文化站，干部，高中）采录：《虞舜开田》（1987），见中国民间文学集成全国编辑委员会、中国民间文学集成浙江卷编辑委员会编《中国民间故事集成》（浙江卷），北京：中国 ISBN 中心 1997 年版，第 51 ～ 52 页。

WYS020.1.1.2

舜二十八岁，尧把帝位于舜

实　例

汉　族 尧九十五岁、舜二十八岁的时候，尧把帝位让给了舜。

【流传】（无考）

【出处】申双鱼搜集整理：《尧王举贤》，原载陶阳编《中国民间故事大观》，见陶阳、钟秀编《中国神话》（中），北京：商务印书馆 2008 年版，第 811 ～ 812 页。

WYS020.1.1.3

尧王访贤让大舜

实　例

汉　族 舜耕于厉山过光阴，尧王访贤让大舜。

【流传】湖北省·神农架林区

【出处】《人祖创世》，胡崇峻据秭归县新滩镇《黑暗传》清末抄本，阳日镇龙溪村村民杨有才和史光裕处口述材料，唐运青收集的祝天照、姜德龙抄本和唐运青采录的部分资料，贾邦修、张忠臣《黑暗大盘头》《黑暗纲鉴》资料以及林区下谷土家族民族乡石磨村戊子垭刘茂森处摘录转抄本的片断资料等整理，见胡崇峻搜集整理《黑暗传》，武汉：长江文艺出版社 2002 年版，第 224 页。

WYS020.1.1.4

尧王赏识舜，将帝位传给舜

实　例

汉　族 舜射掉九个太阳，天帝心尖尖都气痛了。但他嘴上又不好说，就阴倒拿小鞋给舜穿。他对舜说：“你做了一个大好事，人间喜欢你，你就下凡去吧！”就这样，天帝把舜赶出了天界。舜到人间后，给人们做了很多好事。后来，尧看舜很得行，就把帝位传让给了他。

【流传】四川省·成都市［采录地点：成都市东城区］

【出处】李芝（男，56岁，退休教师）讲，张光荣（女，34岁，牛市口辖区专干，高中）、李青（女，21岁，二仙桥办事处文化专干，高中）采录：《舜射九日》（1987.03），见中国民间文学集成全国编辑委员会、《中国民间文学集成·四川卷》编辑委员会编《中国民间故事集成》（四川卷·上），北京：中国ISBN中心1998年版，第90～91页。

汉　族 尧发现大儿子丹珠不是材料，就选拔贤明的舜，继承了帝位。

【流传】河南省·南阳市·淅川县［采录地点：淅川县荆紫关镇吴村］

【出处】习警文讲，习诏记录：《丹江的传说》（1985.03），见中国民间文艺家协会组织编写，罗杨总主编，王洪连、习诏本卷主编《中国民间故事丛书》（河南省·南阳市·淅川卷），北京：知识产权出版社2016年版，第19～21页。

汉　族 尧王悄悄在民间巡访，想在察看民情时发现真正的人才。尧王很佩服大舜处世公道。认为天下有这样的贤人，定能挑起治国的重任。

【流传】（无考）

【出处】王上清讲，王孟晓记录：《大舜耕田》，见陶阳、钟秀编《中国神话》（中册），北京：商务印书馆2008年版，第826～827页。

WYS020.1.1.5
舜靠才智承尧志，得王位

实　例

汉　族 尧寻找继位者。发现舜之后，把舜带来都城，舜在群臣面前对答如流，国计民生，防敌御侮，上自天文，下至地理，无不精通，于是舜便继承尧志，称为舜王。

【流传】山西·临汾县（临汾市）

【出处】焦道行、王宏搜集整理：《尧王访贤》，载《山西民间文学》1982年第3期。

WYS020.1.1.6
皇帝让位于舜

实　例

汉　族 后来，皇帝让位于舜。舜出身贫苦，深知道劳苦大众的疾苦，为他们做了许许多多的好事。

【流传】甘肃省·天水市·北道区［采录地点：天水市北道区街子乡］

【出处】张文理（男，57岁，农民，小学）讲，柴亚方（男，34岁，农民，初中）采录：《舜的传说》（1987.05），见《中国民间故事集成》全国编辑委员会、《中国民间故事集成·甘肃卷》编辑委员会编《中国民间故事集成》（甘肃卷），北京：中国ISBN中心2001年版，第21页。

WYS020.1.2
舜夺帝位

实　例

（参见下级母题实例）

WYS020.1.2.1

舜囚尧夺位

实 例

汉 族 舜囚尧，复偃塞丹朱，不与父相见。

【流传】（无考）

【出处】［东周］史官：《竹书纪年》。

中华民族《括地志》云："故尧城在濮州郭城县东北十五里。《竹书》云：'昔尧德衰，为舜所囚'也。又有偃朱故城，在县西北十五里。《竹书》云：'舜囚尧，复偃塞丹朱，使不与父相见'也。"

【流传】（无考）

【出处】［唐］张守节：《史记正义》。

中华民族 舜囚尧地即故尧城，在濮州鄄城县东北十五里。

【流传】（无考）

【出处】《史籍记载的尧舜源流与功绩》，见赵大勇、赵随意著《尧都平阳与尧舜禹》，太原：山西古籍出版社 1999 年版，第 10 页。

WYS020.1.2.2

舜逼尧子而夺位

实 例

汉 族（舜）居尧之宫，逼尧之子，是篡也，非天与也。

【流传】（无考）

【出处】［战国］孟轲及其弟子：《孟子·万章》。

WYS020.1.2.3

舜弑尧夺位

实 例

汉 族 舜逼尧，禹逼舜，汤放桀，武王伐纣，此四王者，人臣弑其君者也。

【流传】（无考）

【出处】［战国］韩非及后人：《韩非子·说疑》。

WYS020.1.2.4

昔尧德衰，为舜所囚

实 例

中华民族《竹书》云："昔尧德衰，为舜所囚"也，又有偃朱故城，在县西北十五里。《竹书》云："舜囚尧，复偃塞丹朱，使不与父相见"也。

【流传】（无考）

【出处】［唐］张守节：《史记正义》。

WYS020.1.2.5

舜夺尧位诸说

实 例

中华民族 案《汲冢琐语》云："舜放尧于平阳。"而《书》云某地有城以"囚尧"为号识者，凭斯异说，颇以禅授为疑。然则观此二书，已足为证者矣，而犹有所未睹也。何者？据《山海经》谓放勋之子为“帝丹朱”而列君于帝者，得非舜虽废尧，仍立尧子，俄又夺其帝者乎？观近古有奸雄奋发，自号勤王，或废父而立其子，或黜兄而奉其弟，始则示相推戴，终亦成其篡夺。求诸历代，往往而有。必以古方今，千载一揆，斯则尧之授舜，其事难明，谓之让国，徒虚语耳。

【流传】（无考）

【出处】［唐］刘知畿：《史通·外篇·疑古》。

汉　族 故尧城在濮州鄄城县东北十五里，《竹书》云，“尧德衰，为舜所囚”也。又有偃朱故城，在县西北十五里，《竹书》云，“囚尧，复偃塞丹朱，使不与父相见”也。

【流传】（无考）

【出处】［清］王谟：《汉唐地理书钞》辑《括地志》。

WYS020.1.3

舜的继位

实　例

（参见下级母题实例）

WYS020.1.3.1

舜受终于文祖

实　例

中华民族 《尧典》上所说的“舜受终于文祖”不是虚言。

【流传】（无考）

【出处】郭世谦：《古史传说考》（五、三皇五帝及历代古史整理倾向），天津：天津出版传媒集团·天津古籍出版社 2019 年版，第 1541 页。

WYS020.1.3.2

尧崩，三年丧毕，天下归舜

实　例

中华民族 尧崩，三年丧毕，让丹朱，天下归舜。

【流传】（无考）

【出处】［先秦］《尚书·舜典》。

WYS020.1.3.3

群臣举荐舜治乾坤

实　例

汉　族 尧帝在位七十二，帝子丹朱不肖名，尧帝要让位许由坐，许由躲于箕山阴，又叫子交接父位，他又退病在其身。当时群臣来商议，才荐大舜治乾坤。

【流传】湖北省·神农架林区

【出处】《人祖创世》，胡崇峻据秭归县新滩镇《黑暗传》清末抄本，阳日镇龙溪村村民杨有才和史光裕处口述材料，唐运青收集的祝天照、姜德龙抄本和唐运青采录的部分资料，贾邦修、张忠臣《黑暗大盘头》《黑暗纲鉴》资料以及林区下谷土家族民族乡石磨村戊子垭刘茂森处摘录转抄本的片断资料等整理，见胡崇峻搜集整理《黑暗传》，武汉：长江文艺出版社 2002 年版，第 221 页。

WYS020.1.3.4

舜从尧处接管天下

实 例

汉 族 舜从尧那里接管了天下。

【流传】山东省 · 济南市［采录地点：济南市］

【出处】韩兆福（男，大专，干部）讲，李奎元（男，42 岁，济南市委宣传部干部，大专）采录：《舜井锁蛟》（1989），见《中国民间故事集成》全国编辑委员会、《中国民间故事集成 · 山东卷》编辑委员会编《中国民间故事集成》（山东卷），北京：中国 ISBN 中心 2007 年版，第 360 ～ 362 页。

WYS020.1.3.5

尧去世后舜做了天帝

实 例

汉 族 尧去世后，舜做了天帝。

【流传】河南省 ·（郑州市）· 登封市

【出处】《禹都阳城》，见张振犁编著，孟宪明、朱淑君统纂《中原神话通鉴》（第四卷），郑州：河南大学出版社 2017 年版，第 1038 页。

WYS020.1.3.6*

舜五十岁被选为继位人比较可信

实 例

中华民族 舜 50 岁被选为继位人比较可信。

【流传】（无考）

【出处】杨东晨：《华夏始祖：尧舜禹时代》"三、帝舜的明德"，西安：三秦出版社 2007 年版，第 56 页。

WYS020.1.4

舜得帝位的推举者

实 例

（参见下级母题实例）

WYS020.1.4.1

百姓推举舜做皇帝

实 例

汉 族 人们看舜忠厚老实，宽宏大量，就推选他做了皇帝。

【流传】河南省 ·（洛阳市）· 偃师县

【出处】刘伯欣的母亲讲，刘伯欣记录：《种麻籽》，原载张振犁、程健君编：《中原神话专题资料》，见陶阳、钟秀编《中国神话》（中），北京：商务印书馆 2008 年版，第 824 ～ 825 页。

WYS020.1.4.2

舜平息叛乱，受百姓拥护，取得皇位

实 例

汉 族 虞舜在余姚历山一带为百姓做了许多好事，百姓都拥护虞舜。后来虞舜带领部下平息了叛乱，坐了皇位。

【流传】浙江省 ·（宁波市）· 慈溪市 · 石堰乡 · 上街头［采录地点：石堰乡上街头］

【出处】康启龙（40 岁，农民，初识字）讲，张信人（61 岁，医生，大专）记录：

《虞舜传说》(1987)，见中国民间文艺家协会组织编写，罗杨总主编，童银舫本卷主编《中国民间故事丛书》(浙江省·宁波市·慈溪卷)，北京：知识产权出版社 2015 年版，第 7 ～ 8 页。

WYS020.1.4.3

尧举舜为天子

实 例

汉 族 舜牧羊于黄河，遇尧，举为天子。

【流传】(无考)

【出处】[清] 马国翰：《玉函山房辑佚书·公孙宏书》。

WYS020.1.5

舜继位的反对者

实 例

(参见下级母题实例)

WYS020.1.5.1

黄帝后裔驩兜，尧之子丹朱反对舜继位

实 例

中华民族 以今日唯物史观而论，舜处死或之后流放致死的所谓四凶，即黄帝后裔鲧，炎帝后裔缙云和共工，以及比他们稍晚的黄帝后裔驩兜，尧之子丹朱等，都是忠于姜姓、姬姓部落集团的部落长和英雄。他们先后都奋起反对帝尧破坏姜姬世代婚姻联盟，与源于东夷的虞姓联婚，嫁两个女儿于舜；又坚决反对尧把炎黄的天下让位于出身微贱的舜，不惜为此大业而献出了生命。

【流传】(无考)

【出处】杨东晨：《华夏始祖：尧舜禹时代》“四、大禹的治水篇”，西安：三秦出版社 2007 年版，第 100 页。

WYS020.2

舜身份的特征

实 例

(参见下级母题实例)

WYS020.2.1*

舜的身世比较高贵

【关联】[WYS025.7.1] 舜的出身

实 例

中华民族 按有虞氏部落的地位和从幕至瞽叟的威望，舜的身世当是比较高贵的。

【流传】(无考)

【出处】杨东晨：《华夏始祖：尧舜禹时代》“三、帝舜的明德”，西安：三秦出版社 2007 年版，第 46 页。

WYS020.2.2*

舜出身卑微

【关联】[WYS025.7.1.1] 帝舜微为庶人

实 例

中华民族 (参见“WYS025.7.1.1 帝舜微为庶人”母题实例)

WYS021

舜是神

实 例

（参见下级母题实例）

WYS021.1

舜是神的来历

实 例

（参见下级母题实例）

WYS021.1.1

舜由人变成神

实 例

（实例待考）

WYS021.1.2

舜被尊成神

实 例

中华民族 诸冯：舜的族人们从蒲坂都诸冯邑搬迁到负夏后，为了记住故地，将新建的聚子起名叫诸冯，并将附近的一座山起名叫诸冯山。后来人们将尧舜禹尊崇为天地水三官大帝，舜被尊成神，。

【流传】（山西省）

【出处】 中国先秦史学会尧舜禹文化研究基地编，叶雨青、张培莲著：《尧舜传》第二十章"虞舜牧羊小树林，务成有心教学子"注释，太原：山西出版集团·山西春秋电子音像出版社 2008 年版，第 128 ～ 129 页。

WYS021.2

舜是创世神（舜是创造神）

实 例

（实例待考）

WYS021.3

舜是与方位有关的神

实 例

（参见下级母题实例）

WYS021.3.1

唐虞之世，舜为东方上帝

实 例

中华民族 唐虞之世中，尧为西方上帝，舜为东方上帝。

【流传】（无考）

【出处】 杨宽：《中国上古史导论·综论》（1938），原载吕思勉、童书业编著《古史辨》第七册，1941 年版，见马昌仪选编《中国神话学百年文论选》（上），西安：陕西师范大学出版总社有限公司 2013 年版，第 216 ～ 224 页。

WYS021.4

舜是人神

实 例

（实例待考）

WYS021.4.1

舜是祖神（舜是祖先神）

实 例

（实例待考）

WYS021.5

舜是动植物神

实 例

（实例待考）

WYS021.6

舜是自然神

实 例

（参见下级母题实例）

WYS021.6.1

舜是斗星之精

实 例

中华民族 舜，斗星之精，在中央，其色黄。

【流传】（略）

【出处】［汉］《春秋感精符》宋均注。

WYS021.7

舜是特定职能的神

实 例

（实例待考）

WYS021.8

舜是其他特定名称的神

实 例

（参见下级母题实例）

WYS021.8.1

帝舜是东方上帝

实 例

中华民族 大皞、帝喾（帝俊）、帝舜为东方上帝。

【流传】（无考）

【出处】杨宽：《中国上古史导论·综论》（1938），原载吕思勉、童书业编著《古史辨》第七册，1941 年版，见马昌仪选编《中国神话学百年文论选》（上），西安：陕西师范大学出版总社有限公司 2013 年版，第 216 ～ 224 页。

WYS021.9

与舜是神有关的其他母题

实 例

（实例待考）

WYS021.9.1

舜身兼数神（舜是多神一体）

实 例

（实例待考）

WYS021.9.1.1

舜兼祖先神兼农业神

实 例

（实例待考）

WYS021.9.2

舜是特定时代的神

实 例

（实例待考）

WYS021.9.3

舜是特定地域的神

实 例

（实例待考）

WYS021.9.4

舜是特定群体的神

实 例

（参见下级母题实例）

WYS021.9.4.1

喾与舜是同一部族的神

实 例

中华民族 帝喾与帝舜应是同一部族的先后神。

【流传】（无考）

【出处】叶庆兵：《〈史记·五帝本纪〉系列人物神化史化考论》，山东大学硕士论文，2018 年。

WYS022

舜是祖先（舜是祖先神）

实 例

（参见下级母题实例）

WYS022.1

舜是中华民族的祖先（舜是中华共祖）

实 例

中华民族 大舜文化将山东先进的古文化与广西各民族文化联系在一起，广西各族人民世代祭祀和崇拜中华民族的先祖圣贤——舜帝。

【流传】（广西）

【出处】何海龙：《浅论大舜文化对岭南文化的影响》，载《2009 中国（诸城）大舜文化学术研讨会论文集》，2009 年。

WYS022.1.1

帝舜为殷商之祖

实 例

中华民族 帝舜实即帝喾，且为殷商之祖。

【流传】（无考）

【出处】刘尧汉：《中华民族龙虎文化论——联结中国各族的龙虎文化纽带渊源于远古女娲、伏羲的合体葫芦（二）》，载《贵州民族研究》1985 年第 2 期。

WYS022.1.2

舜是商的始祖

实 例

中华民族《国语·鲁语上》云，虞、夏之始祖皆为黄帝和颛顼，商之始祖为舜，周之始祖为帝喾。

【流传】（无考）

【出处】郭世谦：《古史传说考》（五、三皇五帝及历代古史整理倾向），天津：天津出版传媒集团·天津古籍出版社 2019 年版，第 1320 页。

WYS022.1.3

舜是陈国的始祖

实 例

中华民族 到战国诸子出来，依据昭穆君臣的关系再造成《帝系》《世本》一流的古史系统，于是羌族的大神“大岳”，语讹为帝喾，又变为商、周两族的始祖；子姓的民族大神“高祖夔”，语讹为舜与颛顼，又变为陈国的始祖。

【流传】（略）

【出处】丁山：《〈古代神话与民族〉自序》（1948），原载丁山《从东西文化交流探索史前时代的帝王世系》，《文史》1985 年第 28 辑上，见马昌仪选编《中国神话学百年文论选》（上），西安：陕西师范大学出版总社有限公司 2013 年版，第 423 ～ 437 页。

WYS022.2

舜是特定氏族的祖先

实 例

中华民族［参见“WYS022.1 舜是中华民族的祖先（舜是中华共祖）”母题实例］

WYS022.3

舜是特定部落的祖先

实 例

（实例待考）

WYS022.4

舜是特定民族的祖先

实 例

汉 族 河伯念有易，有易潜出，为国于兽，方食之，名曰摇民。帝舜生戏，戏生摇民。

【流传】（无考）

【出处】［战国至汉］撰者不详：《山海经·大荒东经》。

WYS022.5

舜是其他特定群体的祖先

实 例

中华民族 “妫”姓，为帝舜后裔之姓。出自妫姓的当今前 100 位大姓的姓有：王、陈、孙、胡、袁、田、姚、邱、夏、薛。

【流传】（无考）

【出处】闫德亮：《文化视域下的古代神话

与华夏姓氏》，载《中州学刊》2009 年第 6 期。

中华民族 东周以来的世系书都是逆溯体系。“姓”追上去是“帝”，这些“帝”本来是不同族姓的宗神，互不相淆，比如姬（周）出黄帝，姜（齐、吕、申、许）出炎帝，嬴（秦、徐、江、黄）出少昊，风（任、宿、须句、颛臾）出太昊，祁（唐）出尧，妫（陈）出舜，等等。

【**流传**】（无考）

【**出处**】李零：《考古发现与神话传说》，原载《学人》1995 年第 5 辑，见马昌仪选编《中国神话学百年文论选》（下），西安：陕西师范大学出版总社有限公司 2013 年版，第 914 ～ 934 页。

WYS022.6

舜是特定职业的祖先

实　例

（实例待考）

WYS022.7

舜是特定名称的祖先

实　例

中华民族 陈胡公满者，虞帝舜之后也。昔舜为庶人时，妻尧之二女，居妫汭，其后因为氏姓，姓妫氏。至于周武王克殷纣，乃复求舜后，得妫汭，封之于陈，以奉帝舜祀，是为胡公。

【**流传**】（无考）

【**出处**】［西汉］司马迁：《史记 · 陈世家》。

WYS022.8

舜是其他特定对象的祖先

实　例

（实例待考）

WYS022.9

与舜是祖先有关的其他母题

实　例

（实例待考）

WYS023

舜是其他特定神性人物

实　例

（参见下级母题实例）

WYS023.1

舜是文化英雄

实　例

（实例待考）

WYS023.2

舜是神人

实　例

（实例待考）

WYS023.3

舜是巨人

实　例

（实例待考）

WYS023.4

舜是神仙（舜是仙人）

实 例

（实例待考）

WYS023.4.1

舜是农仙

实 例

（实例待考）

WYS023.4.2

舜是药仙

实 例

（实例待考）

WYS023.5

舜是菩萨

实 例

（实例待考）

WYS023.6

舜是天子（舜天子）

实 例

汉 族 舜为天子号有虞，不记（弟弟）象（多次暗害）仇封有神，心不格奸真仁义。

【**流传**】湖北省·神农架林区

【**出处**】《人祖创世》，胡崇峻据秭归县新滩镇《黑暗传》清末抄本，阳日镇龙溪村村民杨有才和史光裕处口述材料，唐运青收集的祝天照、姜德龙抄本和唐运青采录的部分资料，贾邦修、张忠臣《黑暗大盘头》《黑暗纲鉴》资料以及林区下谷土家族民族乡石磨村戊子垭刘茂森处摘录转抄本的片断资料等整理，见胡崇峻搜集整理《黑暗传》，武汉：长江文艺出版社 2002 年版，第 228 页。

WYS023.7

舜是其他特定神性人物

实 例

（参见下级母题实例）

WYS023.7.1

舜是天地大神俊

实 例

中华民族 天地大神俊，成了五帝之一的舜。

【**流传**】（无考）

【**出处**】张庄:《中国古代神话摭拾》，载《新疆大学学报（哲学社会科学版）》1980 年第 1 期。

WYS024

舜是首领（舜是管理者）

实 例

（参见下级母题实例）

WYS024.1

舜是首领（舜是头领）

实　例

（参见下级母题实例）

WYS024.1.1

舜是平民百姓的首领

实　例

汉　族 我国古时候，有个平民百姓的首领，名叫舜。

【流传】山东省·济南市［采录地点：济南市］

【出处】韩兆福（男，大专，干部）讲，李奎元（男，42岁，济南市委宣传部干部，大专）采录：《舜井锁蛟》（1989），见《中国民间故事集成》全国编辑委员会、《中国民间故事集成·山东卷》编辑委员会编《中国民间故事集成》（山东卷），北京：中国ISBN中心2007年版，第360～362页。

汉　族 舜给别人做的好事说不完，所以大伙没有不喜欢他的。不知不觉他就成了大伙的领头人。

【流传】山东省·济南市［采录地点：济南市］

【出处】徐臻（男，40岁，干部，大专）讲，李奎元（男，40岁，济南市委干部，大专）采录：《舜耕历山下》（1986年春天），见《中国民间故事集成》全国编辑委员会、《中国民间故事集成·山东卷》编辑委员会编《中国民间故事集成》（山东卷），北京：中国ISBN中心2007年版，第18～21页。

WYS024.1.2

舜是地方头领

实　例

汉　族 一天，尧到一个地方巡查，见到一个小头目。这个小头目叫舜。

【流传】湖北省·随州市［采录地点：随州市区］

【出处】晏勋其（男，78岁，随州市教师，大学）讲，刘大业（文化馆干部，初中）采录：《舜的传说》（1988），见《中国民间故事集成》全国编辑委员会、《中国民间故事集成·湖北卷》编辑委员会编《中国民间故事集成》（湖北卷），北京：中国ISBN中心1999年版，第36～37页。

汉　族 舜和娥皇成了亲，在烈山开荒种地。开头儿，野猪大象都来帮忙。后来，山外人都搬到这儿来开荒，大伙儿选舜作了头儿。

【流传】湖北省·随州市［采录地点：随州市区］

【出处】冷明中（男，70岁，随州市农民，小学）讲，冷明权（文化馆干部，大学）采录：《*舜的传说》（1982），见《中国民间故事集成》全国编辑委员会、《中国民间故事集成·湖北卷》编辑委员会编《中国民间故事集成》（湖北卷），北京：中国ISBN中心1999年版，第37～38页。

WYS024.1.3
舜是单个部落的首领

实 例

汉 族 尧舜禹原来都是一个部落的首领，后来被推选为部落联盟的首领。

【流传】（无考）

【出处】《尧舜二帝》，见金麦田编著《中国古代神话故事》，北京：京华出版社 2003 年版，第 45 ～ 52 页。

WYS024.1.3.1
舜是东夷部落长

实 例

中华民族 （参见“WYS024.1.4.1 舜是华夏部落联盟首长”母题实例）

WYS024.1.4
舜是部落联盟的首领

实 例

汉 族 尧舜禹原来都是一个部落的首领，后来被推选为部落联盟的首领。

【流传】（无考）

【出处】《尧舜二帝》，见金麦田编著《中国古代神话故事》，北京：京华出版社 2003 年版，第 45 ～ 52 页。

WYS024.1.4.1
舜是华夏部落联盟首长

实 例

中华民族 舜在较早的传说材料中主要活动于黄河下游地区，他很可能就是以东夷部落长的身份成为华夏部落联盟首长的。

【流传】（无考）

【出处】张帆：《中国古代简史》，北京：北京大学出版社 2015 年版，第 8 页。

WYS024.1.4.1.1*
舜是华夏部落联盟最高军事民主首长

实 例

中华民族 帝舜同黄帝、颛顼、帝喾、帝尧一样，登上华夏部落联盟最高军事民主首长高位。

【流传】（无考）

【出处】杨东晨：《华夏始祖：尧舜禹时代》“三、帝舜的明德”，西安：三秦出版社 2007 年版，第 76 ～ 77 页。

WYS024.1.5
舜是有虞氏的首领

实 例

中华民族 虞舜：有虞氏之首领，继尧为帝。名重华，字都君。虞，国名，即部落名。舜，谥号。

【流传】（无考）

【出处】张大可、朱枝富编著：《人文始祖黄帝》，北京：商务印书馆 2018 年版，第 84 页。

WYS024.1.5a
舜是有虞氏部落的首领

实 例

中华民族 关于舜，古代文献说他是有虞氏部落的首领，建都于蒲坂。

【流传】（山西省）

【出处】中国先秦史学会尧舜禹文化研究基地编，叶雨青、张培莲著：《尧舜传》前言，太原：山西出版集团·山西春秋电子音像出版社 2008 年版，第 2 页。

WYS024.1.6

舜二十四五岁时，瞽叟年迈力衰，部落长老举舜为部落长

【关联】[WYS052.3.0.1] 舜父名叫瞽，或名瞽瞍，或名瞽叟

实 例

中华民族 约在舜二十四五岁时，瞽叟年迈力衰，部落长老不举象而举舜为部落长。

【流传】（无考）

【出处】杨东晨：《华夏始祖：尧舜禹时代》"三、帝舜的明德"，西安：三秦出版社 2007 年版，第 53 页。

WYS024.2

舜是酋长

实 例

（参见下级母题实例）

WYS024.2.1

虞舜是妫水氏族的酋长

实 例

汉 族 妫水氏族（今山西虞乡一带）有个酋长，叫做虞舜，这个人很能干，他带领人们开发田园，发展得很快。

【流传】（无考）

【出处】申双鱼搜集整理：《尧王举贤》，原载陶阳编《中国民间故事大观》，见陶阳、钟秀编《中国神话》（中），北京：商务印书馆 2008 年版，第 811 ～ 812 页。

WYS024.2.2

舜是有虞氏部落酋长

实 例

（参见下级母题实例）

WYS024.2.2.1

老部落酋长将代表着有虞氏部落酋长权力的玉圭交给了舜

实 例

中华民族 在先祖神位前，老部落酋长将代表着有虞氏部落酋长权力的玉圭交给了舜。

【流传】（山西省）

【出处】中国先秦史学会尧舜禹文化研究基地编，叶雨青、张培莲著：《尧舜传》第二十九章"虞舜登部落酋长，陶唐有虞大联盟"，太原：山西出版集团·山西春秋电子音像出版社 2008 年版，第 195 页。

WYS024.3

舜是族长

实 例

（实例待考）

WYS024.4

舜是帝王（舜是王）

实 例

汉 族 大舜是古时候有名的帝王。

【流传】陕西省·（咸阳市）·淳化县［采录地点：淳化县胡家庙乡］

【出处】罗吉学（男，51岁，淳化县北城堡乡，农民，小学）讲，张耀群（男，26岁，淳化县胡家庙乡文化站，干部，高中）采录：《大舜的传说》（1988.04.21），见中国民间文学集成全国编辑委员会、中国民间文学集成陕西卷编辑委员会编《中国民间故事集成》（陕西卷），北京：中国ISBN中心1996年版，第28～29页。

WYS024.4.1

舜是王

实 例

（参见下级母题实例）

WYS024.4.1.1

舜王天下

实 例

汉 族 （参见"WYS024.4.2 舜是皇帝"母题实例）

WYS024.4.1.2

舜坐天下

实 例

汉 族 （参见"WYS024.4.2 舜是皇帝"母题实例）

WYS024.4.2

舜是皇帝

实 例

汉 族 大舜是古时候的一个好皇帝。

【流传】四川省·成都（成都市）

【出处】李茂生讲，陈钧整理：《害不死的大舜》，载《民间文学》1964年第3期。

汉 族 尧王死后，大舜做了皇帝。舜在位六十年，全国人民都能安居乐业，太平无事。这就是后来人们称赞的尧舜时代。

【流传】（无考）

【出处】王上清讲，王孟晓记录：《大舜耕田》，见陶阳、钟秀编《中国神话》（中册），北京：商务印书馆2008年版，第826～827页。

汉 族 人们看舜忠厚老实，宽宏大量，就推选他做了皇帝。

【流传】河南省·（洛阳市）·偃师县［采录地点：讲述者家中］

【出处】寇文贤（女，60岁，偃师县邙山区农民，不识字）讲，刘伯欣（男，25岁，河南大学中文系学生）采录：《舜王逃生》（1981.02），见《中国民间故事集成》全国编辑委员会、《中国民间故事集成·河南卷》编辑委员会编《中国民间故事集成》（河南卷），北京：中国ISBN中心2001年版，第47～48页。

WYS024.4.3

舜是古帝王

实 例

（参见下级母题实例）

WYS024.4.3.1

帝舜是古之贤帝

实 例

中华民族 古史中之圣帝贤臣中，本为上帝者有帝俊、帝喾、帝舜、大皞、颛顼、帝尧、黄帝、泰皇。

【流传】（略）

【出处】杨宽：《中国上古史导论·综论》（1938），原载吕思勉、童书业编著《古史辨》第七册，1941 年版，见马昌仪选编《中国神话学百年文论选》（上），西安：陕西师范大学出版总社有限公司 2013 年版，第 216 ～ 224 页。

WYS024.4.3.2

舜是帝喾、高祖夋

实 例

中华民族 帝舜实即帝喾，且为殷商之祖。

【流传】（无考）

【出处】刘尧汉：《中华民族龙虎文化论——联结中国各族的龙虎文化纽带渊源于远古女娲、伏羲的合体葫芦（二）》，载《贵州民族研究》1985 年第 2 期。

中华民族 舜即帝喾。

【流传】（无考）

【出处】陈梦家：《商代的神话与巫术》，原载《燕京学报》1936 年第 20 期，见马昌仪选编《中国神话学百年文论选》（上），西安：陕西师范大学出版总社有限公司 2013 年版，第 165 ～ 178 页。

中华民族 舜是帝喾、高祖夋。

【流传】（无考）

【出处】杨宽：《系统探索古史传说的四点看法》，原载杨宽《历史激流中的动荡和曲折——杨宽自传》，台北时报文化公司 1993 年版，见马昌仪选编《中国神话学百年文论选》（下），西安：陕西师范大学出版总社有限公司 2013 年版，第 856 ～ 860 页。

WYS024.4.3.3

舜即帝俊

实 例

汉 族 “帝俊生中容。”郭璞注：“俊，亦舜字假借音也。”

【流传】（无考）

【出处】［战国至汉］撰者不详：《山海经·大荒东经》［晋］郭璞注。

WYS024.4.4

舜是人皇

实 例

汉 族 大舜是古时候的一个好皇帝。

【流传】四川省·成都（成都市）

【出处】李茂生讲，陈钧整理：《害不死的大舜》，载《民间文学》1964 年第 3 期。

WYS024.4.5

舜是君王（舜是国王；舜是君主）

实 例

（参见下级母题实例）

WYS024.4.5.1

舜是明君圣王

实 例

（参见下级母题实例）

WYS024.4.5.1.1*

舜是明君

实 例

中华民族 尧和舜两位古帝，都是儒家津津乐道的以“德”治理天下的“明君”。

【流传】（无考）

【出处】杨东晨：《华夏始祖：尧舜禹时代》“三、帝舜的明德”，西安：三秦出版社 2007 年版，第 41 页。

WYS024.4.5.2

舜是圣君

【关联】［WYS029.2.1.1*］孔子时，舜是“无为而治”的圣君

WYS024.4.5.2.1

舜被颂为上古圣君

实 例

汉 族 尧王听说了舜的孝行，千里迢迢来访他，还把两个女儿嫁给他。后来他继承了尧的帝业，社会安定，人民幸福，历史上尧、舜并称，颂他为上古的圣君。

【流传】（中原一带）

【出处】《大舜孝行》，见孟宪明著《中原经典神话》，郑州：河南大学出版社 2016 年版，第 206 页。

WYS024.4.5.3

舜被誉为先祖圣贤

实 例

中华民族 第一位到达桂林驻跸游历并宣传德化的先祖圣贤就是大舜。

【流传】（广西桂林）

【出处】何海龙：《浅论大舜文化对岭南文化的影响》，载《2009 中国（诸城）大舜文化学术研讨会论文集》，2009 年。

WYS024.4.5.4*

舜是道德完美的圣君

实 例

中华民族 孔子盛赞尧德，孟子“言必称尧舜”，人们奉尧舜为道德完美的圣君。

【流传】（无考）

【出处】杨东晨：《华夏始祖：尧舜禹时代》“三、帝舜的明德”，西安：三秦出版社 2007 年版，第 41 页。

WYS024.4.6

舜是三皇之一

实 例

（参见下级母题实例）

WYS024.4.7

舜是五帝之一

实　例

中华民族 天地大神俊，成了五帝之一的舜。

【流传】（无考）

【出处】张庄：《中国古代神话摭拾》，载《新疆大学学报（哲学社会科学版）》1980年第1期。

中华民族 研究者对不同古籍记载的整理，归纳出“五帝”有五个系统，即“①黄帝、颛顼、帝喾、唐尧、虞舜；②伏羲、神农、黄帝、唐尧、虞舜；③太昊、炎帝、黄帝、少昊、颛顼；④少昊、颛顼、帝喾、唐尧、虞舜；⑤伏羲、神农、黄帝、少昊、颛顼”。

【流传】（无考）

【出处】张大可、朱枝富编著：《人文始祖黄帝》，北京：商务印书馆2018年版，第9页。

汉　族 舜，传说中的远古帝王，五帝之一。

【流传】辽宁省·（锦州市）·北镇市·常兴店镇

【出处】《青岩寺》，见搜狐网：https://www.sohu.com/a/273611686 708238。

WYS024.4.8

虞舜是人主

实　例

汉　族 人主虞舜让部族的一个首领——鲧，带领三千壮士前去治水，解救黎民百姓。

【流传】河南省·（信阳市）·淮滨县、息县

【出处】易志（男，69岁，市民）讲，曹金铸采录整理：《淮汝交流》（1990），见张振犁编著，孟宪明、朱淑君统纂《中原神话通鉴》（第四卷），郑州：河南大学出版社2017年版，第1113页。

WYS024.5

舜是其他特定的管理者

实　例

（参见下级母题实例）

WYS024.5.1

舜管理百官

实　例

中华民族 （参见“WYS024.5.2 舜负责接待宾客”母题实例）

WYS024.5.2

舜负责接待宾客

实　例

中华民族 尧命舜管理百官，接待宾客，舜将政事处理得井井有条。

【流传】（无考）

【出处】《史籍记载的尧舜源流与功绩》，见赵大勇、赵随意著《尧都平阳与尧舜禹》，太原：山西古籍出版社1999年版，第30页。

WYS024.5.3

舜当邑长

实 例

（参见下级母题实例）

WYS024.5.3.1

舜被选为妫水邑邑长

实 例

中华民族 10位代表全部推举虞舜。舜被选为妫水邑邑长。

【流传】（山西省）

【出处】中国先秦史学会尧舜禹文化研究基地编，叶雨青、张培莲著：《尧舜传》第二十六章“尧访贤众臣举舜，娶二女嫔于虞城”，太原：山西出版集团·山西春秋电子音像出版社2008年版，第170页。

WYS024.6

舜是主事者

实 例

（实例待考）

WYS024.7

舜是决策者

实 例

（实例待考）

WYS024.8

舜是特定事物的管理者

实 例

（参见下级母题实例）

WYS024.8.1

舜是十个太阳的管理者

实 例

汉 族 很早以前，天上突然出现了十个太阳，造成旱灾。天帝觉得娃娃些太没规矩，就派大神舜去管一管他的十个儿子。

【流传】四川省·成都市［采录地点：成都市东城区］

【出处】李芝（男，56岁，退休教师）讲，张光荣（女，34岁，牛市口辖区专干，高中）、李青（女，21岁，二仙桥办事处文化专干，高中）采录：《舜射九日》（1987.03），见中国民间文学集成全国编辑委员会、《中国民间文学集成·四川卷》编辑委员会编《中国民间故事集成》（四川卷·上），北京：中国ISBN中心1998年版，第90～91页。

WYS024.8.1.1

舜为了百姓免于受苦，将管理的十个太阳射去九个

实 例

汉 族 很早以前，天上突然出现了十个太阳，造成旱灾。舜遵天帝之命去管理十个太阳。舜听尧讲了老百姓受的苦，就起身去射太阳。尧想，他要是把太阳都射掉了，地上不是又会变得一片漆黑，到处冷冰冰的吗？就趁舜不留意，悄悄从他箭袋头偷了一枝金箭。

【流传】四川省·成都市［采录地点：成都市东城区］

【出处】李芝（男，56 岁，退休教师）讲，张光荣（女，34 岁，牛市口辖区专干，高中）、李青（女，21 岁，二仙桥办事处文化专干，高中）采录：《舜射九日》（1987.03），见中国民间文学集成全国编辑委员会、《中国民间文学集成·四川卷》编辑委员会编《中国民间故事集成》（四川卷·上），北京：中国 ISBN 中心 1998 年版，第 90 ～ 91 页。

WYS024.8.2

舜在朝廷做官

实 例

汉 族（参见“WYS024.8.2.3 舜做管教育的官”母题实例）

WYS024.8.2.1

舜做管农业的官

实 例

汉 族（参见“WYS024.8.2.3 舜做管教育的官”母题实例）

WYS024.8.2.2

舜做管法律的官

实 例

汉 族 尧王把帝位让给舜之前，让九个儿子与舜一起生活，考察他的品行。停了一时节，尧王爷的儿子回到尧都，除了大儿子丹朱没说好话，其余的都说舜是个又贤良又有才干的人，可以把天下让给他。尧王爷心思还不踏实，他把舜叫到朝廷里，让他先做了管农业的官，后来又做了管法律的官，再后来又做了管教育的官……朝廷里的各个官，舜都做遍了，样样干得好，尧决定再做最后一次考试。

【流传】山西省·（临汾市）·翼城县［采录地点：翼城县西阎镇］

【出处】李士龙（男，79 岁，翼城县大河乡农民，初中）讲，王吉文（男，52 岁，翼城县文化局干部，中专）采录：《尧王传舜》（1986），见中国民间文学集成全国编辑委员会、《中国民间文学集成·山西卷》编辑委员会编《中国民间故事集成》（山西卷），北京：中国 ISBN 中心 1999 年版，第 39 ～ 40 页。

WYS024.8.2.3

舜做管教育的官

实 例

汉 族 尧王把帝位让给舜之前，让九个儿子与舜一起生活，考察他的品行。停了一时节，尧王爷的儿子回到尧都，除了大儿子丹朱没说好话，其余的都说舜是个又贤良又有才干的人，可以把天下让给他。尧王爷心思还不踏实，他把舜叫到朝廷里，让他先做了管农业的官，后来又做了管法律的官，再后来又做了管教育的官……朝廷里的各个官，舜都做遍了，样样干得好，尧决定再做最后一次考试。

【流传】山西省·（临汾市）·翼城县［采录地点：翼城县西阎镇］

【出处】李士龙（男，79 岁，翼城县大河乡农民，初中）讲，王吉文（男，52岁，翼城县文化局干部，中专）采录：《尧王传舜》(1986)，见中国民间文学集成全国编辑委员会、《中国民间文学集成·山西卷》编辑委员会编《中国民间故事集成》（山西卷），北京：中国ISBN中心1999年版，第39～40页。

WYS024.8.2.4

舜任大司徒

实 例

（参见下级母题实例）

WYS024.8.2.4.1

舜任大司徒时制定刑法

实 例

汉 族 舜任大司徒时，制定刑法，德教与法制共同实施，从而开创了道德、礼乐、刑法、人文教育。

【流传】（山西省·运城市·盐湖区·鸣条）

【出处】 相水虎主编：《鸣条尧舜禹关四圣出巡古庙会》，运城市盐湖区鸣条二月二古庙会文化活动中心内部交流本，2016年，第13页。

WYS024.9

与舜是首领有关的其他母题

实 例

（参见下级母题实例）

WYS024.9.1

舜代理天子掌管政务

实 例

（参见下级母题实例）

WYS024.9.1.1

舜年事高，命舜代理天子的政事

实 例

中华民族 尧年事已高，让舜代理天了的政事，借以观察上天的意志。

【流传】（无考）

【出处】 张大可、朱枝富编著：《人文始祖黄帝》，北京：商务印书馆2018年版，第168页。

WYS024.9.2

舜主政得到特定人物的推荐

实 例

（参见下级母题实例）

WYS024.9.2.1

四岳向尧推荐虞舜

实 例

中华民族 舜年二十以孝闻。三十而帝尧问可用者，四岳咸荐虞舜，曰可。

【流传】（无考）

【出处】［西汉］司马迁：《史记·五帝本纪》。

WYS025

舜是特定的人

实 例

（参见下级母题实例）

WYS025.1

舜是特定特征的人

实 例

（参见下级母题实例）

WYS025.1.1

舜是圣人

【关联】[WYS029.2.1.2*]《尧典》中，舜是“家其而后国治”的圣人

实 例

中华民族 “时代愈后，传说中的中心人物愈放愈大”。如舜，在孔子时只是一个“无为而治”的圣君，到《尧典》就成了一个“家齐而后国治”的圣人，到孟子时就成了一个孝子的模范了。

【流传】（无考）

【出处】顾颉刚：《与钱玄同先生论古史书》，原载《读书杂志》1923 年第 9 期《努力》增刊，见马昌仪选编《中国神话学百年文论选》（上），西安：陕西师范大学出版总社有限公司 2013 年版，第 34 ～ 38 页。

WYS025.2

舜是特定职业者

实 例

（参见下级母题实例）

WYS025.2.1

道教尊舜为地官

实 例

汉 族 道教尊尧舜禹为三官，尧为天官，舜为地官，禹为水官。

【流传】河南省 · 郑州市 · 登封市［采录地点：登封市郊］

【出处】常松木讲，毕旭玲、程鹏、郭腾飞、邱爱园访谈：《河南省登封市访谈材料（六）》（2018.08.04），见毕旭玲等《中华禹迹寻踪——中华鲧禹创世神话田野调查报告》，上海：上海人民出版社 2020 年版，第 276 页。

WYS025.2.2

舜是尧的辅佐者

实 例

中华民族 舜相尧，二十有八载，非人之所能为也，天也。尧崩，三年之丧毕，舜避尧之子于南河之南。

【流传】（无考）

【出处】［战国］孟轲及其弟子：《孟子 · 万章上》。

WYS025.2.2.1

舜作司徒掌管教育

【关联】［ WYS024.8.2.3 ］舜做管教育的官

实 例

汉 族 尧命舜做司徒掌管教育，挈做司马掌管军队。

【流传】山西省・运城市・绛县

【出处】常嗣新:《序言》,见田茂忠、申建华主编《尧王故里》,山西省绛县尧文化研究会编印,2009 年,第 2 页。

中华民族 尧是被历代人们视为典范的仁君,以勤俭、朴素著称,办事公正,体恤人民,他召集了许多贤德之人来帮助他治理国家分管政事,如后稷(名弃,后为周族的祖先)作农师,倕作工师,皋陶(谣)作法官,夔作乐官,舜作司徒掌管教育,契作司马掌管军队。

【流传】(无考)

【出处】《史籍记载的尧舜源流与功绩》,见赵大勇、赵随意著《尧都平阳与尧舜禹》,太原:山西古籍出版社 1999 年版,第 5 页。

WYS025.2.2.2

尧命舜在明堂四门接待宾客

实 例

中华民族 尧帝十分谨慎,又让舜在明堂(古代帝王宣明政教、举行典礼等活动的地方)四门接待宾客。结果,四门处处和睦,各地来的诸侯、使臣、宾客都恭敬有礼。

【流传】(无考)

【出处】《舜・孝悌有闻》,见卢静《尧舜禹》,北京:中华书局 2019 年版,第 41 页。

WYS025.2.3

舜做官

实 例

(参见下级母题实例)

WYS025.2.3.1

舜在平阳做官

实 例

汉　族 大舜随尧王到平阳做了官,不长时间,带着娥皇、女英两个妻子回家探亲。

【流传】山西省・(运城市)・芮城县[采录地点:芮城县杜庄乡历山村]

【出处】薛振东(男,56 岁,芮城县文化馆干部,小学)讲,文晓(男,24 岁,工人,高中)采录:《舜王打井》(1984.05),见中国民间文学集成全国编辑委员会、《中国民间文学集成・山西卷》编辑委员会编《中国民间故事集成》(山西卷),北京:中国 ISBN 中心 1999 年版,第 41 ～ 42 页。

WYS025.2.4

舜是牧羊人

实 例

汉　族 大舜草场牧羊燕河地。

【流传】湖北省・神农架林区

【出处】《人祖创世》,胡崇峻据秭归县新滩镇《黑暗传》清末抄本,阳日镇龙溪村村民杨有才和史光裕处口述材料,唐运青收集的祝天照、姜德龙抄本和唐运青采录的部分资料,贾邦修、张忠臣《黑暗大盘头》《黑暗纲鉴》资料以及林区下谷土家族民族乡石磨村戊子垭刘茂森处摘录转抄本的片断资料等整理,见胡崇峻搜集整理《黑暗传》,武汉:长江文艺出版社 2002 年版,第 225 页。

WYS025.2.4.1

舜牧羊时牵着头羊，头羊后随着四只羊

实 例

中华民族 舜牵着头羊，头羊后随着四只羊。舜将头羊拴在一棵树上，羊儿吃草，舜在玩耍。

【流传】（山西省）

【出处】 中国先秦史学会尧舜禹文化研究基地编，叶雨青、张培莲著：《尧舜传》第二十章“虞舜牧羊小树林，务成有心教学子”，太原：山西出版集团·山西春秋电子音像出版社2008年版，第123页。

WYS025.2.5

舜是捕鱼者

实 例

汉 族 大舜勤耕于厉山，雷泽地方做渔人。

【流传】 湖北省·神农架林区

【出处】《人祖创世》，胡崇峻据秭归县新滩镇《黑暗传》清末抄本，阳日镇龙溪村村民杨有才和史光裕处口述材料，唐运青收集的祝天照、姜德龙抄本和唐运青采录的部分资料，贾邦修、张忠臣《黑暗大盘头》《黑暗纲鉴》资料以及林区下谷土家族民族乡石磨村戊子垭刘茂森处摘录转抄本的片断资料等整理，见胡崇峻搜集整理《黑暗传》，武汉：长江文艺出版社2002年版，第224页。

WYS025.2.6

舜是制陶者

实 例

汉 族 大舜草场牧羊燕河地，又陶瓦器在河滨。

【流传】 湖北省·神农架林区

【出处】《人祖创世》，胡崇峻据秭归县新滩镇《黑暗传》清末抄本，阳日镇龙溪村村民杨有才和史光裕处口述材料，唐运青收集的祝天照、姜德龙抄本和唐运青采录的部分资料，贾邦修、张忠臣《黑暗大盘头》《黑暗纲鉴》资料以及林区下谷土家族民族乡石磨村戊子垭刘茂森处摘录转抄本的片断资料等整理，见胡崇峻搜集整理《黑暗传》，武汉：长江文艺出版社2002年版，第225页。

WYS025.2.6a

舜是买卖陶器的商贩

实 例

中华民族 舜生于姚墟，从母居于妫州，耕渔于历山雷泽，制陶于曹州，贩运陶器于濮州，重返回父母家于妫州。

【流传】（无考）

【出处】 杨东晨：《华夏始祖：尧舜禹时代》“三、帝舜的明德”，西安：三秦出版社2007年版，第52页。

WYS025.3

舜是灾难幸存者

实 例

汉 族 通过三次遇害妻子娥皇、女英相救

的事，他对两个妻子更加敬重。

【流传】山西省 · 运城市 · 绛县 · 古绛镇 · 尧寓村

【出处】张志善：《娥皇女英助舜脱险的故事》，见田茂忠、申建华主编《尧王故里》，山西省绛县尧文化研究会编印，2009 年，第 130 ～ 136 页。

汉　族 大舜是古时候的一个好皇帝。他在登位以前几次受害，可是每次都没有害死他。

【流传】四川省 · 成都（成都市）

【出处】李茂生讲，陈钧整理：《害不死的大舜》，载《民间文学》1964 年第 3 期。

WYS025.4

舜是特定群体的代表

实　例

（实例待考）

WYS025.5

舜是历史人物

实　例

中华民族 《尧典》上所说的“舜受终于文祖”不是虚言。

【流传】（无考）

【出处】郭世谦：《古史传说考》（五、三皇五帝及历代古史整理倾向），天津：天津出版传媒集团 · 天津古籍出版社 2019 年版，第 1541 页。

WYS025.6

舜是虚构的人物

实　例

（实例待考）

WYS025.7

与舜是人有关的其他母题

实　例

（参见下级母题实例）

WYS025.7.1

舜的出身

实　例

中华民族 自从穷蝉以至帝舜，皆微为庶人。

【流传】（无考）

【出处】［西汉］司马迁：《史记 · 五帝本纪》。

WYS025.7.1.1

帝舜微为庶人

实　例

（参见下级母题实例）

WYS025.7.1.2

舜身份显赫

实　例

中华民族 夫成天地之大功者，其子孙未尝不章，虞夏商周是也。虞幕能听协风，以成乐物生者也；夏禹能单平水土，以品处庶类者也；商契能和合五教，以保于百姓者也；周弃能播殖百谷蔬，以衣食民人者也。其后皆为王公侯伯。

【流传】（无考）

【出处】［春秋］左丘明：《国语·郑语》。

WYS025.7.1.3

帝舜是地位低下的普通百姓

实 例

中华民族 虞舜，名叫重华。重华的父亲叫瞽叟，瞽叟的父亲叫桥牛，桥牛的父亲叫句望，句望的父亲叫敬康，敬康的父亲叫穷蝉，穷蝉的父亲就是帝颛顼，颛顼的父亲就是黄帝次子昌意。从昌意到帝舜下传了七代。从穷蝉到帝舜都是地位低下的普通百姓。

【流传】（无考）

【出处】张大可、朱枝富编著：《人文始祖黄帝》，北京：商务印书馆 2018 年版，第 170 页。

WYS025.7.1.4

舜是私生子

实 例

中华民族 握登未婚而生舜。父系氏族社会，女已入嫁夫家，生的子女随父姓，舜却以生地为姓氏，可证其非明媒正娶的夫妇之子。

【流传】（无考）

【出处】杨东晨：《华夏始祖：尧舜禹时代》“三、帝舜的明德”，西安：三秦出版社 2007 年版，第 47 页。

WYS025.7.1.5

舜是赘婿（舜是上门女婿）

【关联】［WYS055.7.1］舜的倒插门的甥女婿益

实 例

中华民族 赘婿（今俗语称的上门女婿）是时人和后人最瞧不起的人，也落在了舜的身上。

【流传】（无考）

【出处】杨东晨：《华夏始祖：尧舜禹时代》“三、帝舜的明德”，西安：三秦出版社 2007 年版，第 58 页。

WYS026

舜其他特定身份

实 例

（参见下级母题实例）

WYS026.1

舜是神性动物

实 例

（实例待考）

WYS026.2

舜是动物

实 例

（实例待考）

WYS026.3

舜是特定物的化身

实 例

汉 族 舜是凤凰的化身。

【流传】（无考）

【出处】陈勤建:《中国鸟崇拜》，北京：学苑出版社 2003 年版，第 98 页。

WYS026.4

舜是多种身份的综合体（舜有多重身份）

实 例

（实例待考）

WYS027

舜的身份归属

实 例

（参见下级母题实例）

WYS027.1

舜的族属

实 例

（参见下级母题实例）

WYS027.1.1*

舜归为黄帝系

实 例

中华民族 司马迁在整理传说资料和先秦古籍后，隐去了握登野合生舜的不光彩之事，将舜描述为握登嫁于瞽叟后所生之合乎礼仪之子，且将舜归为黄帝系。

【流传】（无考）

【出处】杨东晨:《华夏始祖：尧舜禹时代》“三、帝舜的明德”，西安：三秦出版社 2007 年版，第 48 页。

WYS027.1.1.1*

舜是由东夷族融入炎黄族的

实 例

中华民族 舜帝正因入赘于黄帝、颛顼族的尧，为尧的女婿，所以舜的子孙便把尧、颛顼、黄帝当作祖先来祭祀。所以说，舜是由东夷族融入炎黄族的。

【流传】（无考）

【出处】何光岳《东夷源流史》，转引自杨东晨《华夏始祖：尧舜禹时代》“三、帝舜的明德”，西安：三秦出版社 2007 年版，第 58 页。

WYS027.2

舜代表特定群体

实 例

（实例待考）

WYS028

舜的职能

实 例

（参见下级母题实例）

WYS028.1

舜管天

实 例

（实例待考）

WYS028.2

舜管地

实 例

（参见下级母题实例）

WYS028.2.1

舜被尊为为民消灾的地官

实 例

汉 族 在宗教信仰传说中，帝尧被神化，成为道教中地位仅次于玉皇大帝的紫微大帝，又称天官，主宰为人间赐福降财。其接班人舜和禹也被尊为专为民众解厄消灾的地官和水官，受到民众的尊崇和祭祀。

【流传】（无考）

【出处】刘玉栋：《帝尧溯源》，原载《古绛春秋》，北京：长征出版社 2007 年版，见田茂忠、申建华主编《尧王故里》，山西省绛县尧文化研究会编印，2009 年版，第 40 页。

WYS028.3

舜管人

实 例

中华民族 尧试着让舜去制订“五常”（指父子有亲、君臣有义、夫妇有别、长幼有序、朋友有信）之规并付诸实行，并让他入朝治百官之事，没有一件不让尧满意的。

【流传】（无考）

【出处】《舜·孝悌有闻》，见卢静《尧舜禹》，北京：中华书局 2019 年版，第 41 页。

WYS029

与舜身份和职能有关的其他母题

实 例

（参见下级母题实例）

WYS029.1

舜身份的产生

实 例

（实例待考）

WYS029.2

舜身份的变化

实 例

（参见下级母题实例）

WYS029.2.1*

舜的身份特征随时代变化

实 例

（参见下级母题实例）

WYS029.2.1.1*

孔子时，舜是“无为而治”的圣君

实　例

中华民族“时代愈后，传说中的中心人物愈放愈大”。如舜，在孔子时只是一个“无为而治”的圣君，到《尧典》就成了一个“家齐而后国治”的圣人，到孟子时就成了一个孝子的模范了。

【**流传**】（无考）

【**出处**】顾颉刚：《与钱玄同先生论古史书》，原载《读书杂志》1923 年第 9 期《努力》增刊，见马昌仪选编《中国神话学百年文论选》（上），西安：陕西师范大学出版总社有限公司 2013 年版，第 34 ～ 38 页。

WYS029.2.1.2*

《尧典》中，舜是“家其而后国治”的圣人

实　例

中华民族“时代愈后，传说中的中心人物愈放愈大”。如舜，在孔子时只是一个“无为而治”的圣君，到《尧典》就成了一个“家齐而后国治”的圣人，到孟子时就成了一个孝子的模范了。

【**流传**】（无考）

【**出处**】顾颉刚：《与钱玄同先生论古史书》，原载《读书杂志》1923 年第 9 期《努力》增刊，见马昌仪选编《中国神话学百年文论选》（上），西安：陕西师范大学出版总社有限公司 2013 年版，第 34 ～ 38 页。

WYS029.2.1.3*

孟子时，舜是孝子的典范

实　例

中华民族“时代愈后，传说中的中心人物愈放愈大”。如舜，在孔子时只是一个“无为而治”的圣君，到《尧典》就成了一个“家齐而后国治”的圣人，到孟子时就成了一个孝子的模范了。

【**流传**】（无考）

【**出处**】顾颉刚：《与钱玄同先生论古史书》，原载《读书杂志》1923 年第 9 期《努力》增刊，见马昌仪选编《中国神话学百年文论选》（上），西安：陕西师范大学出版总社有限公司 2013 年版，第 34 ～ 38 页。

WYS029.3

舜的真实身份

实　例

（参见下级母题实例）

WYS029.3.1*

舜在历史上实有其人

【**关联**】［WYS091.2.1］舜神话是历史真实

实　例

中华民族帝舜有虞氏也和帝尧陶唐氏一样，为我国信史，确凿清晰。这首先体现在先秦史籍记载详细可靠。

【**流传**】（无考）

【出处】任乃荣:《三皇五帝探源》第八章“舜有虞氏时代”，北京：新华出版社 2011 年版，第 191 页。

WYS029.4

舜的地位

实 例

（参见下级母题实例）

WYS029.4.1

舜在众人心中有良好口碑

实 例

汉 族 尧王把帝位让给舜之前，让九个儿子与舜一起生活，考察他的品行。停了一时节，尧王爷的儿子回到尧都，除了大儿子丹朱没说好话，其余的都说舜是个又贤良又有才干的人，可以把天下让给他。

【流传】山西省·（临汾市）· 翼城县［采录地点：翼城县西阎镇］

【出处】李士龙（男，79 岁，翼城县大河乡农民，初中）讲，王吉文（男，52 岁，翼城县文化局干部，中专）采录:《尧王传舜》(1986)，见中国民间文学集成全国编辑委员会、《中国民间文学集成 · 山西卷》编辑委员会编《中国民间故事集成》（山西卷），北京：中国 ISBN 中心 1999 年版，第 39 ～ 40 页。

3. 舜的生活

【WYS030 ～ WYS039】

WYS030

舜的生活

实 例

（参见下级母题实例）

WYS031

舜的成长（舜的成长历程）

实 例

（参见下级母题实例）

WYS031.1

舜出生后的磨难

实 例

（参见下级母题实例）

WYS031.1.1

舜出生不久母亲去世（舜早年丧母）

实 例

汉 族 舜生下不多长时儿，他的亲妈五英就病死了。

【流传】河南省·（南阳市）·桐柏县［采录地点：桐柏县·水帘洞］

【出处】释妙祥讲，刘剑、柳丹采录：《效舜》（1986.01），见张振犁编著，孟宪明、朱淑君统纂《中原神话通鉴》（第三卷），郑州：河南大学出版社 2017 年版，第 1001 页。

汉　族 舜生下不久，母亲就去世了。父亲娶了后母，又生了弟弟象。不知道古来有没有“有了后娘就有后爹”，反正舜的父亲就把他看成了眼中钉，后母更是心狠毒辣，总想把舜害死，让象继承父母的全部家业。

【流传】山西省·运城市·绛县·古绛镇·尧寓村

【出处】郭延峰、李友益：《尧王访贤》，见田茂忠、申建华主编《尧王故里》，山西省绛县尧文化研究会编印，2009 年，第 114 ～ 117 页。

中华民族 天有不测风云。握登生舜后，身体虚弱，又因搬迁途中风寒侵袭，病症日重，虽然请医施治，还是不治而亡。

【流传】（山西省）

【出处】中国先秦史学会尧舜禹文化研究基地编，叶雨青、张培莲著：《尧舜传》第十八章“尧罢黜孔壬治水，舜家族东迁负夏”，太原：山西出版集团·山西春秋电子音像出版社 2008 年版，第 116 页。

WYS031.1.2

舜的青少年经历坎坷，备受磨难

实　例

中华民族 舜生于姚墟，从母居于妫州，耕渔于历山雷泽，制陶于曹州，贩运陶器于濮州，重返回父母家于妫州，青少年年时代的经历是非常坎坷和备受磨难的。

【流传】（无考）

【出处】杨东晨：《华夏始祖：尧舜禹时代》“三、帝舜的明德”，西安：三秦出版社 2007 年版，第 52 页。

WYS031.2

舜的抚养者

实　例

（参见下级母题实例）

WYS031.2.1

舜的成长得到邻里和族民的同情和帮助

实　例

中华民族 舜遭后父母的打骂岁月约发生在他 13 岁至 16 岁左右，邻里和族民对他十分同情，给他一些衣食，有时让他借宿，加以保护。

【流传】（无考）

【出处】杨东晨：《华夏始祖：尧舜禹时代》“三、帝舜的明德”，西安：三秦出版社 2007 年版，第 51 页。

WYS031.3

舜的成长地点

实　例

（参见下级母题实例）

WYS031.3.1

舜从母居于妫州

实 例

中华民族 舜生于姚墟，从母居于妫州，耕渔于历山雷泽。

【流传】（无考）

【出处】杨东晨：《华夏始祖：尧舜禹时代》“三、帝舜的明德”，西安：三秦出版社 2007 年版，第 52 页。

WYS031.4

舜不平凡的成长

实 例

（实例待考）

WYS031.4.1

舜生而能言

实 例

（实例待考）

WYS031.5

舜成长不同阶段的情形

实 例

（参见下级母题实例）

WYS031.5.1

聪明的舜三岁陪父亲弹琴

实 例

中华民族 有虞氏曾世代为乐官，瞽叟从小濡染，琴艺精熟。聪明的舜，三岁上就陪伴父亲弹琴，一家三口其乐融融。

【流传】（无考）

【出处】《舜 · 孝悌有闻》，见卢静《尧舜禹》，北京：中华书局 2019 年版，第 36 页。

WYS031.5.2

舜年二十以孝顺闻名天下

实 例

汉 族 舜能和谐，大杖则避，小杖则受，年二十始以孝闻。尧以二女娥皇、女英妻之。

【流传】（无考）

【出处】［晋］皇甫谧：《帝王世纪 · 帝舜有虞氏》。

中华民族 舜年二十以孝顺闻名天下。

【流传】（无考）

【出处】张大可、朱枝富编著：《人文始祖黄帝》，北京：商务印书馆 2018 年版，第 173 页。

WYS031.5.3

舜三十岁被尧起用为辅臣

【关联】［WYS054.0.1.1.1］舜时年三十岁时在父母的阻拦下仍是独身

实 例

中华民族 舜三十岁时尧起用为辅臣。

【流传】（无考）

【出处】张大可、朱枝富编著：《人文始祖黄帝》，北京：商务印书馆 2018 年版，第 173 页。

WYS031.5.3a

舜三十岁帝得尧重用

实 例

汉 族 尧得舜。三十岁帝尧重用。

【流传】（山西省·运城市·盐湖区·鸣条）

【出处】相水虎主编:《鸣条尧舜禹关四圣出巡古庙会》，运城市盐湖区鸣条二月二古庙会文化活动中心内部交流本，2016 年，第 7 页。

WYS031.5.4

舜五十岁时代理天子政务

实 例

中华民族 舜五十岁时代理天子。

【流传】（无考）

【出处】张大可、朱枝富编著:《人文始祖黄帝》，北京：商务印书馆 2018 年版，第 173 页。

WYS031.5.5

舜六十一岁登上天子之位

实 例

中华民族 舜年二十以孝顺闻名天下，三十岁时尧起用为辅臣，五十岁时代理天子政务，五十八岁时帝尧逝世，六十一岁时接替帝尧登上天子之位。

【流传】（无考）

【出处】张大可、朱枝富编著:《人文始祖黄帝》，北京：商务印书馆 2018 年版，第 173 页。

WYS031.5.6

舜二十岁母亲去世

实 例

汉 族 大舜二十岁时，母亲去世，父亲又娶了个后妻，生个儿子名叫象。

【流传】河南省·（洛阳市）·宜阳县

【出处】王上清（50 岁，农民）讲，王孟晓采录:《大舜耕田》（1986.08），见张振犁编著，孟宪明、朱淑君统纂《中原神话通鉴》（第三卷），郑州：河南大学出版社 2017 年版，第 1004 页。

WYS031.5.7

舜小小年纪便被赶出家门

实 例

汉 族 早先的时候，有叫虞舜的人，三岁死了亲娘，爹娶了个后娘，待虞舜非常凶，小小年纪便赶出外面做生活。

【流传】浙江省·（金华市）·武义县［采录地点：武义县后树乡］

【出处】张舍囡（男，46 岁，武义县后树乡黄泥坑村，盲艺人，不识字）讲，吴钟文（男，43 岁，武义县文化局，干部，大专）、程源源（女，44 岁，武义县文化馆，干部，大专）、邱德芝（女，26 岁，武义县后树乡文化站，干部，高中）采录:《虞舜开田》（1987），见中国民间文学集成全国编辑委员会、中国民间文学集成浙江卷编辑委员会编《中国民间故事集成》（浙江卷），北京：中国 ISBN 中心 1997 年版，第 51 ～ 52 页。

WYS031.6
舜成长的其他经历

实 例

（参见下级母题实例）

WYS031.6.1
舜的成长历经磨难

实 例

（参见下级母题实例）

WYS031.6.1.1
舜从小受家人的迫害，屡经磨难

实 例

汉 族 舜颛顼的六世孙（颛顼—穷蝉—敬康—句望—桥牛—瞽叟—重华），自五世祖穷蝉起都是平民。帝舜从小受父亲瞽叟、后母和后母所生之子象的迫害，屡经磨难，仍和善待孝敬父母，爱护异母弟弟象，深得百姓赞誉。

【流传】（无考）

【出处】《青岩寺》，见搜狐网：https://www.sohu.com/a/273611686 708238。

WYS031.6.1.2
舜七八岁时便被后母逼去开种水田

实 例

汉 族 虞舜的后娘看看在山上种地不如在空地开种谷塘（水田）省力，便日日逼着虞舜去开种谷塘。虞舜当时还只有七八岁，哪来的力气去开呢？可是后娘逼得紧，不开便不给饭吃，虞舜便硬着头皮开了起来。

【流传】浙江省·（金华市）·武义县［采录地点：武义县后树乡］

【出处】张舍囡（男，46岁，武义县后树乡黄泥坑村，盲艺人，不识字）讲，吴钟文（男，43岁，武义县文化局，干部，大专）、程源源（女，44岁，武义县文化馆，干部，大专）、邱德芝（女，26岁，武义县后树乡文化站，干部，高中）采录：《虞舜开田》（1987），见中国民间文学集成全国编辑委员会、中国民间文学集成浙江卷编辑委员会编《中国民间故事集成》（浙江卷），北京：中国ISBN中心1997年版，第51～52页。

WYS031.6.2
舜的成长遭受虐待

实 例

汉 族 舜生下不久，母亲就去世了。父亲娶了后母，又生了弟弟象。不知道古来有没有“有了后娘就有后爹”，反正舜的父亲就把他看成了眼中钉，后母更是心狠毒辣，总想把舜害死，让象继承父母的全部家业。

【流传】山西省·运城市·绛县·古绛镇·尧寓村

【出处】郭延峰、李友益：《尧王访贤》，见田茂忠、申建华主编《尧王故里》，山西省绛县尧文化研究会编印，2009年，第114～117页。

汉 族 舜的娘死后，瞎爹又续娶了一个老婆，生下一个儿子象。瞎爹整天价糊里糊涂，一切都听后老婆的。后老婆又凶又刁，经常虐待舜。后娘动不动就打骂他，瞎爹也不给个好脸。

【流传】山东省·济南市［采录地点：济南市］

【出处】徐臻（男，40岁，干部，大专）讲，李奎元（男，40岁，济南市委干部，大专）采录：《舜耕历山下》（1986年春天），见《中国民间故事集成》全国编辑委员会、《中国民间故事集成·山东卷》编辑委员会编《中国民间故事集成》（山东卷），北京：中国ISBN中心2007年版，第18～21页。

中华民族 舜非瞽叟亲生子，厌恶和仇恨握登带来的这个孩子，常怒而发脾气用棍棒打舜；后母凶悍，蛮不讲理，视舜为私生子，倍加虐待；后母之子象娇惯成性，十分骄横和霸道，又怕舜继承其父母的财产，不断向父母闹着要害死舜。舜的年龄也不大，在家中吃的是剩饭，穿的是破烂衣衫，干的是脏活累活，还得到田里动。他处处让着弟象，象高兴时，他才少受打骂；象不高兴时，就拿他出气。父母打得轻了，就忍受着，往死里打时，哭天天不应，哭地地不灵。

【流传】（无考）

【出处】杨东晨：《华夏始祖：尧舜禹时代》“三、帝舜的明德”，西安：三秦出版社2007年版，第50～51页。

WYS031.6.2.1

舜遭父母虐待出逃

实 例

汉 族 后娘经常打骂舜，舜的父亲瞽叟也帮后妻责骂舜。舜受不了虐待，逃到了野外。

【流传】甘肃省·天水市·北道区［采录地点：天水市北道区街子乡］

【出处】张文理（男，57岁，农民，小学）讲，柴亚方（男，34岁，农民，初中）采录：《舜的传说》（1987.05），见《中国民间故事集成》全国编辑委员会、《中国民间故事集成·甘肃卷》编辑委员会编《中国民间故事集成》（甘肃卷），北京：中国ISBN中心2001年版，第21页。

汉 族 舜的后娘动不动就打骂他，瞎爹也不给个好脸。舜实在受不了啦，就跑到荒山野坡里向老天哭诉起来。

【流传】山东省·济南市［采录地点：济南市］

【出处】徐臻（男，40岁，干部，大专）讲，李奎元（男，40岁，济南市委干部，大专）采录：《舜耕历山下》（1986年春天），见《中国民间故事集成》全国编辑委员会、《中国民间故事集成·山东卷》编辑委员会编《中国民间故事集成》（山东卷），北京：中国ISBN中心2007年版，第18～21页。

汉 族 舜受了他后妈的虐待，到民间来了。

【流传】陕西省·（咸阳市）·淳化县［采录地点：淳化县胡家庙乡］

【出处】罗吉学（男，51岁，淳化县北城堡乡，农民，小学）讲，张耀群（男，26岁，淳化县胡家庙乡文化站，干部，高中）采录：《大舜的传说》（1988.04.21），见中国民间文学集成全国编辑委员会、中国民间文学集成陕西卷编辑委员会编《中国民间故事集成》（陕西卷），北京：中国

ISBN 中心 1996 年版，第 28 ～ 29 页。

WYS031.6.2.2

舜遭后母毒打，四处流浪讨饭

实 例

汉 族 舜的母亲是继母，父亲名叫瞽叟，是个双目失明的庄稼汉。继母到家又生了一男一女，男的叫象，女的叫系。全家经常虐待舜，一直想把他害死。

【流传】山西省·（运城市）·芮城县［采录地点：芮城县杜庄乡历山村］

【出处】薛振东（男，56 岁，芮城县文化馆干部，小学）讲，文晓（男，24 岁，工人，高中）采录：《舜王打井》（1984.05），见中国民间文学集成全国编辑委员会、《中国民间文学集成·山西卷》编辑委员会编《中国民间故事集成》（山西卷），北京：中国 ISBN 中心 1999 年版，第 41 ～ 42 页。

汉 族 舜的继母心肠不好，把舜打得活不下去，舜只得四处流浪，讨吃要饭。

【流传】山西省·（晋城市）·沁水县［采录地点：沁水县可陶村］

【出处】丁奉瑞（男，45 岁，沁水县可陶村小学教员）、丁奉礼（男，50 岁，沁水县可陶村农民）讲，董富来（男，54 岁，晋城市煤管局干部，中专）采录：《舜王传艺可陶村》（1987），见中国民间文学集成全国编辑委员会、《中国民间文学集成·山西卷》编辑委员会编《中国民间故事集成》（山西卷），北京：中国 ISBN 中心 1999 年版，第 40 ～ 41 页。

WYS031.6.2.3

舜被家人轰出家门

实 例

汉 族 舜的后娘动不动就打骂他，瞎爹也不给个好脸。舜实在受不了啦，就跑到荒山野坡里向老天哭诉起来。不久，他就被瞎爹狠娘坏弟弟齐打伙地轰出了家门。

【流传】山东省·济南市［采录地点：济南市］

【出处】徐臻（男，40 岁，干部，大专）讲，李奎元（男，40 岁，济南市委干部，大专）采录：《舜耕历山下》（1986 年春天），见《中国民间故事集成》全国编辑委员会、《中国民间故事集成·山东卷》编辑委员会编《中国民间故事集成》（山东卷），北京：中国 ISBN 中心 2007 年版，第 18 ～ 21 页。

WYS031.6.2.3.1

舜被后母赶出家门

实 例

汉 族 上古时候，舜刚刚长大成人，就被黑心的后娘赶了出来。舜有家回不去，四处流浪。

【流传】河南省·（南阳市）·桐柏县桐柏山一带

【出处】释妙祥（男，60 岁，和尚）讲，刘剑、柳丹采录整理：《箫》（1985.11.16），见张振犁编著，孟宪明、朱淑君统纂《中原神话通鉴》（第三卷），郑州：河南大学出版社 2017 年版，第 1008 页。

汉 族 舜被后母赶出家门，有家回不去，四处流浪。他走到泰山脚下，就到村里给长老打了个招呼，住下来开荒种地。

【流传】河南省桐柏山一带

【出处】释妙祥讲，刘剑、柳丹记录整理：《箫》，原载马卉欣主编《中国民间故事集成》（河南桐柏县卷第一分册“神话·传说”），见陶阳、钟秀编《中国神话》（下），北京：商务印书馆 2008 年版，第 1275 ～ 1277 页。

WYS031.6.2.3.2

后母想尽诸多办法，欲将舜赶出家门

实 例

汉 族 舜的后娘起几多心，想几多办法，要赶走舜，好让自己的亲生崽象得家产。

【流传】湖南省·（永州市）·东安县［采录地点：东安县大庙口］

【出处】毛继仁（75 岁，农民，不识字）讲，易小俊（男，干部，大专）、蒋国森（男，东安县文化馆干部）采录：《舜和后娘》（1986.06.17），见中国民间故事集成全国编辑委员会、《中国民间故事集成·湖南卷》编辑委员会编《中国民间故事集成》（湖南卷），北京：中国 ISBN 中心 2002 年版，第 59 页。

WYS031.6.2.4

舜无家可归，无奈自行建房

实 例

汉 族 舜受不了后母和父亲的虐待，逃到了野外。他看见鸟儿在做窝，想到自己无家可归，也需要造个“窝”。于是，他一边寻找材料，一边动手盖房，经过一年的辛勤劳动，盖起了一座能遮风避雨的茅草房。

【流传】甘肃省·天水市·北道区［采录地点：天水市北道区街子乡］

【出处】张文理（男，57 岁，农民，小学）讲，柴亚方（男，34 岁，农民，初中）采录：《舜的传说》（1987.05），见《中国民间故事集成》全国编辑委员会、《中国民间故事集成·甘肃卷》编辑委员会编《中国民间故事集成》（甘肃卷），北京：中国 ISBN 中心 2001 年版，第 21 页。

WYS031.6.3

舜被设计陷害

实 例

汉 族 他（舜）的亲母早年死，继母才生象弟身，继母要把舜害死，唆使瞽叟（舜的父亲）变了心，父亲和弟心一样，设计要害舜一人。

【流传】湖北省·神农架林区

【出处】《人祖创世》，胡崇峻据秭归县新滩镇《黑暗传》清末抄本，阳日镇龙溪村村民杨有才和史光裕处口述材料，唐运青收集的祝天照、姜德龙抄本和唐运青采录的部分资料，贾邦修、张忠臣《黑暗大盘头》《黑暗纲鉴》资料以及林区下谷土家族民族乡石磨村戊子垭刘茂森处摘录转抄本的片断资料等整理，见胡崇峻搜集整理《黑暗传》，武汉：长江文艺出版社 2002 年版，第 222 页。

WYS031.6.3.1

舜遭家人陷害

实 例

中华民族 父母使舜完廪，捐阶，瞽瞍焚廪。使浚井，出，从而揜之。象曰："谟盖都君，咸我绩。牛羊，父母；仓廪，父母；干戈，朕；琴，朕。弤，朕。二嫂，使治朕栖。"象往入舜宫，舜在床琴，象曰："郁陶，思君尔。"忸怩。

【流传】（无考）

【出处】［战国］孟轲及其弟子：《孟子·万章》。

WYS031.6.3.1.1

舜涂廪，遭父亲设计陷害，大难不死

实 例

中华民族 瞽瞍使舜上涂廪，从下纵火焚廪，舜乃以两笠自杆而下去，得不死。瞽瞍，又使舜穿井，舜穿井为匿空，旁出。

【流传】（无考）

【出处】［西汉］司马迁：《史记·五帝本纪》。

中华民族 （舜的父亲）瞽叟尚复欲杀之（舜），使舜上涂廪，瞽叟从下纵火焚廪。舜乃以两笠自扞而下，去，得不死。

【流传】（无考）

【出处】［西汉］司马迁：《史记·五帝本纪》。

WYS031.6.3.1.1a

父亲瞽叟和弟弟象三次加害舜

实 例

中华民族 瞽叟、象三次加害舜的原因除一般说法外，还有一定的政治背景，即华夏与东夷的民族斗争之内因。瞽叟、象更担心舜为尧的女婿后，会出卖本部落的利益，故将其视为政敌，欲置其于死地而后快。

【流传】（无考）

【出处】杨东晨：《华夏始祖：尧舜禹时代》"三、帝舜的明德"，西安：三秦出版社2007年版，第64～65页。

WYS031.6.3.1.2

舜穿进，遭父设计陷害，大难不死

实 例

中华民族 后瞽叟又使舜穿井，舜穿井为匿空旁出。舜既入深，瞽叟与象共下土实井，舜从匿空出。

【流传】（无考）

【出处】［西汉］司马迁：《史记·五帝本纪》。

WYS031.6.3.1.3

舜遭继母陷害，大难不死

实 例

汉 族 继母想除掉舜，一天夜里，她纵火烧了舜的房子。可是，舜的命大，逃到山上，没有被烧死。

【流传】河南省·济源市·邵原镇［采录地点：讲述者家中］

【出处】卢同林（男，52 岁，邵原镇阳安村农民，小学）讲，卢战平（男，40 岁，邵原镇阳安村人，大专）采录：《死里逃生》（2004.02），见济源市邵原镇人民政府、济源邵州文化教育研究会编著《济源邵原创世神话群》，郑州：河南人民出版社 2008 年版，第 27 页。

汉　族 舜的后娘把舜骗到井里，然后从上面井口堵住。舜正在着急时，突然见井下有个洞，里边还有亮光照过来。他便顺着亮光走到另一眼井，就从这眼井里又上来了。

【流传】河南省·（洛阳市）·偃师县

【出处】刘伯欣的母亲讲，刘伯欣记录：《种麻籽》，原载张振犁、程健君编：《中原神话专题资料》，见陶阳、钟秀编《中国神话》（中），北京：商务印书馆 2008 年版，第 824 ～ 825 页。

WYS031.6.3.1.4

舜遭后母和弟弟联合陷害

实　例

（参见下级母题实例）

WYS031.6.3.1.4.1

舜遭后母和弟弟落井下石

实　例

汉　族 当舜还没下到井底时，继母和象割断绳子，扔下石头，用石板盖住井口。后来，舜却安然无恙。原来这两眼井是舜亲手打的，相隔一丈多远，两眼井下边通着，舜见扔下石头，急忙躲在两井中间，等继母走后，才哭着从另一眼井爬了上来。

【流传】山西省·（运城市）·芮城县［采录地点：芮城县杜庄乡历山村］

【出处】薛振东（男，56 岁，芮城县文化馆干部，小学）讲，文晓（男，24 岁，工人，高中）采录：《舜王打井》（1984.05），见中国民间文学集成全国编辑委员会、《中国民间文学集成·山西卷》编辑委员会编《中国民间故事集成》（山西卷），北京：中国 ISBN 中心 1999 年版，第 41 ～ 42 页。

汉　族 晚妈看到舜比自己的亲儿子长得好看些，又聪明又能干，就有些嫉妒。这天，她跟儿子商量了个计策，要害死舜。一天，对舜说："我的簪子掉在井里了，你去把它捞起来。"等舜顺梯子下到井里，娘儿俩一伙把梯子拖了起来，接着就把早已准备好的石块往井里投。

【流传】湖北省·随州市［采录地点：随州市区］

【出处】冷明中（男，70 岁，随州市农民，小学）讲，冷明权（文化馆干部，大学）采录：《*舜的传说》（1982），见《中国民间故事集成》全国编辑委员会、《中国民间故事集成·湖北卷》编辑委员会编《中国民间故事集成》（湖北卷），北京：中国 ISBN 中心 1999 年版，第 37 ～ 38 页。

WYS031.6.3.1.4.2

舜被后母和弟弟设计困于井中

实　例

汉　族 后娘一计不成，又生一计。家里的井水不旺了，后娘叫舜下井里去淘。舜脱了衣服就下到井里。谁知道，他一下去，后娘就和象抬一个旧磨盘把井口封住了。

【**流传**】（中原一带）

【**出处**】《大舜孝行》，见孟宪明著《中原经典神话》，郑州：河南大学出版社 2016 年版，第 203 页。

WYS031.6.3.1.4.2.1

舜下井为后母捞金簪，遭后母和弟弟联合陷害

实　例

汉　族 一天，继母走到双井旁，头一摆，发髻上的金簪掉在井里，虚声假气地喊叫："重华呀！快给娘把金簪捞上来。"舜是个孝子，尽管继母对他苛刻，他从不计较，一听叫下井，马上答应。当舜还没下到井底时，继母和象割断绳子，扔下石头，用石板盖住井口。

【**流传**】山西省 ·（运城市）· 芮城县［采录地点：芮城县杜庄乡历山村］

【**出处**】薛振东（男，56 岁，芮城县文化馆干部，小学）讲，文晓（男，24 岁，工人，高中）采录：《舜王打井》（1984.05），见中国民间文学集成全国编辑委员会、《中国民间文学集成 · 山西卷》编辑委员会编《中国民间故事集成》（山西卷），北京：中国 ISBN 中心 1999 年版，第 41 ~ 42 页。

WYS031.6.3.1.5

舜被父亲、后母、弟弟联合起来暗算

实　例

汉　族 舜到井边给伯伯（亲生父亲）洗衣裳。后娘在井沿圈儿抹了一层厚厚的蜡油。舜来到井边，脚一滑，掉到井里去了。弟弟象在旁边藏着，见舜撵到井里，赶忙上前，搬起石头就往里砸，一直把井堵严实了才住手。

【**流传**】湖北省 · 随州市［采录地点：随州市区］

【**出处**】晏勋其（男，78 岁，随州市教师，大学）讲，刘大业（文化馆干部，初中）采录：《舜的传说》（1988），见《中国民间故事集成》全国编辑委员会、《中国民间故事集成 · 湖北卷》编辑委员会编《中国民间故事集成》（湖北卷），北京：中国 ISBN 中心 1999 年版，第 36 ~ 37 页。

汉　族 后娘让舜淘院里的井，等舜一下到井里，她就和自己的儿子象推一扇儿磨把井口盖死了。

【**流传**】河南省 ·（洛阳市）· 偃师县［采录地点：讲述者家中］

【**出处**】寇文贤（女，60 岁，偃师县邙山区农民，不识字）讲，刘伯欣（男，25 岁，河南大学中文系学生）采录：《舜王逃生》（1981.02），见《中国民间故事集成》全国编辑委员会、《中国民间故事集成·河南卷》编辑委员会编《中国民间故事集成》(河南卷)，北京：中国ISBN中心2001年版，第47～48页。

汉 族 舜帝娶娥皇、女英回家见父母，继母越发起妒心。象弟当时生一计，悄悄说与瞽叟听。父亲叫舜上仓禀，象弟放火黑良心。大舜看见一斗笠，拿起当翅飞出縻，大舜毫发未损伤，象弟一计未使成。

【流传】 湖北省·神农架林区

【出处】《人祖创世》，胡崇峻据秭归县新滩镇《黑暗传》清末抄本，阳日镇龙溪村村民杨有才和史光裕处口述材料，唐运青收集的祝天照、姜德龙抄本和唐运青采录的部分资料，贾邦修、张忠臣《黑暗大盘头》《黑暗纲鉴》资料以及林区下谷土家族民族乡石磨村戊子垭刘茂森处摘录转抄本的片断资料等整理，见胡崇峻搜集整理《黑暗传》，武汉：长江文艺出版社2002年版，第225页。

汉 族 一年秋天，后母带着舜和象去南山，看到路旁有眼水井，就把手镯丢到井里让舜去捞。舜到井边沉思时，就被后母推下井去。

【流传】 山西省·运城市·绛县·古绛镇·尧寓村

【出处】 郭延峰、李友益：《尧王访贤》，见田茂忠、申建华主编《尧王故里》，山西省绛县尧文化研究会编印，2009年，第114～117页。

WYS031.6.3.1.6

舜的后娘欲将其害死

实 例

汉 族 舜的后娘为了让自己的亲生儿子象独占家业，天天谋划着要把舜害死。

【流传】 河南省·(洛阳市)·偃师县［采录地点：讲述者家中］

【出处】 寇文贤(女，60岁，偃师县邙山区农民，不识字)讲，刘伯欣(男，25岁，河南大学中文系学生)采录:《舜王逃生》(1981.02)，见《中国民间故事集成》全国编辑委员会、《中国民间故事集成·河南卷》编辑委员会编《中国民间故事集成》(河南卷)，北京：中国ISBN中心2001年版，第47～48页。

WYS031.6.3.1.6.1

舜的后娘让舜多劳少食

实 例

汉 族 舜的后娘为了害舜，叫他赶牛耕种六十亩地，只给他一半口粮。舜任劳任怨，被累病了。

【流传】 河南省·南阳市

【出处】 王上清(男，50岁，宜阳县农民，高小)讲，王孟晓(河南大学中文系学生)采录:《*尧王访贤》，见《中国民间故事集成》全国编辑委员会、《中国民间故事集成·河南卷》编辑委员会编《中国民间故事集成》(河南卷)，北京：中国ISBN中心2001年版，第47页。

WYS031.6.3.1.7

舜补谷仓，遭弟弟暗算，成功脱险

实 例

汉 族 舜攀着梯子登到老高的谷仓顶上，修补开了。弟弟象在下面偷偷地搬走梯子，在谷仓里放起火来。舜忽然想起妻子让他带来的苇笠来，就赶紧一个胳肢窝夹上一个，冒死往下跳。说也怪了，两个苇笠兜着风，就像鸟的两只翅膀一样，舜飘飘悠悠地落到地上，一点也没摔着。

【流传】山东省·济南市［采录地点：济南市］

【出处】徐臻（男，40岁，干部，大专）讲，李奎元（男，40岁，济南市委干部，大专）采录：《舜耕历山下》(1986年春天)，见《中国民间故事集成》全国编辑委员会、《中国民间故事集成·山东卷》编辑委员会编《中国民间故事集成》(山东卷)，北京：中国ISBN中心2007年版，第18～21页。

WYS031.6.4

舜经历多次谋害不死

实 例

汉 族 大舜是古时候的一个好皇帝。他在登位以前几次受害，可是每次都没有害死他。

【流传】四川省·成都（成都市）

【出处】李茂生讲，陈钧整理：《害不死的大舜》，载《民间文学》1964年第3期。

WYS031.6.5

舜遭嫉妒

实 例

（参见下级母题实例）

WYS031.6.5.1

舜称帝后，遭到家人的嫉妒

实 例

汉 族 舜做了国君的女婿。瞎爹一家见舜一下子"红"了起来，嫉妒得心烧眼热。瞎爹和后娘想要舜的东西，兄弟象看到俊美的嫂嫂，馋得直流口水。

【流传】山东省·济南市［采录地点：济南市］

【出处】徐臻（男，40岁，干部，大专）讲，李奎元（男，40岁，济南市委干部，大专）采录：《舜耕历山下》(1986年春天)，见《中国民间故事集成》全国编辑委员会、《中国民间故事集成·山东卷》编辑委员会编《中国民间故事集成》(山东卷)，北京：中国ISBN中心2007年版，第18～21页。

WYS031.6.6

舜求学

实 例

（参见下级母题实例）

WYS031.6.6.1

舜听先生口授盘古故事

实 例

中华民族 舜进了茅屋，当时没有文字，学子们坐在两排木凳上，前面没有桌儿，只是听先生口授。舜和各位学子们认真听先生讲授的盘古故事。

【流传】（山西省）

【出处】中国先秦史学会尧舜禹文化研究基地编，叶雨青、张培莲著：《尧舜传》第二十章“虞舜牧羊小树林，务成有心教学子”，太原：山西出版集团・山西春秋电子音像出版社 2008 年版，第 124 页。

WYS031.7

与舜成长有关的其他母题

实 例

（参见下级母题实例）

WYS031.7.0

舜的流浪生活

实 例

汉 族 舜被后母赶出家门，有家回不去，四处流浪。他走到泰山脚下，就到村里给长老打了个招呼，住下来开荒种地。

【流传】河南省桐柏山一带

【出处】释妙祥讲，刘剑、柳丹记录整理：《箫》，原载马卉欣主编《中国民间故事集成》（河南桐柏县卷第一分册“神话・传说”），见陶阳、钟秀编《中国神话》（下），北京：商务印书馆 2008 年版，第 1275 ～ 1277 页。

WYS031.7.0.1

舜有家回不去，四处流浪

实 例

汉 族 舜被后娘赶出见，家门。有家回不去，四处流浪。

【流传】（a）河南省桐柏山一带。（b）河南省・（南阳市）・桐柏县

【出处】（a）释妙祥讲，刘剑、柳丹记录整理：《箫》，原文本标注自马卉欣主编《中国民间故事集成》河南桐柏县卷第一分册《神话・传说》，见陶阳、钟秀编《中国神话》（下册），北京：商务印书馆 2008 年版，第 1275 ～ 1277 页。（b）释妙祥（男，60 岁，桐柏山水帘洞和尚）讲，刘剑、柳丹采录整理：《箫》（1985.11.16），见张振犁编著《中原神话通鉴》（第三卷），郑州：河南大学出版社 2017 年版，第 1008 ～ 1009 页。

WYS031.7.1

舜成年后的遭遇

实 例

（参见下级母题实例）

WYS031.7.1.1

舜成年成婚后，恶毒的后母又打起了媳妇的歪主意

实 例

汉 族 舜的后母的儿子看见舜的媳妇长

得像朵花，就打起了坏主意，要夺舜的媳妇。

【流传】甘肃省 · 天水市 · 北道区［采录地点：天水市北道区街子乡］

【出处】张文理（男，57 岁，农民，小学）讲，柴亚方（男，34 岁，农民，初中）采录：《舜的传说》(1987.05)，见《中国民间故事集成》全国编辑委员会、《中国民间故事集成 · 甘肃卷》编辑委员会编《中国民间故事集成》(甘肃卷)，北京：中国 ISBN 中心 2001 年版，第 21 页。

WYS031.7.1.1.1*

舜成年成婚仍遭虐待，因为他是时人和后人最瞧不起的上门女婿

实 例

中华民族 赘婿（今俗语称的上门女婿）是时人和后人最瞧不起的人，也落在了舜的身上，不能不使人想到这又是文人的有意安排，以为舜之后在瞽叟家遭遇作合理解释。

【流传】(无考)

【出处】杨东晨：《华夏始祖：尧舜禹时代》"三、帝舜的明德"，西安：三秦出版社 2007 年版，第 58 页。

WYS031.7.2

舜遇险时的帮助者

实 例

(参见下级母题实例)

WYS031.7.2.1

狗是舜遇险时的帮助者

实 例

(参见下级母题实例)

WYS031.7.2.1.1

黄狗把后母给舜的毒饭泼翻，使舜幸免于难

实 例

汉 族 舜帝长到二十春，他到厉山把田耕，后母送饭下毒药，十拿九稳命归阴。这时舜帝要用饭，一只黄狗来走近，两爪不住来抓挠，黄狗抓住毒饭泼。

【流传】湖北省 · 神农架林区

【出处】《人祖创世》，胡崇峻据秭归县新滩镇《黑暗传》清末抄本，阳日镇龙溪村村民杨有才和史光裕处口述材料，唐运青收集的祝天照、姜德龙抄本和唐运青采录的部分资料，贾邦修、张忠臣《黑暗大盘头》《黑暗纲鉴》资料以及林区下谷土家族民族乡石磨村戊子垭刘茂森处摘录转抄本的片断资料等整理，见胡崇峻搜集整理《黑暗传》，武汉：长江文艺出版社 2002 年版，第 226 页。

WYS031.7.2.2

妻子是舜遇险时的帮助者

实 例

(参见下级母题实例)

WYS031.7.2.2.1
妻子送舜龙衣，使舜逢凶化吉

实 例

汉 族 舜的妻子知道舜的后母和弟弟在舜盖房时要陷害舜，就把几年前东海龙王送给皇父的一件可以消灾避难的龙衣偷偷地穿在舜的身上。当熊熊的火焰直烧到屋顶上时，舜忽然觉得身子一轻，变成了一只凤凰鸟。冲出了火焰，飞向蓝天。这件逢凶化吉的龙衣帮了舜的大忙。

【**流传**】甘肃省 · 天水市 · 北道区［采录地点：天水市北道区街子乡］

【**出处**】张文理（男，57 岁，农民，小学）讲，柴亚方（男，34 岁，农民，初中）采录：《舜的传说》(1987.05)，见《中国民间故事集成》全国编辑委员会、《中国民间故事集成 · 甘肃卷》编辑委员会编《中国民间故事集成》(甘肃卷)，北京：中国 ISBN 中心 2001 年版，第 21 页。

汉 族 舜踏着梯子爬上谷包顶后，弟弟象取来火种，点燃了木柴，大火呼地一下就烧起来了。舜忽然想到身上的妻子给自己的花衣服，穿上后他张开手臂露出新衣服上全部鸟形彩纹的一瞬间，他已变成了一只斑斓大鸟，冲破火光烈焰，嘎嘎地鸣叫着飞向了天空。

【**流传**】山西省 · 运城市 · 绛县 · 古绛镇 · 尧寓村

【**出处**】张志善：《娥皇女英助舜脱险的故事》，见田茂忠、申建华主编《尧王故里》，山西省绛县尧文化研究会编印，2009 年，第 130 ～ 136 页。

汉 族 舜的父亲想让舜掏井时害死他时，舜的妻子娥皇、女英给舜穿上了一件画着龙形的彩纹衣服，外面罩上了旧衣服，嘱道："危急时你将旧衣服脱掉，就会遇难呈祥"。

【**流传**】山西省 · 运城市 · 绛县 · 古绛镇 · 尧寓村

【**出处**】张志善：《娥皇女英助舜脱险的故事》，见田茂忠、申建华主编《尧王故里》，山西省绛县尧文化研究会编印，2009 年，第 130 ～ 136 页。

WYS031.7.2.2.2
妻子给舜解酒药，使舜逢凶化吉

实 例

汉 族 瞽叟又速舜饮酒，醉，将杀之。舜告二女，二女乃与舜药，浴汪，遂往。舜终日饮酒不醉。

【**流传**】(无考)

【**出处**】[西汉] 刘向：《列女传 · 有虞二妃》。

WYS031.7.2.3
历山老母是舜遇险时的帮助者

实 例

(参见下级母题实例)

WYS031.7.2.3.1
后母陷害舜落井，获历山老母搭救

实 例

汉 族 舜到井边沉思时，就被后母推下井去。后母正在暗自高兴之时，舜将手镯拿来交给母亲，后母纳闷得不得了，原来这是历山老母搭救的，舜才能清醒无伤地摸到手镯蹬着井壁爬上来。

【流传】山西省·运城市·绛县·古绛镇·尧寓村

【出处】郭延峰、李友益：《尧王访贤》，见田茂忠、申建华主编《尧王故里》，山西省绛县尧文化研究会编印，2009 年，第 114 ～ 117 页。

WYS031.7.2.3.2

后母火烧舜，获历山老母搭救

实 例

汉 族 又有一次，舜爬上麦秸垛后，后母就黑心地用火烧着了麦秸垛。刹那间，狂风四起，乌云密布，大雨倾盆，浓烟升空。接着就风停雨住，云散日出了。舜猛地跳到了后母跟前，把后母吓得几乎要死。这又是历山老母呼风唤雨搭救的结果。

【流传】山西省·运城市·绛县·古绛镇·尧寓村

【出处】郭延峰、李友益：《尧王访贤》，见田茂忠、申建华主编《尧王故里》，山西省绛县尧文化研究会编印，2009 年，第 114 ～ 117 页。

WYS031.7.2.4

土地老爷是舜遇险时的帮助者

实 例

（参见下级母题实例）

WYS031.7.2.4.1

舜被弟弟陷害，土地老爷把舜从井下救出

实 例

汉 族 舜的弟弟象傲和后娘将他埋入井中。土地老爷晓得象傲要害大舜，就在大舜下井的时候，从井底把大舜引出来，送回家了。后来弟弟有把他骗上房顶要放火烧死他时，一个红胡子老汉（火神）让他赶快闭上眼睛，然后提起他的衣领，轻轻把舜提到他自己的屋里去了。

【流传】四川省·成都（成都市）

【出处】李茂生讲，陈钧整理：《害不死的大舜》，载《民间文学》1964 年第 3 期。

WYS031.7.2.5

火神是舜遇险时的帮助者

实 例

（参见下级母题实例）

WYS031.7.2.5.1

舜被弟弟陷害，火神将舜从火丛中救出

实 例

汉 族 舜的弟弟象傲和后娘将他埋入井中。土地老爷晓得象傲要害大舜，就在大舜下井的时候，从井底把大舜引出来，送回家了。后来弟弟有把他骗上房顶要放火烧死他时，一个红胡子老汉（火神）让他赶快闭上眼睛，然后提起他的衣领，

轻轻把舜提到他自己的屋里去了。

【流传】四川省·成都（成都市）

【出处】李茂生讲，陈钧整理：《害不死的大舜》，载《民间文学》1964 年第 3 期。

WYS032

舜的服饰

实 例

（参见下级母题实例）

WYS032.1

舜没有衣服

实 例

（参见下级母题实例）

WYS032.2

舜的衣服

实 例

（参见下级母题实例）

WYS032.2.1

舜衣服的产生（舜衣服的获得）

【关联】［WYS041.3.1］舜发明衣服

WYS032.2.2

舜衣服的特征

实 例

（实例待考）

WYS032.2.3

舜特定的衣服

实 例

（参见下级母题实例）

WYS032.2.3.1

舜的紧身衣（舜的龙工衣）

实 例

（参见下级母题实例）

WYS032.2.3.1.1

娥皇、女英给舜制作避难的紧身衣

实 例

中华民族 舜一听爹这样说，立即痛快地答应了。回到家对妻子一说，娥皇、女英急忙拿出一件紧身衣让舜换上，说："这是我们赶做的龙工衣，便于井中行动。"

【流传】（山西省）

【出处】中国先秦史学会尧舜禹文化研究基地编，叶雨青、张培莲著：《尧舜传》第二十八章"蒲坂选舜当都长，三设陷阱害虞舜"，太原：山西出版集团·山西春秋电子音像出版社 2008 年版，第 188 页。

WYS032.2.3.2

舜的鸟工衣

实 例

（参见下级母题实例）

WYS032.2.3.2.1

舜的父母要烧死舜时，舜服鸟工衣飞去

实 例

中华民族 舜父母憎舜，使其涂廪，自下焚之，舜服鸟工衣服飞去。又使浚井，自上填之以石，舜服龙工衣自旁而出。

【流传】（山西省）

【出处】［东周］史官：《竹书纪年·帝舜有虞氏》。

WYS032.2.3.3

舜的花衣服

实 例

（参见下级母题实例）

WYS032.2.3.3.1

舜的父母要烧死舜时，舜服花衣飞去

实 例

汉 族 舜踏着梯子爬上谷包顶后，弟弟象取来火种，点燃了木柴，大火呼地一下就烧起来了。舜忽然想到身上的妻子给自己的花衣服，穿上后他张开手臂露出新衣服上全部鸟形彩纹的一瞬间，他已变成了一只斑斓大鸟，冲破火光烈焰，嘎嘎地鸣叫着飞向了天空。

【流传】山西省·运城市·绛县·古绛镇·尧寓村

【出处】张志善：《娥皇女英助舜脱险的故事》，见田茂忠、申建华主编《尧王故里》，山西省绛县尧文化研究会编印，2009年，第130～136页。

WYS032.3

舜的帽子

实 例

（实例待考）

WYS032.4

舜的头饰（舜的发型）

实 例

（实例待考）

WYS032.5

舜的鞋子

实 例

（参见下级母题实例）

WYS032.5.1

舜穿草鞋

实 例

汉 族 一日，舜在耕田，尧站在田埂上大声问："喂，小哥，我问你，耕田是雄牛快，还是雌牛快?"舜一看是一个长者在问他，就放下犁，一直蹉到田壤边，洗干净脚，穿好草鞋，然后对长者行礼。

【流传】浙江省·（杭州市）·萧山市［采录地点：萧山市桃源乡］

【出处】王焕根（男，30岁，萧山市桃源乡，农民，高小）讲，吴桑梓（女，41

岁，萧山轻型车变速箱厂，工人，初小）采录：《舜拜天子》(1987)，见中国民间文学集成全国编辑委员会、中国民间文学集成浙江卷编辑委员会编《中国民间故事集成》(浙江卷)，北京：中国ISBN中心1997年版，第77页。

WYS032.6

舜的其他佩戴物

实　例

（实例待考）

WYS032.7

与舜服饰有关的其他母题

实　例

（参见下级母题实例）

WYS032.7.1

舜简衣着装

实　例

中华民族 舜简衣着装，亲自带几个随从，前往孟门山视察水灾。只见那里平地水深丈余，到处一片汪洋。

【**流传**】（山西省）

【**出处**】中国先秦史学会尧舜禹文化研究基地编，叶雨青、张培莲著：《尧舜传》第三十章"总百揆举贤施教，临四门优礼都长"，太原：山西出版集团·山西春秋电子音像出版社2008年版，第205页。

WYS033

舜的饮食

实　例

（参见下级母题实例）

WYS033.1

舜食物的产生

实　例

（实例待考）

WYS033.2

舜的一般性食物

实　例

（参见下级母题实例）

WYS033.2.1

舜以野果为食

实　例

汉　族 舜被瞎爹狠娘坏弟弟赶出家门，流落在历山脚下。起初，他住在一个山洞里，摘些野果充饥；后来，他看这地方山清水秀，土地肥沃，就弄来树枝和茅草，盖了一间茅草屋住下了。

【**流传**】山东省·济南市［采录地点：济南市］

【**出处**】徐臻（男，40岁，干部，大专）讲，李奎元（男，40岁，济南市委干部，大专）采录：《舜耕历山下》(1986年春天)，见《中国民间故事集成》全国编辑委员会、《中国民间故事集成·山东卷》

编辑委员会编《中国民间故事集成》(山东卷),北京:中国 ISBN 中心 2007 年版,第 18 ~ 21 页。

WYS033.3

舜的特定食物

实 例

(实例待考)

WYS033.4

舜的特殊食物

实 例

(实例待考)

WYS033.5

舜食物其他情形

实 例

(实例待考)

WYS033.6

舜的饮品

实 例

(实例待考)

WYS033.7

舜饮食的变化

实 例

(实例待考)

WYS033.8

与舜的饮食有关的其他母题

实 例

(实例待考)

WYS034

舜的居所

实 例

(参见下级母题实例)

WYS034.1

舜居住天上

实 例

汉 族 舜射死天帝的 9 个太阳儿子,被天帝赶出了天界。

【流传】四川省 · 成都市 · 东城区

【出处】李芝讲,张光荣采录:《舜射九日》,见中国民间文学集成全国编辑委员会、《中国民间文学集成 · 四川卷》编辑委员会编《中国民间故事集成》(四川卷 · 上),北京:中国 ISBN 中心 1998 年版,第 90 页。

WYS034.2

舜居住人间

实 例

中华民族 舜生在河南省东北部的虞城县。及长而迁居至山东菏泽地区,制陶为业。后来舜人赘尧,赴涿鹿潘城妫汭完婚。舜耕历山,地在涿鹿县保岱乡故潘城西北，今名釜山。

【流传】（无考）

【出处】王大有：《三皇五帝时代》，转引自任乃荣《三皇五帝探源》第八章“舜有虞氏时代”，北京：新华出版社 2011 年版，第 194 页。

WYS034.3

舜居住特定的地区

实　例

（参见下级母题实例）

WYS034.3.1

舜居住山上

实　例

（参见下级母题实例）

WYS034.3.1.1

舜居住在历山上

实　例

汉　族 舜出生后没几年，母亲就病死了。父亲瞽叟另娶了个妻子，姓熙，人都叫她熙氏。瞽叟看不见，又糊涂，还怕熙氏，就跟着熙氏骂舜。没办法，舜就跑到历山上，搭了一间草棚子，一个人去过日子。

【流传】山西省·（临汾市）·翼城县［采录地点：翼城县西阎镇］

【出处】李士龙（男，79 岁，翼城县大河乡农民，初中）讲，王吉文（男，52 岁，翼城县文化局干部，中专）采录：《舜耕历山》（1986），见中国民间文学集成全国编辑委员会、《中国民间文学集成·山西卷》编辑委员会编《中国民间故事集成》（山西卷），北京：中国 ISBN 中心 1999 年版，第 40 页。

WYS034.3.1.2

舜居住在蒲山上

实　例

汉　族 舜出来很长时间没有回去，尧不放心，便命鲧来找他。鲧费了千辛万苦，终于找到蒲山，找到了舜。

【流传】河南省·（信阳市）·息县（豫南一带）

【出处】金美臣（男，83 岁，老艺人）讲，李中民采录整理：《蒲息千秋》（1985.05），见张振犁编著，孟宪明、朱淑君统纂《中原神话通鉴》（第三卷），郑州：河南大学出版社 2017 年版，第 1010 页。

WYS034.3.1.3

舜住烈山

实　例

汉　族 舜被后母骗到井中，后母和儿子把早已准备好的石块往井里投。舜在井中找到一个洞，就顺着洞往前爬。途中遇到一个呻吟的老汉，就让老汉趴在自己背上，又朝前爬。洞口站着一位美貌少女，身材窈窕。她扶起老汉和舜，对舜说：“我叫娥皇，在这儿等你多日了。你搭救的是我的老爷爷，他是专门来接你的。”舜问这是什么地方，娥皇说：“是烈山。”舜感谢老汉和娥皇的救命之恩，在烈山住了下来。

【流传】湖北省·随州市［采录地点：随州市区］

【出处】冷明中（男，70岁，随州市农民，小学）讲，冷明权（文化馆干部，大学）采录：《*舜的传说》（1982），见《中国民间故事集成》全国编辑委员会、《中国民间故事集成·湖北卷》编辑委员会编《中国民间故事集成》（湖北卷），北京：中国ISBN中心1999年版，第37～38页。

WYS034.3.2
舜居住山下

实 例

（参见下级母题实例）

WYS034.3.2.1
舜居住在历山脚下

实 例

汉 族 舜居住历山脚下。

【流传】河南省·南阳市

【出处】杜加典讲，张楚北采录：《尧王访贤（二）》（1982.02），见张振犁编著，孟宪明、朱淑君统纂《中原神话通鉴》（第三卷），郑州：河南大学出版社2017年版，第987页。

汉 族 舜被瞎爹狠娘坏弟弟赶出家门，流落在历山脚下。起初，他住在一个山洞里，摘些野果充饥；后来，他看这地方山清水秀，土地肥沃，就弄来树枝和茅草，盖了一间茅草屋住下了。

【流传】山东省·济南市［采录地点：济南市］

【出处】徐臻（男，40岁，干部，大专）讲，李奎元（男，40岁，济南市委干部，大专）采录：《舜耕历山下》（1986年春天），见《中国民间故事集成》全国编辑委员会、《中国民间故事集成·山东卷》编辑委员会编《中国民间故事集成》（山东卷），北京：中国ISBN中心2007年版，第18～21页。

WYS034.3.2.2
舜居住在泰山脚下

实 例

汉 族 舜被逐出家门，走到泰山脚下，见这里风景好，就到村里给长老打了个招呼，住下来开荒种地。

【流传】河南省·（南阳市）·桐柏县桐柏山一带

【出处】释妙祥（男，60岁，和尚）讲，刘剑、柳丹采录整理：《箫》（1985.11.16），见张振犁编著，孟宪明、朱淑君统纂《中原神话通鉴》（第三卷），郑州：河南大学出版社2017年版，第1008页。

WYS034.3.3
舜居住水边

实 例

中华民族 青春年华的舜，做事已然令人信服。天仙般的娥皇与女英，嫁到妫水边舜的家里。

【流传】（无考）

【出处】《舜 · 孝悌有闻》，见卢静《尧舜禹》，北京：中华书局 2019 年版，第 37 页。

WYS034.3.4

舜居住洞中

实　例

汉　族 舜被瞎爹狠娘坏弟弟赶出家门，流落在历山脚下。起初，他住在一个山洞里，摘些野果充饥；后来，他看这地方山清水秀，土地肥沃，就弄来树枝和茅草，盖了一间茅草屋住下了。

【流传】山东省 · 济南市［采录地点：济南市］

【出处】徐臻（男，40 岁，干部，大专）讲，李奎元（男，40 岁，济南市委干部，大专）采录：《舜耕历山下》（1986 年春天），见《中国民间故事集成》全国编辑委员会、《中国民间故事集成 · 山东卷》编辑委员会编《中国民间故事集成》（山东卷），北京：中国 ISBN 中心 2007 年版，第 18 ～ 21 页。

WYS034.4

舜居特定的城邑

实　例

（参见下级母题实例）

WYS034.4.1

舜居蒲坂城外

实　例

汉　族 潼关去蒲坂城六十，城中有舜庙，城外有舜宅并及二妃坛，南去城二十，舜所耕也。

【流传】（无考）

【出处】［宋］罗泌：《路史》注引《西征记》。

WYS034.5

舜居住特定名称的地方

实　例

（参见下级母题实例）

WYS034.5.1

舜居望仙

实　例

汉　族 尧为禅让访舜途中住过的地方叫尧王庄；能看到舜住的历山的地方叫望仙。

【流传】河南省 · 济源市 · 邵原镇［采录地点：讲述者家中］

【出处】高庆国（男，60 岁，邵原镇崔家庄人，高中）讲，王维军（男，35 岁，邵原镇小学教师，高中）采录：《尧王访贤》（2001.03.17），见济源市邵原镇人民政府、济源邵州文化教育研究会编著《济源邵原创世神话群》，郑州：河南人民出版社 2008 年版，第 29 页。

WYS034.5.2

舜居平阳

实　例

中华民族 舜住在平阳，与尧经常交谈。

【流传】（山西省）

【出处】中国先秦史学会尧舜禹文化研究基地编，叶雨青、张培莲著：《尧舜传》第二十七章“去负夏拜见父母，赴平阳尧舜论道”，太原：山西出版集团·山西春秋电子音像出版社 2008 年版，第 182 页。

WYS034.6
舜居其他特定地方

实 例

（参见下级母题实例）

WYS034.6.0
舜居山西

实 例

（参见下级母题实例）

WYS034.6.1
舜居妫汭

实 例

中华民族 舜三十而帝尧问可用者。四岳咸荐虞舜，曰可。於是尧乃以二女妻舜以观其内，使九男与处以观其外。舜居妫汭，内行弥谨。尧二女不敢以贵骄事舜亲戚，甚有妇道。尧九男皆益笃。

【流传】（无考）

【出处】［西汉］司马迁：《史记·五帝本纪》。

WYS034.6.1.1
舜住妫水边

实 例

中华民族 青春年华的舜，做事已然令人信服。天仙般的娥皇与女英，嫁到妫水边舜的家里，不知不觉中便被舜的人格感化了。

【流传】（无考）

【出处】《舜·孝悌有闻》，见卢静《尧舜禹》，北京：中华书局 2019 年版，第 37 页。

WYS034.6.2
舜居饶内（姚汭）

实 例

（实例待考）

WYS034.6.3
舜居鸣条

实 例

（参见下级母题实例）

WYS034.6.3.1
舜三十五年居鸣条岗

实 例

汉　族 舜三十五年居鸣条，享年一百一十多岁。

【流传】（山西省·运城市·盐湖区·鸣条）

【出处】相水虎主编：《鸣条尧舜禹关四圣出巡古庙会》，运城市盐湖区鸣条二月二古庙会文化活动中心内部交流本，2016 年，第 7 页。

WYS034.6.3.2
四十九年，帝居于鸣条

实 例

中华民族 四十九年，帝居于鸣条。五十年，帝崩。葬苍梧。案：今安邑有舜陵。

【流传】（山西省）

【出处】［清］雍正《山西通志》。

WYS034.7

舜居住的特征

实　例

（参见下级母题实例）

WYS034.7.1

舜居无定所

实　例

汉　族 舜被黑心的后娘赶了出来，有家回不去，四处流浪。

【流传】（a）河南省桐柏山一带。（b）河南省 ·（南阳市）· 桐柏县

【出处】（a）释妙祥讲，刘剑、柳丹记录整理：《箫》，原文本标注自马卉欣主编《中国民间故事集成》河南桐柏县卷第一分册《神话 · 传说》，见陶阳、钟秀编《中国神话》（下册），北京：商务印书馆 2008 年版，第 1275 ～ 1277 页。（b）释妙祥（男，60 岁，桐柏山水帘洞和尚）讲，刘剑、柳丹采录整理：《箫》（1985.11.16），见张振犁编著《中原神话通鉴》（第三卷），郑州：河南大学出版社 2017 年版，第 1008 ～ 1009 页。

WYS034.7.2

舜居所简陋

实　例

（参见下级母题实例）

WYS034.7.3

舜的茅屋狭小

实　例

中华民族 舜带路，伯奋兄弟八人跟随到雷泽聚边一座茅屋前。因舜的茅屋狭小，大家坐在屋前树下，舜用瓢舀水，先递给伯奋。

【流传】（山西省）

【出处】中国先秦史学会尧舜禹文化研究基地编，叶雨青、张培莲著：《尧舜传》第二十三章“舜渔雷泽让渔场，八元众人访虞舜”，太原：山西出版集团 · 山西春秋电子音像出版社 2008 年版，第 151 页。

WYS034.7.3.1

舜居草棚子中

实　例

汉　族 舜的父亲瞽叟看不见，又糊涂，还怕舜的后母熙氏，就跟着熙氏骂舜。没办法，舜就跑到历山上，搭了一间草棚子，一个人去过日子。

【流传】山西省 ·（临汾市）· 翼城县［采录地点：翼城县西阎镇］

【出处】李士龙（男，79 岁，翼城县大河乡农民，初中）讲，王吉文（男，52 岁，翼城县文化局干部，中专）采录：《舜耕历山》（1986），见中国民间文学集成全国编辑委员会、《中国民间文学集成 · 山西卷》编辑委员会编《中国民间故事集成》（山西卷），北京：中国 ISBN 中心 1999 年版，第 40 页。

WYS034.7.4*

舜的有虞氏部落源于东夷，与河北西北部的华夏部落交错相居

实 例

中华民族 舜的有虞氏部落源于东夷，有山东夷族的遗俗，与河北西北部的华夏部落交错相居。

【流传】（无考）

【出处】杨东晨：《华夏始祖：尧舜禹时代》“三、帝舜的明德”，西安：三秦出版社2007年版，第54页。

WYS034.8

舜居住的情形

实 例

（参见下级母题实例）

WYS034.8.1

舜从父居

实 例

中华民族 从舜的生地为姚汭和娶尧二女时的居于妫汭二地看，舜在其母死后，可能曾从父居。

【流传】（无考）

【出处】郭世谦：《古史传说考》（一、唐虞猛兽图腾集团），天津：天津出版传媒集团·天津古籍出版社2019年版，第54页。

WYS034.8.2

舜离家单独居住

实 例

汉 族 舜出生后没几年，母亲就病死了。父亲瞽叟另娶了个妻子，姓熙，人都叫她熙氏。瞽叟看不见，又糊涂，还怕熙氏，就跟着熙氏骂舜。没办法，舜就跑到历山上，搭了一间草棚子，一个人去过日子。

【流传】山西省·（临汾市）·翼城县［采录地点：翼城县西阎镇］

【出处】李士龙（男，79岁，翼城县大河乡农民，初中）讲，王吉文（男，52岁，翼城县文化局干部，中专）采录：《舜耕历山》（1986），见中国民间文学集成全国编辑委员会、《中国民间文学集成·山西卷》编辑委员会编《中国民间故事集成》（山西卷），北京：中国ISBN中心1999年版，第40页。

汉 族 心肠狠毒的后母常常想把舜杀死才称心如意。自私的象和糊涂的瞽叟就做了她的帮凶。舜在家里实在待不下去了，只好一个人单独搬到外面去住。

【流传】（无考）

【出处】《尧舜二帝》，见金麦田编著《中国古代神话故事》，北京：京华出版社2003年版，第45～52页。

WYS034.8.3

舜与尧的九个儿子住一起

实 例

汉 族 尧王把帝位让给舜之前，让九个儿

子与舜一起生活，考察他的品行。停了一时节，尧王爷的儿子回到尧都，除了大儿子丹朱没说好话，其余的都说舜是个又贤良又有才干的人，可以把天下让给他。尧王爷心思还不踏实，他把舜叫到朝廷里，让他先做了管农业的官，后来又做了管法律的官，再后来又做了管教育的官……朝廷里的各个官，舜都做遍了，样样干得好，尧决定再做最后一次考试。

【流传】山西省·（临汾市）·翼城县［采录地点：翼城县西阎镇］

【出处】李士龙（男，79 岁，翼城县大河乡农民，初中）讲，王吉文（男，52 岁，翼城县文化局干部，中专）采录：《尧王传舜》(1986)，见中国民间文学集成全国编辑委员会、《中国民间文学集成·山西卷》编辑委员会编《中国民间故事集成》(山西卷)，北京：中国 ISBN 中心 1999 年版，第 39 ～ 40 页。

WYS034.9

与舜居所有关的其他母题

实 例

（参见下级母题实例）

WYS034.9.1

舜居所的产生

实 例

汉 族 舜听了继母的话，就把牛赶到历山脚下，自己搭了个小草棚，开始干活了。

【流传】河南省·（洛阳市）·宜阳县

【出处】王上清（50 岁，农民）讲，王孟晓采录：《大舜耕田》(1986.08)，见张振犁编著，孟宪明、朱淑君统纂《中原神话通鉴》(第三卷)，郑州：河南大学出版社 2017 年版，第 1004 页。

WYS034.9.2

舜居住的参与者

实 例

（实例待考）

WYS034.9.3

舜居所的变化

实 例

（参见下级母题实例）

WYS034.9.3.1

舜居所变化的地点

实 例

（参见下级母题实例）

WYS034.9.3.1.1

舜从姚汭迁到妫汭

实 例

中华民族 瞽叟与舜母生舜时居姚汭，瞽叟再娶妻生象时居妫汭。所以，瞽叟的两次婚姻都是“从妻居”。

【流传】(无考)

【出处】郭世谦:《古史传说考》(一、唐虞猛兽图腾集团)，天津：天津出版传媒集团·天津古籍出版社 2019 年版，第 48 页。

WYS034.9.3.1.2

舜从山洞迁到历山脚下

实 例

汉 族 舜被瞎爹狠娘坏弟弟赶出家门，流落在历山脚下。起初，他住在一个山洞里，摘些野果充饥；后来，他看这地方山清水秀，土地肥沃，就弄来树枝和茅草，盖了一间茅草屋住下了。

【流传】山东省·济南市［采录地点：济南市］

【出处】徐臻（男，40 岁，干部，大专）讲，李奎元（男，40 岁，济南市委干部，大专）采录：《舜耕历山下》（1986 年春天），见《中国民间故事集成》全国编辑委员会、《中国民间故事集成·山东卷》编辑委员会编《中国民间故事集成》（山东卷），北京：中国 ISBN 中心 2007 年版，第 18 ～ 21 页。

WYS034.9.3.2

舜居所变化的原因

实 例

（参见下级母题实例）

WYS034.9.3.2.1

舜父再娶，舜随父迁居

实 例

中华民族 《世本》："饶内，舜所居。"饶与姚字音近，当为姚之借字。内、汭通。饶内即姚汭。《水经·流水注》深水古亦称洪水，地在今山西西南部闻喜至永济。

【流传】（山西）

【出处】郭世谦：《古史传说考》（一、唐虞猛兽图腾集团），天津：天津出版传媒集团·天津古籍出版社 2019 年版，第 43 页。

中华民族 瞽叟与舜母生舜时居姚汭，瞽叟再娶妻生象时居妫汭。所以，瞽叟的两次婚姻都是"从妻居"。

【流传】（无考）

【出处】郭世谦：《古史传说考》（一、唐虞猛兽图腾集团），天津：天津出版传媒集团·天津古籍出版社 2019 年版，第 48 页。

WYS035

舜的出行

实 例

（参见下级母题实例）

WYS035.1

舜出行的原因

实 例

（参见下级母题实例）

WYS035.1.1

舜为巡察出行

实 例

中华民族 第一位到达桂林驻跸游历并宣传

德化的先祖圣贤就是大舜。

【流传】（广西桂林）

【出处】何海龙：《浅论大舜文化对岭南文化的影响》，载《2009 中国（诸城）大舜文化学术研讨会论文集》，2009 年。

WYS035.2

舜出行的时间

实 例

（参见下级母题实例）

WYS035.2.1

一年的二月，舜到东方视察

实 例

中华民族 一年的二月，舜到东方进行视察。

【流传】（无考）

【出处】杨东晨：《华夏始祖：尧舜禹时代》“三、帝舜的明德”，西安：三秦出版社 2007 年版，第 71 页。

WYS035.3

舜出行的地点

实 例

（参见下级母题实例）

WYS035.3.1

舜游历桂林

【关联】［WYS035.6.1］舜在桂林驻跸并宣传德化

实 例

中华民族 第一位到达桂林驻跸游历并宣传德化的先祖圣贤就是大舜。

【流传】（广西桂林）

【出处】何海龙：《浅论大舜文化对岭南文化的影响》，载《2009 中国（诸城）大舜文化学术研讨会论文集》，2009 年。

WYS035.4

舜出行的工具（舜出行的坐骑）

实 例

（参见下级母题实例）

WYS035.4.1

舜乘车出行

实 例

（实例待考）

WYS035.4.2

舜乘动物出行

实 例

（参见下级母题实例）

WYS035.4.2.1

舜驾五龙

实 例

汉 族 （舜）驾五龙。

【流传】（无考）

【出处】［宋］罗泌：《路史·后纪十一》。

WYS035.5
舜出行的陪伴者

实 例

（实例待考）

WYS035.6
舜出行的结果

实 例

（参见下级母题实例）

WYS035.6.1
舜在桂林驻跸并宣传德化

实 例

中华民族 第一位到达桂林驻跸游历并宣传德化的先祖圣贤就是大舜。

【流传】（广西桂林）

【出处】何海龙：《浅论大舜文化对岭南文化的影响》，载《2009 中国（诸城）大舜文化学术研讨会论文集》，2009 年。

WYS035.7
与舜出行有关的其他母题

实 例

（实例待考）

WYS036
舜的用品（舜的工具；舜的手持物）

实 例

（参见下级母题实例）

WYS036.1
舜用品的获得

实 例

（实例待考）

WYS036.2
舜手持物

实 例

（实例待考）

WYS036.3
舜的宝物（舜的宝器）

实 例

（参见下级母题实例）

WYS036.3.1
宝物的获得

实 例

（参见下级母题实例）

WYS036.3.1.1
耕地获宝

实 例

汉 族 舜耕于历山，耕地得金枝银节。

【流传】（无考）

【出处】（a）[南朝 · 梁] 萧绎：《金楼子 · 兴王篇》。（b）《舜耕历山》，见袁珂《中国神话大词典》，北京：华夏出版社 2015

年版，第 321 页。

WYS036.3.1.1.1

舜在山岩下地里翻地时掘出一块玉历

实 例

中华民族 舜那天在山岩下地里翻地，忽从土中掘出一块玉历，玉石晶莹。

【流传】（山西省）

【出处】中国先秦史学会尧舜禹文化研究基地编，叶雨青、张培莲著：《尧舜传》第二十九章“虞舜登部落酋长，陶唐有虞大联盟”，太原：山西出版集团·山西春秋电子音像出版社 2008 年版，第 193 页。

WYS036.3.2

宝物的作用

实 例

（参见下级母题实例）

WYS036.3.2.1

舜用宝物“兜龙袋”降龙

实 例

汉 族 舜帝知道是九龙作恶，立即祭起兜龙袋，向天抛去。“刷”的一道白光，九龙全被吸入了兜龙袋。

【流传】湖南省·（永州市）·宁远县［采录地点：宁远县］

【出处】秦友仁（男，农民，小学）讲，秦东凡（男，干部，中专）采录：《舜帝降九龙》（1986.05），见中国民间故事集成全国编辑委员会、《中国民间故事集成·湖南卷》编辑委员会编《中国民间故事集成》（湖南卷），北京：中国 ISBN 中心 2002 年版，第 56 ～ 57 页。

WYS036.3.2.2

舜用宝物“伞”逃生

实 例

汉 族 舜的后娘把舜骗到房顶，点起大火。舜在房上正在危急的时候，转眼看见了身边的伞，就连忙把伞撑开从房上跳了下来，连一点儿皮也没有擦破。

【流传】河南省·（洛阳市）·偃师县

【出处】刘伯欣的母亲讲，刘伯欣记录：《种麻籽》，原载张振犁、程健君编：《中原神话专题资料》，见陶阳、钟秀编《中国神话》（中），北京：商务印书馆 2008 年版，第 824 ～ 825 页。

WYS036.4

舜有多种用品

实 例

（实例待考）

WYS036.5

舜的陪伴物（舜的宠物）

实 例

（实例待考）

WYS036.6

舜的其他特定物

实 例

（参见下级母题实例）

WYS036.6.1

舜的斩龙剑

实 例

汉 族 舜帝祭起斩龙剑，把蛟龙劈成两段。

【流传】湖南省·（永州市）·宁远县［采录地点：宁远县］

【出处】秦友仁（男，农民，小学）讲，秦东凡（男，干部，中专）采录：《舜帝降九龙》（1986.05），见中国民间故事集成全国编辑委员会、《中国民间故事集成·湖南卷》编辑委员会编《中国民间故事集成》（湖南卷），北京：中国ISBN中心2002年版，第56～57页。

WYS036.6.2

舜的金箭

实 例

汉 族 很早以前，天上突然出现了十个太阳，造成旱灾。舜遵天帝之命去管理十个太阳。舜背了十枝金箭，带起妻子嫦娥下凡来了。

【流传】四川省·成都市［采录地点：成都市东城区］

【出处】李芝（男，56岁，退休教师）讲，张光荣（女，34岁，牛市口辖区专干，高中）、李青（女，21岁，二仙桥办事处文化专干，高中）采录：《舜射九日》（1987.03），见中国民间文学集成全国编辑委员会、《中国民间文学集成·四川卷》编辑委员会编《中国民间故事集成》（四川卷·上），北京：中国ISBN中心1998年版，第90～91页。

WYS036.6.3

舜的伞

实 例

（参见下级母题实例）

WYS036.6.3.1

舜为斗妖造伞

实 例

汉 族 大禹为了斗水怪，想了个办法，让民工齐心协力，打造了一种武器。这武器的形状就像一把“大伞”，“伞”把有石滚那么粗，“伞”的一头安上几十个丈把长的钢刀，能张能合；“伞”把坠着一根几十里长的大铁索链。

【流传】河南省·商丘市

【出处】陈舜肃（女，74岁，退休教师）讲，刘秀森采录整理：《大禹斗水怪》，见张振犁编著，孟宪明、朱淑君统纂《中原神话通鉴》（第四卷），郑州：河南大学出版社2017年版，第1143页。

WYS036.6.3.2

伞助舜险中逃生

实 例

汉 族 舜的后娘想出个毒计，让舜上房修房顶，打算点火把舜烧死。舜也没在意，拿着伞上了房顶。他刚上去，后娘赶紧把梯子一搬，就叫舜的弟弟象把房子点着了。舜在房顶就把伞撑开，带伞跳了下来，连一点儿皮也没摔破。

【流传】河南省·（洛阳市）·偃师县［采录地点：讲述者家中］

【出处】寇文贤（女，60岁，偃师县邙山区农民，不识字）讲，刘伯欣（男，25岁，河南大学中文系学生）采录：《舜王逃生》（1981.02），见《中国民间故事集成》全国编辑委员会、《中国民间故事集成·河南卷》编辑委员会编《中国民间故事集成》（河南卷），北京：中国ISBN中心2001年版，第47～48页。

WYS036.7

舜用品的特征

实　例

（实例待考）

WYS036.8

舜用品的使用

实　例

（实例待考）

WYS036.9

与舜用品有关的其他母题

实　例

（实例待考）

WYS037

舜生活的时代

实　例

（参见下级母题实例）

WYS037.1

虞舜早期时候，还没有田

实　例

汉　族虞舜早期时候，还没有田，人们全靠在山上开点地种点芦稷（芦稷：高粱）和粟混日子。

【流传】江省·（金华市）·武义县·后树乡［采录地点：武义县后树乡］

【出处】张舍囡（男，46岁，武义县后树乡黄泥坑村，盲艺人，不识字）讲，吴钟文（男，43岁，武义县文化局，干部，大专）、程源源（女，44岁，武义县文化馆，干部，大专）、邱德芝（女，26岁，武义县后树乡文化站，干部，高中）采录：《虞舜开田》（1987），见中国民间文学集成全国编辑委员会、中国民间文学集成浙江卷编辑委员会编《中国民间故事集成》（浙江卷），北京：中国ISBN中心1997年版，第51页。

WYS037.2

舜时人们靠山上的芦稷和粟充饥

实　例

汉　族虞舜早期时候，还没有田，人们全靠在山上开点地种点芦稷（芦稷：高粱）和粟混日子。

【流传】江省·（金华市）·武义县·后树乡［采录地点：武义县后树乡］

【出处】张舍囡（男，46岁，武义县后树乡黄泥坑村，盲艺人，不识字）讲，吴钟文（男，43岁，武义县文化局，干部，大专）、程源源（女，44岁，武义县文化馆，干部，大专）、邱德芝（女，26岁，武义县后树乡文化站，干部，高中）采录：《虞舜开田》(1987)，见中国民间文学集成全国编辑委员会、中国民间文学集成浙江卷编辑委员会编《中国民间故事集成》(浙江卷)，北京：中国ISBN中心1997年版，第51页。

WYS038

舜生活区域（舜活动范围）

实 例

（参见下级母题实例）

WYS038.1

舜生活于特定地区

实 例

（参见下级母题实例）

WYS038.1.0

舜的活动地区说法不一

实 例

（参见下级母题实例）

WYS038.1.0.1*

舜的活动地区曾出现晋南、豫东鲁西、湖南零陵、浙江会稽、陕西汉中等说法

实 例

中华民族 2005年9月的山西运城会议，对舜的活动地展开了热烈讨论，提出了晋南、豫东鲁西、湖南零陵、浙江会稽、陕西汉中等5种说法。

【流传】（无考）

【出处】杨东晨：《华夏始祖：尧舜禹时代》“三、帝舜的明德”，西安：三秦出版社2007年版，第57页。

WYS038.1.1

舜耕作于历山

实 例

中华民族 舜生于姚墟（今菏泽市牡丹区胡集镇尧王寺），耕作于历山（今山东菏泽郓城县闫什镇历山庙），渔猎于雷泽（今山东省菏泽市野城县彭楼镇一带），在黄河之滨烧制陶器，灰于常羊（今菏泽鄄城），贩在顿丘（今河南濮阳清丰县一带）经商做生意。

【流传】（山东省菏泽市）

【出处】陈勇行：《菏泽，舜帝的故乡》，见山东菏泽《首届中华伏羲祖源文化论坛论文集》，内部编印，2020年9月，第78页。

WYS038.1.2

舜渔猎于雷泽

实 例

中华民族 舜生于姚墟（今菏泽市牡丹区胡集镇尧王寺），耕作于历山（今山东菏泽郓城县闫什镇历山庙），渔猎于雷泽（今山东省菏泽市野城县彭楼镇一带），在黄河之滨烧制陶器，灰于常羊（今菏泽鄄城），贩在顿丘（今河南濮阳清丰县一带）经商做生意。

【流传】（山东省菏泽市）

【出处】陈勇行:《菏泽，舜帝的故乡》，见山东菏泽《首届中华伏羲祖源文化论坛论文集》，内部编印，2020 年 9 月，第 78 页。

WYS038.1.2.1

舜渔于濩泽

实 例

中华民族 孟子曰：舜渔于濩泽。

【流传】（阳城）

【出处】［唐］李吉甫:《元和郡县志》卷十九“阳城县”下。

WYS038.1.3

舜曾在黄河之滨活动

实 例

中华民族 舜生于姚墟（今菏泽市牡丹区胡集镇尧王寺），耕作于历山（今山东菏泽郸城县闫什镇历山庙），渔猎于雷泽（今山东省菏泽市野城县彭楼镇一带），在黄河之滨烧制陶器，灰于常羊（今菏泽鄄城），贩在顿丘（今河南濮阳清丰县一带）经商做生意。

【流传】（山东省菏泽市）

【出处】陈勇行:《菏泽，舜帝的故乡》，见山东菏泽《首届中华伏羲祖源文化论坛论文集》，内部编印，2020 年 9 月，第 78 页。

WYS038.1.3a

舜的部落是在黄河的中游一带

实 例

中华民族 舜的有虞氏部落以兽类驺虞为图腾，而东夷部落则以鸟类为图腾，说明舜的部落是在黄河的中游一带。

【流传】（山西省）

【出处】中国先秦史学会尧舜禹文化研究基地编，叶雨青、张培莲著:《尧舜传》前言，太原：山西出版集团·山西春秋电子音像出版社 2008 年版，第 2 页。

WYS038.1.3b*

舜主要活动于黄河下游地区

实 例

中华民族 舜在较早的传说材料中主要活动于黄河下游地区。

【流传】（无考）

【出处】张帆:《中国古代简史》，北京：北京大学出版社 2015 年版，第 8 页。

WYS038.1.4

舜贩于顿丘

实 例

中华民族 舜生于姚墟（今菏泽市牡丹区胡集镇尧王寺），耕作于历山（今山东菏泽郸城县闫什镇历山庙），渔猎于雷泽（今山东省菏泽市野城县彭楼镇一带），在黄河之滨烧制陶器，灰于常羊（今菏泽鄄城），贩在顿丘（今河南濮阳清丰县一带）经商做生意。

【流传】（山东省菏泽市）

【出处】陈勇行:《菏泽，舜帝的故乡》，见山东菏泽《首届中华伏羲祖源文化论坛论文集》，内部编印，2020 年 9 月，第 78 页。

WYS038.1.5

舜活动于鲁西南与豫东北

实 例

中华民族 由于舜的活动地区鲁西南与豫东北，与尧的活动地区非常接近。

【流传】(无考)

【出处】翁独健主编:《中国民族关系史纲要》，北京：中国社会科学出版社 2001 年版，第 38 页。

WYS038.1.5a*

舜的主要活动在河南省和山东省交界地区

实 例

中华民族 舜的主要活动地区也在河南省和山东省交界地区。

【流传】(无考)

【出处】杨东晨:《华夏始祖：尧舜禹时代》"三、帝舜的明德"，西安：三秦出版社 2007 年版，第 52 页。

WYS038.1.5b*

舜的主要活动地区是今山东西南与河南东北地区，晋西南是其以后的活动地区

实 例

中华民族 我们认为，舜的主要活动地区是在今山东西南与河南东北地区，晋西南是其以后的活动地区。

【流传】(无考)

【出处】杨东晨:《华夏始祖：尧舜禹时代》"三、帝舜的明德"，西安：三秦出版社 2007 年版，第 57 ～ 58 页。

WYS038.1.6

舜活动于汾河流域

实 例

中华民族 后来炎黄部族从西面来到汾河流域，尧舜禹相继生长、活动于此。

【流传】(无考)

【出处】《光辉灿烂的古平阳大地》，见赵大勇、赵随意著《尧都平阳与尧舜禹》，太原：山西古籍出版社 1999 年版，第 55 页。

WYS038.2

舜生活于特定的人群

实 例

(参见下级母题实例)

WYS038.2.1

舜的部族

实 例

(参见下级母题实例)

WYS038.2.1.1*

舜的部族生活于今濮阳地区东夷

实 例

中华民族 虞舜，姚姓，有虞氏，名重华，史称虞舜。其部族居住于今濮阳地区东夷。

【流传】（濮阳）

【出处】《史籍记载的尧舜源流与功绩》，见赵大勇、赵随意著《尧都平阳与尧舜禹》，太原：山西古籍出版社 1999 年版，第 29 页。

WYS039

与舜的生活有关的母题

实 例

（参见下级母题实例）

WYS039.1*

舜随生母生活

实 例

中华民族 舜出生后，由母亲握登养育，生活困苦，处境孤单，遭到村人鄙视，便带儿子迁居于诸冯。后为生活所迫，遂又离开诸冯（今山东诸城县），带着舜远嫁于妫州的瞽叟为妻。

【流传】（无考）

【出处】杨东晨：《华夏始祖：尧舜禹时代》“三、帝舜的明德”，西安：三秦出版社 2007 年版，第 48 页。

WYS039.2*

舜得到养父的喜爱

实 例

中华民族 舜虽是非婚的他人之子，但因母亲贤惠，瞽叟爱之，所以养父还是喜爱他的，并改姚姓为妫姓。

【流传】（无考）

【出处】杨东晨：《华夏始祖：尧舜禹时代》“三、帝舜的明德”，西安：三秦出版社 2007 年版，第 48 页。

4. 舜的事迹与经历【WYS040 ～ WYS049】

WYS040

舜创世（舜的发明；舜的创造）

实 例

（参见下级母题实例）

WYS040.1

舜创造世界

实 例

（实例待考）

WYS040.2

舜创造神灵

实 例

（实例待考）

WYS040.3

舜创造人

实 例

（实例待考）

WYS040.4
舜创造动植物

实 例

（实例待考）

WYS040.5
舜创造自然物

实 例

（实例待考）

WYS041
舜创造物质文化

实 例

（参见下级母题实例）

WYS041.1
舜发明特定生产方式

实 例

（实例待考）

WYS041.1.1
舜发明采集

实 例

（实例待考）

WYS041.1.2
舜发明渔猎

实 例

汉 族 舜是个闲不住的人。有一天，他种过了田，来到济水边上，一看河里的鱼沸沸扬扬，真馋人。他忽然看到一条大鱼“噌”地窜到水面上，一口叼走了一个虫子。舜灵机一动，心想：我用细绳子拴上虫子，不就逮到鱼了吗？他欢天喜地跑回家，制了鱼钩、鱼绳，把它们拴到一根竿子上，有空就去雷泽逮鱼。

【流传】山东省·济南市［采录地点：济南市］

【出处】徐臻（男，40 岁，干部，大专）讲，李奎元（男，40 岁，济南市委干部，大专）采录：《舜耕历山下》（1986 年春天），见《中国民间故事集成》全国编辑委员会、《中国民间故事集成·山东卷》编辑委员会编《中国民间故事集成》（山东卷），北京：中国 ISBN 中心 2007 年版，第 18 ～ 21 页。

WYS041.1.2.1
舜在雷泽捕鱼

【关联】［WYS025.2.5］舜是捕鱼者

实 例

汉 族 昔尧作于成阳，舜渔于雷泽，汤止于亳。其俗犹有先王遗风，重厚多君子。

【流传】（无考）

【出处】［西汉］司马迁：《史记·货殖列传》。

中华民族 舜，冀州之人也。舜耕历山，渔雷泽，陶河滨，作什器于寿丘，就时于负夏。

【流传】（无考）

【出处】［西汉］司马迁：《史记·五帝本纪》。

中华民族 舜生于姚墟（今菏泽市牡丹区胡

集镇尧王寺），耕作于历山（今山东菏泽郓城县闫什镇历山庙），渔猎于雷泽（今山东省菏泽市野城县彭楼镇一带），在黄河之滨烧制陶器，灰于常羊（今菏泽鄄城），贩在顿丘（今河南濮阳清丰县一带）经商做生意。

【流传】（山东省菏泽市）

【出处】陈勇行：《菏泽，舜帝的故乡》，见山东菏泽《首届中华伏羲祖源文化论坛论文集》，内部编印，2020年9月，第78页。

中华民族 舜又到雷夏泽（今山东郓城、菏泽一带）捕鱼。

【流传】（山东省济南市）

【出处】《娥皇、女英做舜妻》，见郭先芳编著《黄河的神话传说和民间故事》，郑州：黄河水利出版社2015年版，第77页。

中华民族 雷泽在永济县首阳山下，南流入河。相传舜渔于此。水经："河涑水又南经雷首山西，又南水注之。"穆天子传："壬戌天子至于雷首，犬戎献良马四六，天子使孔牙受之于雷水之干者，是也。"据郦此言，则俗所指雷泽者，正是穆王时雷水。

【流传】（山西蒲州府）

【出处】［清］乾隆《蒲州府志·山川》。

WYS041.1.2.1.1

舜渔雷泽，在成阳郭外西北，今属郓城

实 例

汉 族 舜渔雷泽，在成阳郭外西北，今属郓城。

【流传】山东省·菏泽市

【出处】潘建荣：《在"伏羲桑梓、尧舜故里"菏泽市牡丹区胡集镇举办公祭伏羲尧舜禹仪式最为合适》，见山东菏泽《首届中华伏羲祖源文化论坛论文集》，内部编印，2020年9月，第8页。

WYS041.1.3

舜发明耕种

实 例

（实例待考）

WYS041.1.3.1

舜发明耕种"划地界"

实 例

汉 族 瓜有苦有甜，人有好有孬。一到春耕的时候，有的人老想多占一垄地；秋收的工夫，有的人老想多收点庄稼。跟舜搭界的好说，因为舜总是和气谦让，轮到别的人家，可就不行了，你争我抢的经常打架闹事。舜想了几天几夜，想出个"划地界"的法子来。从此农民"划地界"的事就流传下来。打那以后，人们很少为这种事争吵了。

【流传】山东省·济南市［采录地点：济南市］

【出处】徐臻（男，40岁，干部，大专）讲，李奎元（男，40岁，济南市委干部，大专）采录：《舜耕历山下》（1986年春天），见《中国民间故事集成》全国编辑委员会、《中国民间故事集成·山东卷》编辑委员会编《中国民间故事集成》（山

东卷)，北京：中国ISBN中心2007年版，第18～21页。

WYS041.1.3.2

舜发明水田

实 例

汉 族 舜做了皇帝。这时虞舜已开出一大片种谷塘。这片种谷塘场面实在阔，舜就叫人一格一丘划分出来，一共有三百六十丘，这便是现在的水田。

【流传】浙江省·(金华市)·武义县［采录地点：武义县后树乡］

【出处】张舍囡(男，46岁，武义县后树乡黄泥坑村，盲艺人，不识字)讲，吴钟文(男，43岁，武义县文化局，干部，大专)、程源源(女，44岁，武义县文化馆，干部，大专)、邱德芝(女，26岁，武义县后树乡文化站，干部，高中)采录：《虞舜开田》(1987)，见中国民间文学集成全国编辑委员会、中国民间文学集成浙江卷编辑委员会编《中国民间故事集成》(浙江卷)，北京：中国ISBN中心1997年版，第51～52页。

WYS041.1.3.3

舜开创农事经验

实 例

汉 族 舜时，食草籽野兽的人居多，还不懂如何种庄稼。经他躬身耕作，辛劳多年，终于开创出一套农事经验，连年五谷丰登，因此他出了名。

【流传】山东省·(潍坊市)·诸城市［采录地点：诸城市万家庄乡官庄店村］

【出处】范炳忠(62岁，万家庄乡官庄店村，小学)讲，范凤廷(47岁，万家庄乡官庄店村，初中)采录：《尧王访舜》(1986.08)，见《中国民间故事集成》全国编辑委员会、《中国民间故事集成·山东卷》编辑委员会编《中国民间故事集成》(山东卷)，北京：中国ISBN中心2007年版，第17～18页。

WYS041.1.3.4

舜烧荒开地

实 例

汉 族 舜王在位期间，亲自烧荒开地。

【流传】河南省·南阳市·方城县［采录地点：方城县清河乡老庄村］

【出处】郭延华(30岁，农民)讲，郭国祥(35岁，干部)记录：《舜王庙》(1985.09.04)，见中国民间文艺家协会组织编写，罗杨总主编，毛秀荣本卷主编《中国民间故事丛书》(河南省·南阳市·方城卷)，北京：知识产权出版社2016年版，第73～74页。

WYS041.1.4

舜发明饲养(舜的饲养)

实 例

汉 族 舜王在位期间，亲自烧荒开地，教老百姓种庄稼，饲养牲畜，老百姓对他都很敬仰。

【流传】河南省·(南阳市)·方城县·(清河乡·老庄村)

【出处】郭延华（男，30 岁，农民）讲，郭国祥采录整理：《舜王庙（二）》（1985.09.04），见张振犁编著，孟宪明、朱淑君统纂《中原神话通鉴》（第三卷），郑州：河南大学出版社 2017 年版，第 1012 页。

WYS041.1.4.1
舜养龙

实 例

中华民族 故帝舜氏世有畜龙。及有夏孔甲，扰于有帝，帝赐之乘龙，河汉各二，各有雌雄，孔甲不能食，而未获豢龙氏。有陶唐氏既衰，其后有刘累，学扰龙于豢龙氏，以事孔甲，能饮食之，夏后嘉之，赐氏曰御龙，以更豕韦之后。龙一雌死，潜醢以食夏后，夏后飨之，既而使求之，惧而迁于鲁县，范氏其后也。

【流传】（无考）

【出处】［春秋］左丘明：《左传 · 昭公二十九年》。

WYS041.1.5
舜种茶

实 例

（实例待考）

WYS041.1.5.1
舜在骊山种茶

实 例

汉 族 尧王微服来骊山私访，见舜正在种茶。

【流传】河南省 ·（濮阳市）· 范县［采录地点：范县 · 王楼乡］

【出处】崔金钊采录：《尧王喝茶》（1989.11.04），见张振犁编著，孟宪明、朱淑君统纂《中原神话通鉴》（第三卷），郑州：河南大学出版社 2017 年版，第 989 页。

WYS041.2
舜发明生产工具

实 例

（实例待考）

WYS041.3
舜发明生活用品

实 例

（参见下级母题实例）

WYS041.3.1
舜发明衣服

实 例

（参见下级母题实例）

WYS041.3.1.1
舜欲依据天象制作锦绣服装

实 例

中华民族 舜郑重地告诉臣僚两件事，一件是辨服装，一件是辨音乐。因为舜帝想效法古人，按照日月星辰的天象制作锦绣服装，并通过四方音乐的雅正与淫邪来考察政教。

【流传】(无考)

【出处】《禹 · 承继帝位》，见卢静《尧舜禹》，北京：中华书局 2019 年版，第 112 页。

WYS041.3.2

舜发明食物

实 例

WYS041.3.3

舜发明特定生活用品

实 例

汉 族 一有闲空，舜还琢磨着制一些人们日常生活中用的家什，像筐呀、篓呀什么的。舜做什么，像什么；做出什么来，老百姓就喜欢什么，就跟着学什么。

【流传】山东省 · 济南市［采录地点：济南市］

【出处】徐臻（男，40 岁，干部，大专）讲，李奎元（男，40 岁，济南市委干部，大专）采录：《舜耕历山下》(1986 年春天)，见《中国民间故事集成》全国编辑委员会、《中国民间故事集成 · 山东卷》编辑委员会编《中国民间故事集成》(山东卷)，北京：中国 ISBN 中心 2007 年版，第 18 ～ 21 页。

WYS041.3.3.1

舜制作陶缸

实 例

汉 族 （参见“WYS041.3.3.4 舜制作陶盆”母题实例）

WYS041.3.3.2

舜制作陶罐

实 例

汉 族 （参见“WYS041.3.3.4 舜制作陶盆”母题实例）

WYS041.3.3.3

舜制作陶碗

实 例

汉 族 （参见“WYS041.3.3.4 舜制作陶盆”母题实例）

WYS041.3.3.4

舜制作陶盆

实 例

汉 族 舜手巧如神，大堆大堆的陶泥，他双手一舞，“哗哗”就变成了缸、罐、碗、盆。

【流传】山西省 ·（晋城市）· 沁水县

【出处】丁奉瑞、丁奉礼讲，董富来采录：《舜王传艺可陶村》，见郭万金主编《山西民间故事大系》(晋东南卷)，北京：商务印书馆 2017 年版，第 7 ～ 8 页。

WYS041.3.3.5

舜作什器

实 例

WYS041.3.3.5.1
舜作什器于寿丘

实 例

中华民族 舜，冀州之人也。舜耕历山，渔雷泽，陶河滨，作什器於寿丘，就时於负夏。

【流传】（无考）

【出处】［西汉］司马迁：《史记 · 五帝本纪》。

WYS041.3.3.5.2
舜在曲阜一带作什器

实 例

中华民族 舜在曲阜一带作什器。

【流传】（山东省济南市）

【出处】《娥皇、女英做舜妻》，见郭先芳编著《黄河的神话传说和民间故事》，郑州：黄河水利出版社 2015 年版，第 77 页。

WYS041.3.3.6
舜制作陶器

实 例

（参见下级母题实例）

WYS041.3.3.6.1
舜在黄河边上制作陶器

实 例

中华民族 今永济县古蒲州城北三十里，黄河岸边有一舜帝村，其北侧就是陶城村，村前就是黄河，村后紧靠黄土构造的土崖，是烧制陶器的理想场所。虽然现在还没有发现象陶寺这样的聚落遗址，但是上述地点与古籍中记载的舜的活动地点如此吻合，使我们有理由认为舜就是活动在永济一带。

【流传】（山西省永济县）

【出处】侯毅：《山西史前文化与华夏文明起源》，载《沧桑》1994 年第 4 期。

中华民族 舜生于姚墟（今菏泽市牡丹区胡集镇尧王寺），耕作于历山（今山东菏泽郸城县闫什镇历山庙），渔猎于雷泽（今山东省菏泽市野城县彭楼镇一带），在黄河之滨烧制陶器，灰于常羊（今菏泽鄄城），贩在顿丘（今河南濮阳清丰县一带）经商做生意。

【流传】（山东省菏泽市）

【出处】陈勇行：《菏泽，舜帝的故乡》，见山东菏泽《首届中华伏羲祖源文化论坛论文集》，内部编印，2020 年 9 月，第 78 页。

中华民族 舜在黄河边上制作陶器。

【流传】（山东省济南市）

【出处】《娥皇、女英做舜妻》，见郭先芳编著《黄河的神话传说和民间故事》，郑州：黄河水利出版社 2015 年版，第 77 页。

WYS041.3.3.6.2
舜在定陶县济水南岸制作陶器

实 例

汉 族 舜陶河滨，在定陶县济水南岸之陶丘。

【流传】山东省 · 菏泽市

【出处】潘建荣:《在“伏羲桑梓、尧舜故里”菏泽市牡丹区胡集镇举办公祭伏羲尧舜禹仪式最为合适》, 见山东菏泽《首届中华伏羲祖源文化论坛论文集》, 内部编印, 2020 年 9 月, 第 8 页。

WYS041.4

舜发明其他特定物

实 例

汉 族 舜和百姓们一起, 日夜挖井不停, 不多日就打出了一眼很深很深的泉井。这眼井, 上映蓝天, 下连黄泉, 一年到头, 汩汩地直往上蹿水。

【流传】山东省 · 济南市 [采录地点: 济南市]

【出处】韩兆福 (男, 大专, 干部) 讲, 李奎元 (男, 42 岁, 济南市委宣传部干部, 大专) 采录:《舜井锁蛟》(1989), 见《中国民间故事集成》全国编辑委员会、《中国民间故事集成 · 山东卷》编辑委员会编《中国民间故事集成》(山东卷), 北京: 中国 ISBN 中心 2007 年版, 第 360 ～ 362 页。

汉 族 舜被瞎爹狠娘坏弟弟赶出家门。他独居历山脚下的茅草屋里, 先在小屋边开了一片荒地, 种上了庄稼, 然后在家门口挖了一口井。井水挺旺, 咋也用不完。

【流传】山东省 · 济南市 [采录地点: 济南市]

【出处】徐臻 (男, 40 岁, 干部, 大专) 讲, 李奎元 (男, 40 岁, 济南市委干部, 大专) 采录:《舜耕历山下》(1986 年春天), 见《中国民间故事集成》全国编辑委员会、《中国民间故事集成 · 山东卷》编辑委员会编《中国民间故事集成》(山东卷), 北京: 中国 ISBN 中心 2007 年版, 第 18 ～ 21 页。

汉 族 杜庄乡历山村中, 有两眼古深井, 相隔只有一丈远, 一眼是苦井, 一眼是甜井。传说这两眼井是当年大舜亲手打的。

【流传】山西省 · (运城市) · 芮城县 [采录地点: 芮城县杜庄乡历山村]

【出处】薛振东 (男, 56 岁, 芮城县文化馆干部, 小学) 讲, 文晓 (男, 24 岁, 工人, 高中) 采录:《舜王打井》(1984. 05), 见中国民间文学集成全国编辑委员会、《中国民间文学集成 · 山西卷》编辑委员会编《中国民间故事集成》(山西卷), 北京: 中国 ISBN 中心 1999 年版, 第 41 ～ 42 页。

汉 族 舜看到大伙儿吃水要跑多远到涢水河去挑, 上山下坡很不方便, 就用七天七夜时间在山腰挖了一口井, 乡亲们挑水再也不用下山了。

【流传】湖北省 · 随州市 [采录地点: 随州市区]

【出处】冷明中 (男, 70 岁, 随州市农民, 小学) 讲, 冷明权 (文化馆干部, 大学) 采录:《* 舜的传说》(1982), 见《中国民间故事集成》全国编辑委员会、《中国民间故事集成 · 湖北卷》编辑委员会编《中国民间故事集成》(湖北卷)，北京：中国ISBN中心1999年版，第37～38页。

WYS041.4.1

舜发明火

实 例

(实例待考)

WYS041.4.2

舜发明医药

实 例

汉 族 瘟疫时，舜王投掷玉皇的一块大石炸碎后落下化为草药。人们成群结队涌上山来。他们采了菖蒲采贝母，采了猪苓采丹参，采了黄檗采细辛……终于平安地度过了瘟灾。

【流传】山西省·(晋城市)·沁水县

【出处】达奇江、仝发景、许光发、楼万金讲，潘保安采录:《击石成药》，见郭万金主编《山西民间故事大系》(晋东南卷)，北京：商务印书馆2017年版，第58～59页。

WYS041.4.3

舜发明器物

实 例

汉 族 舜来到一个小村庄讨饭时，村里人主动拿了汤来给他喝，取了饭来给他吃。舜很受感动，不由自言自语道："好一个可讨村(可讨上饭的村)呀!"后来舜教会村里的人制陶，人们觉得"可讨村"不大好听，同时也为了让后人永远记住舜传艺烧陶的恩德，便又改叫成了"可陶村"。

【流传】山西省·(晋城市)·沁水县

【出处】丁奉瑞、丁奉礼讲，董富来采录:《舜王传艺可陶村》，见郭万金主编《山西民间故事大系》(晋东南卷)，北京：商务印书馆2017年版，第7～8页。

WYS041.4.4

舜打井

实 例

汉 族 舜看到大伙儿吃水要跑多远到涢水河去挑，上山下坡很不方便，就用七天七夜时间在山腰挖了一口井，乡亲们挑水再也不用下山了。

【流传】湖北省·随州市[采录地点：随州市区]

【出处】冷明中(男，70岁，随州市农民，小学)讲，冷明权(文化馆干部，大学)采录:《*舜的传说》(1982)，见《中国民间故事集成》全国编辑委员会、《中国民间故事集成·湖北卷》编辑委员会编《中国民间故事集成》(湖北卷)，北京：中国ISBN中心1999年版，第37～38页。

WYS041.5

舜发明物质文化的情形

实 例

(实例待考)

WYS041.6
舜发明物质文化的价值

实 例

（实例待考）

WYS041.7
与舜创造物质文化有关的其他母题

实 例

（实例待考）

WYS042
舜创造非物质文化

实 例

（参见下级母题实例）

WYS042.1
舜发明语言文字

【关联】［WYS042.2.5.2.6.1］舜造“箫”字

实 例

（参见下级母题实例）

WYS042.1.1
舜得玉历，所刻文字延及今古

实 例

中华民族 舜那天在山岩下地里翻地，忽从土中掘出一块玉历，玉石晶莹，所刻文字历数延及今古。

【流传】（山西省）

【出处】中国先秦史学会尧舜禹文化研究基地编，叶雨青、张培莲著：《尧舜传》第二十九章“虞舜登部落酋长，陶唐有虞大联盟”，太原：山西出版集团·山西春秋电子音像出版社2008年版，第193页。

WYS042.2
舜发明音乐

实 例

（参见下级母题实例）

WYS042.2.1
舜制作乐器

实 例

（参见下级母题实例）

WYS042.2.1.1
舜制作喇叭儿

实 例

（参见下级母题实例）

WYS042.2.1.1.1
舜用竹棍制作喇叭儿

实 例

汉 族 一天，舜种庄稼时在竹林边歇歇儿，捡了一根虫打几个眼儿的竹棍儿，做成了喇叭儿。一吹呀，好听极了。

【流传】（a）河南省桐柏山一带。（b）河南省·（南阳市）·桐柏县

【出处】（a）释妙祥讲，刘剑、柳丹记录

整理:《箫》，原文本标注自马卉欣主编《中国民间故事集成》河南桐柏县卷第一分册《神话・传说》，见陶阳、钟秀编《中国神话》（下册），北京：商务印书馆2008年版，第1275～1277页。（b）释妙祥（男，60岁，桐柏山水帘洞和尚）讲，刘剑、柳丹采录整理:《箫》（1985.11.16），见张振犁编著《中原神话通鉴》（第三卷），郑州：河南大学出版社2017年版，第1008～1009页。

WYS042.2.1.1.2

舜用竹筒制作喇叭儿

实 例

汉 族 一天，舜在竹林边歇息时，摆弄着小竹棍儿，想起了小时候做的竹喇叭和柳皮喇叭。他砍了节竹筒子，仿着小竹喇叭做了个大竹喇叭。

【流传】（a）河南省桐柏山一带。（b）河南省・（南阳市）・桐柏县

【出处】（a）释妙祥讲，刘剑、柳丹记录整理:《箫》，原文本标注自马卉欣主编《中国民间故事集成》河南桐柏县卷第一分册《神话・传说》，见陶阳、钟秀编《中国神话》（下册），北京：商务印书馆2008年版，第1275～1277页。（b）释妙祥（男，60岁，桐柏山水帘洞和尚）讲，刘剑、柳丹采录整理:《箫》（1985.11.16），见张振犁编著《中原神话通鉴》（第三卷），郑州：河南大学出版社2017年版，第1008～1009页。

WYS042.2.1.2

舜制作箫

实 例

汉 族 舜造箫，其形参差，象凤翼，长二尺。

【流传】（无考）

【出处】［先秦］史官修撰:《世本・作篇》。

汉 族 有种乐器叫箫，吹起来很好听。据说第一个做箫的人是舜。

【流传】（a）河南省桐柏山一带。（b）河南省・（南阳市）・桐柏县

【出处】（a）释妙祥讲，刘剑、柳丹记录整理:《箫》，原文本标注自马卉欣主编《中国民间故事集成》河南桐柏县卷第一分册《神话・传说》，见陶阳、钟秀编《中国神话》（下册），北京：商务印书馆2008年版，第1275～1277页。（b）释妙祥（男，60岁，桐柏山水帘洞和尚）讲，刘剑、柳丹采录整理:《箫》（1985.11.16），见张振犁编著《中原神话通鉴》（第三卷），郑州：河南大学出版社2017年版，第1008～1009页。

WYS042.2.1.2.1

舜是箫的首创者

实 例

汉 族 第一个做箫的人是舜。

【流传】 河南省桐柏山一带

【出处】 释妙祥讲，刘剑、柳丹记录整理:《箫》，原载马卉欣主编《中国民间故事集

成》(河南桐柏县卷第一分册“神话·传说”), 见陶阳、钟秀编《中国神话》(下), 北京: 商务印书馆 2008 年版, 第 1275 ～ 1277 页。

WYS042.2.1.2.2

舜发明箫于泰山

实 例

汉 族 舜发明箫的地点是泰山。直到现在, 泰山吹箫的人还很多。

【**流传**】(a) 河南省桐柏山一带。(b) 河南省·(南阳市)·桐柏县

【**出处**】(a) 释妙祥讲, 刘剑、柳丹记录整理:《箫》, 原文本标注自马卉欣主编《中国民间故事集成》河南桐柏县卷第一分册《神话·传说》, 见陶阳、钟秀编《中国神话》(下册), 北京: 商务印书馆 2008 年版, 第 1275 ～ 1277 页。(b) 释妙祥 (男, 60 岁, 桐柏山水帘洞和尚) 讲, 刘剑、柳丹采录整理:《箫》(1985.11.16), 见张振犁编著《中原神话通鉴》(第三卷), 郑州: 河南大学出版社 2017 年版, 第 1008 ～ 1009 页。

WYS042.2.1.2.3

舜造的箫其形参差, 象凤翼, 十管, 长二尺

实 例

中华民族 箫, 舜所造, 其形参差, 象凤翼, 十管, 长二尺。

【**流传**】(山西省)

【**出处**】[先秦] 史官修撰:《世本》。

WYS042.2.1.3

舜制作五弦琴

实 例

汉 族 昔者舜作五弦之琴, 以歌《南风》。

【**流传**】(无考)

【**出处**】[西汉] 戴圣编:《礼记·乐记》。

WYS042.2.1.3.1

舜制五弦琴, 弹之, 以歌《南风》

实 例

汉 族 昔者舜作五弦之琴, 以歌《南风》。

【**流传**】(无考)

【**出处**】[西汉] 戴圣编:《礼记·乐记》。

汉 族 帝舜弹五弦之琴, 以歌《南风》。

【**流传**】(无考)

【**出处**】[清] 马骕:《绎史》卷十引《尸子》。

WYS042.2.1.4

舜造瑟

实 例

(参见下级母题实例)

WYS042.2.1.4.1

舜命延造二十三弦之瑟

实 例

中华民族 舜立, 命延, 乃拌瞽叟之所以为瑟, 益之八弦, 以为二十三弦之瑟。

【**流传**】(无考)

【出处】[战国]吕不韦及其门客编:《吕氏春秋·古乐》。

WYS042.2.2
舜任命乐师

实 例

(参见下级母题实例)

WYS042.2.2.1
舜命夔典乐教胄子

实 例

汉 族 舜曰:“夔,命汝典乐,教胄子。”夔曰:“於!予击石拊石,百兽率舞。”

【流传】(无考)

【出处】[先秦]《尚书·舜典》。

WYS042.2.3
舜为乐器命名

实 例

(参见下级母题实例)

WYS042.2.3.1
舜是“箫”的命名者

实 例

汉 族 人们询问舜吹的竹筒子叫什么名称,舜想了想,就在地上写了个“箫”字,说:“它是竹子做的,应该是竹字头儿,人听到就会肃静。竹字头下就写个肃,合起来的字音就念它‘消’吧。”

【流传】(a)河南省桐柏山一带。(b)河南省·(南阳市)·桐柏县

【出处】(a)释妙祥讲,刘剑、柳丹记录整理:《箫》,原文本标注自马卉欣主编《中国民间故事集成》河南桐柏县卷第一分册《神话·传说》,见陶阳、钟秀编《中国神话》(下册),北京:商务印书馆2008年版,第1275～1277页。(b)释妙祥(男,60岁,桐柏山水帘洞和尚)讲,刘剑、柳丹采录整理:《箫》(1985.11.16),见张振犁编著《中原神话通鉴》(第三卷),郑州:河南大学出版社2017年版,第1008～1009页。

WYS042.2.4
舜发明音乐的作用

【关联】[WYS049.1.3.1]舜以乐治国

实 例

(参见下级母题实例)

WYS042.2.4.1
舜用音乐得以劝善

实 例

汉 族 (参见“WYS042.2.4.4 舜制音乐使人懂礼仪”母题实例)

WYS042.2.4.2
音乐使舜心情愉悦、消除疲劳

实 例

汉 族 舜在泰山上开垦荒地在竹林边歇息时,摆弄着小竹棍儿,想起了小时候做的竹喇叭和柳皮喇叭,就砍了节竹筒子,

仿着小竹喇叭做了个大竹喇叭，砍了一截好竹筒，打了几个洞儿。吹呀吹呀，忘记了累，心里也不烦了。

【流传】河南省桐柏山一带

【出处】释妙祥讲，刘剑、柳丹记录整理：《箫》，原载马卉欣主编《中国民间故事集成》(河南桐柏县卷第一分册“神话 · 传说”)，见陶阳、钟秀编《中国神话》(下)，北京：商务印书馆 2008 年版，第 1275 ～ 1277 页。

WYS042.2.4.3

音乐作为娱乐活动

实 例

汉 族 村子里的人都静静地听舜吹竹喇叭，个个儿都露出高兴的样子。

【流传】河南省桐柏山一带

【出处】释妙祥讲，刘剑、柳丹记录整理：《箫》，原载马卉欣主编《中国民间故事集成》(河南桐柏县卷第一分册“神话 · 传说”)，见陶阳、钟秀编《中国神话》(下)，北京：商务印书馆 2008 年版，第 1275 ～ 1277 页。

WYS042.2.4.4

舜制音乐使人懂礼仪

实 例

汉 族 原来野蛮的村里人常听舜讲道理，跟舜学吹竹筒子，性子慢慢儿改了，很懂礼仪，也不打架了。

【流传】河南省桐柏山一带

【出处】释妙祥讲，刘剑、柳丹记录整理：《箫》，原载马卉欣主编《中国民间故事集成》(河南桐柏县卷第一分册“神话 · 传说”)，见陶阳、钟秀编《中国神话》(下)，北京：商务印书馆 2008 年版，第 1275 ～ 1277 页。

WYS042.2.4.5

舜制音乐化解纷争

实 例

汉 族 舜来到村子里，两户人家正在打架。舜进屋里，喝点茶，就吹响了竹喇叭。他这一吹，屋里屋外围了好多人。打架的人也不打了，他们都静静地听舜吹，个个儿都露出高兴的样子。

【流传】(a) 河南省桐柏山一带。(b) 河南省 ·(南阳市)· 桐柏县

【出处】(a) 释妙祥讲，刘剑、柳丹记录整理：《箫》，原文本标注自马卉欣主编《中国民间故事集成》河南桐柏县卷第一分册《神话 · 传说》，见陶阳、钟秀编《中国神话》(下册)，北京：商务印书馆 2008 年版，第 1275 ～ 1277 页。(b) 释妙祥 (男，60 岁，桐柏山水帘洞和尚) 讲，刘剑、柳丹采录整理：《箫》(1985.11.16)，见张振犁编著《中原神话通鉴》(第三卷)，郑州：河南大学出版社 2017 年版，第 1008 ～ 1009 页。

WYS042.2.4.6

舜制音乐使人心平气静

实 例

汉 族 一天，舜种庄稼时在竹林边歇歇

儿，捡了一根虫打几个眼儿的竹棍儿，做成了喇叭儿。一吹呀，好听极了。庄稼又熟了，山下村子里人又来抢。舜知道自己没法儿拦，只好坐在一边，吹竹喇叭。舜一吹呀，那些抢庄稼的慢慢停下来了。

【流传】（a）河南省桐柏山一带。（b）河南省·（南阳市）·桐柏县

【出处】（a）释妙祥讲，刘剑、柳丹记录整理：《箫》，原文本标注自马卉欣主编《中国民间故事集成》河南桐柏县卷第一分册《神话·传说》，见陶阳、钟秀编《中国神话》（下册），北京：商务印书馆 2008 年版，第 1275 ～ 1277 页。（b）释妙祥（男，60 岁，桐柏山水帘洞和尚）讲，刘剑、柳丹采录整理：《箫》（1985.11.16），见张振犁编著《中原神话通鉴》（第三卷），郑州：河南大学出版社 2017 年版，第 1008 ～ 1009 页。

WYS042.2.4.7

舜用典乐教化大众

实 例

中华民族 舜告诉当时掌管乐的大臣夔说："你掌管典乐，就是要用诗乐启迪青年，用典乐教化大众。"

【流传】（山西省）

【出处】中国先秦史学会尧舜禹文化研究基地编，叶雨青、张培莲著：《尧舜传》第三十六章"国号虞迁都蒲坂，任官职以乐兴治"，太原：山西出版集团·山西春秋电子音像出版社 2008 年版，第 246 页。

WYS042.2.5

与舜发明音乐有关的其他母题

实 例

（参见下级母题实例）

WYS042.2.5.1

与舜有关的乐器的延续与传承

实 例

（参见下级母题实例）

WYS042.2.5.1.1

舜制箫吹奏技艺在泰山传承

实 例

汉 族 舜发明箫的地点是泰山。直到现在，泰山吹箫的人还很多。

【流传】河南省桐柏山一带

【出处】释妙祥讲，刘剑、柳丹记录整理：《箫》，原载马卉欣主编《中国民间故事集成》（河南桐柏县卷第一分册"神话·传说"），见陶阳、钟秀编《中国神话》（下），北京：商务印书馆 2008 年版，第 1275 ～ 1277 页。

WYS042.2.5.1.2

舜曾生活处，故老犹弹五弦琴

实 例

汉 族 其地有舜之遗风，人多纯朴。今故老犹弹五弦琴，好为渔父吟，可为其证。

【流传】（无考）

【出处】［宋］李昉、李穆、徐铉等：《太平御览》卷一七一引《湘中记》。

WYS042.2.5.2

舜与特定的音乐

实 例

（参见下级母题实例）

WYS042.2.5.2.1

舜有《大韶》

实 例

中华民族 黄帝有《咸池》，尧有《大章》，舜有《大韶》，禹有《大夏》。

【流传】（无考）

【出处】［战国］庄周：《庄子·天下》。

WYS042.2.5.2.2

舜将“乐”作为赏赐诸侯功绩的奖品

实 例

中华民族 昔者舜作五弦之琴，以歌《南风》；夔始作乐，以赏诸侯。故天子之为乐也，以赏诸侯之有德者也。德盛而教尊，五谷时孰，然后赏之以乐。故其治民劳者，其舞行级远；其治民佚者，其舞行级短。故观其舞而知其德，闻其谥而知其行。

【流传】（无考）

【出处】［西汉］司马迁：《史记·乐书》。

WYS042.2.5.2.3

用五弦琴，歌《南风》诗，是舜首创

实 例

中华民族 《世本》“神农作琴”，今云舜作者，非谓舜始造也，改用五弦琴，特歌《南风》诗，始自舜也。

【流传】（无考）

【出处】［唐］张守节：《史记正义》。

WYS042.2.5.2.4

舜鼓五弦，歌南风之诗而天下治

实 例

中华民族 宓子贱治单父，有若见之曰：“子何臞也？”宓子曰：“君不知不齐不肖，使治单父，官事急，心忧之，故臞也。”有若曰：“昔者舜鼓五弦，歌南风之诗而天下治。今以单父之细也，治之而忧，治天下将奈何乎？”

【流传】（无考）

【出处】［战国］韩非及后人：《韩非子·外储说左上》。

WYS042.2.5.2.5

舜改进音乐

实 例

（参见下级母题实例）

WYS042.2.5.2.5.1

舜命仰延将瑟由八弦易二十三弦

实 例

中华民族 舜立，仰延乃拌瞽叟之所为瑟，益之八弦，以为二十三弦之瑟。

【流传】(无考)

【出处】[战国]吕不韦及其门客编:《吕氏春秋・古乐篇》。

WYS042.2.5.2.6

舜造与音乐有关的字

实 例

(参见下级母题实例)

WYS042.2.5.2.6.1

舜造“箫”字

实 例

汉 族 问舜造的竹喇叭叫什么名字，舜想了想，就在地上写了个“箫”字，说:“它是竹子做的，应该是竹字头儿，人听到就会肃静。竹字头下就写个肃，合起来的字音就念它‘消’吧。”

【流传】河南省桐柏山一带

【出处】释妙祥讲，刘剑、柳丹记录整理:《箫》，原载马卉欣主编《中国民间故事集成》(河南桐柏县卷第一分册“神话・传说”)，见陶阳、钟秀编《中国神话》(下)，北京：商务印书馆2008年版，第1275～1277页。

WYS042.3

舜发明礼仪

【关联】[WYS044.4]舜教人礼仪

实 例

(参见下级母题实例)

WYS042.3.1

舜制定“五常之教”

实 例

中华民族 舜与“八恺”们商议道德规范，舜说道:“万物皆有道，道为根本。立天之道阴与阳，立地之道柔与刚，立人之道仁与义。治天下有治天下之道，治联盟首要在治民，要使民知仁义。礼为大体，知仁义必先知礼。礼从何来，礼者谨严于治生死者。生，来自父母，必先从孝敬父母始。死，人之终止，慎终必端正自己行为。所以，必须教民知礼义，讲忠孝。”舜将人生终始之礼归纳为“五常之教”，又名“五典”，即:“父义、母慈、兄友、弟恭、子孝。”

【流传】(山西省)

【出处】中国先秦史学会尧舜禹文化研究基地编，叶雨青、张培莲著:《尧舜传》第三十章“总百揆举贤施教，临四门优礼都长”，太原：山西出版集团・山西春秋电子音像出版社2008年版，第202～203页。

WYS042.4

舜发明典章制度

实 例

(参见下级母题实例)

WYS042.4.1

舜规定祭天日期

实 例

中华民族 舜规定日期每年祭天，体现了古人对“天道”的敬畏。

【流传】（黄河流域）

【出处】《尧舜与农历新年》，见郭先芳编著《黄河的神话传说和民间故事》，郑州：黄河水利出版社 2015 年版，第 98 页。

WYS042.4.2

舜建立法律规章

实　例

汉　族 帝舜建立了社会管理机构和法律规章，并划分天下为十二州。

【流传】（无考）

【出处】［先秦］《尚书 · 舜典》。

WYS042.4.3

舜制五刑

实　例

中华民族 尧时有象征性的刑罚，舜则制五刑、流四凶，具备了法典，掌管刑法的皋陶也成为著名的人物。

【流传】（无考）

【出处】徐兴海、王天顺：《〈五帝本纪〉讲析》，原载《史记选注讲》，山东教育出版社 1989 年版，见张大可、朱枝富编著《人文始祖黄帝》，北京：商务印书馆 2018 年版，第 196 页。

WYS042.5

舜发明社会秩序

实　例

（实例待考）

WYS042.6

舜发明伦理道德

实　例

（参见下级母题实例）

WYS042.6.1

舜制定“五常”

实　例

中华民族 尧试着让舜去制订“五常”（指父子有亲、君臣有义、夫妇有别、长幼有序、朋友有信）之规并付诸实行，并让他入朝治百官之事，没有一件不让尧满意的。

【流传】（无考）

【出处】《舜 · 孝悌有闻》，见卢静《尧舜禹》，北京：中华书局 2019 年版，第 41 页。

WYS042.6.2*

舜帝是道德文明的鼻祖

【关联】［WYS094.1*］舜的人格形象成为儒家伦理学说的典范

实　例

中华民族 舜帝是道德文明的鼻祖，虞舜文化是中国传统文化的重要母源。

【流传】（无考）

【出处】杨东晨：《华夏始祖：尧舜禹时代》“三、帝舜的明德”，西安：三秦出版社 2007 年版，第 88 页。

WYS042.7
舜发明特定文化

实　例

（实例待考）

WYS042.8
舜发明其他非物质文化

实　例

（实例待考）

WYS042.9
与舜创造非物质文化有关的其他母题

实　例

（参见下级母题实例）

WYS042.9.1
与舜创造的非物质文化相关的命名

实　例

（参见下级母题实例）

WYS042.9.1.1
舜传陶艺，以此命村名

实　例

汉　族　舜来到一个小村庄讨饭时，村里人主动拿了汤来给他喝，取了饭来给他吃。舜很受感动，不由自言自语道："好一个可讨村（可讨上饭的村）呀！"后来舜教会村里的人制陶，人们觉得"可讨村"不大好听，同时也为了让后人永远记住舜传艺烧陶的恩德，便又改叫成了"可陶村"。

【流传】山西省·（晋城市）·沁水县

【出处】丁奉瑞、丁奉礼讲，董富来采录：《舜王传艺可陶村》，见郭万金主编《山西民间故事大系》（晋东南卷），北京：商务印书馆 2017 年版，第 7 ～ 8 页。

WYS042.9.2
舜定婚姻

实　例

（实例待考）

WYS043
舜耕田（舜耕种）

实　例

（参见下级母题实例）

WYS043.1
舜耕田的原因（舜耕田的背景）

实　例

（实例待考）

WYS043.2
舜耕田的时间

实　例

（实例待考）

WYS043.3

舜耕田的地点

实 例

（参见下级母题实例）

WYS043.3.1

舜耕泰山

实 例

（参见下级母题实例）

WYS043.3.1.1

舜在泰山脚下开荒种地

实 例

汉 族 舜被后娘赶出见，家门。有家回不去，四处流浪。一天，他走到泰山脚下，见这里风景好，就到村里给长老打了个招呼，住下来开荒种地。

【**流传**】（a）河南省桐柏山一带。（b）河南省·（南阳市）·桐柏县

【**出处**】（a）释妙祥讲，刘剑、柳丹记录整理：《箫》，原文本标注自马卉欣主编《中国民间故事集成》河南桐柏县卷第一分册《神话·传说》，见陶阳、钟秀编《中国神话》（下册），北京：商务印书馆 2008 年版，第 1275 ～ 1277 页。（b）释妙祥（男，60 岁，桐柏山水帘洞和尚）讲，刘剑、柳丹采录整理：《箫》（1985.11.16），见张振犁编著《中原神话通鉴》（第三卷），郑州：河南大学出版社 2017 年版，第 1008 ～ 1009 页。

WYS043.3.2

舜耕历山（舜耕厉山）

【**关联**】［WYS043.3.3］舜耕烈山

实 例

中华民族 舜，冀州之人也。舜耕历山，渔雷泽，陶河滨，作什器於寿丘，就时於负夏。

【**流传**】（无考）

【**出处**】［西汉］司马迁：《史记·五帝本纪》。

中华民族 舜生于姚墟（今菏泽市牡丹区胡集镇尧王寺），耕作于历山（今山东菏泽鄄城县闫什镇历山庙），渔猎于雷泽（今山东省菏泽市野城县彭楼镇一带），在黄河之滨烧制陶器，灰于常羊（今菏泽鄄城），贩在顿丘（今河南濮阳清丰县一带）经商做生意。

【**流传**】（山东省菏泽市）

【**出处**】陈勇行：《菏泽，舜帝的故乡》，见山东菏泽《首届中华伏羲祖源文化论坛论文集》，内部编印，2020 年 9 月，第 78 页。

汉 族 尧舜禅让、舜耕历山、大禹治水、成汤祷雨等传说故事都与上党有千丝万缕的联系。

【**流传**】（山西省·长治市）

【**出处**】秦海轩：《炎帝神农文化在上党》，见马志生主编，吴天昌、贺真和副主编《炎帝文化——上党二十年研究集锦》，北京：大众文艺出版社 2007 年版，第 21 页。

汉 族 舜在历山上开荒种地。

【流传】山西省·（临汾市）·翼城县［采录地点：翼城县西阎镇］

【出处】李士龙（男，79 岁，翼城县大河乡农民，初中）讲，王吉文（男，52 岁，翼城县文化局干部，中专）采录：《尧王传舜》（1986），见中国民间文学集成全国编辑委员会、《中国民间文学集成·山西卷》编辑委员会编《中国民间故事集成》（山西卷），北京：中国 ISBN 中心 1999 年版，第 39 ～ 40 页。

中华民族 舜耕之历山传说有数地，主要的有河东说和濮州说两种。前者指今山西南部之中条山，后者指今河南濮阳县至山东西部地区。

【流传】（山西、河南）

【出处】张大可、朱枝富编著：《人文始祖黄帝》，北京：商务印书馆 2018 年版，第 113 页。

WYS043.3.2.1

舜耕历山的原因

实 例

（参见下级母题实例）

WYS043.3.2.1.1

舜在历山开荒耕田

实 例

汉 族 咱们邵原西北角有座山叫历山，相传远古时期，大舜爷爷在那儿开荒耕田。

【流传】河南省·济源市·邵原镇［采录地点：邵原村西街翟家祠堂门前］

【出处】翟良志（男，81 岁，邵原镇邵原村农民，不识字）讲，陈公平（男，46 岁，邵原镇邵原村人，高中）采录：《大舜耕田孝感天帝》（2004.08.20），见济源市邵原镇人民政府、济源邵州文化教育研究会编著《济源邵原创世神话群》，郑州：河南人民出版社 2008 年版，第 30 页。

WYS043.3.2.1.2

舜种田持家在历山脚下

实 例

汉 族 大舜重华，苦藤苦瓜，幼年丧母，叹父双眼瞎。后娘不贤，责斥打骂；栉风沐雨终日劳累，种田持家，在历山脚下。

【流传】（山西省·运城市·盐湖区·鸣条）

【出处】相水虎主编：《鸣条尧舜禹关四圣出巡古庙会》，运城市盐湖区鸣条二月二古庙会文化活动中心内部交流本，2016 年，第 6 页。

WYS043.3.2.1.3

舜被赶出家门后在历山脚下种荒地

实 例

汉 族 舜被瞎爹狠娘坏弟弟赶出家门。他在历山脚下的小屋边开了一片荒地，种上了庄稼。

【流传】山东省·济南市［采录地点：济南市］

【出处】徐臻（男，40 岁，干部，大专）讲，李奎元（男，40 岁，济南市委干部，大专）采录：《舜耕历山下》（1986年春天），见《中国民间故事集成》全国编辑委员会、《中国民间故事集成·山东卷》编辑委员会编《中国民间故事集成》（山东卷），北京：中国ISBN中心2007年版，第18～21页。

WYS043.3.2.2
舜耕历山的时间

实 例

（实例待考）

WYS043.3.2.3
舜耕历山的特定地点

实 例

（参见下级母题实例）

WYS043.3.2.3.1
舜耕于历山之阳

实 例

汉 族 舜耕于历山之阳，耕者让畔；渔于雷泽，渔者让渊；陶于河滨，陶者器不麻。

【流传】（无考）

【出处】［晋］皇甫谧：《帝王世纪·帝舜有虞氏》。

WYS043.3.2.3.2
舜耕晋东南历山

实 例

汉 族 舜耕历山的地点是晋东南一带。

【流传】上党一带（山西东南部古地名，主指古潞泽辽沁四州一带，曾包括山西省晋中榆社、左权、长治、晋城东部以及河北涉县等地）

【出处】马书岐：《晋东南地区有关炎帝的传说与祭祀活动》，见马志生主编《上党炎帝》，太原：山西出版传媒集团·三晋出版社（原山西古籍出版社）2014年版，第85页。

WYS043.3.2.3.3
舜到历山脚下的妫水之滨种田

实 例

中华民族 舜扭转陶城制陶劣风后，就来到历山脚下的妫水之滨种田。

【流传】（山西省）

【出处】中国先秦史学会尧舜禹文化研究基地编，叶雨青、张培莲著：《尧舜传》第二十六章“尧访贤众臣举舜，娶二女嫔于虞城”，太原：山西出版集团·山西春秋电子音像出版社2008年版，第170页。

WYS043.3.2.3.4
舜耕的历山为河东历山

实 例

中华民族 对解释舜耕历山的历山地址说法的混乱现象，北魏郦道元注《水经》时曾作过澄清，对于舜耕历山的位置，肯定一处，否定三处。肯定河东历山，否定济阴定陶、越州余姚等三处。

【流传】（无考）

【出处】任乃荣：《三皇五帝探源》第八章

"舜有虞氏时代"，北京：新华出版社 2011 年版，第 193 页。

WYS043.3.2.3.5

舜耕的历山为釜山

实 例

（参见下级母题实例）

WYS043.3.2.3.5.1

舜耕历山，地在涿鹿县保岱乡故潘城西北，今名釜山

实 例

中华民族 舜生在河南省东北部的虞城县。及长而迁居至山东菏泽地区，制陶为业。后来舜人赘尧，赴涿鹿潘城妫汭完婚。舜耕历山，地在涿鹿县保岱乡故潘城西北，今名釜山。

【流传】（无考）

【出处】王大有：《三皇五帝时代》，转引自任乃荣《三皇五帝探源》第八章"舜有虞氏时代"，北京：新华出版社 2011 年版，第 194 页。

WYS043.3.2.3.6

舜耕于中条山西端的历山

实 例

中华民族 今永济县有舜帝庙村，传说舜生于此，东坡高埠称"牛坡"，舜养牛处；西滩称"放马滩"，舜之牧马场；"舜塬"横贯蒲州境内，乃舜开垦的一大平原，产粮地区；村中有一泉池说是舜打的井，并建庙亭纪念之。中条山西端有历山，舜耕历山于此，山中有南河（又名沩呐河），皆是传说中舜活动过的地方。

【流传】（山西省永济县）

【出处】《史籍记载的尧舜源流与功绩》，见赵大勇、赵随意著《尧都平阳与尧舜禹》，太原：山西古籍出版社 1999 年版，第 28 页。

WYS043.3.2.3.7

舜耕历山在洪洞

实 例

中华民族 舜耕历山在洪洞，尧二女是从羊獬村嫁到历山，所以历山脚下的妫水河，比其他史籍记载都可信。妫水河现名沟北河。

【流传】（山西）

【出处】李学智主编：《舜耕历山在洪洞》，转引自任乃荣《三皇五帝探源》第八章"舜有虞氏时代"，北京：新华出版社 2011 年版，第 195 页。

WYS043.3.2.4

舜耕历山的方法

实 例

（参见下级母题实例）

WYS043.3.2.4.1

舜赶牛耕于历山

实 例

汉 族 舜听了继母的话，就把牛赶到历山

脚下，自己搭了个小草棚，开始干活了。

【流传】河南省 ·（洛阳市）· 宜阳县

【出处】王上清（50 岁，农民）讲，王孟晓采录：《大舜耕田》（1986.08），见张振犁编著，孟宪明、朱淑君统纂《中原神话通鉴》（第三卷），郑州：河南大学出版社 2017 年版，第 1004 页。

WYS043.3.2.5

舜耕历山的情形

实 例

（参见下级母题实例）

WYS043.3.2.5.1

舜被家人赶出家门，在历山小屋旁开荒种地

实 例

汉 族 舜被瞎爹狠娘坏弟弟赶出家门。他在历山脚下的小屋边开了一片荒地，种上了庄稼。

【流传】山东省 · 济南市［采录地点：济南市］

【出处】徐臻（男，40 岁，干部，大专）讲，李奎元（男，40 岁，济南市委干部，大专）采录：《舜耕历山下》（1986 年春天），见《中国民间故事集成》全国编辑委员会、《中国民间故事集成 · 山东卷》编辑委员会编《中国民间故事集成》（山东卷），北京：中国 ISBN 中心 2007 年版，第 18 ～ 21 页。

WYS043.3.2.5.2

舜耕历山前搬石除草

实 例

汉 族 舜跑到历山上，搭了一间草棚子，一个人去过日子。历山上有老大一片平地，除了石头蛋，尽长些毛毛草。舜先把石头搬开，又把荆棘砍倒，就架着两只象去犁地。

【流传】山西省 ·（临汾市）· 翼城县［采录地点：翼城县西阎镇］

【出处】李士龙（男，79 岁，翼城县大河乡农民，初中）讲，王吉文（男，52 岁，翼城县文化局干部，中专）采录：《舜耕历山》（1986），见中国民间文学集成全国编辑委员会、《中国民间文学集成 · 山西卷》编辑委员会编《中国民间故事集成》（山西卷），北京：中国 ISBN 中心 1999 年版，第 40 页。

WYS043.3.2.5.3

舜与诸友在历山耕田

【关联】［WYS057.2.3.1］舜有续牙、雄陶、柏阳、东不识、灵甫、秦不虚诸友

实 例

中华民族 续牙、雄陶、柏阳、东不识、灵甫、秦不虚诸友与舜一块儿在历山耕田。

【流传】（山西省）

【出处】中国先秦史学会尧舜禹文化研究基地编，叶雨青、张培莲著：《尧舜传》第二十三章“舜渔雷泽让渔场，八元众人访虞舜”，太原：山西出版集团 · 山西春

秋电子音像出版社 2008 年版，第 14 页。

WYS043.3.2.6

舜耕历山的陪伴者（舜耕历山的帮助者）

实 例

（参见下级母题实例）

WYS043.3.2.6.1

舜架象去犁地

实 例

汉 族 舜跑到历山上，搭了一间草棚子，一个人去过日子。历山上有老大一片平地，除了石头蛋，尽长些毛毛草。舜先把石头搬开，又把荆棘砍倒，就架着两只象去犁地。

【流传】山西省·（临汾市）·翼城县［采录地点：翼城县西阎镇］

【出处】李士龙（男，79 岁，翼城县大河乡农民，初中）讲，王吉文（男，52 岁，翼城县文化局干部，中专）采录：《舜耕历山》（1986），见中国民间文学集成全国编辑委员会、《中国民间文学集成·山西卷》编辑委员会编《中国民间故事集成》（山西卷），北京：中国 ISBN 中心 1999 年版，第 40 页。

WYS043.3.2.6.2

舜使象耕于历山

实 例

汉 族 《二十四孝图说》所绘舜耕于历山图像，其使用牲畜，乃长鼻大耳之巨象，《楚辞·天问》所谓“舜服厥弟”者，实舜服野象。舜以象耕，当即舜服野象之结果。

【流传】（无考）

【出处】《舜耕历山》，见袁珂《中国神话大词典》，北京：华夏出版社 2015 年版，第 321 页。

WYS043.3.2.7

舜耕历山的结果

实 例

（实例待考）

WYS043.3.2.8

与舜耕历山有关的其他母题

实 例

（参见下级母题实例）

WYS043.3.2.8.1

舜耕历山的遗迹

实 例

汉 族 历山在县北四十里，有象田舜井，石床诸迹，山崖石壁镌“耕隐”二字，石嵌空横覆如床，可坐数人，相传为帝舜耕时避雨处。

【流传】（余姚县）

【出处】［清］康熙《余姚县志》。

WYS043.3.2a

舜耕于厉山过光阴

实 例

汉 族 舜耕于厉山过光阴，尧王访贤让大舜。

【流传】湖北省 · 神农架林区

【出处】《人祖创世》，胡崇峻据秭归县新滩镇《黑暗传》清末抄本，阳日镇龙溪村村民杨有才和史光裕处口述材料，唐运青收集的祝天照、姜德龙抄本和唐运青采录的部分资料，贾邦修、张忠臣《黑暗大盘头》《黑暗纲鉴》资料以及林区下谷土家族民族乡石磨村戊子垭刘茂森处摘录转抄本的片断资料等整理，见胡崇峻搜集整理《黑暗传》，武汉：长江文艺出版社 2002 年版，第 224 页。

WYS043.3.2b

虞舜曾经在今余姚历山耕田

实 例

汉 族 虞舜曾经在今余姚历山耕田。

【流传】浙江省 ·（宁波市）· 慈溪市 · 石堰乡 · 上街头［采录地点：石堰乡上街头］

【出处】康启龙（40 岁，农民，初识字）讲，张信人（61 岁，医生，大专）记录：《虞舜传说》（1987），见中国民间文艺家协会组织编写，罗杨总主编，童银舫本卷主编《中国民间故事丛书》（浙江省 · 宁波市 · 慈溪卷），北京：知识产权出版社 2015 年版，第 7 ～ 8 页。

WYS043.3.3

舜耕烈山

实 例

（参见下级母题实例）

WYS043.3.3.1

舜耕烈山的原因

实 例

（参见下级母题实例）

WYS043.3.3.1.1

舜在烈山开荒种地

实 例

汉 族 舜在烈山开荒种地。开头儿，野猪大象都来帮忙。舜被和娥皇成了亲后，就在娥皇所在的在烈山开荒种地。

【流传】湖北省 · 随州市［采录地点：随州市区］

【出处】冷明中（男，70 岁，随州市农民，小学）讲，冷明权（文化馆干部，大学）采录：《* 舜的传说》（1982），见《中国民间故事集成》全国编辑委员会、《中国民间故事集成 · 湖北卷》编辑委员会编《中国民间故事集成》（湖北卷），北京：中国 ISBN 中心 1999 年版，第 37 ～ 38 页。

WYS043.3.3.2

舜耕烈山的帮助者

实 例

（参见下级母题实例）

WYS043.3.3.2.1

舜耕烈山，野猪大象来帮忙

实 例

汉 族 舜在烈山开荒种地。开头儿，野猪大象都来帮忙。

【流传】 湖北省·随州市［采录地点：随州市区］

【出处】 冷明中（男，70 岁，随州市农民，小学）讲，冷明权（文化馆干部，大学）采录：《*舜的传说》（1982），见《中国民间故事集成》全国编辑委员会、《中国民间故事集成·湖北卷》编辑委员会编《中国民间故事集成》（湖北卷），北京：中国 ISBN 中心 1999 年版，第 37 ～ 38 页。

WYS043.3.4

舜在诸冯种地

实 例

汉 族 传说舜未做君王之前，在家乡诸冯（地名，今诸城市北约五华里处）种地。

【流传】 山东省·（潍坊市）·诸城市［采录地点：诸城市万家庄乡官庄店村］

【出处】 范炳忠（62 岁，万家庄乡官庄店村，小学）讲，范凤廷（47 岁，万家庄乡官庄店村，初中）采录：《尧王访舜》（1986.08），见《中国民间故事集成》全国编辑委员会、《中国民间故事集成·山东卷》编辑委员会编《中国民间故事集成》（山东卷），北京：中国 ISBN 中心 2007 年版，第 17 ～ 18 页。

WYS043.3.5

舜耕潼关

实 例

汉 族 潼关去蒲坂城六十，城中有舜庙，城外有舜宅并及二妃坛，南去城二十，舜所耕也。

【流传】（无考）

【出处】［宋］罗泌：《路史》注引《西征记》。

WYS043.3.6

舜耕中条山

实 例

中华民族 舜是个孝子，舜常受到继母与继母生弟象的虐待，舜父瞽瞍也随之迫害舜，舜一次一次地战胜了迫害。他无法在家生活下去，于是跑到中条山中的历山去耕种度日。

【流传】（山西省中条山一带）

【出处】《史籍记载的尧舜源流与功绩》，见赵大勇、赵随意著《尧都平阳与尧舜禹》，太原：山西古籍出版社 1999 年版，第 29 页。

WYS043.4

舜耕田的方法（舜的耕种方法；舜种田的情形）

实 例

（参见下级母题实例）

WYS043.4.1

舜以象耕

实 例

汉 族 《楚辞·天问》所谓“舜服厥弟”者，实舜服野象。舜以象耕，当即舜服野象之结果。

【流传】（无考）

【出处】《舜耕历山》，见袁珂《中国神话大词典》，北京：华夏出版社2015年版，第321页。

WYS043.4.1.1

舜时，象耕田鸟耘草

实 例

中华民族 民间传说历山在垣曲县与翼城县交界处，山顶有一片大平地，说是舜把石头捡出拔荆棘而造成平地，用两头大象耕地，舜不打象，只敲筐箩，象耕地深细，耙磨平正，庄稼长势旺盛，地中长出草，群鸟飞来，用嘴衔去杂草，这就是“象耕田鸟耘草”。

【流传】（山西省中条山一带）

【出处】《史籍记载的尧舜源流与功绩》，见赵大勇、赵随意著《尧都平阳与尧舜禹》，太原：山西古籍出版社1999年版，第29页。

WYS043.4.1a

舜以牛耕

实 例

汉 族 尧远远就看见舜的身影，高约丈余，体魄魁梧，在山上扶犁耕田，一次次举手扬鞭不打耕牛，却敲打挂在扶手上的簸箕，牛不停地拉犁前进。

【流传】山西省·运城市·绛县·古绛镇·尧寓村

【出处】郭延峰、李友益：《尧王访贤》，见田茂忠、申建华主编《尧王故里》，山西省绛县尧文化研究会编印，2009年，第114～117页。

汉 族 尧王来到历山，看见舜正在犁地。尧王见舜掌的那个里首牛很好就满口夸奖。舜急忙轻声对尧王说；“你夸里首牛好，外首牛听见生气了，能再好好地拉犁吗？”尧王暗暗佩服大舜处世公道。

【流传】（无考）

【出处】王上清讲，王孟晓记录：《大舜耕田》，原载陶阳编《中国民间故事大观》，见陶阳、钟秀编《中国神话》（中），北京：商务印书馆2008年版，第826～827页。

WYS043.4.2

舜引水灌溉

实 例

中华民族 （参见“WYS043.7.0 舜种的庄稼长势喜人”母题实例）

WYS043.4.3

舜伺弄庄稼，间苗松土，除草浇水

实 例

中华民族 舜在历山垦荒种地，每天都在田地里伺弄庄稼。间苗松土，除草浇水，庄稼长势极好。

【流传】（山西省）

【出处】中国先秦史学会尧舜禹文化研究基地编，叶雨青、张培莲著：《尧舜传》第二十一章“父母驱赶离家园，舜耕历山美名扬”，太原：山西出版集团·山西春秋电子音像出版社 2008 年版，第 131 页。

WYS043.4.4

舜从各环节都把握耕种要领

实 例

中华民族 舜打听种好庄稼的诀窍。舜总是不厌其烦地对人解说，从选种、整地、播种、间苗、施肥浇水、管理等各个环节详细介绍要领。

【流传】（山西省）

【出处】中国先秦史学会尧舜禹文化研究基地编，叶雨青、张培莲著：《尧舜传》第二十一章“父母驱赶离家园，舜耕历山美名扬”，太原：山西出版集团·山西春秋电子音像出版社 2008 年版，第 132 页。

WYS043.4.5

舜在后山开荒种地，劈荆棘，搬顽石，除杂草，担泉水浇地

实 例

汉 族 舜十三四岁时被姚婆赶出了家门，无地可去，到历山山洞栖身，舜便在后山开荒种地。他劈荆棘，搬顽石，除杂草，担泉水浇地，庄稼长得真好。

【流传】（山西省·运城市·盐湖区·鸣条）

【出处】相水虎主编：《鸣条尧舜禹关四圣出巡古庙会》，运城市盐湖区鸣条二月二古庙会文化活动中心内部交流本，2016 年，第 8 页。

WYS043.5

舜耕田的帮助者

实 例

（参见下级母题实例）

WYS043.5.1

动物帮助舜耕田

实 例

（参见下级母题实例）

WYS043.5.1.1

舜耕田，野猪帮忙拱地，小鸟帮忙啄草

实 例

汉 族 大舜受父亲和后娘虐待，身患重病耕地时累倒在地。他有气无力地哭着。这哭声传开了，野猪听了来帮他拱地，小鸟听了来帮他啄草。

【流传】（无考）

【出处】王上清讲，王孟晓记录：《大舜耕田》，原载陶阳编《中国民间故事大观》，见陶阳、钟秀编《中国神话》（中），北京：商务印书馆 2008 年版，第 826 ～ 827 页。

WYS043.5.1.2

舜耕田，山猪、利嘴怪帮忙拱地，百鸟帮忙撒种

实 例

汉 族 大舜在耕田的时候，没犁没籽，他急得都要哭啦。天帝知道了他的孝心，一时功夫，来了山猪跟那利嘴怪物，都给他拱地哩，百鸟嗡籽撒种哩；五谷出了地以后，天神到时候就给他下雨哩。

【流传】陕西省·（咸阳市）·淳化县［采录地点：淳化县胡家庙乡］

【出处】罗吉学（男，51 岁，淳化县北城堡乡，农民，小学）讲，张耀群（男，26 岁，淳化县胡家庙乡文化站，干部，高中）采录：《大舜的传说》（1988.04.21），见中国民间文学集成全国编辑委员会、中国民间文学集成陕西卷编辑委员会编《中国民间故事集成》（陕西卷），北京：中国 ISBN 中心 1996 年版，第 28 ～ 29 页。

WYS043.5.1.3

舜耕地，野猪帮忙拱地，山羊帮忙除草，小鸟帮忙衔种

实 例

汉 族 舜遭遇后娘出的种地难题，躺在地上，热一阵，冷一阵，口干舌燥想喝水，舜梦见亲娘哭了。哭声惊动了山上的野兽、天上的飞鸟，它们都过来帮舜的忙，野猪给他拱地，山羊帮他除草，漫天的小鸟给他衔来粮粒儿。秋天到了，庄稼丰收，舜打了很多很多的粮食。

【流传】河南省宜阳一带［采录地点：宜阳县］

【出处】王上清（50 岁，农民）讲，王孟晓（河南大学学生）采集：《大舜耕田》（1986.08），见张振犁、程健君编《中原神话专题资料》，郑州：中国民间文艺家协会河南分会编印，1987 年，第 297 页。

WYS043.5.1.4

上天派大象帮舜耕地、飞鸟帮忙撒种

实 例

汉 族 舜的勤劳和孝道，感动了上天，上天就安排大象帮他耕田，派飞鸟为他撒种。

【流传】河南省·济源市·邵原镇［采录地点：邵原村西街翟家祠堂门前］

【出处】翟良志（男，81 岁，邵原镇邵原村农民，不识字）讲，陈公平（男，46 岁，邵原镇邵原村人，高中）采录：《大舜耕田孝感天帝》（2004.08.20），见济源市邵原镇人民政府、济源邵州文化教育研究会编著《济源邵原创世神话群》，郑州：河南人民出版社 2008 年版，第 30 页。

WYS043.5.1.5

舜耕地，野兽开种谷塘

实 例

汉 族 舜的哭声惊动了深山老林里的一群野兽，它们便出来帮小虞舜的忙，用嘴撬、用脚爪抓，帮他开起种谷塘来。一会儿工夫便开出一大片种谷塘。

【流传】浙江省·(金华市)·武义县[采录地点：武义县后树乡]

【出处】张舍囡(男，46岁，武义县后树乡黄泥坑村，盲艺人，不识字)讲，吴钟文(男，43岁，武义县文化局，干部，大专)、程源源(女，44岁，武义县文化馆，干部，大专)、邱德芝(女，26岁，武义县后树乡文化站，干部，高中)采录：《虞舜开田》(1987)，见中国民间文学集成全国编辑委员会、中国民间文学集成浙江卷编辑委员会编《中国民间故事集成》(浙江卷)，北京：中国ISBN中心1997年版，第51～52页。

WYS043.5.1.6

舜耕地，野猪帮忙啃泥

实 例

汉 族 帮助虞舜造水田的动物中有一只野兽用嘴巴啃泥，一啃一个孔，样子很像打仗用的战鼓，小虞舜就给它取名“野嘴鼓”，这就是人们讲的野猪。

【流传】江省·(金华市)·武义县·后树乡[采录地点：武义县后树乡]

【出处】张舍囡(男，46岁，武义县后树乡黄泥坑村，盲艺人，不识字)讲，吴钟文(男，43岁，武义县文化局，干部，大专)、程源源(女，44岁，武义县文化馆，干部，大专)、邱德芝(女，26岁，武义县后树乡文化站，干部，高中)采录：《虞舜开田》(1987)，见中国民间文学集成全国编辑委员会、中国民间文学集成浙江卷编辑委员会编《中国民间故事集成》(浙江卷)，北京：中国ISBN中心1997年版，第51页。

WYS043.6

舜耕田的情形

实 例

(参见下级母题实例)

WYS043.6.1

虞舜时耕种很轻松

实 例

汉 族 虞舜时候，田里不长草，不用施肥。凡间人一年到头，除了播谷种，割稻，便没有其他生活了，整天在家里吹箫作乐。

【流传】江省·(金华市)·武义县·后树乡[采录地点：武义县后树乡]

【出处】张舍囡(男，46岁，武义县后树乡黄泥坑村，盲艺人，不识字)讲，吴钟文(男，43岁，武义县文化局，干部，大专)、程源源(女，44岁，武义县文化馆，干部，大专)、邱德芝(女，26岁，武义县后树乡文化站，干部，高中)采录：《虞舜开田》(1987)，见中国民间文学集成全国编辑委员会、中国民间文学集成浙江卷编辑委员会编《中国民间故事集成》(浙江卷)，北京：中国ISBN中心1997年版，第51页。

WYS043.6.2

虞舜时，种田十分省力，勿用施肥就有收成

实 例

汉 族 虞舜时候，田里不长草，种田十

分省力，春季把谷种播下去，勿要施肥，到秋季就有收成。

【流传】江省·（金华市）·武义县·后树乡［采录地点：武义县后树乡］

【出处】张舍囡（男，46岁，武义县后树乡黄泥坑村，盲艺人，不识字）讲，吴钟文（男，43岁，武义县文化局，干部，大专）、程源源（女，44岁，武义县文化馆，干部，大专）、邱德芝（女，26岁，武义县后树乡文化站，干部，高中）采录：《虞舜开田》（1987），见中国民间文学集成全国编辑委员会、中国民间文学集成浙江卷编辑委员会编《中国民间故事集成》（浙江卷），北京：中国ISBN中心1997年版，.第51页。

WYS043.6.3

舜善于耕种

实　例

汉　族 一个女子吃苹果感生舜。被逐出家门，娘要饭养活舜。舜长大以后，在沟里种地。后来朝里知道了，就来请他。他一见人就跑。顺伊河一直跑到滦川，又种地。人家硬撵来，让他走了，去保朝廷。

【流传】河南省·（洛阳市）·栾川县［采录地点：漫寺头赵某某诊所］

【出处】赵某某（74岁，曾上过7年私塾，后习中医）讲，陈连山采录：《娃娃潭》，见张振犁编著，孟宪明、朱淑君统纂《中原神话通鉴》（第三卷），郑州：河南大学出版社2017年版，第1001页。

WYS043.6.4

舜得病牛耕田

【关联】［WYS019.1.1］舜耕田时击打簸箕让牛不偷懒

实　例

汉　族 舜的后娘让他去开历山这座荒山时，他的弟弟象傲从牛圈里给大舜牵出一条病牛，又给了他一架破犁头，让他去开荒。

【流传】四川省·成都（成都市）

【出处】李茂生讲，陈钧整理：《害不死的大舜》，载《民间文学》1964年第3期。

WYS043.7

舜耕田的结果

实　例

（参见下级母题实例）

WYS043.7.0

舜种的庄稼长势喜人

实　例

中华民族 舜扭转陶城制陶劣风后，就来到历山脚下的妫水之滨种田，舜将妫水引入田间浇灌，庄稼绿油油的，长势喜人。

【流传】（山西省）

【出处】中国先秦史学会尧舜禹文化研究基地编，叶雨青、张培莲著：《尧舜传》第二十六章“尧访贤众臣举舜，娶二女嫔于虞城”，太原：山西出版集团·山西春秋电子音像出版社2008年版，第170页。

WYS043.7.1

舜耕田获丰收

实　例

汉　族 舜在山脚下开了荒，种上了庄稼。他勤于务农，到了秋天，庄稼长得格外好，收下的粮食堆满仓。

【流传】甘肃省・天水市・北道区［采录地点：天水市北道区街子乡］

【出处】张文理（男，57岁，农民，小学）讲，柴亚方（男，34岁，农民，初中）采录：《舜的传说》（1987.05），见《中国民间故事集成》全国编辑委员会、《中国民间故事集成・甘肃卷》编辑委员会编《中国民间故事集成》（甘肃卷），北京：中国ISBN中心2001年版，第21页。

WYS043.7.1.1

舜耕田遇风调雨顺之年，故五谷丰登

实　例

汉　族 舜虽说有病，终于又种上了庄稼。这年正好风调雨顺，又是一个五谷丰登的好年景。

【流传】（无考）

【出处】王上清讲，王孟晓记录：《大舜耕田》，见陶阳、钟秀编《中国神话》（中册），北京：商务印书馆2008年版，第826～827页。

WYS043.8

与舜耕田有关的其他母题

实　例

（参见下级母题实例）

WYS043.8.1

谷种

实　例

（实例待考）

WYS043.8.1.1

寻找谷种

实　例

（实例待考）

WYS043.8.1.1.1

寻找谷种的原因

实　例

（实例待考）

WYS043.8.1.1.2

寻找谷种的时间

实　例

（实例待考）

WYS043.8.1.1.3

寻找谷种的地点

实　例

（参见下级母题实例）

WYS043.8.1.1.3.1

谷种只有天上有

实　例

汉　族 虞舜把种谷塘（种谷塘：水田）开

出来了，可是谷种只有天上有，凡间只种芦稷和粟，怎么办呢？老鼠和麻雀自告奋勇，它们两并起来飞到天上去偷。

【流传】江省 ·（金华市）· 武义县 · 后树乡［采录地点：武义县后树乡］

【出处】张舍囡（男，46 岁，武义县后树乡黄泥坑村，盲艺人，不识字）讲，吴钟文（男，43 岁，武义县文化局，干部，大专）、程源源（女，44 岁，武义县文化馆，干部，大专）、邱德芝（女，26 岁，武义县后树乡文化站，干部，高中）采录：《虞舜开田》（1987），见中国民间文学集成全国编辑委员会、中国民间文学集成浙江卷编辑委员会编《中国民间故事集成》（浙江卷），北京：中国 ISBN 中心 1997 年版，第 51 页。

WYS043.8.1.1.4
寻找谷种的方法

实 例

（参见下级母题实例）

WYS043.8.1.1.4.1
偷盗谷种

实 例

（参见下级母题实例）

WYS043.8.1.1.4.1.1
老鼠、麻雀飞到天上偷谷种

实 例

汉 族 舜把种谷塘开出来了，可是谷种只有天上有。老鼠和麻雀自告奋勇，它们两并起来飞到天上去偷。

【流传】浙江省 ·（金华市）· 武义县［采录地点：武义县后树乡］

【出处】张舍囡（男，46 岁，武义县后树乡黄泥坑村，盲艺人，不识字）讲，吴钟文（男，43 岁，武义县文化局，干部，大专）、程源源（女，44 岁，武义县文化馆，干部，大专）、邱德芝（女，26 岁，武义县后树乡文化站，干部，高中）采录：《虞舜开田》（1987），见中国民间文学集成全国编辑委员会、中国民间文学集成浙江卷编辑委员会编《中国民间故事集成》（浙江卷），北京：中国 ISBN 中心 1997 年版，第 51 ～ 52 页。

WYS043.8.1.1.4.1.2
舜从天上盗谷种

实 例

汉 族 舜从天上偷来稻谷种子。

【流传】浙江省 · 金华（金华市）·（武义县）· 后树乡 · 黄泥坑村

【出处】张舍囡讲：《* 虞舜耕田》，见《浙江省民间文学集成 · 金华市故事卷》，浙江文艺 1989 年版，第 31 页。

WYS043.8.1.1.5
寻找谷种的结果

实 例

（实例待考）

WYS043.8.1.1.6
与谷种有关的其他母题

实 例

（实例待考）

WYS043.8.2

耕地发生变化

实 例

（参见下级母题实例）

WYS043.8.2.1

耕地被抢，无奈另开荒

实 例

汉 族 舜种的瓜果熟了，山边村子里的人又来把瓜果抢了。舜没办法，摇了摇头，往深山里挪几里，再开荒。

【流传】（a）河南省桐柏山一带。（b）河南省·（南阳市）·桐柏县

【出处】（a）释妙祥讲，刘剑、柳丹记录整理：《箫》，原文本标注自马卉欣主编《中国民间故事集成》河南桐柏县卷第一分册《神话·传说》，见陶阳、钟秀编《中国神话》（下册），北京：商务印书馆 2008 年版，第 1275 ～ 1277 页。（b）释妙祥（男，60 岁，桐柏山水帘洞和尚）讲，刘剑、柳丹采录整理：《箫》（1985.11.16），见张振犁编著《中原神话通鉴》（第三卷），郑州：河南大学出版社 2017 年版，第 1008 ～ 1009 页。

WYS043.8.3

后人将舜耕过田的地方称为“舜湖”

实 例

汉 族 后来，人们把舜耕田的这地方就叫做舜湖。

【流传】浙江省·（杭州市）·萧山市［采录地点：萧山市桃源乡］

【出处】王焕根（男，30 岁，萧山市桃源乡，农民，高小）讲，吴桑梓（女，41 岁，萧山轻型车变速箱厂，工人，初小）采录：《舜拜天子》（1987），见中国民间文学集成全国编辑委员会、中国民间文学集成浙江卷编辑委员会编《中国民间故事集成》（浙江卷），北京：中国 ISBN 中心 1997 年版，第 77 页。

WYS043.8.4

舜所耕处有耕井

【关联】［WYS041.4.4］舜打井

实 例

中华民族 《地理志》曰：县故蒲也。王莽更名蒲城。皇甫谧曰：舜所都也。或言蒲坂，或言平阳，及潘者也。今城中有舜庙，魏秦州刺史治，太和迁都，罢州，置河东郡。郡南有历山，谓之历观，舜所耕处也。有舜井。妫、汭二水出焉。南曰妫水，北曰汭水。西逕历山下，上有舜庙。

【流传】（蒲坂县）

【出处】［北魏］郦道元：《水经注》卷四“蒲坂县”。

WYS044

舜教人（舜教人技能）

实 例

（参见下级母题实例）

WYS044.1
舜教人制造

实 例

（实例待考）

WYS044.2
舜教人衣食住行

实 例

（参见下级母题实例）

WYS044.2.1
舜教人纺纱织布

实 例

汉 族 舜巡狩九嶷山，将那些耕田种地，纺纱养蚕之事，拖石引水、防病治病之法教给百姓。

【流传】湖南省·（永州市）·宁远县［采录地点：宁远县］

【出处】吴枝旺（医生，大学）讲，李登琛（男，宁远县文化干部，大学）采录：《舜帝见许由》（1984），见中国民间故事集成全国编辑委员会、《中国民间故事集成·湖南卷》编辑委员会编《中国民间故事集成》（湖南卷），北京：中国 ISBN 中心 2002 年版，第 57 ～ 58 页。

WYS044.2.2
舜教人耕田种地

实 例

汉 族 舜王在位期间，亲自烧荒开地，教老百姓种庄稼。

【流传】河南省·南阳市·方城县［采录地点：方城县清河乡老庄村］

【出处】郭延华（30 岁，农民）讲，郭国祥（35 岁，干部）记录：《舜王庙》（1985.09.04），见中国民间文艺家协会组织编写，罗杨总主编，毛秀荣本卷主编《中国民间故事丛书》（河南省·南阳市·方城卷），北京：知识产权出版社 2016 年版，第 73 ～ 74 页。

汉 族 舜巡狩九嶷山，将那些耕田种地，纺纱养蚕之事，拖石引水、防病治病之法教给百姓。

【流传】湖南省·（永州市）·宁远县［采录地点：宁远县］

【出处】吴枝旺（医生，大学）讲，李登琛（男，宁远县文化干部，大学）采录：《舜帝见许由》（1984），见中国民间故事集成全国编辑委员会、《中国民间故事集成·湖南卷》编辑委员会编《中国民间故事集成》（湖南卷），北京：中国 ISBN 中心 2002 年版，第 57 ～ 58 页。

WYS044.2.2.1
舜教人造田埂

实 例

汉 族 一个汉子告诉许由说：“这是舜帝教我们砌的田埂，这样可以装水。昨天舜帝还和我们一起干了一整天哩！”

【流传】湖南省·（永州市）·宁远县［采录地点：宁远县］

【出处】吴枝旺（医生，大学）讲，李登琛

（男，宁远县文化干部，大学）采录：《舜帝见许由》（1984），见中国民间故事集成全国编辑委员会、《中国民间故事集成·湖南卷》编辑委员会编《中国民间故事集成》（湖南卷），北京：中国 ISBN 中心 2002 年版，第 57 ～ 58 页。

WYS044.2.2.2

舜教人引水灌溉

实　例

汉　族 舜巡狩九嶷山，将那些耕田种地，纺纱养蚕之事，拖石引水、防病治病之法教给百姓。

【流传】 湖南省·（永州市）·宁远县［采录地点：宁远县］

【出处】 吴枝旺（医生，大学）讲，李登琛（男，宁远县文化干部，大学）采录：《舜帝见许由》（1984），见中国民间故事集成全国编辑委员会、《中国民间故事集成·湖南卷》编辑委员会编《中国民间故事集成》（湖南卷），北京：中国 ISBN 中心 2002 年版，第 57 ～ 58 页。

WYS044.2.2.3

舜教老百姓种庄稼

实　例

汉　族 舜王在位期间，亲自烧荒开地，教老百姓种庄稼，饲养牲畜，老百姓对他都很敬仰。

【流传】 河南省·南阳市·方城县［采录地点：方城县清河乡老庄村］

【出处】 郭延华（30 岁，农民）讲，郭国祥（35 岁，干部）记录：《舜王庙》（1985.09.04），见中国民间文艺家协会组织编写，罗杨总主编，毛秀荣本卷主编《中国民间故事丛书》（河南省·南阳市·方城卷），北京：知识产权出版社 2016 年版，第 73 ～ 74 页。

WYS044.2.3

舜教人选择食物

实　例

汉　族 舜王在位期间，亲自烧荒开地，教老百姓种庄稼，饲养牲畜，老百姓对他都很敬仰。

【流传】 河南省·（南阳市）·方城县·（清河乡·老庄村）

【出处】 郭延华（男，30 岁，农民）讲，郭国祥采录整理：《舜王庙（二）》（1985.09.04），见张振犁编著，孟宪明、朱淑君统纂《中原神话通鉴》（第三卷），郑州：河南大学出版社 2017 年版，第 1012 页。

WYS044.2.3.1

舜教人钓鱼

实　例

汉　族 邻居们一看舜会钓鱼，也都跟他学会了。

【流传】 山东省·济南市［采录地点：济南市］

【出处】 徐臻（男，40 岁，干部，大专）讲，李奎元（男，40 岁，济南市委干部，大专）采录：《舜耕历山下》（1986 年春天），见《中国民间故事集成》全国编辑委员会、

《中国民间故事集成·山东卷》编辑委员会编《中国民间故事集成》(山东卷)，北京：中国 ISBN 中心 2007 年版，第 18～21 页。

WYS044.2.4
舜教人吃特定食物

实 例

（实例待考）

WYS044.2.5
舜教人饮食卫生

实 例

（实例待考）

WYS044.2.6
舜教人编织生活用具

实 例

汉 族 一有闲空，舜还琢磨着制一些人们日常生活中用的家什，像筐呀、篓呀什么的。舜做什么，像什么；做出什么来，老百姓就喜欢什么，就跟着学什么。

【流传】山东省·济南市［采录地点：济南市］

【出处】徐臻（男，40 岁，干部，大专）讲，李奎元（男，40 岁，济南市委干部，大专）采录：《舜耕历山下》(1986 年春天)，见《中国民间故事集成》全国编辑委员会、《中国民间故事集成·山东卷》编辑委员会编《中国民间故事集成》(山东卷)，北京：中国 ISBN 中心 2007 年版，第 18～21 页。

WYS044.3
舜教人知识

实 例

（实例待考）

WYS044.3.1
舜教人识天文

实 例

（实例待考）

WYS044.3.2
舜教人历法

实 例

中华民族 舜正月初一接受尧禅让的帝位。二月，大舜去东方巡视，他登上泰山，用燃柴的仪式祭祀东岳，又遥祭了各地的名山大川。紧接着，舜又召见东方各诸侯，向诸侯们颁布了新历法，又统一了乐律和度量衡，制定了吉、凶、宾、军、嘉五种礼节。

【流传】(无考)

【出处】《舜·巡狩四方》，见卢静《尧舜禹》，北京：中华书局 2019 年版，第 46 页。

WYS044.3.3
舜教人辨识特定物

实 例

（实例待考）

WYS044.3.4

舜教人巫术

实 例

（实例待考）

WYS044.4

舜教人礼仪

【关联】［WYS042.3］舜发明礼仪

WYS044.4.1

舜给人们讲道理

实 例

汉 族 人们常听舜讲道理，跟舜学吹竹筒子，性子慢慢儿改了，很懂礼仪，也不打架了。

【流传】（a）河南省桐柏山一带。（b）河南省·（南阳市）·桐柏县

【出处】（a）释妙祥讲，刘剑、柳丹记录整理：《箫》，原文本标注自马卉欣主编《中国民间故事集成》河南桐柏县卷第一分册《神话·传说》，见陶阳、钟秀编《中国神话》（下册），北京：商务印书馆 2008 年版，第 1275 ～ 1277 页。（b）释妙祥（男，60 岁，桐柏山水帘洞和尚）讲，刘剑、柳丹采录整理：《箫》（1985.11.16），见张振犁编著《中原神话通鉴》（第三卷），郑州：河南大学出版社 2017 年版，第 1008 ～ 1009 页。

WYS044.4.2

舜教人尊老

实 例

汉 族 全村人听了舜王讲的故事，明白了尊老的意义。从此，每年三月三日，全村人都会穿上新衣，戴上新帽，脚穿新鞋，拿着礼品给尧王祝寿，尧王心情舒畅，享寿 118 岁，成了当时少有的长寿老人。

【流传】山西省·运城市·绛县

【出处】李友益：《祝大寿》，见田茂忠、申建华主编《尧王故里》，山西省绛县尧文化研究会编印，2009 年，第 171 ～ 172 页。

WYS044.4.3

舜宣传德化

实 例

中华民族 第一位到达桂林驻跸游历并宣传德化的先祖圣贤就是大舜。

【流传】（广西桂林）

【出处】何海龙：《浅论大舜文化对岭南文化的影响》，载《2009 中国（诸城）大舜文化学术研讨会论文集》，2009 年。

WYS044.5

舜教人生存方式

实 例

（参见下级母题实例）

WYS044.5.1

舜教人贸易

实 例

（实例待考）

WYS044.5.2

舜教人吃药治病

实 例

汉 族（参见“WYS044.5.3 舜教人防治疾病”母题实例）

WYS044.5.3

舜教人防治疾病

实 例

汉 族 舜巡狩九嶷山，将那些耕田种地，纺纱养蚕之事，掩石引水、防病治病之法教给百姓。

【流传】 湖南省·（永州市）·宁远县［采录地点：宁远县］

【出处】 吴枝旺（医生，大学）讲，李登琛（男，宁远县文化干部，大学）采录：《舜帝见许由》（1984），见中国民间故事集成全国编辑委员会、《中国民间故事集成·湖南卷》编辑委员会编《中国民间故事集成》（湖南卷），北京：中国ISBN中心2002年版，第57～58页。

WYS044.6

舜教人其他生产生活技能

实 例

（参见下级母题实例）

WYS044.6.1

舜教人用火

实 例

（参见下级母题实例）

WYS044.6.2

舜教人制陶

实 例

汉 族 舜在村外闲走，突然看见村前的河里有被洪水冲下来的大块大块煤炭，山坡上有取不尽的陶土，于是就把烧制陶器的艺道传给他们。

【流传】 山西省·（晋城市）·沁水县［采录地点：沁水县可陶村］

【出处】 丁奉瑞（男，45岁，沁水县可陶村小学教员）、丁奉礼（男，50岁，沁水县可陶村农民）讲，董富来（男，54岁，晋城市煤管局干部，中专）采录：《舜王传艺可陶村》（1987），见中国民间文学集成全国编辑委员会、《中国民间文学集成·山西卷》编辑委员会编《中国民间故事集成》（山西卷），北京：中国ISBN中心1999年版，第40～41页。

汉 族 农闲的时候，舜还领着乡邻学做陶器。起初不会团弄，做得马虎，十件有九个做不成。有人泄气了，舜就给他们讲勤能补拙、熟能生巧的道理。大家听了舜的话，不住地做啊制啊改啊换啊，终于做得又好看又耐用了。

【流传】 山东省·济南市［采录地点：济

南市］

【出处】徐臻（男，40 岁，干部，大专）讲，李奎元（男，40 岁，济南市委干部，大专）采录：《舜耕历山下》（1986 年春天），见《中国民间故事集成》全国编辑委员会、《中国民间故事集成·山东卷》编辑委员会编《中国民间故事集成》（山东卷），北京：中国 ISBN 中心 2007 年版，第 18 ～ 21 页。

汉 族 舜看见村前的河里有被洪水冲下来的大块大块煤炭，山坡上又有取不尽的陶土，就决心把烧制陶器的艺道传给他们，让他们养家糊口。

【流传】山西省·（晋城市）·沁水县

【出处】丁奉瑞、丁奉礼讲，董富来采录：《舜王传艺可陶村》，见郭万金主编《山西民间故事大系》（晋东南卷），北京：商务印书馆 2017 年版，第 7 ～ 8 页。

WYS044.6.2.1

舜与从人还到多地劝民农耕和制陶

实 例

中华民族 舜在尧的九个儿子跟随下到濮州（今山东鄄城县故城）后，至历山劝东夷之民和睦相处，勤恳务农，受到欢迎，互相谦让，不再互争土地。他到雷泽劝民不要争抢水域，渔民听从，互相谦让，各自安心在其湖面捕渔。他到瓠河流域教民烧制陶器，技艺大为提高，所造陶器的质量变得优良。舜与从人还到他地劝民农耕和制陶。

【流传】（无考）

【出处】杨东晨：《华夏始祖：尧舜禹时代》“三、帝舜的明德”，西安：三秦出版社 2007 年版，第 59 页。

WYS044.6.3

舜教人饲养

实 例

汉 族 舜巡狩九嶷山，将那些耕田种地，纺纱养蚕之事，拖石引水、防病治病之法教给百姓。

【流传】湖南省·（永州市）·宁远县［采录地点：宁远县］

【出处】吴枝旺（医生，大学）讲，李登琛（男，宁远县文化干部，大学）采录：《舜帝见许由》（1984），见中国民间故事集成全国编辑委员会、《中国民间故事集成·湖南卷》编辑委员会编《中国民间故事集成》（湖南卷），北京：中国 ISBN 中心 2002 年版，第 57 ～ 58 页。

汉 族 舜王在位期间，亲自烧荒开地，教老百姓种庄稼，饲养牲畜，老百姓对他都很敬仰。

【流传】河南省·南阳市·方城县［采录地点：方城县清河乡老庄村］

【出处】郭延华（30 岁，农民）讲，郭国祥（35 岁，干部）记录：《舜王庙》（1985.09.04），见中国民间文艺家协会组织编写，罗杨总主编，毛秀荣本卷主编《中国民间故事丛书》（河南省·南阳市·方城卷），北京：知识产权出版社 2016 年版，第 73 ～ 74 页。

WYS044.7
舜指教特定人物

实 例

（实例待考）

WYS044.8
舜教人的结果

实 例

（参见下级母题实例）

WYS044.8.1
舜教百姓耕种饲养，受到百姓敬仰

实 例

汉 族 舜王在位期间，亲自烧荒开地，教老百姓种庄稼，饲养牲畜，老百姓对他都很敬仰，对他赞不绝口。每逢年来节到，老百姓总给他送去各种各样的礼物。

【流传】河南省·南阳市·方城县［采录地点：方城县清河乡老庄村］

【出处】郭延华（30 岁，农民）讲，郭国祥（35 岁，干部）记录：《舜王庙》（1985.09.04），见中国民间文艺家协会组织编写，罗杨总主编，毛秀荣本卷主编《中国民间故事丛书》（河南省·南阳市·方城卷），北京：知识产权出版社 2016 年版，第 73 ～ 74 页。

WYS044.8.2
舜教百姓生活技能，百姓给舜送礼物

实 例

汉 族 舜王在位期间，亲自烧荒开地，教老百姓种庄稼，饲养牲畜，老百姓对他都很敬仰，对他赞不绝口。每逢年来节到，老百姓总给他送去各种各样的礼物。

【流传】河南省·南阳市·方城县［采录地点：方城县清河乡老庄村］

【出处】郭延华（30 岁，农民）讲，郭国祥（35 岁，干部）记录：《舜王庙》（1985.09.04），见中国民间文艺家协会组织编写，罗杨总主编，毛秀荣本卷主编《中国民间故事丛书》（河南省·南阳市·方城卷），北京：知识产权出版社 2016 年版，第 73 ～ 74 页。

WYS044.9
与舜教人有关的其他母题

实 例

（参见下级母题实例）

WYS044.9.1
舜教人不辞劳苦

实 例

（实例待考）

WYS044.9.2
舜善于教人

实 例

中华民族 在舜的影响和教育下，娥皇、女英不因身份的高贵而怠慢老人，尧的九个儿子也改掉了许多坏毛病。

【流传】（山东省济南市）

【出处】《娥皇、女英做舜妻》，见郭先芳

编著《黄河的神话传说和民间故事》，郑州：黄河水利出版社 2015 年版，第 77 页。

WYS044.9.3

舜推行五教

【关联】［WYS045.9.9.2］舜通过在全国推行五教建立良好社会秩序

实 例

中华民族（参见“WYS044.9.4.1.1 舜在帝都和各州办学校，统称‘太学’”母题实例）

WYS044.9.4

舜兴办教育

【关联】［WYS025.2.2.1］舜作司徒掌管教育

实 例

（参见下级母题实例）

WYS044.9.4.1

舜办太学

实 例

（参见下级母题实例）

WYS044.9.4.1.1

舜在帝都和各州办学校，统称“太学”

实 例

中华民族 为了推行五教，舜在帝都办起了学校，然后各州也办起了学校。统称“太学”。

【流传】（无考）

【出处】任乃荣：《三皇五帝探源》第八章“舜有虞氏时代”，北京：新华出版社 2011 年版，第 209 页。

WYS045

舜其他事迹

实 例

（参见下级母题实例）

WYS045.1

舜造田

实 例

（参见下级母题实例）

WYS045.1.1

舜造田的原因

实 例

（参见下级母题实例）

WYS045.1.1.1

舜七八岁时还没有水田

实 例

汉 族 虞舜七八岁的时候，还没有田。

【流传】江省·（金华市）·武义县·后树乡［采录地点：武义县后树乡］

【出处】张舍囡（男，46 岁，武义县后树乡黄泥坑村，盲艺人，不识字）讲，吴钟文（男，43 岁，武义县文化局，干部，大专）、程源源（女，44 岁，武义县文化馆，干部，大专）、邱德芝（女，26岁，武义县后树乡文化站，干部，高中）采录：《虞舜开田》（1987），见中国民间文学集成全国编辑委员会、中国民间文学集成浙江卷编辑委员会编《中国民间故事集成》（浙江卷），北京：中国ISBN中心1997年版，第51页。

WYS045.1.1.2

后母逼迫舜开种水田

实　例

汉　族 虞舜的后娘看看在山上种地不如在空地开种谷塘（种谷塘：水田）省力，便日日逼着虞舜去开种谷塘。

【流传】江省·（金华市）·武义县·后树乡［采录地点：武义县后树乡］

【出处】张舍囡（男，46岁，武义县后树乡黄泥坑村，盲艺人，不识字）讲，吴钟文（男，43岁，武义县文化局，干部，大专）、程源源（女，44岁，武义县文化馆，干部，大专）、邱德芝（女，26岁，武义县后树乡文化站，干部，高中）采录：《虞舜开田》（1987），见中国民间文学集成全国编辑委员会、中国民间文学集成浙江卷编辑委员会编《中国民间故事集成》（浙江卷），北京：中国ISBN中心1997年版，第51页。

WYS045.1.2

舜造田的方法

实　例

（参见下级母题实例）

WYS045.1.2.1

舜开谷塘，并命人划分为三百六十丘

实　例

汉　族 虞舜十八岁时做了皇帝时，他已开出一大片种谷塘（种谷塘：水田）。这片种谷塘场面实在阔，舜就叫人一格一丘划分出来，一共有三百六十丘，这便是现在的水田。

【流传】江省·（金华市）·武义县·后树乡［采录地点：武义县后树乡］

【出处】张舍囡（男，46岁，武义县后树乡黄泥坑村，盲艺人，不识字）讲，吴钟文（男，43岁，武义县文化局，干部，大专）、程源源（女，44岁，武义县文化馆，干部，大专）、邱德芝（女，26岁，武义县后树乡文化站，干部，高中）采录：《虞舜开田》（1987），见中国民间文学集成全国编辑委员会、中国民间文学集成浙江卷编辑委员会编《中国民间故事集成》（浙江卷），北京：中国ISBN中心1997年版，第51页。

WYS045.1.3

舜造田的帮助者

实　例

（参见下级母题实例）

WYS045.1.3.1

野兽帮助舜造水田

实　例

汉　族 虞舜七八岁时，后娘日日逼着虞舜

去开种谷塘（种谷塘：水田）。虞舜不胜重负，坐在地上伤心地哭了起来。哭声惊动了深山老林里的一群野兽，它们便出来帮小虞舜的忙，用嘴撬、用脚爪抓，帮他开起种谷塘来。

【流传】江省·（金华市）·武义县·后树乡［采录地点：武义县后树乡］

【出处】张舍囡（男，46 岁，武义县后树乡黄泥坑村，盲艺人，不识字）讲，吴钟文（男，43 岁，武义县文化局，干部，大专）、程源源（女，44 岁，武义县文化馆，干部，大专）、邱德芝（女，26 岁，武义县后树乡文化站，干部，高中）采录：《虞舜开田》（1987），见中国民间文学集成全国编辑委员会、中国民间文学集成浙江卷编辑委员会编《中国民间故事集成》（浙江卷），北京：中国 ISBN 中心 1997 年版，第 51 页。

WYS045.2

舜治水

实 例

（参见下级母题实例）

WYS045.2.1

舜治水的方法

实 例

（参见下级母题实例）

WYS045.2.1.1

舜派遣大臣治水

实 例

（参见下级母题实例）

WYS045.2.1.1.1

舜派遣大臣禹治水

实 例

汉 族 尧帝命鲧治水，九年没有成功。舜帝又派鲧的儿子禹继续治水。

【流传】河北省·保定市·满城县［采录地点：毛寿之家中］

【出处】毛寿之（86 岁，满城城内村人）讲，边守道（离休干部）、刘广郁（干部）记录：《看守禹王船》（1986.09），见中国民间文艺家协会组织编写，罗杨总主编，浩渺本卷主编《中国民间故事丛书》（河北省·保定市·满城卷），北京：知识产权出版社 2016 年版，第 6 ～ 7 页。

汉 族 舜帝给大禹的使命是出发治水。

【流传】（无考）

【出处】李香耕等讲，钟伟今搜集整理：《三过家门》，载《民间文学》1981 年第 4 期。

WYS045.2.1.1.1.1

禹用疏浚的办法治水

实 例

汉 族 大禹奉舜王的嘱托，疏导洪水入海。

【流传】（无考）

【出处】虞金寿讲，宗一搜集整理：《蛮龙归正》，载《山海经》1981 年第 4 期。

汉 族 舜让禹治理洪水。禹的朋友伯益，劝禹用疏浚的办法去治，一连治了十三年，开出九条河道，终于治住了洪水。

【流传】中原一带

【出处】(a) 甄秉浩整理:《涂山姚代姐育婴》, 见张楚北编《中原神话》, 郑州: 海燕出版社 1988 年版。(b) 同 (a), 见姚宝瑄主编《中国各民族神话》(汉族), 太原: 山西出版传媒集团·书海出版社 2014 年版, 第 425 ～ 426 页。

WYS045.2.1.1.1.2

禹用毛龙治水

实 例

汉 族 舜时, 南浔之国, 有洞穴阴源, 其下通地脉。中有毛龙、毛鱼, 时蜕骨于旷泽之中, 鱼龙同穴而处。其国献毛龙, 一雌一雄, 故置豢龙之宫。至夏代养龙不绝, 因以命族。至禹导川, 乘此宠, 及四海攸同, 反放河汭。

【流传】(无考)

【出处】[晋] 王嘉:《拾遗记》卷一。

WYS045.2.1.1.2

舜王派鲧治水

实 例

汉 族 舜王派鲧伯治水。鲧伯不会治水啊, 没得门儿, 去西天找如来佛要了一盆子土。这种土神得很, 只要用指甲壳撮一点往水里一撒, 马上水就退, 现出平地, 多撒点就是一座山。

【流传】湖北省·随州市 [采录地点: 随州市天河口镇]

【出处】陈尚林 (男, 42 岁, 随州市干部, 高中) 讲, 刘大业 (男, 群艺馆干部, 初中) 采录:《大禹治水》(1984), 见《中国民间故事集成》全国编辑委员会、《中国民间故事集成·湖北卷》编辑委员会编《中国民间故事集成》(湖北卷), 北京: 中国 ISBN 中心 1999 年版, 第 38 ～ 39 页。

汉 族 上古时候, 能种粮食的平地有的被水占着, 有的常常被洪水冲毁。治地就先要治水, 当时管理天下的舜就派大臣鲧担当此任。

【流传】陕西省·(宝鸡市)·千阳县 [采录地点: 千阳县上店乡上店村]

【出处】张来祥 (男, 74 岁, 千阳县上店乡, 农民, 小学) 讲, 武向阳 (男, 24 岁, 千阳县 171 厂子校, 教师, 大专)、樊志毅 (男, 34 岁, 千阳县文化馆, 干部, 初中) 采录:《天下江水向东流》(1987.08.23), 见中国民间文学集成全国编辑委员会、中国民间文学集成陕西卷编辑委员会编《中国民间故事集成》(陕西卷), 北京: 中国 ISBN 中心 1996 年版, 第 18 ～ 19 页。

汉 族 尧老了之后, 就把帝位让给了舜, 舜又派鲧的儿子禹继续为人类治水。

【流传】淮河流域

【出处】常山讲述:《鲧王治水》, 原载茆文斗搜集整理《河蚌姑娘》, 见陶阳、钟秀编《中国神话》(上), 北京: 商务印书馆 2008 年版, 第 412 ～ 418 页。

WYS045.2.1.1.3

舜派共工治水

实 例

汉 族 舜之时，共工振滔洪水，以薄空桑。

【流传】（无考）

【出处】［西汉］淮南王刘安及门客：《淮南子·本经》。

WYS045.2.1.1.3.1

共工的治水方法是把高地铲平、低地填高

实 例

汉 族 舜之时，共工振滔洪水，以薄空桑。

【流传】（无考）

【出处】［西汉］淮南王刘安及门客：《淮南子·本经训》。

WYS045.2.1.2

舜为治水访贤

实 例

汉 族 舜王和他的大臣们为治水到玉溪村前去访贤。

【流传】河南省·（郑州市）·登封市

【出处】《舜王访贤》，见张振犁编著，孟宪明、朱淑君统纂《中原神话通鉴》（第四卷），郑州：河南大学出版社 2017 年版，第 1130 页。

WYS045.2.2

舜治水的地点

实 例

（参见下级母题实例）

WYS045.2.2.1

舜在马鞍山视察治水

实 例

汉 族 舜视察治水工地来到马鞍山附近，抬头一看，发现山脚下有两盏明灯。走到跟前才知道，那是两条金光闪闪的鲤鱼。

【流传】（中原一带）

【出处】《黄河鲤鱼》，见孟宪明著《中原经典神话》，郑州：河南大学出版社 2016 年版，第 207 页。

WYS045.2.3

舜治水的目的

实 例

（参见下级母题实例）

WYS045.2.3.1

舜治水，欲让百姓过上好日子

实 例

汉 族 大洪水时，有个叫舜的人，统治着天下九州的百姓，他见老百姓的日子过得艰难，就成天谋算着要治理天下的水患，让老百姓过上好日子。

【流传】甘肃省·（兰州市）·皋兰县［采录地点：皋兰县什川乡泥湾村］

【出处】王宏男（30岁，干部）讲，曾城奎（男，27岁，干部，大专）采录：《禹王坪》（1987），见《中国民间故事集成》全国编辑委员会、《中国民间故事集成·甘肃卷》编辑委员会编《中国民间故事集成》（甘肃卷），北京：中国ISBN中心2001年版，第217～218页。

WYS045.3

舜治瘟疫

实 例

（参见下级母题实例）

WYS045.3.1

舜投掷大石变成草药，治瘟疫

实 例

汉 族 瘟疫时，舜王投掷玉皇的一块大石炸碎后落下化为草药。人们成群结队涌上山来。他们采了菖蒲采贝母，采了猪苓采丹参，采了黄檗采细辛……终于平安地度过了瘟灾。

【流传】山西省·（晋城市）·沁水县

【出处】达奇江、仝发景、许光发、楼万金讲，潘保安采录：《击石成药》，见郭万金主编《山西民间故事大系》（晋东南卷），北京：商务印书馆2017年版，第58～59页。

WYS045.4

舜除旱灾

实 例

（参见下级母题实例）

WYS045.4.1

舜率众抗旱

实 例

汉 族 舜时，有一年大旱，地里的庄稼棵子都枯死了。老百姓的心里火烧火燎，请求舜给大伙拿个主意，治服旱魔。舜和他的两个妻子想出了一个好办法：挖深井，把地下的黄泉水，引到地上来。

【流传】山东省·济南市［采录地点：济南市］

【出处】韩兆福（男，大专，干部）讲，李奎元（男，42岁，济南市委宣传部干部，大专）采录：《舜井锁蛟》（1989），见《中国民间故事集成》全国编辑委员会、《中国民间故事集成·山东卷》编辑委员会编《中国民间故事集成》（山东卷），北京：中国ISBN中心2007年版，第360～362页。

WYS045.5

舜降服特定物

实 例

（参见下级母题实例）

WYS045.5.1

舜降服龙

实 例

（参见下级母题实例）

WYS045.5.1.1

舜王斩白龙

实 例

汉 族 舜王斩掉小白龙，为民除去一害。

【流传】山西省·（晋城市）·沁水县

【出处】达奇江、仝发景、许光发、楼万金讲，潘保安采录：《击石成药》，见郭万金主编《山西民间故事大系》（晋东南卷），北京：商务印书馆 2017 年版，第 58 ~ 59 页。

WYS045.5.1.1.1

舜斩白龙致气候变冷

实 例

汉 族 舜王斩掉小白龙，为民除去一害。可是，这里的气候却从此变冷。金秋九月，历山地区已是寒气逼人，降霜结冰了。

【流传】山西省·（晋城市）·沁水县

【出处】达奇江、仝发景、许光发、楼万金讲，潘保安采录：《击石成药》，见郭万金主编《山西民间故事大系》（晋东南卷），北京：商务印书馆 2017 年版，第 58 ~ 59 页。

WYS045.5.1.2

舜帝降服九龙

实 例

汉 族 舜帝降服九龙后不久，舜帝死在九嶷山。

【流传】湖南省·（永州市）·宁远县［采录地点：宁远县］

【出处】秦友仁（男，农民，小学）讲，秦东凡（男，干部，中专）采录：《舜帝降九龙》（1986.05），见中国民间故事集成全国编辑委员会、《中国民间故事集成·湖南卷》编辑委员会编《中国民间故事集成》（湖南卷），北京：中国 ISBN 中心 2002 年版，第 56 ~ 57 页。

WYS045.5.1.2.1

舜帝把九龙镇在九龙岩内

实 例

汉 族 舜帝把九龙镇在九龙岩内，不准再外出作孽。

【流传】湖南省·（永州市）·宁远县［采录地点：宁远县］

【出处】秦友仁（男，农民，小学）讲，秦东凡（男，干部，中专）采录：《舜帝降九龙》（1986.05），见中国民间故事集成全国编辑委员会、《中国民间故事集成·湖南卷》编辑委员会编《中国民间故事集成》（湖南卷），北京：中国 ISBN 中心 2002 年版，第 56 ~ 57 页。

WYS045.5.1.3

舜斩蛟龙

实 例

汉 族 舜帝得知蛟龙出洞，山崩地裂，全村沉入了水底后，立即奔往两河口，祭起斩龙剑，把蛟龙劈成两段。

【流传】湖南省·（永州市）·宁远县［采录地点：宁远县］

【出处】秦友仁（男，农民，小学）讲，秦

东凡（男，干部，中专）采录：《舜帝降九龙》（1986.05），见中国民间故事集成全国编辑委员会、《中国民间故事集成·湖南卷》编辑委员会编《中国民间故事集成》（湖南卷），北京：中国ISBN中心2002年版，第56～57页。

WYS045.5.1.4

舜斗龙的结果

实 例

（参见下级母题实例）

WYS045.5.1.4.1

舜降龙后百姓安居乐业

实 例

汉 族 舜帝降服九龙后，九嶷山下一直风调雨顺，百姓安居乐业。

【流传】湖南省·（永州市）·宁远县［采录地点：宁远县］

【出处】秦友仁（男，农民，小学）讲，秦东凡（男，干部，中专）采录：《舜帝降九龙》（1986.05），见中国民间故事集成全国编辑委员会、《中国民间故事集成·湖南卷》编辑委员会编《中国民间故事集成》（湖南卷），北京：中国ISBN中心2002年版，第56～57页。

WYS045.5.2

舜降服莽

实 例

（参见下级母题实例）

WYS045.5.2.1

舜帝斩恶蟒

实 例

汉 族 有一年，舜帝南巡，经洞庭，过衡阳，到道州，得知一条大蟒蛇兴风作浪，残害百姓，很多人去和蟒蛇搏斗，都被它伤害。舜帝决意要去斩除恶蟒。舜帝斩了恶蟒后，上九嶷山的三峰石去了。

【流传】湖南省·（永州市）·蓝山县［采录地点：蓝山县］

【出处】邝圣恒（男，干部，高中）讲，李夕考（男，干部，高师）采录：《娥皇女英》（1986），见中国民间故事集成全国编辑委员会、《中国民间故事集成·湖南卷》编辑委员会编《中国民间故事集成》（湖南卷），北京：中国ISBN中心2002年版，第59～60页。

WYS045.5.3

舜劝龙归海

实 例

汉 族 舜帝想劝九龙从西河口入海去，便让土地神把老龙请来商谈。

【流传】湖南省·（永州市）·宁远县［采录地点：宁远县］

【出处】秦友仁（男，农民，小学）讲，秦东凡（男，干部，中专）采录：《舜帝降九龙》（1986.05），见中国民间故事集成全国编辑委员会、《中国民间故事集成·湖南卷》编辑委员会编《中国民间故事集成》（湖南卷），北京：中国ISBN

中心 2002 年版，第 56 ～ 57 页。

WYS045.6

舜拯救特定人物

实 例

（实例待考）

WYS045.7

舜造福百姓

实 例

中华民族 舜耕历山，历山之人皆让畔；渔雷泽，雷泽上人皆让居；陶河滨，河滨器皆不苦窳。一年而所居成聚，二年成邑，三年成都。

【流传】（无考）

【出处】［西汉］司马迁：《史记 · 五帝本纪》。

WYS045.7.1

舜建村落

实 例

中华民族 （参见“WYS045.7.3 舜建都城”母题实例）

WYS045.7.2

舜建市镇

实 例

中华民族 （参见“WYS045.7.3 舜建都城”母题实例）

WYS045.7.3

舜建都城

实 例

中华民族 舜在哪里住上一年，那里就会形成村落；住上两年，那里就成为市镇；住上三年，那里就变成都城了。

【流传】（无考）

【出处】《舜 · 孝悌有闻》，见卢静《尧舜禹》，北京：中华书局 2019 年版，第 39 页。

WYS045.7.4

舜带领百姓劳作致富

实 例

汉 族 在历山脚下，老百姓在舜的带领下，辛勤劳作。年年五谷丰登，快活地生活。

【流传】山东省 · 济南市［采录地点：济南市］

【出处】韩兆福（男，大专，干部）讲，李奎元（男，42 岁，济南市委宣传部干部，大专）采录：《舜井锁蛟》（1989），见《中国民间故事集成》全国编辑委员会、《中国民间故事集成 · 山东卷》编辑委员会编《中国民间故事集成》（山东卷），北京：中国 ISBN 中心 2007 年版，第 360 ～ 362 页。

WYS045.8

舜为特定对象命名

实 例

（参见下级母题实例）

WYS045.8.1
舜命名特定石头

【关联】［WYS082.5.2a.1］“安王石” 由舜帝命名

实 例

汉 族 飞行物飘飘下落于舜帝前，众臣围着一看，原来是一块光滑的大青石。舜帝随即将这块灵石命名为“安王石”。

【流传】 山西省·（大同市）·浑源县

【出处】 张剑杨采录：《恒山为何封北岳》，见郭万金主编《山西民间故事大系》（晋北卷），北京：商务印书馆 2017 年版，第 865 ～ 866 页。

WYS045.8.2
舜命名老虎

实 例

汉 族 帮助虞舜造水田的动物中有个力气很大的野兽，撬起种谷塘呼呼作响，小虞舜就给它起个名字叫“老呼”，这就是现在的老虎。

【流传】 江省·（金华市）·武义县·后树乡［采录地点：武义县后树乡］

【出处】 张舍囡（男，46 岁，武义县后树乡黄泥坑村，盲艺人，不识字）讲，吴钟文（男，43 岁，武义县文化局，干部，大专）、程源源（女，44 岁，武义县文化馆，干部，大专）、邱德芝（女，26 岁，武义县后树乡文化站，干部，高中）采录：《虞舜开田》（1987），见中国民间文学集成全国编辑委员会、中国民间文学集成浙江卷编辑委员会编《中国民间故事集成》（浙江卷），北京：中国 ISBN 中心 1997 年版，第 51 页。

WYS045.9
舜的政绩

实 例

（参见下级母题实例）

WYS045.9.1
（舜）流共工于幽州

实 例

中华民族 （舜）流共工于幽州，放驩兜于崇山，窜三苗于三危，殛鲧于羽山。

【流传】（无考）

【出处】［先秦］《尚书·尧典》。

汉 族 舜流共工于幽州。

【流传】 湖北省·神农架林区

【出处】《人祖创世》，胡崇峻据秭归县新滩镇《黑暗传》清末抄本，阳日镇龙溪村村民杨有才和史光裕处口述材料，唐运青收集的祝天照、姜德龙抄本和唐运青采录的部分资料，贾邦修、张忠臣《黑暗大盘头》《黑暗纲鉴》资料以及林区下谷土家族民族乡石磨村戍子垭刘茂森处摘录转抄本的片断资料等整理，见胡崇峻搜集整理《黑暗传》，武汉：长江文艺出版社 2002 年版，第 228 页。

WYS045.9.2
（舜）放驩兜于崇山

实 例

汉 族 舜流共工于幽州，放驩兜于崇山。

【流传】湖北省・神农架林区

【出处】《人祖创世》，胡崇峻据秭归县新滩镇《黑暗传》清末抄本，阳日镇龙溪村村民杨有才和史光裕处口述材料，唐运青收集的祝天照、姜德龙抄本和唐运青采录的部分资料，贾邦修、张忠臣《黑暗大盘头》《黑暗纲鉴》资料以及林区下谷土家族民族乡石磨村戊子垭刘茂森处摘录转抄本的片断资料等整理，见胡崇峻搜集整理《黑暗传》，武汉：长江文艺出版社 2002 年版，第 228 页。

WYS045.9.3

（舜）窜三苗于三危

实　例

汉　族 舜流共工于幽州，放驩兜于崇山，杀三苗，于三危。

【流传】湖北省・神农架林区

【出处】《人祖创世》，胡崇峻据秭归县新滩镇《黑暗传》清末抄本，阳日镇龙溪村村民杨有才和史光裕处口述材料，唐运青收集的祝天照、姜德龙抄本和唐运青采录的部分资料，贾邦修、张忠臣《黑暗大盘头》《黑暗纲鉴》资料以及林区下谷土家族民族乡石磨村戊子垭刘茂森处摘录转抄本的片断资料等整理，见胡崇峻搜集整理《黑暗传》，武汉：长江文艺出版社 2002 年版，第 228 页。

WYS045.9.4

（舜）殛鲧于羽山

实　例

中华民族 （舜）流共工于幽州，放驩兜于崇山，窜三苗于三危，殛鲧于羽山。

【流传】（无考）

【出处】［先秦］《尚书・尧典》。

WYS045.9.5

舜流放四凶族

实　例

中华民族 舜宾于四门，乃流四凶族，迁于四裔，以御螭魅，于是四门辟，言毋凶人也。

【流传】（无考）

【出处】［西汉］司马迁：《史记・五帝本纪》。

WYS045.9.5.1

舜流放浑敦、穷奇、梼杌、饕餮四凶族

实　例

中华民族 舜臣尧，宾于四门，流四凶族，浑敦、穷奇、梼杌、饕餮，投诸四裔，以御魑魅。

【流传】（无考）

【出处】［春秋］左丘明：《左传・文公十八年》。

WYS045.9.6

舜承安继治，任贤使能，恭己无为而天下治

实　例

中华民族 经曰：“上帝引逸”，谓虞舜也，舜承安继治，任贤使能，恭己无为而天下治。

【流传】（无考）

【出处】[东汉] 王充:《论衡·语增篇》。

WYS045.9.7

舜分天下，疏浚河川

实 例

中华民族 舜开始把天下划分为十二个州，并疏浚河川。

【流传】(无考)

【出处】《舜·巡狩四方》，见卢静《尧舜禹》，北京：中华书局 2019 年版，第 49 页。

WYS045.9.8

舜测天象，定行星位置

实 例

中华民族 舜使用璇玑玉衡来观测天象，定准日月及金木水火土五星的位置。

【流传】(无考)

【出处】张大可、朱枝富编著:《人文始祖黄帝》，北京：商务印书馆 2018 年版，第 168 页。

WYS045.9.9

舜的其他政绩

实 例

(参见下级母题实例)

WYS045.9.9.1

舜带领百姓建家园

实 例

中华民族 舜在黄河岸边制作陶器，黄河两岸的陶器没有伪劣品。凡舜所在的地方，一年后成了村落，两年后成了乡邑，三年后成了市镇。

【流传】(无考)

【出处】张大可、朱枝富编著:《人文始祖黄帝》，北京：商务印书馆 2018 年版，第 171 页。

WYS045.9.9.2

舜通过在全国推行五教建立良好社会秩序

实 例

中华民族 舜起用了八恺族的后代，主管农业，处理各种事务，办得有条有理。舜又起用八元的后代，在全国推行五教，使得做父亲的仁义，做母亲的慈爱，做兄长的友善，做弟弟的恭谨，做儿子的孝顺，家内和睦，邻里融洽。

【流传】(无考)

【出处】张大可、朱枝富编著:《人文始祖黄帝》，北京：商务印书馆 2018 年版，第 171 页。

WYS045.9.9.3

舜发明历法（舜颁布历法）

实 例

中华民族 舜正月初一接受尧禅让的帝位。二月，大舜去东方巡视，他登上泰山，用燔柴的仪式祭祀东岳，又遥祭了各地的名山大川。紧接着，舜又召见东方各诸侯，向诸侯们颁布了新历法，又统一了乐律和度量衡，制定了吉、凶、宾、军、嘉五种礼节。

【流传】（无考）

【出处】《舜·巡狩四方》，见卢静《尧舜禹》，北京：中华书局 2019 年版，第 46 页。

WYS045.9.9.3.1

舜为指导农业定历法

【关联】①［WYS018.3.1］舜精通农业、天文；②［WYS024.8.2.1］舜做管农业的官

实 例

中华民族 帝舜为了指导农业，使人民不违农时，亲自观察天象，制定了历法。

【流传】（无考）

【出处】任乃荣：《三皇五帝探源》第八章“舜有虞氏时代”，北京：新华出版社 2011 年版。

WYS045.9.9.3.2

舜观北斗七星定历法

实 例

中华民族 （舜）在璇玑玉衡，以齐七政。

【流传】（无考）

【出处】［先秦］《尚书·舜典》。

WYS045.9.9.3.3

舜将四季与四方配合

实 例

汉 族 舜帝接位后，将东南西北四方和春夏秋冬四季相配合。

【流传】山西省·（大同市）·浑源县

【出处】张剑杨采录：《恒山为何封北岳》，见郭万金主编《山西民间故事大系》（晋北卷），北京：商务印书馆 2017 年版，第 865 ～ 866 页。

WYS045.9.9.4

舜统一乐律

实 例

中华民族 舜正月初一接受尧禅让的帝位。二月，大舜去东方巡视，他登上泰山，用燃柴的仪式祭祀东岳，又遥祭了各地的名山大川。紧接着，舜又召见东方各诸侯，向诸侯们颁布了新历法，又统一了乐律和度量衡，制定了吉、凶、宾、军、嘉五种礼节。

【流传】（无考）

【出处】《舜·巡狩四方》，见卢静《尧舜禹》，北京：中华书局 2019 年版，第 46 页。

WYS045.9.9.5

舜统一度量衡

实 例

中华民族 舜正月初一接受尧禅让的帝位。二月，大舜去东方巡视，他登上泰山，用燃柴的仪式祭祀东岳，又遥祭了各地的名山大川。紧接着，舜又召见东方各诸侯，向诸侯们颁布了新历法，又统一了乐律和度量衡，制定了吉、凶、宾、军、嘉五种礼节。

【流传】（无考）

【出处】《舜·巡狩四方》，见卢静《尧舜禹》，北京：中华书局 2019 年版，第 46 页。

WYS045.9.9.5.1

舜管理五典，制定度量衡及五种礼仪

实 例

中华民族 帝尧任命舜管理五典，制定度量衡及五种礼仪，制定百官制度，分天下为十二州，并制定五刑（墨、劓、剕、宫及大辟），使全联盟的人有法可依。

【流传】（无考）

【出处】杨东晨：《华夏始祖：尧舜禹时代》“二、帝尧的伟业篇”，西安：三秦出版社 2007 年版，第 36 页。

WYS045.9.9.5.2

舜制定测量

实 例

中华民族 舜使用璇玑玉衡来观测天象，定准日月及金木水火土五星的位置。

【流传】（无考）

【出处】张大可、朱枝富编著：《人文始祖黄帝》，北京：商务印书馆 2018 年版，第 168 页。

WYS045.9.9.6

舜制定礼节

实 例

中华民族 舜正月初一接受尧禅让的帝位。二月，大舜去东方巡视，他登上泰山，用燔柴的仪式祭祀东岳，又遥祭了各地的名山大川。紧接着，舜又召见东方各诸侯，向诸侯们颁布了新历法，又统一了乐律和度量衡，制定了吉、凶、宾、军、嘉五种礼节。

【流传】（无考）

【出处】《舜 · 巡狩四方》，见卢静《尧舜禹》，北京：中华书局 2019 年版，第 46 页。

WYS045.9.9.7

舜以乐传教于天下

实 例

中华民族 昔者舜欲以乐传教于天下，乃令重黎举夔于草莽之中而进之。舜以为乐正。夔于是正六律，和五声，以通八风，而天下大服。

【流传】（无考）

【出处】［战国］吕不韦及其门客编：《吕氏春秋 · 察传》。

WYS045.9.9.8

众人请舜保朝廷

实 例

汉 族 一个女子吃苹果感生舜。被逐出家门，娘要饭养活舜。舜长大以后，在沟里种地。后来朝里知道了，就来请他。他一见人就跑。顺伊河一直跑到滦川，又种地。人家硬撵来，让他走了，去保朝廷。

【流传】河南省 ·（洛阳市）· 栾川县［采录地点：漫寺头赵某某诊所］

【出处】赵某某（74 岁，曾上过 7 年私塾，后习中医）讲，陈连山采录：《娃娃潭》，见张振犁编著，孟宪明、朱淑君统纂《中原神话通鉴》（第三卷），郑州：河南大学出版社 2017 年版，第 1001 页。

WYS045.9.9.9

舜的其他有关事迹

实 例

（参见下级母题实例）

WYS045.9.9.9.1

舜建立社会管理机构

实 例

汉 族 帝舜建立了社会管理机构和法律规章，并划分天下为十二州。

【流传】（无考）

【出处】[先秦]《尚书·舜典》。

WYS045.9.9.9.2

舜划分天下十二州

实 例

汉 族 帝舜建立了社会管理机构和法律规章，并划分天下为十二州。

【流传】（无考）

【出处】[先秦]《尚书·舜典》。

WYS046

舜征战（舜的争斗）

实 例

（参见下级母题实例）

WYS046.1

舜征战的原因

实 例

（实例待考）

WYS046.2

舜征战的对象

实 例

（参见下级母题实例）

WYS046.2.1

舜伐有苗（三苗）

实 例

中华民族 （舜）流共工于幽州，放驩兜于崇山，窜三苗于三危。

【流传】（无考）

【出处】[先秦]《尚书·尧典》。

汉 族 舜伐有苗，禹伐共工。

【流传】（无考）

【出处】[战国] 荀况：《荀子·议兵》。

中华民族 当舜之时，有苗不服，于是舜修政偃兵，执干戚而舞之。

【流传】（无考）

【出处】[西汉] 淮南王刘安及门客：《淮南子·齐俗训》。

中华民族 昔者神农伐补遂，黄帝伐涿鹿而擒蚩尤，尧伐兜，舜伐三苗。

【流传】（无考）

【出处】[西汉] 刘向编：《战国策·秦策一》。

中华民族 舜征有苗，乃死于苍梧。

【流传】（无考）

【出处】[战国] 檀弓：《檀弓》汉郑氏注。

中华民族 黄帝时的中国版图，南尚不过江，舜征苗野葬苍梧，禹时三苗之国，尚保有洞庭、彭蠡之地，而神农后之厉国，又为南蛮之一。

【流传】（无考）

【出处】盛襄子：《湖南苗史述略》，转引自郑莉《蚩尤和炎帝的关系考》，载《湖州师范学院学报》2005 年第 4 期。

中华民族 三苗曾与尧舜为乱而一决雌雄，最后败北，或许天不绝苗，当年舜南征有苗而崩于中道，葬于九嶷山。

【流传】（南方地区）

【出处】郭兆祥：《试论九黎、三苗、盘瓠与梅山蛮》，载《邵阳师专学报》1996 年第 1 期。

汉　族 舜流共工于幽州，放骤兜于崇山，杀三苗，于三危。

【流传】湖北省 · 神农架林区

【出处】《人祖创世》，胡崇峻据秭归县新滩镇《黑暗传》清末抄本，阳日镇龙溪村村民杨有才和史光裕处口述材料，唐运青收集的祝天照、姜德龙抄本和唐运青采录的部分资料，贾邦修、张忠臣《黑暗大盘头》《黑暗纲鉴》资料以及林区下谷土家族民族乡石磨村戊子垭刘茂森处摘录转抄本的片断资料等整理，见胡崇峻搜集整理《黑暗传》，武汉：长江文艺出版社 2002 年版，第 228 页。

WYS046.2.2

舜鲧之争

实　例

中华民族 （舜）流共工于幽州，放驩兜于崇山，窜三苗于三危，殛鲧于羽山。

【流传】（无考）

【出处】[先秦]《尚书 · 尧典》。

中华民族 鲧之殛死，是舜鲧为争夺大部落联盟首长职位斗争的结果。

【流传】（无考）

【出处】郭世谦：《古史传说考》（二、祝融龙蛇图腾部落集团），天津：天津出版传媒集团 · 天津古籍出版社 2019 年版，第 333 页。

汉　族 舜流共工于幽州，放驩兜于崇山，杀三苗，于三危，殛鲧于羽山，后来才生禹。

【流传】湖北省 · 神农架林区

【出处】《人祖创世》，胡崇峻据秭归县新滩镇《黑暗传》清末抄本，阳日镇龙溪村村民杨有才和史光裕处口述材料，唐运青收集的祝天照、姜德龙抄本和唐运青采录的部分资料，贾邦修、张忠臣《黑暗大盘头》《黑暗纲鉴》资料以及林区下谷土家族民族乡石磨村戊子垭刘茂森处摘录转抄本的片断资料等整理，见胡崇峻搜集整理《黑暗传》，武汉：长江文艺出版社 2002 年版，第 228 页。

WYS046.3

舜征战的时间

实　例

（实例待考）

WYS046.4
舜征战的地点

实 例

（参见下级母题实例）

WYS046.4.1
舜南征三苗

实 例

中华民族 （舜）南征三苗，道死苍梧。

【流传】（无考）

【出处】［西汉］淮南王刘安及门客：《淮南子·修务训》。

WYS046.4.2
舜往今陕西丹水流域征三苗

实 例

中华民族 三苗在今陕西丹水流域，舜往征之，死葬丹水之滨的苍梧。

【流传】（无考）

【出处】郭世谦：《古史传说考》（一、唐虞猛兽图腾集团），天津：天津出版传媒集团·天津古籍出版社 2019 年版，第 90 页。

WYS046.5
舜征战的情形

实 例

（实例待考）

WYS046.6
舜征战的结果

实 例

（参见下级母题实例）

WYS046.6.1
三苗与舜一决雌雄，三苗败北

实 例

中华民族 三苗曾与尧舜为乱而一决雌雄，最后败北，或许天不绝苗，当年舜南征有苗而崩于中道，葬于九嶷山。

【流传】（南方地区）

【出处】郭兆祥：《试论九黎、三苗、盘瓠与梅山蛮》，载《邵阳师专学报》1996 年第 1 期。

WYS046.6.2
舜鲧之争，鲧被殛

实 例

中华民族 鲧之殛死，是舜鲧为争夺大部落联盟首长职位斗争的结果。

【流传】（无考）

【出处】郭世谦：《古史传说考》（二、祝融龙蛇图腾部落集团），天津：天津出版传媒集团·天津古籍出版社 2019 年版，第 333 页。

WYS046.6.3
舜南征三苗道死苍梧

实 例

中华民族 （舜）南征三苗，道死苍梧。

【流传】（无考）

【出处】［西汉］淮南王刘安及门客：《淮南子·修务训》。

WYS046.6.4

舜征有苗死于苍梧

实　例

中华民族 舜征有苗，乃死于苍梧。

【流传】（无考）

【出处】［战国］檀弓：《檀弓》汉郑氏注。

WYS046.6.5

舜流放敌手

实　例

汉　族 舜流共工于幽州，放驩兜于崇山。

【流传】湖北省·神农架林区

【出处】《人祖创世》，胡崇峻据秭归县新滩镇《黑暗传》清末抄本，阳日镇龙溪村村民杨有才和史光裕处口述材料，唐运青收集的祝天照、姜德龙抄本和唐运青采录的部分资料，贾邦修、张忠臣《黑暗大盘头》《黑暗纲鉴》资料以及林区下谷土家族民族乡石磨村戊子垭刘茂森处摘录转抄本的片断资料等整理，见胡崇峻搜集整理《黑暗传》，武汉：长江文艺出版社 2002 年版，第 228 页。

WYS046.7

与舜征战关于的其他母题

实　例

（参见下级母题实例）

WYS046.7.1

舜以道征服有苗

实　例

中华民族 当舜之时，有苗不服，禹将伐之。舜曰：不可。上德不厚而行武，非道也。乃修教三年，执干戚舞，有苗乃服。

【流传】（无考）

【出处】［战国］韩非及后人：《韩非子·五蠹》。

WYS047

舜的特定经历

实　例

（参见下级母题实例）

WYS047.1

舜经历灾难

实　例

（参见下级母题实例）

WYS047.1.1

舜时洪水泛滥

实　例

汉　族 舜在位的时候，洪水泛滥。

【流传】江苏省·张家港市

【出处】赵忠良、乐予搜集整理：《大禹治水遇神仙》，见陈世海《张家港曲艺丛书：张家港故事选集》，南京：江苏凤凰文艺出版社 2016 年版，第 2 页。

WYS047.1.2

舜巡遇大雪，遥祭恒山

实 例

汉 族 一年仲冬，舜帝二次北巡。当行至一个名叫曲阳（今河北省曲阳县）的地方，大雪茫茫，积雪深数尺，人马无法行进。舜帝便在曲阳面西北遥祭恒山。

【流传】山西省·（大同市）·浑源县

【出处】张剑杨采录:《恒山为何封北岳》，见郭万金主编《山西民间故事大系》（晋北卷），北京：商务印书馆2017年版，第865～866页。

WYS047.1.3

舜时经历海啸

实 例

（参见下级母题实例）

WYS047.1.3.1

形成海啸的原因

实 例

（参见下级母题实例）

WYS047.1.3.1.1

舜杀鲧，背负大地的鳌打颤形成海啸

实 例

汉 族 鲧被舜杀死后倒在羽山上，羽山震动了，发出隆隆的声响，惊动了背负大地的鳌。鳌打了个颤，便发生了地震和海啸。

【流传】（无考）

【出处】（a）钟伟今搜集整理:《禹的诞生》，载《山海经》1981年第4期。（b）同（a），见姚宝瑄主编《中国各民族神话》（汉族），太原：山西出版传媒集团·书海出版社2014年版，第107～110页。

WYS047.1.4

舜躲避灾难（舜避难）

【关联】［WYS054.3.8］妻子送舜避难宝物，使其免于陷害

实 例

（参见下级母题实例）

WYS047.1.4.1

舜为躲避家庭虐待躲避中条山

实 例

中华民族 舜是个孝子，舜常受到继母与继母生弟象的虐待，舜父瞽瞍也随之迫害舜，舜一次一次的战胜了迫害。他无法在家生活下去，于是跑到中条山中的历山去耕种度日。

【流传】（山西省中条山一带）

【出处】《史籍记载的尧舜源流与功绩》，见赵大勇、赵随意著《尧都平阳与尧舜禹》，太原：山西古籍出版社1999年版，第29页。

WYS047.1.4.2*

舜遭家暴离家南下，返回生地姚墟避难和谋生

实 例

中华民族 舜在家庭中受虐待，能独立生活后，便离家南下，返回生地姚墟去避难和谋生。

【流传】（无考）

【出处】杨东晨：《华夏始祖：尧舜禹时代》"三、帝舜的明德"，西安：三秦出版社2007年版，第51页。

WYS047.2

舜建国

实 例

（实例待考）

WYS047.2.1

舜建国的时间

实 例

（实例待考）

WYS047.2.2

舜建国的地点

实 例

（实例待考）

WYS047.2.3

舜建国的方法

实 例

（实例待考）

WYS047.2.4

舜划国界

实 例

（实例待考）

WYS047.2.5

舜定国名（定国号）

实 例

（实例待考）

WYS047.2.6

舜的国都

实 例

（参见下级母题实例）

WYS047.2.6.1

舜国都的地点

实 例

（参见下级母题实例）

WYS047.2.6.1.1

舜帝曾都于今涿鹿县境内的故潘城

实 例

中华民族 舜帝曾都于今涿鹿县境内的故潘城。

【流传】（河北省涿鹿县）

【出处】杨秀敏、牛云平：《先周时期河北文化刍议》，载《河北师范大学学报（哲学社会科学版）》2013 年第 6 期。

WYS047.2.6.1.2

魏者，虞舜所都之地

实 例

中华民族 魏者，虞舜、夏禹所都之地。

【流传】（魏）

【出处】［唐］孔颖达：《毛诗正义》。

WYS047.2.6.1.3

舜的营都在蒲坂

实 例

中华民族 皇甫谧云："舜所营都，或云蒲坂，即河东县是也。"

【流传】（河东县）

【出处】［唐］孔颖达：《毛诗正义》。

WYS047.2.6.2

舜迁都

实 例

（参见下级母题实例）

WYS047.2.6.2.1

公元前 2254 年春，舜迁都蒲坂

实 例

中华民族 公元前 2254 年（丁亥年）春，舜迁都蒲坂。

【流传】（山西省）

【出处】中国先秦史学会尧舜禹文化研究基地编，叶雨青、张培莲著：《尧舜传》第三十六章"国号虞迁都蒲坂，任官职以乐兴治"，太原：山西出版集团·山西春秋电子音像出版社 2008 年版，第 244 页。

WYS047.3

舜称帝

实 例

（参见下级母题实例）

WYS047.3.0

舜的帝位的获得

实 例

（参见下级母题实例）

WYS047.3.0.1

舜通过尧禅让得到帝位

实 例

中华民族 帝尧最为人们敬佩与称道的是他在晚年之时，以天下为公，不传子而传舜，推荐舜为继承人，经过考验，禅让帝位于舜。

【流传】（无考）

【出处】《史籍记载的尧舜源流与功绩》，见赵大勇、赵随意著《尧都平阳与尧舜禹》，太原：山西古籍出版社 1999 年版，第 26 页。

WYS047.3.0.2

舜以暴力夺取尧位

实 例

中华民族 舜的继位，历有“禅让”、“夺取”两种说法。

【流传】（无考）

【出处】杨东晨：《华夏始祖：尧舜禹时代》“三、帝舜的明德”，西安：三秦出版社 2007 年版，第 73 页。

中华民族 由于舜的活动地区与尧的活动地区非常接近，甚至有共同领域，所以他们的关系非常密切，以致舜“即天子位”一说受尧“禅让”一说舜以暴力夺取尧位而代之。

【流传】（无考）

【出处】翁独健主编：《中国民族关系史纲要》，北京：中国社会科学出版社 2001 年版，第 38 页。

WYS047.3.0a

舜称帝前准备

实 例

（参见下级母题实例）

WYS047.3.0a.1

帝子丹朱避舜于房陵，舜让，不克

实 例

中华民族 （参见“WYS047.3.1.1 帝子丹朱封于房为虞宾三年，舜即天子位”母题实例）

WYS047.3.0a.2

舜践天子位前，辟尧之子于南河之南

实 例

中华民族 尧崩，三年之丧毕，舜辟尧之子于南河之南，天下诸侯朝觐者不之尧之子而之舜，狱讼者不之不尧之子而之舜。故曰，天也。夫然后之中国，践天子位焉。

【流传】（无考）

【出处】(a)［东周］史官：《竹书纪年》。(b)［战国］孟轲及其弟子：《孟子·万章》。

WYS047.3.1

舜称帝时间

实 例

（参见下级母题实例）

WYS047.3.1.1

帝子丹朱封于房为虞宾三年，舜即天子位

实 例

中华民族 帝子丹朱避舜于房陵，舜让，不

克。朱遂封于房，为虞宾。三年，舜即天子位。

【流传】（无考）

【出处】［东周］史官：《竹书纪年》。

WYS047.3.1.2

舜六十二岁践天子位

实　例

汉　族 尧得舜三十岁帝尧重用，摄政二十八年，六十二岁践天子位。在位五十年，十四年命禹代虞事。

【流传】（山西省·运城市·盐湖区·鸣条）

【出处】相水虎主编：《鸣条尧舜禹关四圣出巡古庙会》，运城市盐湖区鸣条二月二古庙会文化活动中心内部交流本，2016 年，第 7 页。

WYS047.3.1.2.1

虞舜登中华联盟王位时年六十二岁

实　例

中华民族 元日前夕，舜预先沐浴斋戒。元日那天，舜穿上联盟王的法服，乘坐联盟王的车驾，先到尧的文祖庙举行庙告，然后进行登位大典。公元前 2255 年（丙戌年）乙未月元日，虞舜登中华联盟王位，时年 62 岁。

【流传】（山西省）

【出处】中国先秦史学会尧舜禹文化研究基地编，叶雨青、张培莲著：《尧舜传》第三十五章“唐尧殂崩四方哀，虞舜即位联盟王”，太原：山西出版集团·山西春秋电子音像出版社 2008 年版，第 242 页。

WYS047.3.1.3

尧七十三年正月初一日舜继位

实　例

中华民族 （参见“WYS047.3.2.1 舜到文祖庙拜祭尧先祖文祖，尧与舜相互交接了联盟王的权力”母题实例）

WYS047.3.1.3a

七十三年春正月舜继位

实　例

中华民族 七十三年春正月，舜受终于文祖。

【流传】（山西省）

【出处】［东周］史官：《竹书纪年·帝尧陶唐氏》。

WYS047.3.1.4

公元前 2255 年（丙戌年）乙未月元日，虞舜登中华联盟王位

实　例

中华民族 （参见“WYS047.3.1.2.1 虞舜登中华联盟王位时年六十二岁”母题实例）

WYS047.3.2

舜称帝地点

实　例

（参见下级母题实例）

WYS047.3.2.1

舜到文祖庙拜祭尧先祖文祖，尧与舜相互交接了联盟王的权力

实 例

中华民族 尧七十三年正月初一日，预先沐浴斋戒的尧和舜，来到文祖庙，首先拜祭尧先祖文祖，尧与舜相互交接了联盟王的权力。从即日起，年届九旬的尧在政治上的权力即告终结，联盟王的责任从此以后由 32 岁的舜来承担。

【流传】（山西省）

【出处】中国先秦史学会尧舜禹文化研究基地编，叶雨青、张培莲著：《尧舜传》第三十一章“三凶扰朝阻禅让，虞舜代摄联盟王”，太原：山西出版集团·山西春秋电子音像出版社 2008 年版，第 213 页。

WYS047.3.3

舜在位情况

实 例

（参见下级母题实例）

WYS047.3.3.1

舜在位期间的事件

实 例

（参见下级母题实例）

WYS047.3.3.1.1

舜九年，西王母来朝

实 例

中华民族 舜九年，西王母来朝，献白环玉琯。

【流传】（无考）

【出处】［东周］史官：《竹书纪年》。

WYS047.3.3.1.2

舜时，南浔之国献雌雄毛龙

实 例

汉　族 舜时，南浔之国。其国献毛龙，一雌一雄，故置豢龙之宫。至夏代养龙不绝，因以命族。

【流传】（无考）

【出处】［晋］王嘉：《拾遗记》卷一。

WYS047.3.3.2

舜在位的时间

实 例

（参见下级母题实例）

WYS047.3.3.2.1

舜在位三十九年

实 例

中华民族 黄帝 100 年，颛顼 78 年，帝喾 70 年，帝挚 9 年，帝尧 98 年，帝舜 39 年。

【流传】（无考）

【出处】张闻玉：《辛亥革命后的黄帝纪年》，《贵州社会科学》2002 年第 1 期。

中华民族 舜年二十以孝闻，年三十尧举之，年五十摄行天子事，年五十八尧崩，年六十一代尧践帝位。践帝位三十九年。

【流传】（无考）

【出处】[西汉]司马迁:《史记·五帝本纪》。

WYS047.3.3.2.2

舜在位四十二年

实 例

中华民族 据考订，五帝在位时间为黄帝300年，颛顼78年，帝喾70年，尧98年，舜42年，则五帝时代总计588年。

【流传】(无考)

【出处】杜勇:《中华文明五千年的学理问题》，见山东菏泽《首届中华伏羲祖源文化论坛论文集》，内部编印，2020年9月，第46～47页。

WYS047.3.3.2.3

舜在位四十七年

实 例

汉 族 舜因巡猎崩苍梧，娥皇、女英二妃心中苦，终日依枕哀哀哭，泪水涨满洞庭湖:“我夫在位五十年，一旦辞世归了天。”

【流传】湖北省·神农架林区

【出处】《人祖创世》，胡崇峻据秭归县新滩镇《黑暗传》清末抄本，阳日镇龙溪村村民杨有才和史光裕处口述材料，唐运青收集的祝天照、姜德龙抄本和唐运青采录的部分资料，贾邦修、张忠臣《黑暗大盘头》《黑暗纲鉴》资料以及林区下谷土家族民族乡石磨村戊子垭刘茂森处摘录转抄本的片断资料等整理，见胡崇峻搜集整理《黑暗传》，武汉：长江文艺出版社2002年版，第228页。

中华民族 帝舜元年为公元前2255年，丙戌；末年为公元前2208年癸酉，在位四十七年。故我们应取舜元年为前2285年丙辰，舜末年为前2205年丙子。

【流传】(无考)

【出处】柏扬编著:《中国历史年表》，转引自任乃荣《三皇五帝探源》第八章“舜有虞氏时代”，北京：新华出版社2011年版，第214页。

WYS047.3.3.2.4

舜在位五十年

实 例

中华民族 (虞帝)在位五十载。

【流传】(无考)

【出处】《汉书·律历志》载《世经》。

中华民族 舜生三十征庸，三十在位，五十载，陟方乃死。

【流传】(无考)

【出处】[先秦]《尚书·舜典》。

WYS047.3.3.2.5

舜在位六十年

实 例

汉 族 尧王死后，大舜做了皇帝。舜在位六十年，全国人能安居乐业，太平无事。

【流传】河南省·(洛阳市)·宜阳县

【出处】王上清(50岁，农民)讲，王孟晓采录:《大舜耕田》(1986.08)，见张振犁编著，孟宪明、朱淑君统纂《中原神话通鉴》（第三卷），郑州：河南大学出版社 2017 年版，第 1005 页。

汉　族 舜在位六十年，全国人民都能安居乐业，太平无事。

【**流传**】（无考）

【**出处**】王上清讲，王孟晓记录：《大舜耕田》，原载陶阳编《中国民间故事大观》，见陶阳、钟秀编《中国神话》（中），北京：商务印书馆 2008 年版，第 826 ～ 827 页。

WYS047.3.4
舜传位情况

实　例

（参见下级母题实例）

WYS047.3.4.1
舜禅让王位

实　例

（参见下级母题实例）

WYS047.3.4.1.1
舜晚年禅让王位于禹

实　例

汉　族 到了晚年，舜主动把王位让给了禹王，天下百姓赞不绝口。

【**流传**】河南省·南阳市·方城县［采录地点：方城县清河乡老庄村］

【**出处**】郭延华（30 岁，农民）讲，郭国祥（35 岁，干部）记录：《舜王庙》（1985.09.04），见中国民间文艺家协会组织编写，罗杨总主编，毛秀荣本卷主编《中国民间故事丛书》（河南省·南阳市·方城卷），北京：知识产权出版社 2016 年版，第 73 ～ 74 页。

汉　族 舜王到了晚年，主动把王位让给了禹王，天下百姓赞不绝口。

【**流传**】河南省·（南阳市）·方城县·（清河乡·老庄村）

【**出处**】郭延华（男，30 岁，农民）讲，郭国祥采录整理：《舜王庙（二）》（1985.09.04），见张振犁编著，孟宪明、朱淑君统纂《中原神话通鉴》（第三卷），郑州：河南大学出版社 2017 年版，第 1012 页。

WYS047.3.4.1.2
舜把国家教给禹治理

实　例

汉　族 舜帝见大禹一心为民，便把国家交给大禹治理。

【**流传**】安徽省·（蚌埠市）·怀远县·天河乡［采录地点：天河乡］

【**出处**】韩宗池讲，钱厉采录：《大禹治水的传说》（1993.05），见《中国民间故事集成》全国编辑委员会、《中国民间故事集成·安徽卷》编辑委员会编《中国民间故事集成》（安徽卷），北京：中国 ISBN 中心 2008 年版，第 24 ～ 25 页。

WYS047.3.4.1.2a
舜把治理重任委托给百姓拥护、有德有才的禹

实　例

汉　族 舜的年纪老了，不济事了。他想把

治理天下的重任，委托给一个百姓拥护有德有才的人。最后选中了一个叫禹的人，就把天下让给了他。

【流传】山东省 · 济南市［采录地点：济南市］

【出处】韩兆福（男，大专，干部）讲，李奎元（男，42 岁，济南市委宣传部干部，大专）采录：《舜井锁蛟》（1989），见《中国民间故事集成》全国编辑委员会、《中国民间故事集成 · 山东卷》编辑委员会编《中国民间故事集成》（山东卷），北京：中国 ISBN 中心 2007 年版，第 360 ～ 362 页。

WYS047.3.4.1.3

大禹接舜位

实　例

汉　族 大禹接舜位后正式定名五岳，恒山被尊为北岳。

【流传】山西省 ·（大同市）· 浑源县

【出处】张剑杨采录：《恒山为何封北岳》，见郭万金主编《山西民间故事大系》（晋北卷），北京：商务印书馆 2017 年版，第 865 ～ 866 页。

汉　族 大禹治水，功高盖世，天下闻名，深得黎民百姓的拥护。舜死后，大禹就接替了他，成了华夏历史上的一代名主。

【流传】山东省 ·（临沂市）· 临沭县［记录地点：临沭县城］

【出处】刘锡奎（34，岁临沭文化局干部，中专）讲述采录：《鲧助禹王》（1989），见《中国民间故事集成》全国编辑委员会、《中国民间故事集成 · 山东卷》编辑委员会编《中国民间故事集成》（山东卷），北京：中国 ISBN 中心 2007 年版，第 23 ～ 25 页。

WYS047.3.4.1.4

舜把王位禅让给治水有功的禹

实　例

汉　族 大禹治水有功，舜王把王位让给他，他成了大禹王。

【流传】湖北省 · 随州市［采录地点：随州市天河口镇］

【出处】陈尚林（男，42 岁，随州市干部，高中）讲，刘大业（男，群艺馆干部，初中）采录：《大禹治水》（1984），见《中国民间故事集成》全国编辑委员会、《中国民间故事集成 · 湖北卷》编辑委员会编《中国民间故事集成》（湖北卷），北京：中国 ISBN 中心 1999 年版，第 38 ～ 39 页。

汉　族 舜坐了几十年天下，他也和尧王一样，辛辛苦苦没明没夜地操劳，为老百姓办了很多好事情，等到年纪大了，没有把天下传给自己的儿子，传给了治理洪水有功的禹。

【流传】山西省 ·（临汾市）· 翼城县［采录地点：翼城县西阎镇］

【出处】李士龙（男，79 岁，翼城县大河乡农民，初中）讲，王吉文（男，52 岁，翼城县文化局干部，中专）采录：《丹朱墓》（1986），见中国民间文学集成全国编辑委员会、《中国民间文学集成 · 山西卷》编辑委员会编《中国民间故事集成》（山西卷），北京：中国 ISBN 中心 1999

年版，第 42 ～ 43 页。

汉 族 舜在位几十年，就像尧一样是个明君。到了退位的时候，也像尧一样，把王位禅让给了治理洪水有功的大禹。

【流传】（无考）

【出处】《尧舜二帝》，见金麦田编著《中国古代神话故事》，北京：京华出版社 2003 年版，第 45 ～ 52 页。

汉 族 舜老了，精力体力都不济了，就把帝位让给了治水有功、深受人民爱戴的禹。

【流传】山东省·济南市［采录地点：济南市］

【出处】徐臻（男，40 岁，干部，大专）讲，李奎元（男，40 岁，济南市委干部，大专）采录：《舜耕历山下》（1986 年春天），见《中国民间故事集成》全国编辑委员会、《中国民间故事集成·山东卷》编辑委员会编《中国民间故事集成》（山东卷），北京：中国 ISBN 中心 2007 年版，第 18 ～ 21 页。

汉 族 大禹治水有功，从舜禅接了王位，建立夏朝，自称“夏禹王”。

【流传】（无考）

【出处】何紫垣讲，莫高采录：《防风三难大禹》，原载钟伟今等编《防风氏资料汇编》，见陶阳、钟秀编《中国神话》（上），北京：商务印书馆 2008 年版，第 447 ～ 478 页。

WYS047.3.4.1.5
舜帝退位，将大禹推荐给上天

实 例

中华民族 舜帝将大禹推荐给上天，自己退位了。

【流传】（无考）

【出处】《禹·承继帝位》，见卢静《尧舜禹》，北京：中华书局 2019 年版，第 115 页。

WYS047.3.4.2
舜交还王位

实 例

（参见下级母题实例）

WYS047.3.4.2.1
舜为把帝位还给尧子丹朱，躲到黄河南岸

实 例

中华民族 为尧帝服丧三年后，舜为了把帝位让还给尧的儿子丹朱，自己躲到了黄河南岸。

【流传】（无考）

【出处】《舜·分授百官》，见卢静《尧舜禹》，北京：中华书局 2019 年版，第 53 页。

WYS047.4
与舜称帝有关的其他母题

实 例

（参见下级母题实例）

WYS047.4.1

舜册封

实 例

（实例待考）

WYS047.4.2

舜摄政

实 例

（参见下级母题实例）

WYS047.4.2.1

尧时，舜摄政八年已成了实际上的“帝”

实 例

中华民族 帝尧去世后，按礼制是舜和丹朱等都要为其守孝三年，守孝期满后，按禅让制，本该是舜避于他地，让丹朱继位。但因舜已行施“摄政”权八年，已成了实际上的“帝”，天下归心，丹朱知已无什么资格可以继位，故他先避于别地而让舜。

【流传】（无考）

【出处】杨东晨：《华夏始祖：尧舜禹时代》“三、帝舜的明德”，西安：三秦出版社2007年版，第75页。

WYS047.4.2.2

舜摄政二十八年

实 例

汉 族 尧得舜三十岁帝尧重用，摄政二十八年。

【流传】（山西省 · 运城市 · 盐湖区 · 鸣条）

【出处】相水虎主编：《鸣条尧舜禹关四圣出巡古庙会》，运城市盐湖区鸣条二月二古庙会文化活动中心内部交流本，2016年，第7页。

WYS047.4.3

舜称帝遇祥兆

实 例

（参见下级母题实例）

WYS047.4.3.1

舜继联盟王位后，出现凤凰

实 例

中华民族 舜继联盟王位后，仍然在过去的房子里。一天早上，舜早早起床，忽听见院里一棵大合欢树上有雄壮的鸟鸣声，只见凤凰站在树梢。凤凰出现，是多年不遇的祥瑞。

【流传】（山西省）

【出处】中国先秦史学会尧舜禹文化研究基地编，叶雨青、张培莲著：《尧舜传》第三十五章“唐尧殂崩四方哀，虞舜即位联盟王”，太原：山西出版集团 · 山西春秋电子音像出版社2008年版，第243页。

WYS047.5

舜的迁徙

实 例

（参见下级母题实例）

WYS047.5.1

舜迁徙的原因

实 例

（参见下级母题实例）

WYS047.5.1.1

因瘟疫舜王决定迁徙

实 例

汉 族 瘟疫过去后，到处一片凄凉。舜王终于拿定一个主意："转移！到温暖的南方去！去开发新的地方！"

【流传】山西省·（晋城市）·沁水县

【出处】达奇江、仝发景、许光发、楼万金讲，潘保安采录：《击石成药》，见郭万金主编《山西民间故事大系》（晋东南卷），北京：商务印书馆2017年版，第58～59页。

WYS047.5.2

舜迁徙的地点

实 例

（参见下级母题实例）

WYS047.5.2.1

舜迁负夏（在今郓城陈坡乡杨寺龙山遗址）

实 例

汉 族 舜渔雷泽，在成阳郭外西北，今属鄄城；舜迁负夏，在郓城陈坡乡杨寺龙山遗址，即舜三迁成都之地，汉置成都县。

【流传】山东省·菏泽市

【出处】潘建荣：《在"伏羲桑梓、尧舜故里"菏泽市牡丹区胡集镇举办公祭伏羲尧舜禹仪式最为合适》，见山东菏泽《首届中华伏羲祖源文化论坛论文集》，内部编印，2020年9月，第8页。

WYS047.5.2.2

舜迁负夏都（今山西垣曲县历山乡）

实 例

中华民族 （参见"WYS047.5.3.1 舜一家人和村民们迁徙时一路餐风饮露，晓行夜宿"母题实例）

WYS047.5.2.3

舜的部族从濮阳地区东夷，迁到中条山西端蒲州一带

实 例

中华民族 虞舜，姚姓，有虞氏，名重华，史称虞舜。其部族居住于今濮阳地区东夷，后来迁到中条山西端蒲州一带。

【流传】（濮阳）

【出处】《史籍记载的尧舜源流与功绩》，见赵大勇、赵随意著《尧都平阳与尧舜禹》，太原：山西古籍出版社1999年版，第29页。

WYS047.5.2.4

舜迁徙到诸城

实 例

中华民族 学者们多认为舜生于今山东菏泽

市鄄城县，诸城是其迁居地。

【流传】（无考）

【出处】杨东晨:《华夏始祖：尧舜禹时代》“三、帝舜的明德”，西安：三秦出版社2007年版，第48页。

WYS047.5.2.5*

舜迁部落邑地于怀戎（今河北怀来县）

实 例

中华民族 约在舜二十四五岁时，瞽叟年迈力衰，部落长老不举象而举舜为部落长，迁部落邑地于怀戎（今河北怀来县）。

【流传】（无考）

【出处】杨东晨:《华夏始祖：尧舜禹时代》“三、帝舜的明德”，西安：三秦出版社2007年版，第53页。

WYS047.5.3

舜迁徙的情形

实 例

（参见下级母题实例）

WYS047.5.3.1

舜一家人和村民们迁徙时一路餐风饮露，晓行夜宿

实 例

中华民族 舜一家人和村民们一路餐风饮露，晓行夜宿，数日后，来到了距诸冯村300多里的历山腹地，在负夏都（今山西垣曲县历山乡）的附近安顿下来。

【流传】（山西省）

【出处】中国先秦史学会尧舜禹文化研究基地编，叶雨青、张培莲著:《尧舜传》第十八章“尧罢黜孔壬治水，舜家族东迁负夏”，太原：山西出版集团·山西春秋电子音像出版社2008年版，第113页。

WYS047.5.4

舜迁徙的结果

实 例

（参见下级母题实例）

WYS047.5.4.1

舜住一年的地方会成为村落

实 例

中华民族 舜在哪里住上一年，那里就会形成村落。

【流传】（无考）

【出处】《舜·孝悌有闻》，见卢静《尧舜禹》，北京：中华书局2019年版，第39页。

WYS047.5.4.2

舜住两年的地方会成为市镇

实 例

中华民族 （舜在哪里）住上两年，那里就成为市镇。

【流传】（无考）

【出处】《舜·孝悌有闻》，见卢静《尧舜禹》，北京：中华书局2019年版，第39页。

WYS047.5.4.3

舜住三年的地方会成为都城

实 例

中华民族 （舜在哪里）住上三年，那里就

变成都城了。

【流传】（无考）

【出处】《舜·孝悌有闻》，见卢静《尧舜禹》，北京：中华书局 2019 年版，第 39 页。

WYS047.5.5

舜迁徙的次数

实 例

（参见下级母题实例）

WYS047.5.5.1

舜三迁而成都

实 例

汉 族 舜渔雷泽，在成阳郭外西北，今属鄄城；舜迁负夏，在郸城陈坡乡杨寺龙山遗址，即舜三迁成都之地，汉置成都县。

【流传】山东省·菏泽市

【出处】潘建荣：《在“伏羲桑梓、尧舜故里”菏泽市牡丹区胡集镇举办公祭伏羲尧舜禹仪式最为合适》，见山东菏泽《首届中华伏羲祖源文化论坛论文集》，内部编印，2020 年 9 月，第 8 页。

WYS047.6

舜遇到特定人物

【关联】［WTY047.7.1］尧遇到舜

实 例

（参见下级母题实例）

WYS047.6.1

舜在小山洞见到老前辈许由

实 例

汉 族 一天，舜帝在一个小村的后山上发现一个小山洞，见到很久没有见面的老前辈许由。

【流传】湖南省·（永州市）·宁远县［采录地点：宁远县］

【出处】吴枝旺（医生，大学）讲，李登琛（男，宁远县文化干部，大学）采录：《舜帝见许由》（1984），见中国民间故事集成全国编辑委员会、《中国民间故事集成·湖南卷》编辑委员会编《中国民间故事集成》（湖南卷），北京：中国 ISBN 中心 2002 年版，第 57 ～ 58 页。

WYS047.7

舜驯化特定物（舜饲养特定物）

实 例

（参见下级母题实例）

WYS047.7.1

舜豢龙

实 例

（参见下级母题实例）

WYS047.7.1.1

帝舜氏世有畜龙

实 例

汉 族 昔有飂叔安，有裔子曰董父，实甚好龙，能求其耆欲，以饮食之，龙多归之。乃扰畜龙，以服事帝舜。帝赐之姓曰董，氏曰豢龙，封诸鬷川。鬷夷氏其后也。故帝舜氏世有畜龙。

【流传】（无考）

【出处】[春秋] 左丘明：《左传·昭公二十九年》。

WYS047.7.1.2

舜遣养二龙于陶丘

实 例

汉 族 春秋飂叔氏有裔子董父，好龙，舜遣养二龙于陶丘，是为豢龙氏。今池（龙池）在焉。

【流传】（无考）

【出处】(a)《汉唐地理书钞》辑《九州要记》。(b)《龙池》，见袁珂《中国神话大词典》，北京：华夏出版社 2015 年版，第 97 页。

WYS047.7.1.3

舜让人豢毛龙

实 例

（参见下级母题实例）

WYS047.7.1.3.1

舜让人豢的雌雄毛龙于豢龙之宫

实 例

汉 族 舜时，南浔之国，有洞穴阴源，其下通地脉。中有毛龙、毛鱼，时蜕骨于旷泽之中，鱼龙同穴而处。其国献毛龙，一雌一雄，故置豢龙之宫。至夏代养龙不绝，因以命族。至禹导川，乘此宠，及四海攸同，反放河汭。

【流传】（无考）

【出处】[晋] 王嘉：《拾遗记》卷一。

WYS047.7.1.4

舜让人豢紫龙

实 例

（参见下级母题实例）

WYS047.7.1.4.1

舜使虞虎养一紫龙

实 例

汉 族 舜使虞虎养一紫龙，恒持燕炙示龙而不即与食。

【流传】（无考）

【出处】[明] 董斯张：《广博物志》卷四九引《贾子说林》。

WYS047.8

舜发现特定物（舜寻找特定物；舜获取特定物）

实 例

（实例待考）

WYS047.9

与舜的经历有关的其他母题

实 例

（参见下级母题实例）

WYS047.9.1

舜的祭祀（舜祭祀特定对象）

实 例

（参见下级母题实例）

WYS047.9.1.1

舜祭拜特定的山

实 例

（参见下级母题实例）

WYS047.9.1.1.1

舜祭拜恒山主峰

实 例

汉 族 舜帝巡视北方行走到恒山脚下。舜帝对恒山仰望良久，对诸臣说："吾仲春巡览泰山之雄；仲夏南游，识衡山之秀；仲秋西走，叹华山之险；而今仲冬北临，更感恒山之奇；泰衡华恒，实乃天造之四方镇山也。"说罢，翻身下马，面对恒山主峰行大拜九叩大礼。

【流传】山西省·（大同市）·浑源县

【出处】张剑杨采录：《恒山为何封北岳》，见郭万金主编《山西民间故事大系》（晋北卷），北京：商务印书馆 2017 年版，第 865 ～ 866 页。

WYS047.9.1.1.2

舜祭祀泰山

实 例

中华民族 （参见"YS047.9.1.1.3 舜根据山的大小给予不同的祭祀"母题实例）

WYS047.9.1.1.3

舜根据山的大小给予不同的祭祀

实 例

中华民族 一年的二月，舜到东方进行视察。到了泰山，举行了祭祀泰山的典礼，对于其余的山川，都根据其大小给予不同的祭祀。

【流传】（无考）

【出处】杨东晨：《华夏始祖：尧舜禹时代》"三、帝舜的明德"，西安：三秦出版社 2007 年版，第 71 页。

WYS047.9.1.2

舜祭神

实 例

（参见下级母题实例）

WYS047.9.1.2.1

舜接受禅让时，祭祀天地山川各神祇

实 例

中华民族 舜接受禅让，代行尧制天子之政时，舜首先观测了北斗星，来考察日、月及金、木、水、火、土五星的运行是否有异常。紧接着，他敬拜上天，禋于六宗，让人在高处点燃柴堆，先以柴上的烟气，后以玉帛等物在柴上燔烧来祭祀浩浩天地与四时。随后，舜以遥祭的形式，庄重祭祀了名山大川及各路神祇。

【流传】（无考）

【出处】《舜·巡狩四方》，见卢静《尧舜禹》，北京：中华书局2019年版，第45～46页。

WYS047.9.1.3

舜祭祖先

实 例

（参见下级母题实例）

WYS047.9.1.3.1

尧舜禅让时，舜祭祀上帝、六宗

实 例

中华民族 舜让于德，弗嗣。正月上日，受终于文祖。在璇玑玉衡，以齐七政。肆类于上帝，禋于六宗，望于山川，遍于群神。辑五瑞。既月乃日，觐四岳群牧，班瑞于群后。

【流传】（无考）

【出处】《尚书·虞书·舜典》。

WYS047.9.2

舜经受考验

实 例

汉 族 尧王把帝位让给舜之前，让九个儿子与舜一起生活，考察他的品行。停了一时节，尧王爷的儿子回到尧都，除了大儿子丹朱没说好话，其余的都说舜是个又贤良又有才干的人，可以把天下让给他。尧王爷心思还不踏实，他把舜叫到朝廷里，让他先做了管农业的官，后来又做了管法律的官，再后来又做了管教育的官……朝廷里的各个官，舜都做遍了，样样干得好，尧决定再做最后一次考试。

【流传】山西省·（临汾市）·翼城县［采录地点：翼城县西阎镇］

【出处】李士龙（男，79岁，翼城县大河乡农民，初中）讲，王吉文（男，52岁，翼城县文化局干部，中专）采录：《尧王传舜》（1986），见中国民间文学集成全国编辑委员会、《中国民间文学集成·山西卷》编辑委员会编《中国民间故事集成》（山西卷），北京：中国ISBN中心1999年版，第39～40页。

WYS047.9.2.1

尧试舜五典百官

实 例

中华民族 舜复事瞽叟爱弟弥谨。於是尧乃试舜五典百官，皆治。

【流传】（无考）

【出处】［西汉］司马迁：《史记·五帝本纪》。

WYS047.9.2.2

尧对舜考验三年

实 例

中华民族 尧与舜谈种植农作物，舜有理有据，又熟悉礼乐。尧视为贤者，对舜作三年之考验，随命他的九个儿子都到历山向舜学习。

【流传】（无考）

【出处】《史籍记载的尧舜源流与功绩》，见赵大勇、赵随意著《尧都平阳与尧舜禹》，太原：山西古籍出版社 1999 年版，第 29 页。

WYS047.9.2.3

尧考察舜的德行和治理部落联盟的能力

实 例

汉 族 尧考察舜后，认为舜对哑巴畜牲也这样公正，对人办事就更没私心了。

【流传】湖北省·（十堰市）·丹江口市［采录地点：丹江口市狮子沟］

【出处】葛朝荣（男，73 岁，盲人，私塾）讲，李征康（干部，高中）采录：《尧王选贤》（1987），见《中国民间故事集成》全国编辑委员会、《中国民间故事集成·湖北卷》编辑委员会编《中国民间故事集成》（湖北卷），北京：中国 ISBN 中心 1999 年版，第 35 ～ 36 页。

中华民族 （参见“WYS047.9.2.4 尧考验舜在自然灾害和恶劣环境中的应变能力和胆量”母题实例）

WYS047.9.2.4

尧考验舜在自然灾害和恶劣环境中的应变能力和胆量

实 例

中华民族 帝尧考察舜的德行和治理部落联盟的能力后，又考验他在自然灾害和恶劣环境中的应变能力和胆量，以保障华夏民族集团在发展中不至于迷失正确道路和方向。

【流传】（无考）

【出处】杨东晨：《华夏始祖：尧舜禹时代》“三、帝舜的明德”，西安：三秦出版社 2007 年版，第 67 页。

WYS047.9.3

舜为尧服丧

实 例

（参见下级母题实例）

WYS047.9.3.1

舜为尧帝服丧三年

实 例

中华民族 为尧帝服丧三年后，舜为了把帝位让还给丹朱，自己躲到了黄河南岸。

【流传】（无考）

【出处】《舜·分授百官》，见卢静《尧舜禹》，北京：中华书局 2019 年版，第 53 页。

中华民族 尧崩，三年之丧毕，舜辟尧之子于南河之南。

【流传】（无考）

【出处】［战国］孟子及其弟子：《孟子·万章》。

WYS047.9.3a

舜葬妻

实 例

（参见下级母题实例）

WYS047.9.3a.1

舜葬娥皇

实 例

中华民族 舜对龙道："赶快备快马车，我要为娥皇送葬。"

【流传】（山西省）

【出处】中国先秦史学会尧舜禹文化研究基地编，叶雨青、张培莲著：《尧舜传》第四十章"奔渭地殡葬娥皇，居离宫卒于鸣条"，太原：山西出版集团・山西春秋电子音像出版社 2008 年版，第 283 页。

WYS047.9.4

舜的出访（舜的游历）

实 例

（参见下级母题实例）

WYS047.9.4.1

舜晚年到湘江出访

实 例

中华民族 舜晚年到湘江出访，适南方苗人作乱。他亲率大军平叛，忽一病而死，娥皇、女英寻找舜帝也到湘江，两人皆死于此，葬于湘江中，成为湘江神。

【流传】（无考）

【出处】《史籍记载的尧舜源流与功绩》，见赵大勇、赵随意著《尧都平阳与尧舜禹》，太原：山西古籍出版社 1999 年版，第 30 页。

WYS047.9.4.2

舜到过特定的山

实 例

（参见下级母题实例）

WYS047.9.4.2.1

舜到九嶷山的三峰石

实 例

汉 族 舜帝斩了恶蟒后，上九嶷山的三峰石去了。

【流传】湖南省・（永州市）・蓝山县［采录地点：蓝山县］

【出处】邝圣恒（男，干部，高中）讲，李夕考（男，干部，高师）采录：《娥皇女英》（1986），见中国民间故事集成全国编辑委员会、《中国民间故事集成・湖南卷》编辑委员会编《中国民间故事集成》（湖南卷），北京：中国 ISBN 中心 2002 年版，第 59 ～ 60 页。

WYS047.9.4.2.2

舜到过泰山

实 例

汉 族 舜被后娘赶出见，家门。有家回不去，四处流浪。一天，他走到泰山脚下，见这里风景好，就到村里给长老打了个招呼，住下来开荒种地。

【流传】（a）河南省桐柏山一带。（b）河南省・（南阳市）・桐柏县

【出处】（a）释妙祥讲，刘剑、柳丹记录整

理：《箫》，原文本标注自马卉欣主编《中国民间故事集成》河南桐柏县卷第一分册《神话·传说》，见陶阳、钟秀编《中国神话》（下册），北京：商务印书馆 2008 年版，第 1275 ～ 1277 页。（b）释妙祥（男，60 岁，桐柏山水帘洞和尚）讲，刘剑、柳丹采录整理：《箫》（1985.11.16），见张振犁编著《中原神话通鉴》（第三卷），郑州：河南大学出版社 2017 年版，第 1008 ～ 1009 页。

WYS047.9.5

舜做梦

实　例

（参见下级母题实例）

WYS047.9.5.1

舜做梦预示自己做首领

实　例

中华民族 一天晚上做了个梦，梦见一面大鼓，顶天立地，自己手握鼓槌，不停击鼓，咚咚的鼓声，震天动地。舜醒来自语道："自己所击之鼓为天鼓，莫非自己要做首领，发起号令震天动地。"

【流传】（山西省）

【出处】中国先秦史学会尧舜禹文化研究基地编，叶雨青、张培莲著：《尧舜传》第二十九章"虞舜登部落酋长，陶唐有虞大联盟"，太原：山西出版集团·山西春秋电子音像出版社 2008 年版，第 193 页。

WYS047.9.6

舜诅咒特定对象

实　例

（参见下级母题实例）

WYS047.9.6.1

舜诅咒玉皇大帝

实　例

汉　族 灾难闹得民不聊生。舜王手指灰蒙蒙的天空大骂道："玉皇呀玉皇！你真是个混蛋！去年大旱，你派下一个酒鬼恶龙来下雨，雨没下反倒下了一场霜！冻死无数庄稼，害得百姓颗粒无收，一冬挨饿受恓惶。现在，你又降下瘟疫，坑害黎民百姓！玉皇啊！你真可恶！"

【流传】山西省·（晋城市）·沁水县

【出处】达奇江、仝发景、许光发、楼万金讲，潘保安采录：《击石成药》，见郭万金主编《山西民间故事大系》（晋东南卷），北京：商务印书馆 2017 年版，第 58 ～ 59 页。

WYS048*

舜事迹研究（舜功绩评价）

实　例

（参见下级母题实例）

WYS048.1

舜事迹的产生

实　例

（实例待考）

WYS048.2
舜事迹的类型

实 例

（实例待考）

WYS048.3
舜事迹的价值

实 例

（实例待考）

WYS048.4
舜事迹的影响

实 例

（参见下级母题实例）

WYS048.4.1
为纪念舜的事迹而形成特定命名

实 例

（参见下级母题实例）

WYS048.4.1.1
因舜的事迹而产生的地名

实 例

（参见下级母题实例）

WYS048.4.1.1.1
百官镇因舜体恤百姓高呼“百官”而得名

实 例

汉 族 虞舜想到百姓又要吃战争苦头，就以大局为重，含着眼泪与跟随自己多年的左右百官告辞。虞舜走上土墩，大声呼喊：“百官啊百官，苍天佑汝！”在场众官都含泪跪拜，并且一齐响应：“誓平乱贼接大舜！”从此曹娥江边就有了“百官”这个集镇。

【流传】浙江省·（宁波市）·慈溪市·石堰乡·上街头［采录地点：石堰乡上街头］

【出处】康启龙（40 岁，农民，初识字）讲，张信人（61 岁，医生，大专）记录：《虞舜传说》（1987），见中国民间文艺家协会组织编写，罗杨总主编，童银舫本卷主编《中国民间故事丛书》（浙江省·宁波市·慈溪卷），北京：知识产权出版社 2015 年版，第 7 ～ 8 页。

中华民族 舜摄政后和尧一样，巡行四方，咨询四岳，洞察民情，又除四害，天下太平，礼仪相让。

【流传】（无考）

【出处】《史籍记载的尧舜源流与功绩》，见赵大勇、赵随意著《尧都平阳与尧舜禹》，太原：山西古籍出版社 1999 年版，第 30 页。

WYS049
与舜的事迹与经历有关的其他母题

实 例

（参见下级母题实例）

WYS049.1

舜治国理政

实 例

（参见下级母题实例）

WYS049.1.1

舜治国理政方法的获得

实 例

（参见下级母题实例）

WYS049.1.1.1

舜咨询治国方法

实 例

（参见下级母题实例）

WYS049.1.1.1.1

舜咨询四岳

实 例

中华民族 舜让于德，弗嗣。正月上日，受终于文祖。在璇玑玉衡，以齐七政。肆类于上帝，禋于六宗，望于山川，遍于群神。辑五瑞。既月乃日，觐四岳群牧，班瑞于群后。

【**流传**】（无考）

【**出处**】《尚书·虞书·舜典》。

WYS049.1.1.2

舜遇众人商讨家邦大事

实 例

中华民族 舜每天忙于事务，或与九子谈论政治，商讨家邦大事，或去地里农耕，九子也经常到田里助舜稼穑。

【**流传**】（山西省）

【**出处**】中国先秦史学会尧舜禹文化研究基地编，叶雨青、张培莲著：《尧舜传》第二十七章“去负夏拜见父母，赴平阳尧舜论道”，太原：山西出版集团·山西春秋电子音像出版社 2008 年版，第 181 页。

WYS049.1.2

舜巡视

实 例

（参见下级母题实例）

WYS049.1.2.0

舜巡视的原因

实 例

（参见下级母题实例）

WYS049.1.2.0.1*

舜为征伐逃往南方的三苗巡视

实 例

中华民族 （参见“WYS049.1.2.0.3* 舜为安抚南方各族百姓巡察民情”母题实例）

WYS049.1.2.0.2*

舜为禹所逼外出巡视

实 例

中华民族（参见“WYS049.1.2.0.3* 舜为安抚南方各族百姓巡察民情”母题实例）

WYS049.1.2.0.3*

舜为安抚南方各族百姓巡察民情

实 例

中华民族 帝舜高寿，年约 107 岁时还到南方巡视。其原因一说是征伐逃往南方的三苗，二说是为禹所逼，三说是巡察民情，安抚南方各族百姓，应以后说为是。

【流传】（无考）

【出处】杨东晨：《华夏始祖：尧舜禹时代》“三、帝舜的明德”，西安：三秦出版社 2007 年版，第 89 页。

WYS049.1.2.1

舜的巡视时间（舜的巡视周期）

实 例

（参见下级母题实例）

WYS049.1.2.1.1

舜一百零七岁时到南方巡视

实 例

中华民族 帝舜高寿，年约 107 岁时还到南方巡视。

【流传】（无考）

【出处】杨东晨：《华夏始祖：尧舜禹时代》“三、帝舜的明德”，西安：三秦出版社 2007 年版，第 89 页。

WYS049.1.2.1.2

舜巡狩四方，五年一巡

实 例

汉 族 舜帝接位后，为了熟悉山川，了解民情，立下了巡狩四方的制度，每五年巡狩一次。

【流传】山西省·（大同市）·浑源县

【出处】张剑杨采录：《恒山为何封北岳》，见郭万金主编《山西民间故事大系》（晋北卷），北京：商务印书馆 2017 年版，第 865 ～ 866 页。

WYS049.1.2.1.3

舜退位后巡视

实 例

中华民族 舜禅位已经十七年了。娥皇与女英，又千里迢迢陪舜去南方巡视了。

【流传】（无考）

【出处】《禹 · 承继帝位》，见卢静《尧舜禹》，北京：中华书局 2019 年版，第 116 页。

WYS049.1.2.2

舜巡视东南西北

实 例

（参见下级母题实例）

WYS049.1.2.2.1
舜春二月巡狩东方

实 例

汉 族（参见“WYS049.1.2.2.4 舜冬十一月巡狩北方”母题实例）

WYS049.1.2.2.2
舜夏五月巡狩南方

实 例

汉 族（参见“WYS049.1.2.2.4 舜冬十一月巡狩北方”母题实例）

WYS049.1.2.2.3
舜秋八月巡狩西方

实 例

汉 族（参见“WYS049.1.2.2.4 舜冬十一月巡狩北方”母题实例）

WYS049.1.2.2.4
舜冬十一月巡狩北方

实 例

汉 族 舜帝接位后，春二月巡狩东方，夏五月巡狩南方，秋八月巡狩西方，冬十一月巡狩北方。

【流传】山西省·（大同市）·浑源县

【出处】张剑杨采录：《恒山为何封北岳》，见郭万金主编《山西民间故事大系》（晋北卷），北京：商务印书馆 2017 年版，第 865 ～ 866 页。

WYS049.1.2.3
舜巡视特定的山

实 例

（参见下级母题实例）

WYS049.1.2.3.1
舜巡视泰山

实 例

（参见下级母题实例）

WYS049.1.2.3.1.1
舜仲春巡览泰山，观其雄伟

实 例

汉 族 舜帝巡视北方行走到恒山脚下。舜帝对恒山仰望良久，对诸臣说：“吾仲春巡览泰山之雄；仲夏南游，识衡山之秀；仲秋西走，叹华山之险；而今仲冬北临，更感恒山之奇；泰衡华恒，实乃天造之四方镇山也。”说罢，翻身下马，面对恒山主峰行大拜九叩大礼。

【流传】山西省·（大同市）·浑源县

【出处】张剑杨采录：《恒山为何封北岳》，见郭万金主编《山西民间故事大系》（晋北卷），北京：商务印书馆 2017 年版，第 865 ～ 866 页。

WYS049.1.2.3.2
舜巡视衡山

实 例

（参见下级母题实例）

WYS049.1.2.3.2.1

舜仲夏南游，识衡山之秀

实 例

汉 族（参见“WYS049.1.2.3.4.1 舜仲冬巡视恒山，感之奇”母题实例）

WYS049.1.2.3.3

舜巡视华山

实 例

（参见下级母题实例）

WYS049.1.2.3.3.1

舜仲秋西走，叹华山之险

实 例

汉 族（参见“WYS049.1.2.3.4.1 舜仲冬巡视恒山，感之奇”母题实例）

WYS049.1.2.3.4

舜巡视恒山

实 例

（参见下级母题实例）

WYS049.1.2.3.4.1

舜仲冬巡视恒山，感之奇

实 例

汉 族舜帝巡视北方行走到恒山脚下。舜帝对恒山仰望良久，对诸臣说：“吾仲春巡览泰山之雄；仲夏南游，识衡山之秀；仲秋西走，叹华山之险；而今仲冬北临，更感恒山之奇；泰衡华恒，实乃天造之四方镇山也。”说罢，翻身下马，面对恒山主峰行大拜九叩大礼。

【流传】山西省 ·（大同市）· 浑源县

【出处】张剑杨采录：《恒山为何封北岳》，见郭万金主编《山西民间故事大系》（晋北卷），北京：商务印书馆 2017 年版，第 865 ～ 866 页。

WYS049.1.2.4

舜巡察江南

实 例

汉 族舜从尧那里接管了天下，就离开了历山，到江南巡察去了。

【流传】山东省 · 济南市［采录地点：济南市］

【出处】韩兆福（男，大专，干部）讲，李奎元（男，42 岁，济南市委宣传部干部，大专）采录：《舜井锁蛟》（1989），见《中国民间故事集成》全国编辑委员会、《中国民间故事集成 · 山东卷》编辑委员会编《中国民间故事集成》（山东卷），北京：中国 ISBN 中心 2007 年版，第 360 ～ 362 页。

WYS049.1.2.5

舜的巡视路线

实 例

（参见下级母题实例）

WYS049.1.2.5.1

舜经鸣条（河南封丘东）、宛（河南省南阳）、江汉（湖北省北部）、夷陵（湖北武汉），至巴陵（湖南岳阳）

实 例

中华民族 舜在大臣陪同与武士护卫下渡过黄河后，经鸣条（今河南封丘东）、宛（今河南省南阳）、江汉（今湖北省北部）、夷陵（今湖北武汉），至巴陵（今湖南岳阳），一路体察民情和采风。

【流传】（无考）

【出处】 杨东晨：《华夏始祖：尧舜禹时代》"三、帝舜的明德"，西安：三秦出版社2007年版，第90页。

WYS049.1.2.6

舜访民间疾苦

实 例

汉　族 舜帝来到九嶷山，到处访问老百姓，解除了老百姓许多痛苦。

【流传】 湖南省·（永州市）·宁远县［采录地点：宁远县］

【出处】 吴枝旺（医生，大学）讲，李登琛（男，宁远县文化干部，大学）采录：《舜帝见许由》（1984），见中国民间故事集成全国编辑委员会、《中国民间故事集成·湖南卷》编辑委员会编《中国民间故事集成》（湖南卷），北京：中国ISBN中心2002年版，第57～58页。

WYS049.1.2.7

舜南巡向土地神了解民情

实 例

汉　族 舜帝南巡时，一天来到屋脊岗，往下望去，见是一块建城的宝地。走下去看，只见人烟稀疏，东面山上有一座城，城墙还没完工。他感到奇怪时，正好遇见愁眉不展的土地神。土地神见是圣明的舜帝，十分欢喜，立即报告了详情。

【流传】 湖南省·（永州市）·宁远县［采录地点：宁远县］

【出处】 秦友仁（男，农民，小学）讲，秦东凡（男，干部，中专）采录：《舜帝降九龙》（1986.05），见中国民间故事集成全国编辑委员会、《中国民间故事集成·湖南卷》编辑委员会编《中国民间故事集成》（湖南卷），北京：中国ISBN中心2002年版，第56～57页。

WYS049.1.3

舜以礼乐治国

实 例

中华民族 鲁哀公问于孔子曰："乐正夔一足，信乎？"孔子曰："昔者舜欲以乐传教于天下，乃令重黎举夔于草莽之中而进之，舜以为乐正。夔于是正六律，和五声，以通八风，而天下大服。重黎又欲益求人，舜曰：若夔者一而足矣。"故曰夔一足，非一足也。

【流传】（无考）

【出处】［战国］吕不韦及其门客编：《吕氏春秋》。

WYS049.1.3.1

舜以乐治国

实 例

中华民族 故舜弹五弦之琴，歌《南风》之诗而天下治；纣为朝歌北鄙之音，身死国亡。舜之道何弘也？纣之道何隘也？夫《南风》之诗者生长之音也，舜乐好之，乐与天地同意，得万国之欢心，故天下治也。

【流传】（无考）

【出处】［西汉］司马迁：《史记·乐书》。

WYS049.1.3.1.1*

舜特别重视以音乐宣扬其教化

实 例

汉 族 舜种的庄稼又熟了，山下村子里人又来抢庄稼。舜知道自己没法儿拦，只好坐在一边，吹竹喇叭。舜一吹，那些抢庄稼的慢慢停下来了。那些人听得入了迷，决定不再抢庄稼了。舜来到村子里，两户人家正在打架。他吹响了竹喇叭，结果屋里屋外围了好多人，打架的人也不打了。

【流传】河南省桐柏山一带

【出处】释妙祥讲，刘剑、柳丹记录整理：《箫》，原载马卉欣主编《中国民间故事集成》（河南桐柏县卷第一分册“神话·传说”），见陶阳、钟秀编《中国神话》（下），北京：商务印书馆2008年版，第1275～1277页。

中华民族 音乐与政治相通，起着移风易俗的作用。风俗的形成是音乐潜移默化的结果，是衡量政治、帝王清明的一个标准，故从黄帝至舜都特别重视以音乐宣扬其教化。

【流传】（无考）

【出处】杨东晨：《华夏始祖：尧舜禹时代》“三、帝舜的明德”，西安：三秦出版社2007年版，第84页。

WYS049.1.3.1.2

舜以乐明道

【关联】［WYS045.9.9.7］舜以乐传教于天下

WYS049.1.3.1.2.1

帝舜令质修九招、六列、六英，以明帝德

实 例

中华民族 舜立，命延，乃拌瞽叟之所以为瑟，益之八弦，以为二十三弦之瑟。帝舜乃令质修九招、六列、六英、以明帝德。

【流传】（无考）

【出处】［战国］吕不韦及其门客编：《吕氏春秋·古乐》。

WYS049.1.3a

舜以德治国

实 例

中华民族 舜勤于政事，召集皋陶等说道：“以德治天下，四方皆安定。但只靠德化于民还不行，必须对丑恶现象以处罚，德才能顺行天下，德教与法治，必须同时实施，实德，不醒戒，醒戒不施法，施法必有刑，有刑则有矩，有矩则有规，人才可教也，天下可安也，联盟可治也。”

【流传】（山西省）

【出处】中国先秦史学会尧舜禹文化研究基地编，叶雨青、张培莲著：《尧舜传》第三十五章“唐尧殂崩四方哀，虞舜即位联盟王”，太原：山西出版集团・山西春秋电子音像出版社 2008 年版，第 236 页。

中华民族 舜当联盟王后，治水患，辟山林，安疆域，慰四方，百谷时茂，百工勤业，太平盛世，人民小康。舜思虑，要使德行天下，必教化民众，教化必须从人之初开始。

【流传】（山西省）

【出处】中国先秦史学会尧舜禹文化研究基地编，叶雨青、张培莲著：《尧舜传》第三十七章“尊师兴学教诸子，养老上庠与下庠”，太原：山西出版集团・山西春秋电子音像出版社 2008 年版，第 253 页。

WYS049.1.3a.1

舜加德政于天下

实 例

汉 族 舜继位后，作五教、行孝德、敦睦人伦亲情；惩恶扬善，德政加于天下，嘉惠百姓。

【流传】（山西省・运城市・盐湖区・鸣条）

【出处】相水虎主编：《鸣条尧舜禹关四圣出巡古庙会》序言，运城市盐湖区鸣条二月二古庙会文化活动中心内部交流本，2016 年，第 5 页。

WYS049.1.3b

舜以法治国

【关联】［WYS024.8.2.4.1］舜任大司徒时制定刑法

实 例

汉 族（参见“WYS024.8.2.4.1 舜任大司徒时制定刑法”母题实例）

WYS049.1.3b.1

舜赏罚分明

实 例

汉 族 尧在世的时候，寻思鲧是个老臣，虽然治水不成功，但一辈子辛辛苦苦，也就不好怎么着他。自打舜接了位，就不那么看了。舜亲自带人来到禹山巡察，只见大水茫茫，好不恼怒，下令把鲧给捆起来，按律治罪。杀死在禹山之上，以谢罪天下百姓。

【流传】山东省・（临沂市）・临沭县［记录地点：临沭县城］

【出处】刘锡奎（34，岁临沭文化局干部，中专）讲述采录：《鲧助禹王》（1989），见《中国民间故事集成》全国编辑委员会、《中国民间故事集成・山东卷》编辑委员会编《中国民间故事集成》（山东卷），北京：中国 ISBN 中心 2007 年版，第 23 ～ 25 页。

中华民族 舜三十而帝尧问可用者。四岳咸

荐虞舜，曰可。於是尧乃以二女妻舜以观其内，使九男与处以观其外。舜居妫汭，内行弥谨。尧二女不敢以贵骄事舜亲戚，甚有妇道。尧九男皆益笃。

【流传】（无考）

【出处】［西汉］司马迁：《史记·五帝本纪》。

WYS049.1.3b.1.1

舜对不贤的官员进行处分

【关联】［WYS097.4.2］舜时有制令而无刑罚

实 例

中华民族 舜任司徒后，以他们荐任之官不贤为由，进行了处分。

【流传】（无考）

【出处】杨东晨：《华夏始祖：尧舜禹时代》“三、帝舜的明德”，西安：三秦出版社2007年版，第67页。

WYS049.1.3c

舜施仁政

实 例

中华民族 舜一贯倡导施行仁政。他常常告诫官员说：“仁是君主的治政之宝，基业之佐。只有施行仁政，天下才会归心，万民才会归附。施仁政，不仅是联盟王的事，更重要的是要劝教民众向善，只要人人都善良友好，人与人之间的关系就会非常美好，才是仁政的体现。”

【流传】（山西省）

【出处】中国先秦史学会尧舜禹文化研究基地编，叶雨青、张培莲著：《尧舜传》第三十五章“唐尧殂崩四方哀，虞舜即位联盟王”，太原：山西出版集团·山西春秋电子音像出版社2008年版，第237～238页。

WYS049.1.4

舜主张天下均平

实 例

（实例待考）

WYS049.1.5

舜垂衣裳而天下治

实 例

中华民族 《易》穷则变，变则通，通则久。是以自天佑之，吉无不利，黄帝尧舜垂衣裳而天下治。盖取诸乾坤。

【流传】（无考）

【出处】［西周］周文王姬昌：《周易·系辞下》。

WYS049.1.6

舜辅佐治国

实 例

（参见下级母题实例）

WYS049.1.6.1

舜辅佐尧治国

实 例

中华民族 舜相尧，二十有八载，非人之所能为也，天也。尧崩，三年之丧毕，舜避尧之子于南河之南。

【流传】（无考）

【出处】［战国］《孟子·万章》上。

WYS049.1.6.1.1

舜臣尧，宾于四门

实 例

中华民族 舜臣尧，宾于四门，流四凶族，浑敦、穷奇、梼杌、饕餮，投诸四裔，以御魑魅。

【流传】（无考）

【出处】［春秋］左丘明：《左传·文公十八年》。

WYS049.1.6.1.2

舜辅佐治国，建议将共工流放于幽陵

实 例

中华民族 舜向尧帝汇报时，面有忧色，建议把共工流放到幽陵，以便同化北狄的风俗。

【流传】（无考）

【出处】《舜·巡狩四方》，见卢静《尧舜禹》，北京：中华书局 2019 年版，第 51 页。

WYS049.1.6.1.3

舜辅佐尧治国，命其制定“五常”

实 例

中华民族 尧试着让舜去制订“五常”（指父子有亲、君臣有义、夫妇有别、长幼有序、朋友有信）之规并付诸实行，并让他入朝治百官之事，没有一件不让尧满意的。

【流传】（无考）

【出处】《舜·孝悌有闻》，见卢静《尧舜禹》，北京：中华书局 2019 年版，第 41 页。

WYS049.1.6.1.4

尧命舜代为治国，以此试天意

实 例

中华民族 尧帝鬓发已落霜，让舜代行天子之政，这是最高的考验，借以观察他做天子是否合乎天意。

【流传】（无考）

【出处】《舜·巡狩四方》，见卢静《尧舜禹》，北京：中华书局 2019 年版，第 45 页。

WYS049.1.6.1.5

舜辅佐治国，举荐才学

实 例

汉 族 舜辅助尧管理国事后，到处寻访正直的、有真才实学的人。他听说高阳氏和高辛氏各有八个才子，都是安邦治国的能人，他就极力推荐这些人出来管事，结果国家的大事真的办得井井有条。

【流传】山东省·济南市［采录地点：济南市］

【出处】徐臻（男，40 岁，干部，大专）讲，李奎元（男，40 岁，济南市委干部，大专）采录：《舜耕历山下》（1986 年春天），见《中国民间故事集成》全国编辑委员会、《中国民间故事集成·山东卷》编辑委员会编《中国民间故事集成》（山东卷），北京：中国 ISBN 中心 2007 年版，第 18 ～ 21 页。

WYS049.1.6.2

舜辅佐禹治国

实 例

（参见下级母题实例）

WYS049.1.6.2.1

舜禅让禹后，协助禹决策国事

实 例

汉 族 舜把帝位禅让给禹后，仍然挂着人民的事，想着人民的疾苦，利用晚年时间到处视察民情，协助禹决策国事。

【**流传**】山东省·济南市［采录地点：济南市］

【**出处**】徐臻（男，40岁，干部，大专）讲，李奎元（男，40岁，济南市委干部，大专）采录：《舜耕历山下》（1986年春天），见《中国民间故事集成》全国编辑委员会、《中国民间故事集成·山东卷》编辑委员会编《中国民间故事集成》（山东卷），北京：中国ISBN中心2007年版，第18～21页。

WYS049.1.7

舜命贤臣辅佐治国

实 例

（参见下级母题实例）

WYS049.1.7.1

舜命契作司徒，以五伦教化百姓

实 例

中华民族 舜帝对契说："百姓不睦，五伦不顺，任命你做司徒，去谨慎地以五伦教化百姓，契，你要注意施以宽厚。"

【**流传**】（无考）

【**出处**】《舜·分授百官》，见卢静《尧舜禹》，北京：中华书局2019年版，第55页。

WYS049.1.7.2

舜命伯夷主管礼仪

实 例

中华民族 在众人的推荐下，舜帝又任命伯夷主管礼仪，叮嘱他一定要早晚虔敬，无论朝中庆典还是郊庙祭祀，都要思虑纯正，肃穆庄重。

【**流传**】（无考）

【**出处**】《舜·分授百官》，见卢静《尧舜禹》，北京：中华书局2019年版，第56页。

WYS049.1.7.3

舜命后稷主管农事

实 例

中华民族 舜帝任命后稷主管农事，负责安排种植百谷，防止百姓们挨饿受饥。

【**流传**】（无考）

【**出处**】《舜·分授百官》，见卢静《尧舜禹》，北京：中华书局2019年版，第55页。

WYS049.1.8

舜制定考核诸侯百官的规则

实 例

（参见下级母题实例）

WYS049.1.8.1

舜考核百官的频率

实 例

（参见下级母题实例）

WYS049.1.8.1.1

舜每三年考核一次诸侯百官

实 例

中华民族 那时候，舜规定对诸侯百官每三年考核一次，依据三次考核结果，决定升迁或者贬黜。

【流传】（无考）

【出处】《舜·分授百官》，见卢静《尧舜禹》，北京：中华书局2019年版，第57页。

WYS049.1.8.2

舜考核百官的结果

实 例

（参见下级母题实例）

WYS049.1.8.2.1

舜依据官员三次考核的结果，决定升迁或罢黜

实 例

中华民族 那时候，舜规定对诸侯百官每三年考核一次，依据三次考核结果，决定升迁或者贬黜。

【流传】（无考）

【出处】《舜·分授百官》，见卢静《尧舜禹》，北京：中华书局2019年版，第57页。

WYS049.1.9

舜治国的其他方法措施

实 例

（参见下级母题实例）

WYS049.1.9.1

舜制定考察政教的标准

实 例

（参见下级母题实例）

WYS049.1.9.1.1

舜以四方音乐的雅正与淫邪来考察政教

实 例

中华民族 舜郑重地告诉臣僚两件事，一件是辨服装，一件是辨音乐。因为舜帝想效法古人，按照日月星辰的天象制作锦绣服装，并通过四方音乐的雅正与淫邪来考察政教。

【流传】（无考）

【出处】《禹·承继帝位》，见卢静《尧舜禹》，北京：中华书局2019年版，第112页。

WYS049.1.9.2

舜扩大联盟

实 例

中华民族 帝舜同黄帝、颛顼、帝喾、帝尧一样，登上华夏部落联盟最高军事民主

首长高位后，第一件大事就是调整、充实联盟机构，加强管理。

【流传】（无考）

【出处】杨东晨：《华夏始祖：尧舜禹时代》“三、帝舜的明德”，西安：三秦出版社2007年版，第76～77页。

WYS049.1.9.3

舜注重安抚与团结

实 例

中华民族 帝舜对炎帝、黄帝、太昊、少昊等后裔部落一视同仁，贤者均予以重用，使部落联盟更加巩固，来自不同地区的诸侯百姓更加团结，联盟的政治、经济和文化，在帝尧时的基础上又有了新的发展。

【流传】（无考）

【出处】杨东晨：《华夏始祖：尧舜禹时代》“三、帝舜的明德”，西安：三秦出版社2007年版，第84页。

WYS049.1.9.4

舜除掉异己

实 例

（参见下级母题实例）

WYS049.1.9.4.1

鲧反对舜任三公被舜处死

实 例

中华民族 鲧治水九年失败，又反对舜任三公，被帝尧和舜处死。

【流传】（无考）

【出处】杨东晨：《华夏始祖：尧舜禹时代》“四、大禹的治水篇”，西安：三秦出版社2007年版，第106页。

WYS049.1.9.5

舜善用人

实 例

中华民族 舜子义均不肖，顽劣异常，教育无效，如果让他继承帝位，必将误国害民。舜为了不使义均成为帝位继承人，只有把他封在外地。于是，便将义均封于商，故称商均。

【流传】（无考）

【出处】任乃荣：《三皇五帝探源》第八章“舜有虞氏时代”，北京：新华出版社2011年版，第212页。

WYS049.1.9.5.1

舜任人唯贤

实 例

中华民族 帝舜深刻理解治国之本，在于治官，为帝者必须知人善任，选贤任能。为此，他除深入了解官员的德才以外，并广泛征求左右的意见。

【流传】（无考）

【出处】任乃荣：《三皇五帝探源》第八章“舜有虞氏时代”，北京：新华出版社2011年版，第205页。

WYS049.1.9.5.2

舜任用人才

实 例

中华民族 舜任用华夏族的 16 个部落长后，生产发展，社会风气大变，人民安居乐业，四方的夷族也友好相处，天下安宁，尧、舜的威望随之大为提高。

【流传】（无考）

【出处】杨东晨：《华夏始祖：尧舜禹时代》"三、帝舜的明德"，西安：三秦出版社 2007 年版，第 66 页。

5. 舜的关系 【WYS050 ～ WYS059】

WYS050

舜的关系

实 例

（参见下级母题实例）

WYS051

舜的祖先

实 例

（参见下级母题实例）

WYS051.1

舜的祖先是神

实 例

（实例待考）

WYS051.2

舜的祖先是神性人物

实 例

（参见下级母题实例）

WYS051.2.1

舜是伏羲女娲的后代

实 例

汉 族 伏羲和女娲一代代又生下了黄帝、尧、舜、大禹，子子孙孙繁衍下去。

【流传】河南省·洛阳市·（洛龙区）·龙门（龙门镇）[采录地点：洛阳南郊夜叉磨村]

【出处】吕娅娜采录，张振犁重写：《龙的传人》（1999.03.03），见张振犁编著《中原神话通鉴》（第一卷），郑州：河南大学出版社 2017 年版，第 292 页。

WYS051.3

舜的祖先是特定的人

实 例

（参见下级母题实例）

WYS051.3.1

舜的祖先幕

实 例

中华民族 “陈，颛顼之族也……自幕至于瞽瞍，无违命。舜重之以明德，真德于遂，遂世守之。及胡公不淫，故周赐之姓，使祀虞帝。”杜预注：“幕，舜之先。瞽瞍，舜父。从幕至瞽瞍间，无违天命废绝者。”

【流传】（无考）

【出处】［春秋］左丘明：《左传·昭公八年》。

中华民族 《吕梁碑》，刘耽作，字为小篆，钩画讹泐，间可认者，仅六十言。耽于传无闻矣，据碑之言，“皇帝登封之岁”，则盖秦汉间人也。碑中叙纪虞帝之世云：“舜祖幕，幕生穷蝉，穷蝉生敬康，敬康生乔牛，乔牛生瞽叟，瞽叟产舜，命禹行水道吕梁。”特此节完备为可考，质之于传，惟无句望，且不言出自黄帝，谅得其正。

【流传】（无考）

【出处】［宋］罗泌：《路史·余论》。

WYS051.3.2

舜是黄帝的子孙

实 例

中华民族 舜、禹、契、后稷皆黄帝子孙也。

【流传】（无考）

【出处】［汉］褚少孙补《史记·三代世表》。

WYS051.3.2a

舜是黄帝的后裔

实 例

中华民族 （参见“WYS051.3.5 舜的先祖虞幕”母题实例）

WYS051.3.3

帝舜是以凤为图腾的太昊、颛项之后

实 例

汉 族 帝尧是以龙为图腾的伏羲炎帝之后，帝舜是以凤为图腾的太昊、颛项之后。

【流传】山东省·菏泽市

【出处】潘建荣：《在“伏羲桑梓、尧舜故里”菏泽市牡丹区胡集镇举办公祭伏羲尧舜禹仪式最为合适》，见山东菏泽《首届中华伏羲祖源文化论坛论文集》，内部编印，2020 年 9 月，第 9 页。

WYS051.3.4

舜帝是颛项五世孙

实 例

中华民族 舜帝是“颛顼五世孙，姚姓。受尧禅，以土德王，都蒲坂。”

【流传】（山西省）

【出处】［清］雍正《山西通志》。

WYS051.3.5

舜的先祖虞幕

实 例

中华民族 关于舜，古代文献说他是有虞氏

部落的首领，建都于蒲坂，舜的先祖虞幕在今山西平陆县的虞城，舜是黄帝的后裔，而黄帝部族活动的地方是黄河中游的晋南、豫西和关中地区。

【流传】（山西省）

【出处】中国先秦史学会尧舜禹文化研究基地编，叶雨青、张培莲著：《尧舜传》前言，太原：山西出版集团·山西春秋电子音像出版社 2008 年版，第 2 页。

WYS051.3.5.1

舜的先祖虞幕是部落首领

实 例

中华民族 祭坛设在蒲坂南郊的神庙里，祭天以日神为主，配享各神，舜的先祖中，虞幕是部落首领，至部落联盟首领位的是黄帝和颛顼。

【流传】（山西省）

【出处】中国先秦史学会尧舜禹文化研究基地编，叶雨青、张培莲著：《尧舜传》第三十七章“尊师兴学教诸子，养老上庠与下庠”，太原：山西出版集团·山西春秋电子音像出版社 2008 年版，第 256 页。

WYS051.4

舜的祖先是动物

实 例

（实例待考）

WYS051.5

舜的其他祖先

实 例

（实例待考）

WYS051.6

舜的祖父母

实 例

（参见下级母题实例）

WYS051.6.1

舜的祖父兆生

实 例

汉 族 敬康生句望，句望生蟜牛，蟜牛生兆牛，兆牛生兆生，瞽叟出世治人伦，娶妻握登女钗裙，生下大舜仁义君。

【流传】湖北省·神农架林区

【出处】《人祖创世》，胡崇峻据秭归县新滩镇《黑暗传》清末抄本，阳日镇龙溪村村民杨有才和史光裕处口述材料，唐运青收集的祝天照、姜德龙抄本和唐运青采录的部分资料，贾邦修、张忠臣《黑暗大盘头》《黑暗纲鉴》资料以及林区下谷土家族民族乡石磨村戊子垭刘茂森处摘录转抄本的片断资料等整理，见胡崇峻搜集整理《黑暗传》，武汉：长江文艺出版社 2002 年版，第 224 页。

WYS051.6.2

桥牛是舜的祖父

实 例

中华民族 舜生在有虞氏部落，姚姓，名叫重华。重华之父为瞽叟，瞽叟之父名桥牛，桥牛之父名句望，句望之父名敬康，敬康之父名穷蝉，穷蝉之父便是颛顼帝，颛顼的父亲是昌意：从昌意至舜已然七代了。

【流传】（无考）

【出处】《舜·孝悌有闻》，见卢静《尧舜禹》，北京：中华书局 2019 年版，第 35 页。

中华民族 宰我曰：请问帝舜？孔子曰：蟜牛之孙，瞽瞍之子也，曰重华。

【流传】（无考）

【出处】［西汉］戴德：《礼记·五帝德》。

中华民族 黄帝产昌意，昌意产高阳，是为颛顼。颛顼产穷蝉，穷蝉产敬康，敬康产句芒，句芒产蟜牛，蟜牛产瞽瞍，瞽瞍产重华，是为帝舜。及产象，敖。

【流传】（无考）

【出处】［西汉］戴德：《礼记·帝系》。

WYS051.6.3

舜的叔伯祖父

实 例

（参见下级母题实例）

WYS051.6.3.1*

舜是叔伯祖父尧的孙子

实 例

中华民族 舜是叔伯祖父尧的孙子（尧系黄帝之长子玄嚣的四代孙子）。

【流传】（无考）

【出处】杨东晨：《华夏始祖：尧舜禹时代》“三、帝舜的明德”，西安：三秦出版社 2007 年版，第 41 页。

WYS051.7

舜的外祖父母

实 例

（实例待考）

WYS051.8

舜其他辈次的祖先

实 例

中华民族 《世纪》云：“帝舜代（尧）立，帝舜姚姓，其先出自颛顼。颛顼生穷蝉，穷蝉生敬康，敬康生句芒，句芒生蟜牛，蟜牛生瞽瞍，瞍之妻握登见大虹意感而生舜于姚墟，故姓姚氏。”

【流传】（无考）

【出处】［唐］孔颖达疏：《周易正义·系传下》。

WYS051.8.1

舜的祖先桥牛

实 例

（参见下级母题实例）

WYS051.8.1.1

桥牛是舜的五世祖

实 例

汉 族 敬康生句望，句望生蟜牛，蟜牛生兆牛，兆牛生兆生，瞽叟出世治人伦，娶妻握登女钗裙，生下大舜仁义君。

【流传】湖北省·神农架林区

【出处】《人祖创世》，胡崇峻据秭归县新滩镇《黑暗传》清末抄本，阳日镇龙溪村村民杨有才和史光裕处口述材料，唐运青收集的祝天照、姜德龙抄本和唐运青采录的部分资料，贾邦修、张忠臣《黑暗大盘头》《黑暗纲鉴》资料以及林区下谷土家族民族乡石磨村戊子垭刘茂森处摘录转抄本的片断资料等整理，见胡崇峻搜集整理《黑暗传》，武汉：长江文艺出版社 2002 年版，第 224 页。

WYS051.8.2

舜的祖先句望

实 例

（参见下级母题实例）

WYS051.8.2.1

句望是舜的六世祖

实 例

汉 族 敬康生句望，句望生蟜牛，蟜牛生兆牛，兆牛生兆生，瞽叟出世治人伦，娶妻握登女钗裙，生下大舜仁义君。

【流传】湖北省 · 神农架林区

【出处】《人祖创世》，胡崇峻据秭归县新滩镇《黑暗传》清末抄本，阳日镇龙溪村村民杨有才和史光裕处口述材料，唐运青收集的祝天照、姜德龙抄本和唐运青采录的部分资料，贾邦修、张忠臣《黑暗大盘头》《黑暗纲鉴》资料以及林区下谷土家族民族乡石磨村戊子垭刘茂森处摘录转抄本的片断资料等整理，见胡崇峻搜集整理《黑暗传》，武汉：长江文艺出版社 2002 年版，第 224 页。

WYS051.8.2.2

句望是舜的曾祖父

实 例

中华民族 舜生在有虞氏部落，姚姓，名叫重华。重华之父为瞽叟，瞽叟之父名桥牛，桥牛之父名句望，句望之父名敬康，敬康之父名穷蝉，穷蝉之父便是颛顼帝，颛顼的父亲是昌意：从昌意至舜已然七代了。

【流传】（无考）

【出处】《舜 · 孝悌有闻》，见卢静《尧舜禹》，北京：中华书局 2019 年版，第 35 页。

WYS051.8.2.2a

句芒是舜的曾祖父

实 例

中华民族 黄帝产昌意，昌意产高阳，是为颛顼。颛顼产穷蝉，穷蝉产敬康，敬康产句芒，句芒产蟜牛，蟜牛产瞽瞍，瞽瞍产重华，是为帝舜。及产象，敖。

【流传】（无考）

【出处】［西汉］戴德：《礼记 · 帝系》。

WYS051.8.3

舜的祖先敬康

实 例

（参见下级母题实例）

WYS051.8.3.1

敬康是舜的七世祖

实 例

汉 族 穷蝉生敬康，敬康生句望，句望生蟜牛，蟜牛生兆牛，兆牛生兆生，瞽叟出世治人伦，娶妻握登女钗裙，生下大舜仁义君。

【流传】湖北省・神农架林区

【出处】《人祖创世》，胡崇峻据秭归县新滩镇《黑暗传》清末抄本，阳日镇龙溪村村民杨有才和史光裕处口述材料，唐运青收集的祝天照、姜德龙抄本和唐运青采录的部分资料，贾邦修、张忠臣《黑暗大盘头》《黑暗纲鉴》资料以及林区下谷土家族民族乡石磨村戊子垭刘茂森处摘录转抄本的片断资料等整理，见胡崇峻搜集整理《黑暗传》，武汉：长江文艺出版社 2002 年版，第 224 页。

WYS051.8.3.2

敬康是舜的四代祖

实　例

中华民族 舜生在有虞氏部落，姚姓，名叫重华。重华之父为瞽叟，瞽叟之父名桥牛，桥牛之父名句望，句望之父名敬康，敬康之父名穷蝉，穷蝉之父便是颛顼帝，颛顼的父亲是昌意：从昌意至舜已然七代了。

【流传】（无考）

【出处】《舜・孝悌有闻》，见卢静《尧舜禹》，北京：中华书局 2019 年版，第 35 页。

中华民族 黄帝产昌意，昌意产高阳，是为颛顼。颛顼产穷蝉，穷蝉产敬康，敬康产句芒，句芒产蟜牛，蟜牛产瞽瞍，瞽瞍产重华，是为帝舜。及产象，敖。

【流传】（无考）

【出处】［西汉］戴德：《礼记・帝系》。

WYS051.8.4

舜的祖先穷蝉

实　例

中华民族 据《五帝本纪》《夏本纪》可排列为：黄帝—昌意—颛顼—穷蝉—敬康—句望—桥牛—瞽叟—舜。这里的舜是黄帝的八世孙。

【流传】（无考）

【出处】张闻玉：《辛亥革命后的黄帝纪年》，《贵州社会科学》2002 年第 1 期。

WYS051.8.4.1

穷蝉是舜的八世祖

实　例

汉　族 颛项生穷蝉，穷蝉生敬康，敬康生句望，句望生蟜牛，蟜牛生兆牛，兆牛生兆生，瞽叟出世治人伦，娶妻握登女钗裙，生下大舜仁义君。

【流传】湖北省・神农架林区

【出处】《人祖创世》，胡崇峻据秭归县新滩镇《黑暗传》清末抄本，阳日镇龙溪村村民杨有才和史光裕处口述材料，唐运青收集的祝天照、姜德龙抄本和唐运青采录的部分资料，贾邦修、张忠臣《黑暗大盘头》《黑暗纲鉴》资料以及林区下谷土家族民族乡石磨村戊子垭刘茂森处摘录转抄本的片断资料等整理，见胡崇峻搜集整理《黑暗传》，武汉：长江文艺出版社 2002 年版，第 224 页。

WYS051.8.4.2
穷蝉是舜的五代祖

实 例

中华民族 舜生在有虞氏部落，姚姓，名叫重华。重华之父为瞽叟，瞽叟之父名桥牛，桥牛之父名句望，句望之父名敬康，敬康之父名穷蝉，穷蝉之父便是颛顼帝，颛顼的父亲是昌意：从昌意至舜已然七代了。

【**流传**】（无考）

【**出处**】《舜·孝悌有闻》，见卢静《尧舜禹》，北京：中华书局 2019 年版，第 35 页。

中华民族 黄帝产昌意，昌意产高阳，是为颛顼。颛顼产穷蝉，穷蝉产敬康，敬康产句芒，句芒产蟜牛，蟜牛产瞽瞍，瞽瞍产重华，是为帝舜。及产象，敖。

【**流传**】（无考）

【**出处**】［西汉］戴德：《礼记·帝系》。

WYS051.8.5
舜的祖先颛顼

实 例

（参见下级母题实例）

WYS051.8.5.1
颛顼是舜的九世祖

实 例

汉 族 轩辕长子名昌意，玄嚣少昊次子名。昌意后来生颛顼，颛顼生穷蝉，穷蝉生敬康，敬康生句望，句望生蟜牛，蟜牛生兆牛，兆牛生兆生，瞽叟出世治人伦，娶妻握登女钗裙，生下大舜仁义君。

【**流传**】湖北省·神农架林区

【**出处**】《人祖创世》，胡崇峻据秭归县新滩镇《黑暗传》清末抄本，阳日镇龙溪村村民杨有才和史光裕处口述材料，唐运青收集的祝天照、姜德龙抄本和唐运青采录的部分资料，贾邦修、张忠臣《黑暗大盘头》《黑暗纲鉴》资料以及林区下谷土家族民族乡石磨村戊子垭刘茂森处摘录转抄本的片断资料等整理，见胡崇峻搜集整理《黑暗传》，武汉：长江文艺出版社 2002 年版，第 224 页。

WYS051.8.5.2
颛顼是舜的六代祖

实 例

中华民族 舜生在有虞氏部落，姚姓，名叫重华。重华之父为瞽叟，瞽叟之父名桥牛，桥牛之父名句望，句望之父名敬康，敬康之父名穷蝉，穷蝉之父便是颛顼帝，颛顼的父亲是昌意：从昌意至舜已然七代了。

【**流传**】（无考）

【**出处**】《舜·孝悌有闻》，见卢静《尧舜禹》，北京：中华书局 2019 年版，第 35 页。

中华民族 黄帝产昌意，昌意产高阳，是为颛顼。颛顼产穷蝉，穷蝉产敬康，敬康产句芒，句芒产蟜牛，蟜牛产瞽瞍，瞽瞍产重华，是为帝舜。及产象，敖。

【流传】(无考)

【出处】[西汉] 戴德:《礼记·帝系》。

中华民族 皇甫谧云:“鲧，帝颛顼之子，字熙。”又《连山易》云:“鲧封于崇”，故《国语》谓之崇伯鲧。《系本》亦以鲧为颛顼子。《汉书·律历志》则云:“颛顼五代而生鲧。”按鲧既仕尧与舜，代系殊悬，舜即颛顼六代孙，则鲧非是颛顼之子，盖班氏之言近得其实。

【流传】(无考)

【出处】[唐] 司马贞:《史记索隐》。

WYS051.8.5.3

帝舜姚姓先出自颛顼

实 例

中华民族 《世纪》云:“帝舜代(尧)立，帝舜姚姓，其先出自颛顼。”

【流传】(无考)

【出处】[唐] 孔颖达疏:《周易正义·系传下》。

WYS051.8.5.4

帝舜是颛顼的五世孙

实 例

中华民族 帝舜是颛顼的五世孙、黄帝的七世孙，因生在姚墟而姓姚，后又因住在妫汭河畔，其后裔多姓“妫”。

【流传】(无考)

【出处】闫德亮:《文化视域下的古代神话与华夏姓氏》，载《中州学刊》2009 年第 6 期。

WYS051.8.6

舜的祖先昌意

实 例

(参见下级母题实例)

WYS051.8.6.1

昌意是舜的十世祖

实 例

汉 族 轩辕长子名昌意，玄嚣少昊次子名。昌意后来生颛顼，颛顼生穷蝉，穷蝉生敬康，敬康生句望，句望生蟜牛，蟜牛生兆牛，兆牛生兆生，瞽叟出世治人伦，娶妻握登女钗裙，生下大舜仁义君。

【流传】湖北省·神农架林区

【出处】《人祖创世》，胡崇峻据秭归县新滩镇《黑暗传》清末抄本，阳日镇龙溪村村民杨有才和史光裕处口述材料，唐运青收集的祝天照、姜德龙抄本和唐运青采录的部分资料，贾邦修、张忠臣《黑暗大盘头》《黑暗纲鉴》资料以及林区下谷土家族民族乡石磨村戊子垭刘茂森处摘录转抄本的片断资料等整理，见胡崇峻搜集整理《黑暗传》，武汉：长江文艺出版社 2002 年版，第 224 页。

WYS051.8.6.2

昌意是舜的七代祖

实 例

中华民族 舜生在有虞氏部落，姚姓，名叫重华。重华之父为瞽叟，瞽叟之父名桥牛，桥牛之父名句望，句望之父名敬康，敬康之父名穷蝉，穷蝉之父便是颛顼帝，颛顼的父亲是昌意：从昌意至舜已然七代了。

【流传】（无考）

【出处】《舜·孝悌有闻》，见卢静《尧舜禹》，北京：中华书局 2019 年版，第 35 页。

中华民族 黄帝产昌意，昌意产高阳，是为颛顼。颛顼产穷蝉，穷蝉产敬康，敬康产句芒，句芒产蟜牛，蟜牛产瞽瞍，瞽瞍产重华，是为帝舜。及产象，敖。

【流传】（无考）

【出处】［西汉］戴德：《礼记·帝系》。

WYS051.8.7
舜的祖先黄帝

实 例

（参见下级母题实例）

WYS051.8.7.1
舜的八代祖是黄帝

实 例

中华民族 黄帝产昌意，昌意产高阳，是为颛顼。颛顼产穷蝉，穷蝉产敬康，敬康产句芒，句芒产蟜牛，蟜牛产瞽瞍，瞽瞍产重华，是为帝舜。及产象，敖。

【流传】（无考）

【出处】［西汉］戴德：《礼记·帝系》。

汉　族 舜帝父亲名瞽叟，握登乃是他母亲。皇帝（黄帝）是他八代祖，他是轩辕后代根。

【流传】湖北省·神农架林区

【出处】《人祖创世》，胡崇峻据秭归县新滩镇《黑暗传》清末抄本，阳日镇龙溪村村民杨有才和史光裕处口述材料，唐运青收集的祝天照、姜德龙抄本和唐运青采录的部分资料，贾邦修、张忠臣《黑暗大盘头》《黑暗纲鉴》资料以及林区下谷土家族民族乡石磨村戊子垭刘茂森处摘录转抄本的片断资料等整理，见胡崇峻搜集整理《黑暗传》，武汉：长江文艺出版社 2002 年版，第 222 页。

WYS051.8.7.1a
舜是黄帝的八代孙

实 例

中华民族 案《世本》尧是黄帝玄孙，舜是黄帝八代之孙，计尧女于舜之曾祖为四从姊妹，以之为妻，于义不可。《世本》之言，未可据信。

【流传】（无考）

【出处】［唐］孔颖达：《左传正义》。

WYS051.8.7.2
帝舜是黄帝的七世孙

实 例

中华民族 帝舜是颛顼的五世孙、黄帝的七世孙，因生在姚墟而姓姚，后又因住在妫汭河畔，其后裔多姓“妫”。

【流传】（无考）

【出处】闫德亮：《文化视域下的古代神话与华夏姓氏》，载《中州学刊》2009 年第 6 期。

WYS051.9
与舜的祖先有关的其他母题

实 例

（实例待考）

WYS052
舜的父母（舜的父辈）

实 例

（参见下级母题实例）

WYS052.1
舜没有父母

实 例

（实例待考）

WYS052.2
舜特定的父母

实 例

（参见下级母题实例）

WYS052.2.1
舜帝父亲名瞽叟，握登乃是他母亲

实 例

汉 族 舜帝父亲名瞽叟，握登乃是他母亲。

【流传】湖北省·神农架林区

【出处】《人祖创世》，胡崇峻据秭归县新滩镇《黑暗传》清末抄本，阳日镇龙溪村村民杨有才和史光裕处口述材料，唐运青收集的祝天照、姜德龙抄本和唐运青采录的部分资料，贾邦修、张忠臣《黑暗大盘头》《黑暗纲鉴》资料以及林区下谷土家族民族乡石磨村戊子垭刘茂森处摘录转抄本的片断资料等整理，见胡崇峻搜集整理《黑暗传》，武汉：长江文艺出版社2002年版，第222页。

汉 族 瞽叟出世治人伦，娶妻握登女钗裙，生下大舜仁义君。

【流传】湖北省·神农架林区

【出处】《人祖创世》，胡崇峻据秭归县新滩镇《黑暗传》清末抄本，阳日镇龙溪村村民杨有才和史光裕处口述材料，唐运青收集的祝天照、姜德龙抄本和唐运青采录的部分资料，贾邦修、张忠臣《黑暗大盘头》《黑暗纲鉴》资料以及林区下谷土家族民族乡石磨村戊子垭刘茂森处摘录转抄本的片断资料等整理，见胡崇峻搜集整理《黑暗传》，武汉：长江文艺出版社2002年版，第224页。

WYS052.2.2
舜的父母虞成和五英

实 例

汉 族 上古的时候，山西有个小村里住着一户姓虞的人家，户主名叫虞成。虞成忠厚老实，娶了个老婆叫五英。五英上山砍柴。刚要下山，见一条大彩虹从半空中向她扑来，就怀了孕，一直怀了九年。一声响雷，五英大叫一声倒在地，背上炸开一个大口子，一个小男孩从里面掉下来。起名叫“舜”。

【流传】河南省·（南阳市）·桐柏县［采录地点：桐柏县·水帘洞］

【出处】释妙祥讲，刘剑、柳丹采录：《虞舜出世》（1986.01），见张振犁编著，孟宪明、朱淑君统纂《中原神话通鉴》（第三卷），郑州：河南大学出版社 2017 年版，第 998 ～ 999 页。

WYS052.3

舜的父亲

实 例

（参见下级母题实例）

WYS052.3.0

舜父亲的名字

实 例

（参见下级母题实例）

WYS052.3.0.1

舜父名叫瞽，或名瞽艘，或名瞽叟

实 例

汉 族 虞舜者，名曰重华，重华父曰瞽叟。

【流传】（无考）

【出处】［西汉］司马迁：《史记·五帝本纪》。

中华民族 舜父瞽，或名瞽艘，或名瞽叟。这名字是何含义？有三种说法：（1）盲人。（2）不分好恶之人。（3）乐官名。

【流传】（无考）

【出处】陈泳超：《舜与音乐的传说研究》，原载陈泳超《尧舜传说研究》第五章，南京师范大学出版社 2000 年版，见马昌仪选编《中国神话学百年文论选》（下），西安：陕西师范大学出版总社有限公司 2013 年版，第 1137 ～ 1150 页。

汉 族 历山脚下，住着一个名叫瞽叟的老汉，他有个儿子名叫舜。

【流传】河南省·南阳市

【出处】杜加典讲，张楚北采录：《尧王访贤（二）》（1982.02），见张振犁编著，孟宪明、朱淑君统纂《中原神话通鉴》（第三卷），郑州：河南大学出版社 2017 年版，第 987 页。

WYS052.3.0.1.1

舜父名“瞽”的含义

实 例

（参见下级母题实例）

WYS052.3.0.1.1.1

“瞽”的含义有三种说法

实 例

中华民族 舜父瞽，或名瞽艘，或名瞽叟。这名字是何含义？有三种说法：（1）盲人。（2）不分好恶之人。（3）乐官名。

【流传】（无考）

【出处】陈泳超：《舜与音乐的传说研究》，原载陈泳超《尧舜传说研究》第五章，南京师范大学出版社 2000 年版，见马昌仪选编《中国神话学百年文论选》（下），西安：陕西师范大学出版总社有限公司 2013 年版，第 1137 ～ 1150 页。

WYS052.3.0.1.1.2

舜父“瞽”非其名，乃官也

实 例

中华民族 舜之父见于《尧典》者曰“瞽”而已。《左氏传》《孟子》《吕氏春秋》《韩非子》则皆曰“瞽暧”，此非其名，乃官也。

【流传】（无考）

【出处】［清］汪中：《述学》补遗《瞽嗖说》。

WYS052.3.0.2

舜父叫虞成

实 例

汉 族 舜的父亲虞成刚开始还疼爱舜，后来眼睛病瞎以后，加上后娘常常在虞成面前说舜的坏话，慢慢地虞成对舜也不好了。

【流传】河南省·（南阳市）·桐柏县［采录地点：桐柏县·水帘洞］

【出处】释妙祥讲，刘剑、柳丹采录：《效舜》（1986.01），见张振犁编著，孟宪明、朱淑君统纂《中原神话通鉴》（第三卷），郑州：河南大学出版社 2017 年版，第 1002 页。

WYS052.3.1

舜父亲的产生

实 例

（实例待考）

WYS052.3.2

舜父亲的身份

实 例

（参见下级母题实例）

WYS052.3.2.1

舜父瞽叟是地位低下的普通百姓

实 例

中华民族 虞舜，名叫重华。重华的父亲叫瞽叟，瞽叟的父亲叫桥牛，桥牛的父亲叫句望，句望的父亲叫敬康，敬康的父亲叫穷蝉，穷蝉的父亲就是帝颛顼，颛顼的父亲就是黄帝次子昌意。从昌意到帝舜下传了七代。从穷蝉到帝舜都是地位低下的普通百姓。

【流传】（无考）

【出处】张大可、朱枝富编著：《人文始祖黄帝》，北京：商务印书馆 2018 年版，第 170 页。

WYS052.3.2.2

舜父瞽叟是观察气象的长老

实 例

中华民族 瞽叟之义即观察气象的长老。

【流传】（无考）

【出处】杨东晨：《华夏始祖：尧舜禹时代》“三、帝舜的明德”，西安：三秦出版社 2007 年版，第 42 页。

WYS052.3.2.3*

舜的父亲为“冀州”人，妫姓

实 例

中华民族 桥牛为部落长的有虞氏已迁居妫水流域，至其子瞽叟时便以水名为姓。这便是舜之父为“冀州”人和“妫姓"的由来。

【流传】（无考）

【出处】杨东晨:《华夏始祖：尧舜禹时代》“三、帝舜的明德”，西安：三秦出版社2007年版，第46页。

WYS052.3.3

舜父亲的外貌特征

实 例

（参见下级母题实例）

WYS052.3.3.1

舜父眼睛病瞎

实 例

汉 族 舜的父亲虞成刚开始还疼爱舜，后来眼睛病瞎以后，加上后娘常常在虞成面前说舜的坏话，慢慢地虞成对舜也不好了。

【流传】河南省·（南阳市）·桐柏县［采录地点：桐柏县·水帘洞］

【出处】释妙祥讲，刘剑、柳丹采录:《效舜》(1986.01)，见张振犁编著，孟宪明、朱淑君统纂《中原神话通鉴》(第三卷)，郑州：河南大学出版社2017年版，第1002页。

WYS052.3.3.2

舜的爹是个瞎子

实 例

汉 族 舜的爹是个瞎子，他娘在他还挺小的时候就得病死了。

【流传】山东省·济南市［采录地点：济南市］

【出处】徐臻（男，40岁，干部，大专）讲，李奎元（男，40岁，济南市委干部，大专）采录:《舜耕历山下》(1986年春天)，见《中国民间故事集成》全国编辑委员会、《中国民间故事集成·山东卷》编辑委员会编《中国民间故事集成》(山东卷)，北京：中国ISBN中心2007年版，第18～21页。

WYS052.3.4

舜父亲的性格特征

实 例

（参见下级母题实例）

WYS052.3.4.1

舜的父亲偏听偏信

实 例

汉 族 舜的父亲虞成刚开始还疼爱舜，后来眼睛病瞎以后，加上后娘常常在虞成面前说舜的坏话，慢慢地虞成对舜也不好了。

【流传】河南省·（南阳市）·桐柏县［采录地点：桐柏县·水帘洞］

【出处】释妙祥讲，刘剑、柳丹采录：《效舜》（1986.01），见张振犁编著，孟宪明、朱淑君统纂《中原神话通鉴》（第三卷），郑州：河南大学出版社2017年版，第1002页。

WYS052.3.4.2

舜父瞽叟顽

实 例

中华民族 舜父瞽叟顽，母嚚，弟象傲，皆欲杀舜。

【流传】（无考）

【出处】［西汉］司马迁：《史记·五帝本纪》。

WYS052.3.4.3

舜父姚氏生性顽固

实 例

汉 族 大舜，姓姚，名叫重华，他爹有姚氏生性顽固，继母为人刁蛮，弟弟象非常傲慢。

【流传】河南省·济源市·邵原镇［采录地点：邵原村西街翟家祠堂门前］

【出处】翟良志（男，81岁，邵原镇邵原村农民，不识字）讲，陈公平（男，46岁，邵原镇邵原村人，高中）采录：《大舜耕田孝感天帝》（2004.08.20），见济源市邵原镇人民政府、济源邵州文化教育研究会编著《济源邵原创世神话群》，郑州：河南人民出版社2008年版，第30页。

WYS052.3.5

舜与父亲的关系

实 例

（参见下级母题实例）

WYS052.3.5.1

舜母亡，舜父续弦，舜父虐待舜

实 例

汉 族 大舜二十岁时，母亲去世，父亲又娶了个后妻，生个儿子名叫象。常言说："娶了后娘，苦了前房。"一点也不错。舜的父亲和象形影不离，十分喜爱；对舜，却恶言冷语，百般虐待。舜的后母为了和象独霸家业，总想把大舜害死。

【流传】（无考）

【出处】王上清讲，王孟晓记录：《大舜耕田》，见陶阳、钟秀编《中国神话》（中册），北京：商务印书馆2008年版，第826～827页。

WYS052.3.5.2

舜父视舜为眼中钉

实 例

汉 族 舜生下不久，母亲就去世了。父亲娶了后母，又生了弟弟象。不知道古来有没有"有了后娘就有后爹"，反正舜的父亲就把他看成了眼中钉，后母更是心狠毒辣，总想把舜害死，让象继承父母的全部家业。

【流传】山西省·运城市·绛县·古绛镇·

尧寓村

【出处】郭延峰、李友益：《尧王访贤》，见田茂忠、申建华主编《尧王故里》，山西省绛县尧文化研究会编印，2009 年，第 114 ～ 117 页。

WYS052.3.5.3

舜父欲杀舜

实 例

汉 族 舜父瞽叟盲，而舜母死，瞽叟更娶妻而生象。象傲，瞽叟爱后妻子，常欲杀舜，舜年二十，以孝闻。三十而帝尧问可用者，四岳皆荐虞舜，曰可。于是尧乃以二女妻舜以观其内，使九男与处以观其外。尧乃赐舜絺衣，与琴，为筑仓廪，与牛羊。瞽叟尚欲杀之。

【流传】（无考）

【出处】［西汉］司马迁：《史记・五帝本纪》。

中华民族 舜父瞽叟顽，母嚚，弟象傲，皆欲杀舜。

【流传】（无考）

【出处】［西汉］司马迁：《史记・五帝本纪》。

WYS052.3.5.4

舜父将舜灌醉欲杀之

实 例

汉 族 瞽叟又速舜饮酒，醉，将杀之。

【流传】（无考）

【出处】［西汉］刘向：《列女传・有虞二妃》。

WYS052.4

舜的母亲

实 例

（参见下级母题实例）

WYS052.4.1

舜母亲的产生

实 例

（参见下级母题实例）

WYS052.4.1.0

舜的亲生母亲的概况

实 例

（参见下级母题实例）

WYS052.4.1.0.1

舜亲生母亲的姓名

实 例

汉 族 舜母曰握登，早终。

【流传】（无考）

【出处】［南朝・梁］萧绎：《金楼子》卷一。

WYS052.4.1.0.1.1

舜的亲生母亲叫握登

【关联】［WYS009.4.6.1］握登在茅屋里生舜

实 例

汉 族 敬康生句望，句望生蟜牛，蟜牛生兆牛，兆牛生兆生，瞽叟出世治人伦，娶妻握登女钗裙，生下大舜仁义君。

【流传】湖北省·神农架林区

【出处】《人祖创世》，胡崇峻据秭归县新滩镇《黑暗传》清末抄本，阳日镇龙溪村村民杨有才和史光裕处口述材料，唐运青收集的祝天照、姜德龙抄本和唐运青采录的部分资料，贾邦修、张忠臣《黑暗大盘头》《黑暗纲鉴》资料以及林区下谷土家族民族乡石磨村戊子垭刘茂森处摘录转抄本的片断资料等整理，见胡崇峻搜集整理《黑暗传》，武汉：长江文艺出版社 2002 年版，第 224 页。

WYS052.4.1.0.1.2

舜的亲生母亲叫五英

实 例

汉 族 五英上山砍柴，见一条大彩虹从半空中向她扑来，就怀了孕，一直怀了九年。一声响雷，五英大叫一声倒在地，后来生的一个小男孩起名叫“舜”。

【流传】河南省·（南阳市）·桐柏县［采录地点：桐柏县·水帘洞］

【出处】释妙祥讲，刘剑、柳丹采录：《虞舜出世》（1986.01），见张振犁编著，孟宪明、朱淑君统纂《中原神话通鉴》（第三卷），郑州：河南大学出版社 2017 年版，第 998 ～ 999 页。

汉 族 舜生下不多长时儿，他的亲妈五英就病死了。

【流传】河南省·（南阳市）·桐柏县［采录地点：桐柏县·水帘洞］

【出处】释妙祥讲，刘剑、柳丹采录：《效舜》（1986.01），见张振犁编著，孟宪明、朱淑君统纂《中原神话通鉴》（第三卷），郑州：河南大学出版社 2017 年版，第 1001 页。

WYS052.4.1.0.2

关于舜亲生母亲的事迹

实 例

（参见下级母题实例）

WYS052.4.1.0.2.1

舜的亲生母亲早逝

实 例

汉 族 舜的爹是个瞎子，他娘在他还挺小的时候就得病死了。

【流传】山东省·济南市［采录地点：济南市］

【出处】徐臻（男，40 岁，干部，大专）讲，李奎元（男，40 岁，济南市委干部，大专）采录：《舜耕历山下》（1986 年春天），见《中国民间故事集成》全国编辑委员会、《中国民间故事集成·山东卷》编辑委员会编《中国民间故事集成》（山东卷），北京：中国 ISBN 中心 2007 年版，第 18 ～ 21 页。

WYS052.4.1.0.2.2

舜的母亲怀胎九年生舜

实 例

汉 族 五英上山砍柴，见一条大彩虹从半空中向她扑来，就怀了孕，一直怀了九年。一声响雷，五英大叫一声倒在地，后来生的一个小男孩起名叫“舜”。

【流传】河南省·（南阳市）·桐柏县［采录地点：桐柏县·水帘洞］

【出处】释妙祥讲，刘剑、柳丹采录：《虞舜出世》（1986.01），见张振犁编著，孟宪明、朱淑君统纂《中原神话通鉴》（第三卷），郑州：河南大学出版社 2017 年版，第 998 ～ 999 页。

WYS052.4.1.0.2.3

舜的母亲因感生舜而被逐出家门

实 例

汉 族 一个女子吃苹果感生舜。被逐出家门，娘要饭养活舜。舜长大以后，在沟里种地。后来朝里知道了，就来请他。他一见人就跑。顺伊河一直跑到滦川，又种地。人家硬撵来，让他走了，去保朝廷。

【流传】河南省·（洛阳市）·栾川县［采录地点：漫寺头赵某某诊所］

【出处】赵某某（74 岁，曾上过 7 年私塾，后习中医）讲，陈连山采录：《娃娃潭》，见张振犁编著，孟宪明、朱淑君统纂《中原神话通鉴》（第三卷），郑州：河南大学出版社 2017 年版，第 1001 页。

WYS052.4.1.0.2.4

舜的亲娘依靠乞讨养活舜

实 例

汉 族 一个女子吃苹果感生舜。被逐出家门，娘要饭养活舜。舜长大以后，在沟里种地。后来朝里知道了，就来请他。他一见人就跑。顺伊河一直跑到滦川，又种地。人家硬撵来，让他走了，去保朝廷。

【流传】河南省·（洛阳市）·栾川县［采录地点：漫寺头赵某某诊所］

【出处】赵某某（74 岁，曾上过 7 年私塾，后习中医）讲，陈连山采录：《娃娃潭》，见张振犁编著，孟宪明、朱淑君统纂《中原神话通鉴》（第三卷），郑州：河南大学出版社 2017 年版，第 1001 页。

WYS052.4.1.1

舜的后母的概况

实 例

汉 族 早先的时候，有叫虞舜的人，三岁死了亲娘，爹娶了个后娘，待虞舜非常凶，小小年纪便赶出外面做生活。

【流传】江苏省·（金华市）·武义县·后树乡［采录地点：武义县后树乡］

【出处】张舍囡（男，46 岁，武义县后树乡黄泥坑村，盲艺人，不识字）讲，吴钟文（男，43 岁，武义县文化局，干部，大专）、程源源（女，44 岁，武义县文化馆，干部，大专）、邱德芝（女，26 岁，武义县后树乡文化站，干部，高中）采录：《虞舜开田》（1987），见中国民间文学集成全国编辑委员会、中国民间文学集成浙江卷编辑委员会编《中国民间故事集成》（浙江卷），北京：中国 ISBN 中心 1997 年版，第 51 页。

汉 族 舜很小的时候，就死了母亲，父亲给他娶了个晚妈，又生了一个弟弟。

【流传】湖北省·随州市［采录地点：随州市区］

【出处】冷明中（男，70岁，随州市农民，小学）讲，冷明权（文化馆干部，大学）采录：《*舜的传说》（1982），见《中国民间故事集成》全国编辑委员会、《中国民间故事集成·湖北卷》编辑委员会编《中国民间故事集成》（湖北卷），北京：中国ISBN中心1999年版，第37～38页。

汉 族 舜的父亲虞成见儿子无人抚养，就给舜娶了个后娘。

【流传】河南省·（南阳市）·桐柏县［采录地点：桐柏县·水帘洞］

【出处】释妙祥讲，刘剑、柳丹采录：《效舜》（1986.01），见张振犁编著，孟宪明、朱淑君统纂《中原神话通鉴》（第三卷），郑州：河南大学出版社2017年版，第1001页。

WYS052.4.1.1.1
舜的后母的名字

实 例

（参见下级母题实例）

WYS052.4.1.1.1.1
舜的后娘叫滋女

实 例

中华民族 舜的母亲死后，父亲瞽叟又娶了后娘滋女，生下弟弟象。后娘不喜欢舜，连带着父亲也嫌恶他。但舜一如既往地孝敬父母，爱护弟弟。

【流传】（无考）

【出处】《舜·孝悌有闻》，见卢静《尧舜禹》，北京：中华书局2019年版，第37页。

WYS052.4.1.1.1.2
舜的后母熙氏

实 例

汉 族 舜出生后没几年，母亲就病死了。瞽叟另娶了个妻子，姓熙，人都叫她熙氏。熙氏心眼儿窄，开头对舜还算过得去，等她生了儿子象以后，就把舜当成眼中钉肉中刺，咕咕叨叨在瞽叟跟前说舜这不对那不好。

【流传】山西省·（临汾市）·翼城县［采录地点：翼城县西阎镇］

【出处】李士龙（男，79岁，翼城县大河乡农民，初中）讲，王吉文（男，52岁，翼城县文化局干部，中专）采录：《舜耕历山》（1986），见中国民间文学集成全国编辑委员会、《中国民间文学集成·山西卷》编辑委员会编《中国民间故事集成》（山西卷），北京：中国ISBN中心1999年版，第40页。

WYS052.4.1.1.1.3
舜的后母壬女

实 例

中华民族 瞽瞍的妻子握登早亡。壬女年龄老大，没人愿娶，无奈之下，只好嫁给瞽瞍。新婚莞尔，夫妻恩爱。舜却被壬女晾在一边，仿佛没有这孩子似的。

【流传】（山西省）

【出处】中国先秦史学会尧舜禹文化研究基地编，叶雨青、张培莲著：《尧舜传》第十九章“瞽瞍续弦娶壬女，姚婆无端虐虞舜”，太原：山西出版集团·山西春秋电子音像出版社 2008 年版，第 118 页。

WYS052.4.1.1.2
舜后母的外貌特征

实 例

（参见下级母题实例）

WYS052.4.1.1.2.1
舜的后母外貌丑陋

实 例

汉 族 古话讲，十个后娘九个丑。舜的后娘就是这九个里头的一个。

【流传】湖南省·（永州市）·东安县［采录地点：东安县大庙口］

【出处】毛继仁（75 岁，农民，不识字）讲，易小俊（男，干部，大专）、蒋国森（男，东安县文化馆干部）采录：《舜和后娘》（1986.06.17），见中国民间故事集成全国编辑委员会、《中国民间故事集成·湖南卷》编辑委员会编《中国民间故事集成》（湖南卷），北京：中国 ISBN 中心 2002 年版，第 59 页。

WYS052.4.1.1.3
舜后母的性格特征

实 例

（参见下级母题实例）

WYS052.4.1.1.3.1
舜恶毒的后母

实 例

汉 族 舜的后娘要害死舜，心生一计，把舜赶出远门，叫他去大江大海里捞鱼捉鳖，想把他淹死在水里。

【流传】（无考）

【出处】王上清讲，王孟晓记录：《大舜耕田》，原载陶阳编《中国民间故事大观》，见陶阳、钟秀编《中国神话》（中），北京：商务印书馆 2008 年版，第 826 ～ 827 页。

WYS052.4.1.1.3.2
舜凶残的后娘

实 例

汉 族 舜小的时候，亲娘就早早下世了，父亲续了个后娘。后娘生下个弟弟，起名叫象。后娘为了想让象独占家产，还天天谋划着要把舜害死。

【流传】河南省·（洛阳市）·偃师县

【出处】刘伯欣的母亲讲，刘伯欣记录：《种麻籽》，原载张振犁、程健君编：《中原神话专题资料》，见陶阳、钟秀编《中国神话》（中），北京：商务印书馆 2008 年版，第 824 ～ 825 页。

WYS052.4.1.1.3.3
舜黑心的后娘

实 例

汉 族 上古时候，舜刚刚长大成人，就被黑心的后娘赶了出来。

【流传】(a) 河南省桐柏山一带。(b) 河南省·(南阳市)·桐柏县

【出处】(a) 释妙祥讲，刘剑、柳丹记录整理:《箫》，原文本标注自马卉欣主编《中国民间故事集成》河南桐柏县卷第一分册《神话·传说》，见陶阳、钟秀编《中国神话》(下册)，北京：商务印书馆 2008 年版，第 1275 ～ 1277 页。(b) 释妙祥(男，60 岁，桐柏山水帘洞和尚)讲，刘剑、柳丹采录整理:《箫》(1985.11.16)，见张振犁编著《中原神话通鉴》(第三卷)，郑州：河南大学出版社 2017 年版，第 1008 ～ 1009 页。

WYS052.4.1.1.3.4

舜心肠狠毒的后母

实 例

汉 族 舜的继母是个心肠狠毒的女人，恨不得把舜用嘴咬死，用手捏死才好。

【流传】山西省·(晋城市)·沁水县

【出处】丁奉瑞、丁奉礼讲，董富来采录:《舜王传艺可陶村》，见郭万金主编《山西民间故事大系》(晋东南卷)，北京：商务印书馆 2017 年版，第 7 ～ 8 页。

汉 族 舜生下不久，母亲就去世了。父亲娶了后母，又生了弟弟象。不知道古来有没有“有了后娘就有后爹”，反正舜的父亲就把他看成了眼中钉，后母更是心狠毒辣，总想把舜害死，让象继承父母的全部家业。

【流传】山西省·运城市·绛县·古绛镇·尧寓村

【出处】郭延峰、李友益:《尧王访贤》，见田茂忠、申建华主编《尧王故里》，山西省绛县尧文化研究会编印，2009 年，第 114 ～ 117 页。

汉 族 心肠狠毒的后母常常想把舜杀死才称心如意。自私的象和糊涂的瞽叟就做了她的帮凶。舜在家里实在待不下去了，只好一个人单独搬到外面去住。

【流传】(无考)

【出处】《尧舜二帝》，见金麦田编著《中国古代神话故事》，北京：京华出版社 2003 年版，第 45 ～ 52 页。

WYS052.4.1.1.3.5

舜的后母心胸狭窄

实 例

汉 族 舜出生后没几年，母亲就病死了。瞽叟另娶了个妻子，姓熙，人都叫她熙氏。熙氏心眼儿窄，开头对舜还算过得去，等她生了儿子象以后，就把舜当成眼中钉肉中刺，咕咕叨叨在瞽叟跟前说舜这不对那不好。

【流传】山西省·(临汾市)·翼城县 [采录地点：翼城县西阎镇]

【出处】李士龙(男，79 岁，翼城县大河乡农民，初中)讲，王吉文(男，52 岁，翼城县文化局干部，中专)采录:《舜耕历山》(1986)，见中国民间文学集成全国编辑委员会、《中国民间文学集成·山西卷》编辑委员会编《中国民间故事集成》(山西卷)，北京：中国 ISBN 中心 1999

年版，第 40 页。

WYS052.4.1.1.3.6

舜的后母嚣

实 例

中华民族 舜父瞽叟顽，母嚣，弟象傲，皆欲杀舜。

【**流传**】（无考）

【**出处**】［西汉］司马迁：《史记·五帝本纪》。

WYS052.4.1.1.3.7

舜的后母为人刁蛮

实 例

汉 族 大舜，姓姚，名叫重华，他爹有姚氏生性顽固，继母为人刁蛮，弟弟象非常傲慢。

【**流传**】河南省·济源市·邵原镇［采录地点：邵原村西街翟家祠堂门前］

【**出处**】翟良志（男，81 岁，邵原镇邵原村农民，不识字）讲，陈公平（男，46 岁，邵原镇邵原村人，高中）采录：《大舜耕田孝感天帝》（2004.08.20），见济源市邵原镇人民政府、济源邵州文化教育研究会编著《济源邵原创世神话群》，郑州：河南人民出版社 2008 年版，第 30 页。

WYS052.4.1.1.4

舜后母的结局

实 例

（参见下级母题实例）

WYS052.4.1.1.4.1

舜的后母含羞自杀

实 例

汉 族 舜当了皇帝，并不跟多次想杀害自己的后娘记仇，还是照样孝敬她。后娘不由得满脸羞愧，一气之下就碰墙自尽了。

【**流传**】河南省·（洛阳市）·偃师县

【**出处**】刘伯欣的母亲讲，刘伯欣记录：《种麻籽》，原载张振犁、程健君编：《中原神话专题资料》，见陶阳、钟秀编《中国神话》（中），北京：商务印书馆 2008 年版，第 824 ～ 825 页。

WYS052.4.2

舜母亲的身份

实 例

（实例待考）

WYS052.4.3

舜与母亲的关系

实 例

（参见下级母题实例）

WYS052.4.3.1

后母给舜制造难题

实 例

（参见下级母题实例）

WYS052.4.3.1.1
后母给舜制造播种难题

实 例

（参见下级母题实例）

WYS052.4.3.1.1.1
后母拿炒熟的种子要求舜种出庄稼

实 例

汉 族 舜的后娘让他到地里种麻，吩咐道：“麻不出来，就甭想回家！”她背地里就偷偷把舜的麻籽炒熟了。

【流传】河南省·（洛阳市）·偃师县

【出处】刘伯欣的母亲讲，刘伯欣记录：《种麻籽》，原载张振犁、程健君编：《中原神话专题资料》，见陶阳、钟秀编《中国神话》（中），北京：商务印书馆 2008 年版，第 824 ～ 825 页。

WYS052.4.3.1.1.2
后母拿熟豆种命舜耕种

实 例

汉 族 舜的后娘利用舜的忠厚老实，又想出了个歹毒主意。把两兄弟叫来说：“你们两个到后岭上去种豆子，豆子生出来了才回家。”后娘给舜的豆子时炒熟的。

【流传】湖南省·（永州市）·东安县［采录地点：东安县大庙口］

【出处】毛继仁（75 岁，农民，不识字）讲，易小俊（男，干部，大专）、蒋国森（男，东安县文化馆干部）采录：《舜和后娘》（1986.06.17），见中国民间故事集成全国编辑委员会、《中国民间故事集成·湖南卷》编辑委员会编《中国民间故事集成》（湖南卷），北京：中国 ISBN 中心 2002 年版，第 59 页。

WYS052.4.3.1.2
后母给舜制造开荒难题

实 例

（参见下级母题实例）

WYS052.4.3.1.2.1
后母命舜限时开完荒山

实 例

汉 族 舜的后娘让他去开历山这座荒山，要求三年时间把它开完，否则就死在外头。

【流传】四川省·成都（成都市）

【出处】李茂生讲，陈钧整理：《害不死的大舜》，载《民间文学》1964 年第 3 期。

WYS052.4.3.1.2.2
后母命舜孤独远走开荒耕种

实 例

汉 族 三番五次害不死舜，后娘又想出来一条毒计，叫舜独自去种远山里那六十亩坡地。种子给一半，口粮也给一半，种不好不让回来。她想着，就是饿不死舜，野兽也得把他给吃掉。

【流传】河南省宜阳一带［采录地点：宜阳县］

【出处】王上清（50 岁，农民）讲，王孟晓（河南大学学生）采集：《大舜耕田》（1986.08），见张振犁、程健君编《中原神话专题资料》，郑州：中国民间文艺家协会河南分会编印，1987 年，第 297 页。

WYS052.4.3.1.3

后母给舜制造生活难题

实 例

（参见下级母题实例）

WYS052.4.3.1.3.1

舜下井为母捞金簪

实 例

汉 族 舜下井为母捞金簪。

【流传】河南省 ·（濮阳市）· 范县［采录地点：范县 · 王楼乡］

【出处】崔金甲（男，65 岁，农民，不识字）讲，崔金钊采录：《尧王访贤（一）》（1989.10.22），见张振犁编著，孟宪明、朱淑君统纂《中原神话通鉴》（第三卷），郑州：河南大学出版社 2017 年版，第 986 页。

WYS052.4.3.2

后母虐待舜

【关联】［WYS052.3.5.1］舜母亡，舜父续弦，舜父虐待舜

实 例

汉 族 舜小时候就死了妈，他伯伯（亲生父亲）又给他娶了个后娘。后娘早晚好寻他的错，舜也不放在心里。

【流传】湖北省 · 随州市［采录地点：随州市区］

【出处】晏勋其（男，78 岁，随州市教师，大学）讲，刘大业（文化馆干部，初中）采录：《舜的传说》（1988），见《中国民间故事集成》全国编辑委员会、《中国民间故事集成 · 湖北卷》编辑委员会编《中国民间故事集成》（湖北卷），北京：中国 ISBN 中心 1999 年版，第 36 ～ 37 页。

汉 族 舜很小的时候娘就去世了，爹又给他娶了个后娘。后来生了弟弟象，舜的日子就不好过了，经常挨打受骂，吃剩饭，穿烂衣，做脏活累活。

【流传】（中原一带）

【出处】《大舜孝行》，见孟宪明著《中原经典神话》，郑州：河南大学出版社 2016 年版，第 201 ～ 203 页。

汉 族 大舜重华，苦藤苦瓜，幼年丧母，叹父双眼瞎。后娘不贤，责斥打骂。

【流传】（山西省 · 运城市 · 盐湖区 · 鸣条）

【出处】相水虎主编：《鸣条尧舜禹关四圣出巡古庙会》，运城市盐湖区鸣条二月二古庙会文化活动中心内部交流本，2016 年，第 6 页。

WYS052.4.3.2.1

后母把舜赶出家门

实 例

汉 族 舜被后母赶出家门，有家回不去，四处流浪。他走到泰山脚下，就到村里

给长老打了个招呼，住下来开荒种地。

【流传】河南省桐柏山一带

【出处】释妙祥讲，刘剑、柳丹记录整理：《箫》，原载马卉欣主编《中国民间故事集成》(河南桐柏县卷第一分册"神话·传说")，见陶阳、钟秀编《中国神话》(下)，北京：商务印书馆 2008 年版，第 1275 ～ 1277 页。

WYS052.4.3.2.2

后母对舜无端苛责

实 例

中华民族 舜的父亲娶后妻壬女。壬女对自己的亲生儿子象千般溺爱，捧在手里怕化了，掉在地上怕碎了。对舜却横挑鼻子竖挑眼，动辄无端苛责。

【流传】(山西省)

【出处】中国先秦史学会尧舜禹文化研究基地编，叶雨青、张培莲著：《尧舜传》第十九章"瞽瞍续弦娶壬女，姚婆无端虐虞舜"，太原：山西出版集团·山西春秋电子音像出版社 2008 年版，第 118 页。

WYS052.4.3.3

后母陷害舜

实 例

汉 族 舜的妻子知道舜的后母和弟弟在舜盖房时要陷害舜，就把几年前东海龙王送给皇父的一件可以消灾避难的龙衣偷偷地穿在舜的身上。当熊熊的火焰直烧到屋顶上时，舜忽然觉得身子一轻，变成了一只凤凰鸟。冲出了火焰，飞向蓝天。这件逢凶化吉的龙衣帮了舜的大忙。

【流传】甘肃省·天水市·北道区［采录地点：天水市北道区街子乡］

【出处】张文理(男，57 岁，农民，小学)讲，柴亚方(男，34 岁，农民，初中)采录：《舜的传说》(1987.05)，见《中国民间故事集成》全国编辑委员会、《中国民间故事集成·甘肃卷》编辑委员会编《中国民间故事集成》(甘肃卷)，北京：中国 ISBN 中心 2001 年版，第 21 页。

WYS052.4.3.3.1

后母把舜推下井

实 例

汉 族 舜到井边沉思时，就被后母推下井去。后母正在暗自高兴之时，舜将手镯拿来交给母亲，后母纳闷得不得了，原来这是历山老母搭救的，舜才能清醒无伤地摸到手镯蹬着井壁爬上来。又有一次，舜爬上麦秸垛后，后母就黑心地用火烧着了麦秸垛。刹那间，狂风四起，乌云密布，大雨倾盆，浓烟升空。接着就风停雨住，云散日出了。舜猛地跳到了后母跟前，把后母吓得几乎要死。这又是历山老母呼风唤雨搭救的结果。

【流传】山西省·运城市·绛县·古绛镇·尧寓村

【出处】郭延峰、李友益：《尧王访贤》，见田茂忠、申建华主编《尧王故里》，山西省绛县尧文化研究会编印，2009 年，第 114 ～ 117 页。

WYS052.4.3.3.2

后母陷害舜，将其骗到井中

实 例

汉 族 后娘让舜淘院里的井，等舜一下到井里，她就和自己的儿子象推一扇儿磨把井口盖死了。

【流传】河南省·（洛阳市）·偃师县［采录地点：讲述者家中］

【出处】寇文贤（女，60岁，偃师县邙山区农民，不识字）讲，刘伯欣（男，25岁，河南大学中文系学生）采录：《舜王逃生》（1981.02），见《中国民间故事集成》全国编辑委员会、《中国民间故事集成·河南卷》编辑委员会编《中国民间故事集成》（河南卷），北京：中国ISBN中心2001年版，第47～48页。

汉 族 舜被后母骗到井中，后母和儿子把早已准备好的石块往井里投。舜在井中找到一个洞，就顺着洞往前爬。途中遇到一个呻吟的老汉，就让老汉趴在自己背上，又朝前爬。洞口站着一位美貌少女，身材窈窕。她扶起老汉和舜，对舜说："我叫娥皇，在这儿等你多日了。你搭救的是我的老爷爷，他是专门来接你的。"舜问这是什么地方，娥皇说："是烈山。"舜感谢老汉和娥皇的救命之恩，在烈山住了下来。

【流传】湖北省·随州市［采录地点：随州市区］

【出处】冷明中（男，70岁，随州市农民，小学）讲，冷明权（文化馆干部，大学）采录：《*舜的传说》（1982），见《中国民间故事集成》全国编辑委员会、《中国民间故事集成·湖北卷》编辑委员会编《中国民间故事集成》（湖北卷），北京：中国ISBN中心1999年版，第37～38页。

汉 族 舜的后娘把舜骗到井里，然后从上面井口堵住。舜正在着急时，突然见井下有个洞，里边还有亮光照过来。他便顺着亮光走到另一眼井，就从这眼井里又上来了。

【流传】河南省·（洛阳市）·偃师县

【出处】刘伯欣的母亲讲，刘伯欣记录：《种麻籽》，原载张振犁、程健君编：《中原神话专题资料》，见陶阳、钟秀编《中国神话》（中），北京：商务印书馆2008年版，第824～825页。

WYS052.4.3.3.3

后母陷害舜，将其骗到房顶

实 例

汉 族 舜的后娘把舜骗到房顶，点起大火。

【流传】河南省·（洛阳市）·偃师县

【出处】刘伯欣的母亲讲，刘伯欣记录：《种麻籽》，原载张振犁、程健君编：《中原神话专题资料》，见陶阳、钟秀编《中国神话》（中），北京：商务印书馆2008年版，第824～825页。

WYS052.4.3.3.4

后母送饭下毒药

实 例

汉 族 舜帝长到二十春，他到厉山把田耕，后母送饭下毒药，十拿九稳命归阴。

这时舜帝要用饭，一只黄狗来走近，两爪不住来抓挠，黄狗抓住毒饭泼。

【流传】湖北省·神农架林区

【出处】《人祖创世》，胡崇峻据秭归县新滩镇《黑暗传》清末抄本，阳日镇龙溪村村民杨有才和史光裕处口述材料，唐运青收集的祝天照、姜德龙抄本和唐运青采录的部分资料，贾邦修、张忠臣《黑暗大盘头》《黑暗纲鉴》资料以及林区下谷土家族民族乡石磨村戊子垭刘茂森处摘录转抄本的片断资料等整理，见胡崇峻搜集整理《黑暗传》，武汉：长江文艺出版社 2002 年版，第 226 页。

WYS052.4.3.4

舜母欲杀舜

实 例

中华民族 舜父瞽叟顽，母嚚，弟象傲，皆欲杀舜。

【流传】（无考）

【出处】［西汉］司马迁：《史记·五帝本纪》。

WYS052.4.3.5

舜不计后母前嫌，躬行孝道

【关联】［WYS031.5.2］舜年二十以孝顺闻名天下

实 例

汉 族 后母见舜如此宽宏大量，从此痛改前非，不再为难舜。舜也不计前嫌，躬行孝道，侍奉后母，被传为千古佳话。

【流传】山西省·运城市·绛县·古绛镇·尧寓村

【出处】刘玉栋：《帝尧溯源》，原载《古绛春秋》，北京：长征出版社 2007 年版，见田茂忠、申建华主编《尧王故里》，山西省绛县尧文化研究会编印，2009 年，第 56 页。

WYS052.4.4

与舜母有关的纪念物

实 例

（参见下级母题实例）

WYS052.4.4.1

握登圣母庙

实 例

汉 族 握登山在县西南四十里，有握登圣母庙。

【流传】（会稽！）

【出处】［清］乾隆《浙江通志》引《嘉泰会稽志》。

WYS052.5

舜的叔父

实 例

（实例待考）

WYS052.6

舜的姑母

实 例

（实例待考）

WYS052.7
舜的其他父母辈关系

实 例

（参见下级母题实例）

WYS052.7.1
舜的岳父

实 例

（参见下级母题实例）

WYS052.7.1.1
尧是舜的岳父

实 例

汉 族 尧王来到历山发现舜是个贤人，定能挑起治国的重任。尧回朝后，跟皇后一商量，就把舜招为婿，让娥皇、女英跟舜结为夫妇了。

【流传】（无考）

【出处】王上清讲，王孟晓记录：《大舜耕田》，原载陶阳编《中国民间故事大观》，见陶阳、钟秀编《中国神话》（中），北京：商务印书馆 2008 年版，第 826 ～ 827 页。

汉 族 一天，尧到一个地方巡查，见到一个小头目，人年轻，又能干，就把娥皇、女英两个姑娘都嫁给他，这个小头目叫舜。

【流传】湖北省 · 随州市［采录地点：随州市区］

【出处】晏勋其（男，78 岁，随州市教师，大学）讲，刘大业（文化馆干部，初中）采录：《舜的传说》（1988），见《中国民间故事集成》全国编辑委员会、《中国民间故事集成 · 湖北卷》编辑委员会编《中国民间故事集成》（湖北卷），北京：中国 ISBN 中心 1999 年版，第 36 ～ 37 页。

汉 族 尧在位好多年，到年纪老了，就把帝位传给舜，还把两个女儿娥皇、女英嫁给舜做妃子。

【流传】湖南省 ·（永州市）· 蓝山县［采录地点：蓝山县］

【出处】邝圣恒（男，干部，高中）讲，李夕考（男，干部，高师）采录：《娥皇女英》（1986），见中国民间故事集成全国编辑委员会、《中国民间故事集成 · 湖南卷》编辑委员会编《中国民间故事集成》（湖南卷），北京：中国 ISBN 中心 2002 年版，第 59 ～ 60 页。

WYS052.7.1.2
尧招舜为女婿

实 例

汉 族 尧回朝后，跟皇后一商量，就把舜招为婿，让娥皇、女英跟舜结为夫妇了。

【流传】河南省 ·（洛阳市）· 宜阳县

【出处】王上清（50 岁，农民）讲，王孟晓采录：《大舜耕田》（1986.08），见张振犁编著，孟宪明、朱淑君统纂《中原神话通鉴》（第三卷），郑州：河南大学出版社 2017 年版，第 1005 页。

WYS052.8

与舜的父母有关的其他母题

实 例

（实例待考）

WYS053

舜的兄弟姐妹

实 例

（参见下级母题实例）

WYS053.1

舜的兄弟姐妹的产生

实 例

（实例待考）

WYS053.2

舜的兄弟姐妹的情况

实 例

（实例待考）

WYS053.3

舜的兄弟

实 例

（参见下级母题实例）

WYS053.3.1

舜的兄长

实 例

（实例待考）

WYS053.3.2

舜的弟弟（舜的弟弟象）

实 例

汉 族 谓始兴有鼻天子冢、鼻天子城，昔人不明为何人，乃象冢也。

【流传】（无考）

【出处】［宋］罗泌：《路史·发挥五·辨帝舜冢》注引《幽明录》。

中华民族 瞽瞍的妻子握登死后，壬女续弦。舜的日子冷暖不过问，整天里只吃残羹剩饭。一年后，壬女生了个儿子，取名叫象。

【流传】（山西省）

【出处】中国先秦史学会尧舜禹文化研究基地编，叶雨青、张培莲著：《尧舜传》第十九章“瞽瞍续弦娶壬女，姚婆无端虐虞舜”，太原：山西出版集团·山西春秋电子音像出版社 2008 年版，第 118 页。

WYS053.3.2.1

舜的弟弟的身份特征

实 例

（参见下级母题实例）

WYS053.3.2.1.1

舜的同父异母弟弟

实 例

（参见下级母题实例）

WYS053.3.2.1.1.1

弟弟是舜的后娘所生

实　例

汉　族 舜小时候，亲娘死得早，爹给他续了个后娘。后娘生个孩儿，起名叫象。

【**流传**】河南省·（洛阳市）·偃师县［采录地点：讲述者家中］

【**出处**】寇文贤（女，60岁，偃师县邙山区农民，不识字）讲，刘伯欣（男，25岁，河南大学中文系学生）采录：《舜王逃生》（1981.02），见《中国民间故事集成》全国编辑委员会、《中国民间故事集成·河南卷》编辑委员会编《中国民间故事集成》（河南卷），北京：中国ISBN中心2001年版，第47～48页。

汉　族 他（舜）的亲母早年死，继母才生象弟身。

【**流传**】湖北省·神农架林区

【**出处**】《人祖创世》，胡崇峻据秭归县新滩镇《黑暗传》清末抄本，阳日镇龙溪村村民杨有才和史光裕处口述材料，唐运青收集的祝天照、姜德龙抄本和唐运青采录的部分资料，贾邦修、张忠臣《黑暗大盘头》《黑暗纲鉴》资料以及林区下谷土家族民族乡石磨村戊子垭刘茂森处摘录转抄本的片断资料等整理，见胡崇峻搜集整理《黑暗传》，武汉：长江文艺出版社2002年版，第222页。

WYS053.3.2.1.1.2

弟弟是舜父续弦所生

实　例

汉　族 舜蛮小的辰光，亲娘死了，后来他爹又讨了个老婆，生了个儿子取名象。

【**流传**】浙江省·（杭州市）·萧山市［采录地点：萧山市桃源乡］

【**出处**】王焕根（男，30岁，萧山市桃源乡，农民，高小）讲，吴桑梓（女，41岁，萧山轻型车变速箱厂，工人，初小）采录：《舜拜天子》（1987），见中国民间文学集成全国编辑委员会、中国民间文学集成浙江卷编辑委员会编《中国民间故事集成》（浙江卷），北京：中国ISBN中心1997年版，第77页。

WYS053.3.2.1.1.3

瞽叟更娶生弟弟象

实　例

汉　族 舜母曰握登，早终，瞽叟更娶生象。

【**流传**】（无考）

【**出处**】［南朝·梁］萧绎：《金楼子》卷一。

WYS053.3.2.1.1.4

舜亲娘下世，父续后娘生弟弟象

实　例

汉　族 舜小的时候，亲娘就早早下世了。父亲续了个后娘。后娘生下个弟弟，起名叫象。

【流传】河南省·(洛阳市)·偃师县(偃师市)

【出处】刘伯欣的母亲讲，刘伯欣采录:《种麻籽》(1981)，见张振犁编著，孟宪明、朱淑君统纂《中原神话通鉴》(第三卷)，郑州：河南大学出版社 2017 年版，第 1003 页。

WYS053.3.2.1.1.5

舜的瞎爹续娶老婆，生儿子象

实 例

汉 族 舜的瞎爹又续娶了一个老婆，生下一个儿子，取名叫象。

【流传】山东省·济南市［采录地点：济南市］

【出处】徐臻（男，40 岁，干部，大专）讲，李奎元（男，40 岁，济南市委干部，大专）采录:《舜耕历山下》(1986 年春天)，见《中国民间故事集成》全国编辑委员会、《中国民间故事集成·山东卷》编辑委员会编《中国民间故事集成》(山东卷)，北京：中国 ISBN 中心 2007 年版，第 18 ～ 21 页。

WYS053.3.2.1.2

弟弟是舜的后娘带来

实 例

汉 族 舜的后娘带来一个儿子叫象。这个伙计什么事都不会做，心眼可坏得很，对舜的一份家产眼红，对两个漂亮嫂子眼馋，想独吞家产，夺过两个嫂子。母子俩定了一条毒计，要害死舜。

【流传】湖北省·随州市［采录地点：随州市区］

【出处】晏勋其（男，78 岁，随州市教师，大学）讲，刘大业（文化馆干部，初中）采录:《舜的传说》(1988)，见《中国民间故事集成》全国编辑委员会、《中国民间故事集成·湖北卷》编辑委员会编《中国民间故事集成》(湖北卷)，北京：中国 ISBN 中心 1999 年版，第 36 ～ 37 页。

WYS053.3.2.2

舜的弟弟的性格特征

实 例

（参见下级母题实例）

WYS053.3.2.2.1

舜的弟弟象性格傲慢

实 例

中华民族 舜父瞽叟顽，母嚚，弟象傲，皆欲杀舜。

【流传】（无考）

【出处】［西汉］司马迁:《史记·五帝本纪》。

汉 族 大舜，姓姚，名叫重华，他爹有姚氏生性顽固，继母为人刁蛮，弟弟象非常傲慢。

【流传】河南省·济源市·邵原镇［采录地点：邵原村西街翟家祠堂门前］

【出处】翟良志（男，81 岁，邵原镇邵原村农民，不识字）讲，陈公平（男，46 岁，邵原镇邵原村人，高中）采录:《大舜耕田孝感天帝》(2004.08.20)，见济源市邵原镇人民政府、济源邵州文化教育研究会编著《济源邵原创世神话群》，郑州：河南人民出版社 2008 年版，第 30 页。

WYS053.3.2.2.1a

舜的弟弟象傲慢得没法说

实 例

汉 族 舜的父亲是个糊涂透顶的人，人们叫他瞽叟，也就是瞎老头儿的意思。舜的生母早死了，后母很坏。后母生的弟弟名叫象，傲慢得没法说，瞽叟却很宠爱他。舜生活在这样一个家庭里，待他的父母、弟弟挺好。所以，大家认为舜是个德行好的人。

【流传】（无考）

【出处】《尧舜二帝》，见金麦田编著《中国古代神话故事》，北京：京华出版社 2003 年版，第 45 ～ 52 页。

WYS053.3.2.2.2

舜的弟弟象心肠恶毒

实 例

（参见下级母题实例）

WYS053.3.2.2.2.1

弟弟象想把哥哥舜害死

实 例

汉 族 舜的同父异母弟弟象想把哥哥舜害死，然后将两个嫂嫂娥皇、女英占为己有，作自己的老婆。

【流传】山西省・运城市・绛县・古绛镇・尧寓村

【出处】张志善：《娥皇女英助舜脱险的故事》，见田茂忠、申建华主编《尧王故里》，山西省绛县尧文化研究会编印，2009 年，第 130 ～ 136 页。

WYS053.3.2.2.2.2

弟弟想通过鸿门宴谋害舜

实 例

汉 族 舜的父母和弟弟想通过鸿门宴谋害舜。舜的妻子娥皇、女英拿出一包药递给舜说：“把这药倒在澡盆里，你洗个澡。这样，明天你去赴宴，尽管放心喝酒，无论喝多少也不会醉。只要不醉，就不会出事。厨房里有热水，你去洗吧。”

【流传】山西省・运城市・绛县・古绛镇・尧寓村

【出处】张志善：《娥皇女英助舜脱险的故事》，见田茂忠、申建华主编《尧王故里》，山西省绛县尧文化研究会编印，2009 年，第 130 ～ 136 页。

WYS053.3.2.2.2.3

舜补谷仓顶，弟弟从仓下纵火欲害死舜

实 例

汉 族 舜，传说中的远古帝王，五帝之一，姓姚，名重华，号有虞氏，史称虞舜。相传他的父亲瞽叟及继母、异母弟象，多次想害死他：让舜修补谷仓仓顶时，从谷仓下纵火，舜手持两个斗笠跳

下逃脱；让舜掘井时，瞽叟与象却下土填井，舜掘地道逃脱。事后舜毫不嫉恨，仍对父亲恭顺，对弟弟慈爱。

【流传】辽宁省·（锦州市）·北镇市·常兴店镇

【出处】《青岩寺》，见搜狐网：https://www.sohu.com/a/273611686 708238。

WYS053.3.2.2.2.4
舜的弟弟欲霸占嫂嫂（舜的妻子）

实 例

汉 族 舜的同父异母弟弟象想把哥哥舜害死，然后将两个嫂嫂娥皇、女英占为己有，作自己的老婆。

【流传】山西省·运城市·绛县·古绛镇·尧寓村

【出处】张志善：《娥皇女英助舜脱险的故事》，见田茂忠、申建华主编《尧王故里》，山西省绛县尧文化研究会编印，2009年，第130～136页。

WYS053.3.2.3
舜的弟弟的行为

实 例

（参见下级母题实例）

WYS053.3.2.3.1
弟弟对舜落井下石

实 例

汉 族 舜到井边给伯伯（亲生父亲）洗衣裳。后娘在井沿圈儿抹了一层厚厚的蜡油。舜来到井边，脚一滑，掉到井里去了。弟弟象在旁边藏着，见舜撵到井里，赶忙上前，搬起石头就往里砸，一直把井堵严实了才住手。

【流传】湖北省·随州市［采录地点：随州市区］

【出处】晏勋其（男，78岁，随州市教师，大学）讲，刘大业（文化馆干部，初中）采录：《舜的传说》（1988），见《中国民间故事集成》全国编辑委员会、《中国民间故事集成·湖北卷》编辑委员会编《中国民间故事集成》（湖北卷），北京：中国ISBN中心1999年版，第36～37页。

汉 族 舜的弟弟象为害舜，又献一计与父亲，叫他古井去淘水，上用石头丢井中。

【流传】湖北省·神农架林区

【出处】《人祖创世》，胡崇峻据秭归县新滩镇《黑暗传》清末抄本，阳日镇龙溪村村民杨有才和史光裕处口述材料，唐运青收集的祝天照、姜德龙抄本和唐运青采录的部分资料，贾邦修、张忠臣《黑暗大盘头》《黑暗纲鉴》资料以及林区下谷土家族民族乡石磨村戊子垭刘茂森处摘录转抄本的片断资料等整理，见胡崇峻搜集整理《黑暗传》，武汉：长江文艺出版社2002年版，第225～226页。

汉 族 舜，传说中的远古帝王，五帝之一，姓姚，名重华，号有虞氏，史称虞舜。相传他的父亲瞽叟及继母、异母弟象，多次想害死他：让舜修补谷仓仓顶时，从谷仓下纵火，舜手持两个斗笠跳下逃脱；让舜掘井时，瞽叟与象却下土填井，舜掘地道逃脱。事后舜毫不嫉恨，仍对父亲恭顺，对弟弟慈爱。

【流传】辽宁省·（锦州市）·北镇市·常兴店镇

【出处】《青岩寺》，见搜狐网：https://www.sohu.com/a/273611686 708238。

WYS053.3.2.3.2

弟弟把舜赶出家门

实 例

汉 族 舜被瞎爹狠娘坏弟弟赶出家门。他在历山脚下的小屋边开了一片荒地，种上了庄稼。

【流传】山东省·济南市［采录地点：济南市］

【出处】徐臻（男，40岁，干部，大专）讲，李奎元（男，40岁，济南市委干部，大专）采录：《舜耕历山下》（1986年春天），见《中国民间故事集成》全国编辑委员会、《中国民间故事集成·山东卷》编辑委员会编《中国民间故事集成》（山东卷），北京：中国ISBN中心2007年版，第18～21页。

WYS053.3.2.3.3

舜补谷仓顶，弟弟偷搬走了梯子

实 例

汉 族 舜攀着梯子登到老高的谷仓顶上，修补开了。弟弟象在下面偷偷地搬走梯子，在谷仓里放起火来。舜忽然想起妻子让他带来的苇笠来，就赶紧一个胳肢窝夹上一个，冒死往下跳。说也怪了，两个苇笠兜着风，就像鸟的两只翅膀一样，舜飘飘悠悠地落到地上，一点也没摔着。

【流传】山东省·济南市［采录地点：济南市］

【出处】徐臻（男，40岁，干部，大专）讲，李奎元（男，40岁，济南市委干部，大专）采录：《舜耕历山下》（1986年春天），见《中国民间故事集成》全国编辑委员会、《中国民间故事集成·山东卷》编辑委员会编《中国民间故事集成》（山东卷），北京：中国ISBN中心2007年版，第18～21页。

WYS053.3.2.3.4

弟弟牵病牛、拿破犁头给舜开荒耕地

实 例

汉 族 舜的后娘让他去开历山这座荒山时，他的弟弟象傲从牛圈里给大舜牵出一条病牛，又给了他一架破犁头，让他去开荒。

【流传】四川省·成都（成都市）

【出处】李茂生讲，陈钧整理：《害不死的大舜》，载《民间文学》1964年第3期。

WYS053.3.2.3.5

舜的弟弟改邪归正，向舜学习

实 例

汉 族 舜的弟弟象在舜的孝心和不计前嫌感召下，真的变了，再也没有害过舜，还处处向舜学习。后娘、瞎爹一看儿子变了，也不敢再出坏主意整治舜了。

【流传】山东省·济南市［采录地点：济南市］

【出处】徐臻（男，40岁，干部，大专）讲，李奎元（男，40岁，济南市委干部，大专）采录：《舜耕历山下》（1986年春天），见《中国民间故事集成》全国编辑委员会、《中国民间故事集成·山东卷》编辑委员会编《中国民间故事集成》（山东卷），北京：中国ISBN中心2007年版，第18～21页。

WYS053.3.2.4

舜与弟弟的关系

实 例

（参见下级母题实例）

WYS053.3.2.4.1*

舜与象的斗争反映母系向父系的过渡

实 例

中华民族 舜和弟弟象的斗争反映了由母系制向父系制的过渡。

【流传】（无考）

【出处】郭世谦：《古史传说考》（一、唐虞猛兽图腾集团），天津：天津出版传媒集团·天津古籍出版社2019年版，第52页。

WYS053.3.2.4.2

舜的弟弟欲杀舜

实 例

中华民族 舜父瞽叟顽，母嚚，弟象傲，皆欲杀舜。

【流传】（无考）

【出处】［西汉］司马迁：《史记·五帝本纪》。

WYS053.3.2.4.3

舜与同父异母弟弟属同一部落

实 例

汉 族 舜父瞽叟盲而舜母死，瞽叟更娶妻而生象。象傲，瞽叟爱后妻子，常欲杀舜。

【流传】（无考）

【出处】［西汉］司马迁：《史记·五帝本纪》。

WYS053.3.2.4.4

舜的善行感动弟弟，弟弟赔礼，兄弟和好

实 例

中华民族 舜为有虞氏，姚姓。舜的同父异母弟象是有鼻氏，妫姓。他们都属于同一个部落。

【流传】（无考）

【出处】郭世谦：《古史传说考》（五、三皇五帝及历代古史整理倾向），天津：天津出版传媒集团·天津古籍出版社2019年版，第1310页。

WYS053.3.2.4.5

舜的作为让弟弟改过自新

实 例

汉 族 舜的继母还多次想害舜，但都未能得逞。而舜不计较这些，同样孝敬父母，帮助弟弟。象感到羞愧，他跪在地上，向宽厚的哥哥和贤惠的二位嫂嫂赔了情。

【流传】山西省·（运城市）·芮城县［采录地点：芮城县杜庄乡历山村］

【出处】薛振东（男，56 岁，芮城县文化馆干部，小学）讲，文晓（男，24 岁，工人，高中）采录：《舜王打井》（1984.05），见中国民间文学集成全国编辑委员会、《中国民间文学集成·山西卷》编辑委员会编《中国民间故事集成》（山西卷），北京：中国 ISBN 中心 1999 年版，第 41 ～ 42 页。

WYS053.3.2.4.6

舜与弟弟受到的待遇不同

实 例

汉 族 舜的弟弟象在舜的孝心和不计前嫌感召下，真的变了，再也没有害过舜，还处处向舜学习。后娘、瞎爹一看儿子变了，也不敢再出坏主意整治舜了。

【流传】山东省·济南市［采录地点：济南市］

【出处】徐臻（男，40 岁，干部，大专）讲，李奎元（男，40 岁，济南市委干部，大专）采录：《舜耕历山下》（1986 年春天），见《中国民间故事集成》全国编辑委员会、《中国民间故事集成·山东卷》编辑委员会编《中国民间故事集成》（山东卷），北京：中国 ISBN 中心 2007 年版，第 18 ～ 21 页。

WYS053.3.2.4.6.1

舜受虐待，弟弟娇生惯养

实 例

汉 族 舜和象虽说是弟兄俩，日子过得可差远了。舜整天不光是挨打受骂，吃的粗茶饭，穿的破烂衣，还得干脏活累活；象却是娇生惯养，吃好穿好，啥活也不干。

【流传】河南省·（洛阳市）·偃师县

【出处】刘伯欣的母亲讲，刘伯欣记录：《种麻籽》，原载张振犁、程健君编：《中原神话专题资料》，见陶阳、钟秀编《中国神话》（中），北京：商务印书馆 2008 年版，第 824 ～ 825 页。

WYS053.3.2.5

与舜的弟弟有关的纪念物

实 例

（参见下级母题实例）

WYS053.3.2.5.1

象祠

实 例

（参见下级母题实例）

WYS053.3.2.5.1.1

后人立象祠，名曰鼻亭神

实 例

汉 族 鼻亭神在营道县北六十里。故老传云：舜葬九嶷，象来至此，后人立祠，名为鼻亭神。

【流传】（营道县）

【出处】［西汉］司马迁：《史记·五帝本纪》张守节正义引《括地志》。

WYS053.3.2.5.1.2
象祠鼻亭神历史悠久，保存完好

实 例

汉 族 鼻亭神，象祠也。不知何自始立，因而勿除，完而恒新，相传且千岁。

【流传】（道州）

【出处】［唐］柳宗元：《柳河东集・道州毁鼻亭神记》。

WYS053.3.2.5.1.3
象祠在零陵

实 例

汉 族 有鼻，在零陵，今鼻亭是也。

【流传】（零陵）

【出处】［东汉］班固等：《汉书・武五子传》颜师古注。

WYS053.3.2.5.2
鼻墟

实 例

（参见下级母题实例）

WYS053.3.2.5.2.1
鼻墟为象的封地

实 例

汉 族 泉陵县北部东五里有鼻墟，象所封也。

【流传】（泉陵县）

【出处】［西汉］司马迁：《史记・五帝本纪》。

WYS053.4
舜的姐妹

实 例

（实例待考）

WYS053.4.1
舜的姐姐

实 例

（实例待考）

WYS053.4.2
舜的妹妹

实 例

（参见下级母题实例）

WYS053.4.2.1
舜的妹妹系

实 例

汉 族 舜的母亲是继母，父亲名叫瞽叟，是个双目失明的庄稼汉。继母到家又生了一男一女，男的叫象，女的叫系。

【流传】山西省・（运城市）・芮城县［采录地点：芮城县杜庄乡历山村］

【出处】薛振东（男，56岁，芮城县文化馆干部，小学）讲，文晓（男，24岁，工人，高中）采录：《舜王打井》(1984.05)，见中国民间文学集成全国编辑委员会、《中国民间文学集成・山西卷》编辑委员会编《中国民间故事集成》(山西卷)，北京：中国ISBN中心1999年版，第41～42页。

WYS053.4.2.2

舜的妹妹数手

实 例

汉 族 舜的弟弟想谋害舜时，舜根本不理会妹妹数手的善意示意，对弟弟象端过来的酒照喝不停，直喝得劝酒的人晕头醉脑。

【流传】山西省 · 运城市 · 绛县 · 古绛镇 · 尧寓村

【出处】张志善：《娥皇女英助舜脱险的故事》，见田茂忠、申建华主编《尧王故里》，山西省绛县尧文化研究会编印，2009 年，第 130 ～ 136 页。

WYS053.5

舜兄弟姐妹的关系人

实 例

（实例待考）

WYS053.6

舜兄弟姐妹的事迹

实 例

（实例待考）

WYS053.7

与舜兄弟姐妹有关的其他母题

实 例

（实例待考）

WYS054

舜的妻子（舜的配偶；舜的婚姻；舜的妃子）

实 例

（参见下级母题实例）

WYS054.0

舜的婚姻的产生

实 例

（参见下级母题实例）

WYS054.0.1

舜婚姻产生的背景

实 例

（参见下级母题实例）

WYS054.0.1.1

舜大龄未婚

实 例

（参见下级母题实例）

WYS054.0.1.1.1

舜三十岁时在父母的阻拦下仍是独身

【关联】[WYS054.7.4] 舜是光棍

实 例

中华民族 舜时年三十岁，早已过了婚娶年龄，但由于瞽瞍和后娘是想让舜独身一辈子的。尽管十几年来上门给舜提亲作媒的很多，却全都被瞽瞍和后娘拒绝了。舜是孝子，未经父母同意，决不擅自在外娶妻，故至今仍是独身。

【流传】（山西省）

【出处】中国先秦史学会尧舜禹文化研究基地编，叶雨青、张培莲著：《尧舜传》第二十六章“尧访贤众臣举舜，娶二女嫔于虞城”，太原：山西出版集团・山西春秋电子音像出版社 2008 年版，第 174 页。

WYS054.0a

舜结婚的地点

实 例

（参见下级母题实例）

WYS054.0a.1

舜在虞成婚

实 例

中华民族 桥之东北有虞原，原上道东有虞城，尧妻舜以嫔于虞者也。

【流传】（山西省）

【出处】［北魏］郦道元：《水经注・河水》。

WYS054.0a.1.1

舜的婚礼在舜先祖虞幕故地虞城（今平陆县）的家庙举行

实 例

中华民族 尧王七十一年春，尧预先将两个女儿安置在妫油，让弃代表女家，让九子陪同，一块儿来到妫汭。婚礼是在舜先祖虞幕故地虞城（今平陆县）的家庙举行。

【流传】（山西省）

【出处】中国先秦史学会尧舜禹文化研究基地编，叶雨青、张培莲著：《尧舜传》第二十六章“尧访贤众臣举舜，娶二女嫔于虞城”，太原：山西出版集团・山西春秋电子音像出版社 2008 年版，第 175 页。

WYS054.1

舜的特定的妻子

实 例

（参见下级母题实例）

WYS054.1.1

舜妻子的姓名

实 例

（参见下级母题实例）

WYS054.1.1.1

舜的妻子女匽氏

实 例

汉 族 帝舜娶于帝尧之子，谓之女匽氏。

【流传】（无考）

【出处】［西汉］戴德：《礼记・帝系》。

WYS054.1.1.2

嫦娥是舜的妻子

实 例

汉 族 嫦娥是舜的妻子。

【流传】四川省·成都市·东城区

【出处】李芝讲，张光荣采录：《舜射九日》，见中国民间文学集成全国编辑委员会、《中国民间文学集成·四川卷》编辑委员会编《中国民间故事集成》(四川卷·上)，北京：中国 ISBN 中心 1998 年版，第 90 页。

WYS054.1.1.3

舜的妻子登比氏

实 例

汉 族 舜妻登比氏生宵明、烛光，处河大泽，二女之灵能照此所方百里。一曰登北氏。

【流传】(无考)

【出处】(a)[战国至汉]撰者不详：《山海经·海内北经》。(b)《大泽》，见袁珂《中国神话大词典》，北京：华夏出版社 2015 年版，第 19 页。

WYS054.1.1.4

舜的妻子娥皇、女英

实 例

中华民族 《列女传》云：二女，"长日娥皇，次日女英。"《世本》作"女莹"、《大戴》作"女匽"。

【流传】(无考)

【出处】[唐] 司马贞：《史记索隐》。

汉 族 一天，尧到一个地方巡查，见到一个小头目，人年轻，又能干，就把娥皇、女英两个姑娘都嫁给他，这个小头目叫舜。

【流传】湖北省·随州市［采录地点：随州市区］

【出处】晏勋其（男，78 岁，随州市教师，大学）讲，刘大业（文化馆干部，初中）采录：《舜的传说》(1988)，见《中国民间故事集成》全国编辑委员会、《中国民间故事集成·湖北卷》编辑委员会编《中国民间故事集成》(湖北卷)，北京：中国 ISBN 中心 1999 年版，第 36 ～ 37 页。

汉 族 尧在位好多年，到年纪老了，就把帝位传给舜，还把两个女儿娥皇、女英嫁给舜做妃子。

【流传】湖南省·(永州市)·蓝山县［采录地点：蓝山县］

【出处】邝圣恒（男，干部，高中）讲，李夕考（男，干部，高师）采录：《娥皇女英》(1986)，见中国民间故事集成全国编辑委员会、《中国民间故事集成·湖南卷》编辑委员会编《中国民间故事集成》(湖南卷)，北京：中国 ISBN 中心 2002 年版，第 59 ～ 60 页。

汉 族 舜耕于厉山过光阴，尧王访贤让大舜，就将二女配为婚，二女娥皇与女英，乃是姑母配玄孙。

【流传】湖北省·神农架林区

【出处】《人祖创世》，胡崇峻据秭归县新滩镇《黑暗传》清末抄本，阳日镇龙溪村村民杨有才和史光裕处口述材料，唐运青收集的祝天照、姜德龙抄本和唐运青采录的部分资料，贾邦修、张忠臣《黑暗大盘头》《黑暗纲鉴》资料以及林区下谷土家族民族乡石磨村戊子垭刘茂森处摘录转抄本的片断资料等整理，见胡崇峻搜集整理《黑暗传》，武汉：长江文艺出版社 2002 年版，第 224 页。

WYS054.1.1.5

舜的妻子媓、娥

实 例

中华民族 尧“于是妻之（舜）以媓，媵之以娥。”

【流传】（无考）

【出处】《艺文类聚 · 帝舜有虞氏》引《尸子》。

WYS054.1.1.6

舜帝妃育氏

实 例

中华民族 舜帝妃育氏葬于陈仓。

【流传】（无考）

【出处】杨东晨：《论宝鸡地区在炎黄族融合和孕育三代文化中的重要地位》，载《宝鸡社会科学》1998 年第 4 期。

WYS054.1.1.7

舜的妻子娥皇

实 例

中华民族 帝俊生中容，高阳也，帝俊生帝鸿，则少典也；帝俊生黑齿，姜姓，则神农也；帝俊妻娥皇，则虞舜也；帝俊生季厘、后稷，则高辛也。

【流传】（无考）

【出处】章太炎：《检论 · 尊史》，转引自蒙文通《略论〈山海经〉的写作时代及其产生地域》，原载《中华文史论丛》（一），1962 年，见马昌仪选编《中国神话学百年文论选》（上），西安：陕西师范大学出版总社有限公司 2013 年版，第 502 ～ 518 页。

WYS054.1.2

舜妻子的数量

实 例

（参见下级母题实例）

WYS054.1.2.1

妻子的数量为二

实 例

（参见下级母题实例）

WYS054.1.2.1.1

舜娶娥皇、女英两个妃子

实 例

汉 族 舜当了皇帝以后，娶了娥皇和女英两个妃子。

【流传】河南省 ·（洛阳市）· 偃师县 · 邙山区

【出处】寇文贤讲，刘伯欣采录：《舜王封娘娘》，见《中国民间故事集成》全国编辑委员会、《中国民间故事集成 · 河南卷》编辑委员会编《中国民间故事集成》（河南卷），北京：中国 ISBN 中心 2001 年版，第 48 页。

汉 族 舜为帝时，曾娶二妃，一曰娥皇，一曰女英。

【流传】(河南省)

【出处】袁珂改编:《娥皇与女英》(原名《骡子为什么不下驹》),原载河南师大中文系编《河南民间故事》,见袁珂《中国神话大词典》,北京:华夏出版社2015年版,第389页。

汉 族 舜当了皇帝以后,娶了两个妃子:一个叫娥皇,一个叫女英。

【流传】河南省·(洛阳市)·偃师县(偃师市)

【出处】刘伯欣的母亲讲,刘伯欣采录:《骡子为什么不会下驹》(1981),见张振犁编著,孟宪明、朱淑君统纂《中原神话通鉴》(第三卷),郑州:河南大学出版社2017年版,第1006页。

WYS054.1.2.2

妻子的数量为三

实 例

(参见下级母题实例)

WYS054.1.2.2.1

舜有三妻

实 例

中华民族 从舜有三妻看,似乎可以有两种解释,一是对偶婚虽然出现,但并不是十分牢固的,所以舜虽先有登比氏,且生有二女宵明、烛光,不妨碍其再与尧之二女缔姻。

【流传】(无考)

【出处】郭世谦:《古史传说考》(一、唐虞猛兽图腾集团),天津:天津出版传媒集团·天津古籍出版社2019年版,第54页。

WYS054.1.2.2.2

舜纳三妃

实 例

中华民族 (舜)帝之三妃,不得皆后于帝死,既葬于陈仓,则其先死矣,育。罗苹注:育即娥皇,《汉志》陈仓(今宝鸡)有黄帝孙舜妻育冢。

【流传】(宝鸡)

【出处】[宋]罗泌:《路史·发挥》。

中华民族 舜纳三妃生九子,其嫡长子为商均。

【流传】(无考)

【出处】[唐]虞世南:《北堂书钞》卷二三引。

中华民族 舜有三妃。

【流传】(无考)

【出处】[晋]皇甫谧:《帝王世纪》。

WYS054.2

舜的妻子的身份

实 例

(参见下级母题实例)

WYS054.2.1

舜的妻子嫦娥从天上来

实 例

汉 族 帝舜娶于帝尧之子,谓之女匽氏。

【流传】(无考)

【出处】[西汉] 戴德:《礼记·帝系》。

汉 族 舜背了十枝金箭，从天上带起妻子嫦娥下凡来了。

【流传】四川省·成都市 [采录地点：成都市东城区]

【出处】李芝（男，56岁，退休教师）讲，张光荣（女，34岁，牛市口辖区专干，高中）、李青（女，21岁，二仙桥办事处文化专干，高中）采录:《舜射九日》(1987.03)，见中国民间文学集成全国编辑委员会、《中国民间文学集成·四川卷》编辑委员会编《中国民间故事集成》(四川卷·上)，北京：中国ISBN中心1998年版，第90～91页。

WYS054.2.2

舜的妻子是女神

实 例

(参见下级母题实例)

WYS054.2.2.1

舜的妻子娥皇是少昊部落女神之裔

实 例

中华民族 女性的羲和是少昊部落的一位女神，而舜妻娥皇已经缺乏那种神性了。但是舜妻娥皇实际也是少昊部落之裔。

【流传】(无考)

【出处】郭世谦:《古史传说考》(三、两昊鸟图腾部落集团)，天津：天津出版传媒集团·天津古籍出版社2019年版，第687页。

WYS054.2.3

舜的妻子是特定身份的人

实 例

(参见下级母题实例)

WYS054.2.3.1

帝舜娶帝尧之子女匽氏

实 例

汉 族 帝舜娶于帝尧之子，谓之女匽氏。

【流传】(无考)

【出处】[西汉] 戴德:《礼记·帝系》。

WYS054.3

舜的妻子的事迹（舜妻的行为）

实 例

(参见下级母题实例)

WYS054.3.1

舜与妻子娥皇在烈山开荒种地

实 例

汉 族 舜被和娥皇成了亲后，就在娥皇所在的在烈山开荒种地。

【流传】湖北省·随州市 [采录地点：随州市区]

【出处】冷明中（男，70岁，随州市农民，小学）讲，冷明权（文化馆干部，大学）采录:《*舜的传说》(1982)，见《中国民间故事集成》全国编辑委员会、《中国民间故事集成·湖北卷》编辑委员会编《中国民间故事集成》(湖北卷)，北京：中国ISBN中心1999年版，第37～38页。

WYS054.3.2

舜的妻子娥皇、女英帮舜治理历山

实 例

汉 族 舜南巡时，治理历山之重任遂落于娥皇、女英两个妻子身上。遇大旱，二女日夜祈雨无果，二女相顾曰："天既不应，何不祈之龙王？"

【流传】(无考)

【出处】(a)《珍珠泉》，原载《中国地方风物传说选》(二)。(b)同(a)，见袁珂《中国神话大词典》，北京：华夏出版社2015年版，第384页。

WYS054.3.3

舜的妻子娥皇、女英与其在历山耕种

实 例

汉 族 舜和他的两个妻子一娥皇和女英，在历山脚下，耕种田地。

【流传】山东省·济南市［采录地点：济南市］

【出处】韩兆福(男，大专，干部)讲，李奎元(男，42岁，济南市委宣传部干部，大专)采录：《舜井锁蛟》(1989)，见《中国民间故事集成》全国编辑委员会、《中国民间故事集成·山东卷》编辑委员会编《中国民间故事集成》(山东卷)，北京：中国ISBN中心2007年版，第360～362页。

WYS054.3.4

舜被妻子娥皇搭救

实 例

汉 族 舜被后母骗到井中。舜在井中找到一个洞，就顺着洞往前爬。途中遇到一个呻吟的老汉，就让老汉趴在自己背上，又朝前爬。洞口站着一位美貌少女，身材窈窕。她扶起老汉和舜，对舜说："我叫娥皇，在这儿等你多日了。你搭救的是我的老爷爷，他是专门来接你的。"后来，舜和娥皇成了亲。

【流传】湖北省·随州市［采录地点：随州市区］

【出处】冷明中(男，70岁，随州市农民，小学)讲，冷明权(文化馆干部，大学)采录：《*舜的传说》(1982)，见《中国民间故事集成》全国编辑委员会、《中国民间故事集成·湖北卷》编辑委员会编《中国民间故事集成》(湖北卷)，北京：中国ISBN中心1999年版，第37～38页。

WYS054.3.5

舜的妻子娥皇、女英辅佐舜成就大业

实 例

汉 族 尧的女儿娥皇与女英在父母的言传身教中一天天长大，后来，又嫁给了舜作妻子，辅助舜成就了大业。

【流传】山西省·运城市·绛县

【出处】宋玉秀：《娥皇与女英》，见田茂忠、申建华主编《尧王故里》，山西省绛县尧文化研究会编印，2009年，第188～190页。

WYS054.3.6

舜三次遇害，舜的妻子娥皇、女英出手相救

实 例

汉 族 通过三次遇害妻子娥皇、女英相救的事，他对两个妻子更加敬重，由妻子的才能和人品他推想到岳父尧的不凡业绩，不禁在心里暗暗发誓，他一定要在两个妻子的辅佐下，以尧为榜样，干一番轰轰烈烈的事业，为天下百姓谋福祉。

【流传】山西省·运城市·绛县·古绛镇·尧寓村

【出处】张志善:《娥皇女英助舜脱险的故事》，见田茂忠、申建华主编《尧王故里》，山西省绛县尧文化研究会编印，2009年，第130～136页。

WYS054.3.7

舜的妻子娥皇、女英助舜免受毒害

实 例

汉 族 舜的父母和弟弟想通过鸿门宴谋害舜。舜的妻子娥皇、女英拿出一包药递给舜说:“把这药倒在澡盆里，你洗个澡。这样，明天你去赴宴，尽管放心喝酒，无论喝多少也不会醉。只要不醉，就不会出事。厨房里有热水，你去洗吧。”

【流传】山西省·运城市·绛县·古绛镇·尧寓村

【出处】张志善:《娥皇女英助舜脱险的故事》，见田茂忠、申建华主编《尧王故里》，山西省绛县尧文化研究会编印，2009年，第130～136页。

WYS054.3.8

妻子送舜避难宝物，使其免于陷害

实 例

（参见下级母题实例）

WYS054.3.8.1

妻子送舜龙衣，使其免于陷害

实 例

汉 族 舜的妻子知道舜的后母和弟弟在舜盖房时要陷害舜，就把几年前东海龙王送给皇父的一件可以消灾避难的龙衣偷偷地穿在舜的身上。当熊熊的火焰直烧到屋顶上时，舜忽然觉得身子一轻，变成了一只凤凰鸟。冲出了火焰，飞向蓝天。这件逢凶化吉的龙衣帮了舜的大忙。

【流传】甘肃省·天水市·北道区［采录地点：天水市北道区街子乡］

【出处】张文理（男，57岁，农民，小学）讲，柴亚方（男，34岁，农民，初中）采录:《舜的传说》(1987.05)，见《中国民间故事集成》全国编辑委员会、《中国民间故事集成·甘肃卷》编辑委员会编《中国民间故事集成》(甘肃卷)，北京：中国ISBN中心2001年版，第21页。

WYS054.3.8.2

妻子送舜彩纹衣，使其免于陷害

实 例

汉 族 舜的父亲想让舜掏井时害死他时，舜的妻子娥皇、女英给舜穿上了一件画

着龙形的彩纹衣服，外面罩上了旧衣服，嘱道："危急时你将旧衣服脱掉，就会遇难呈祥"。

【流传】山西省·运城市·绛县·古绛镇·尧寓村

【出处】张志善：《娥皇女英助舜脱险的故事》，见田茂忠、申建华主编《尧王故里》，山西省绛县尧文化研究会编印，2009 年，第 130 ～ 136 页。

WYS054.3.8.3

妻子送舜苇笠，使其免于陷害

实 例

汉 族 舜攀着梯子登到老高的谷仓顶上，修补开了。弟弟象在下面偷偷地搬走梯子，在谷仓里放起火来。舜忽然想起妻子让他带来的苇笠来，就赶紧一个胳肢窝夹上一个，冒死往下跳。说也怪了，两个苇笠兜着风，就像鸟的两只翅膀一样，舜飘飘悠悠地落到地上，一点也没摔着。

【流传】山东省·济南市［采录地点：济南市］

【出处】徐臻（男，40 岁，干部，大专）讲，李奎元（男，40 岁，济南市委干部，大专）采录：《舜耕历山下》(1986 年春天)，见《中国民间故事集成》全国编辑委员会、《中国民间故事集成·山东卷》编辑委员会编《中国民间故事集成》(山东卷)，北京：中国 ISBN 中心 2007 年版，第 18 ～ 21 页。

WYS054.3.9

舜的妻子向天祈雨失败

实 例

汉 族 舜南巡时，治理历山之重任遂落于娥皇、女英两个妻子身上。遇大旱，二女日夜祈祷上天普降甘霖，历数月而碧蓝天空仍无一丝云彩。

【流传】(无考)

【出处】(a)《珍珠泉》，原载《中国地方风物传说选》(二)。(b) 同 (a)，见袁珂《中国神话大词典》，北京：华夏出版社 2015 年版，第 384 页。

WYS054.4

舜的妻子的地位

实 例

(参见下级母题实例)

WYS054.4.1

舜的妻子没有地位高低之分

实 例

中华民族 尧之二女同嫁一夫，似乎还保留了普那路亚婚姻的遗俗。后人强要分出嫡庶，是不了解上古婚姻习俗的表现。

【流传】(无考)

【出处】郭世谦：《古史传说考》(一、唐虞猛兽图腾集团)，天津：天津出版传媒集团·天津古籍出版社 2019 年版，第 54 页。

汉 族 舜帝和娥皇、女英成亲后，对两个妻子没有长次之论，偏正之分。姐妹两人齐心协力辅佐舜帝治理天下，做了许多有利于人民的事情。

【流传】山西省

【出处】王宏搜集整理：《尧王嫁女》，载《民间文学》1981 年第 4 期。

WYS054.4.2

舜的妻子争地位高低

实 例

汉 族 尧王的大女儿叫娥皇，二女儿叫女英，传说大女儿是养女，小女儿是亲生的。她俩嫁给舜后，本应大女儿为舜的大夫人，小女儿为舜的二夫人。可尧夫人有偏爱，想让小女儿为大。

【流传】山西省 · 运城市 · 绛县 · 古绛镇 · 尧寓村

【出处】李友植：《二鹿门》，见田茂忠、申建华主编《尧王故里》，山西省绛县尧文化研究会编印，2009 年，第 127 ～ 129 页。

WYS054.4.3

娥皇为长，女英为次

实 例

汉 族 有虞二妃者，帝尧之二女也。长娥皇，次女英。

【流传】（无考）

【出处】［西汉］刘向：《列女传 · 有虞二妃》。

WYS054.4.4

娥皇为后，女英为妃

实 例

汉 族 尧试之百方，每事常谋于二女。舜既嗣位，升为天子，娥皇为后，女英为妃。

【流传】（无考）

【出处】［西汉］刘向：《列女传 · 有虞二妃》。

WYS054.4.5

娥皇是舜的正妃，女英为夫人

实 例

汉 族 尧之长女娥皇为舜正妃，故曰君；其二女女英自宜降为夫人。

【流传】（无考）

【出处】［唐］韩愈：《黄陵庙碑》。

WYS054.4.6

舜尤爱次妃女英，欲立以为后而无由

实 例

汉 族 舜当了皇帝以后，娶了两个妃子，一个叫娥皇，一个叫女英。舜特别喜欢女英，想把她封为娘娘，可是又找不到正当的理由。

【流传】河南省 ·（洛阳市）· 偃师县［采录地点：讲述者家中］

【出处】寇文贤（女，60 岁，偃师县邙山区农民，不识字）讲，刘伯欣（男，25 岁，河南大学中文系学生）采录：《舜王封娘娘》（1981.02），见《中国民间故事集成》全国编辑委员会、《中国民间故事集成 · 河南卷》编辑委员会编《中国民间故事集成》（河南卷），北京：中国 ISBN 中心 2001 年版，第 48 页。

汉 族 舜当皇帝后娶了两个妃子娥皇、女

英。舜特别喜欢女英，想把她立为娘娘，可是又找不到正当的理由。

【流传】河南省·（洛阳市）·偃师县（偃师市）

【出处】刘伯欣的母亲讲，刘伯欣采录：《骡子为什么不会下驹》（1981），见张振犁编著，孟宪明、朱淑君统纂《中原神话通鉴》（第三卷），郑州：河南大学出版社2017年版，第1006页。

汉 族 舜为帝时，曾娶二妃，一曰娥皇，一曰女英；舜尤爱女英，欲立以为后而无其由。

【流传】（河南省）

【出处】袁珂改编：《娥皇与女英》（原名《骡子为什么不下驹》），原载河南师大中文系编《河南民间故事》，见袁珂《中国神话大词典》，北京：华夏出版社2015年版，第389页。

WYS054.4.7

尧嫁二女于舜，并为二女命题比试，以定地位偏正

实 例

汉 族 尧的女儿娥皇和女英嫁给继位的舜后，尧妻总想让自己亲生女儿女英为正夫人，让养女娥皇为偏房。尧王坚决反对，于是出三道考题让两个女儿比试，以确定偏正。

【流传】山西省

【出处】王宏搜集整理：《尧王嫁女》，载《民间文学》1981年第4期。

WYS054.4.8

舜娶二妃，尤爱女英

实 例

汉 族 舜为帝时，曾娶二妃，一曰娥皇，一曰女英；舜尤爱女英。

【流传】（河南省）

【出处】袁珂改编：《娥皇与女英》（原名《骡子为什么不下驹》），原载河南师大中文系编《河南民间故事》，见袁珂《中国神话大词典》，北京：华夏出版社2015年版，第389页。

WYS054.5

舜的婚姻的结果

实 例

（参见下级母题实例）

WYS054.5.1

舜配偶的结局

实 例

（参见下级母题实例）

WYS054.5.1.1

娥皇和女英二妃溺于湘江，神游洞庭之渊

实 例

汉 族 大舜之陟方也，二妃从征，溺于湘江，神游洞庭之渊，出入潇湘之浦。

【流传】（无考）

【出处】[北魏]郦道元:《水经注·湘水》。

中华民族 远别离，古有皇英之二女，乃在洞庭之南，潇湘之浦。海水直下万里深，谁人不言此离苦。日惨惨兮云冥冥，猩猩啼烟兮鬼啸雨。我纵言之将何补，皇穹窃恐不照余之忠诚。

【流传】(无考)

【出处】[唐]李白:《远别离》。

WYS054.5.1.2

舜帝妃育氏葬于陈仓

实 例

中华民族 (舜)帝之三妃，不得皆后于帝死，既葬于陈仓，则其先死矣，育。罗苹注：育即娥皇,《汉志》陈仓(今宝鸡)有黄帝孙舜妻育冢。

【流传】(宝鸡)

【出处】[宋]罗泌:《路史·发挥》。

中华民族 至尧舜时，舜帝妃育氏葬于陈仓。

【流传】(无考)

【出处】杨东晨、杨建国:《渭水流域是华夏文化的重要源头——论宝鸡地区在炎黄族融合和孕育三代文化中的重要地位》，载《宝鸡文理学院学报(社会科学版)》2002年第3期。

中华民族 舜帝妃育氏葬于陈仓。

【流传】(无考)

【出处】杨东晨:《论宝鸡地区在炎黄族融合和孕育三代文化中的重要地位》，载《宝鸡社会科学》1998年第4期。

WYS054.5.1.3

舜的妻子祭拜舜后，投湘江而亡

实 例

汉 族 舜的妻子娥皇、女英祭拜九嶷山舜的坟墓回京时，边哭边走，走到衡阳湘江边就再也走不动了，双双投水而死，成了湘江神，人们称她们为湘君、湘夫人。

【流传】湖南省·(永州市)·蓝山县[采录地点：蓝山县]

【出处】邝圣恒(男，干部，高中)讲，李夕考(男，干部，高师)采录:《娥皇女英》(1986)，见中国民间故事集成全国编辑委员会、《中国民间故事集成·湖南卷》编辑委员会编《中国民间故事集成》(湖南卷)，北京：中国ISBN中心2002年版，第59～60页。

汉 族 舜死后，葬在了九嶷山下。舜的妻子哭得死去活来，在奔丧途经湘水时，投水而死，成了后来传说中的湘水女神。

【流传】山东省·济南市[采录地点：济南市]

【出处】徐臻(男，40岁，干部，大专)讲，李奎元(男，40岁，济南市委干部，大专)采录:《舜耕历山下》(1986年春天)，见《中国民间故事集成》全国编辑委员会、《中国民间故事集成·山东卷》编辑委员会编《中国民间故事集成》(山东卷)，北京：中国ISBN中心2007年版，第18～21页。

WYS054.5.1.4

舜妃娥皇和女英二妃死后俗谓“湘君”

实 例

汉 族 天下称二妃聪明贞仁。舜陟方，死于苍梧，号曰重华。二妃死于江湘之间，俗谓之湘君。

【流传】（无考）

【出处】［西汉］刘向：《列女传·有虞二妃》。

WYS054.6

与舜的妻子有关的建筑物

实 例

（参见下级母题实例）

WYS054.6.1

娥英庙

实 例

（参见下级母题实例）

WYS054.6.1.1

两突泉娥英庙为纪念舜的妻子而建

实 例

汉 族 千佛山顶上的舜祠，两突泉北边的娥英庙，都是人们为纪念大舜和他的妻子而修建的。

【流传】山东省·济南市［采录地点：济南市］

【出处】徐臻（男，40岁，干部，大专）讲，李奎元（男，40岁，济南市委干部，大专）采录：《舜耕历山下》（1986年春天），见《中国民间故事集成》全国编辑委员会、《中国民间故事集成·山东卷》编辑委员会编《中国民间故事集成》（山东卷），北京：中国ISBN中心2007年版，第18～21页。

WYS054.6.2

娥皇庙、女英庙

实 例

（参见下级母题实例）

WYS054.6.2.1

后人为娥皇、女英修庙

实 例

汉 族 舜从尧那里接管了天下，就离开了历山，到江南巡察去了。但大伙永远不忘他和他的两个妻子的恩德和功绩，修起了舜庙和娥皇、女英庙，庙里塑上了舜和娥皇、女英像；把历山改名为“舜耕山”；把他和他的两个妻子带领大伙挖出的那眼泉井，叫做“舜井”，也叫“舜泉”。

【流传】山东省·济南市［采录地点：济南市］

【出处】韩兆福（男，大专，干部）讲，李奎元（男，42岁，济南市委宣传部干部，大专）采录：《舜井锁蛟》（1989），见《中国民间故事集成》全国编辑委员会、《中国民间故事集成·山东卷》编辑委员会编《中国民间故事集成》（山东卷），北京：中国ISBN中心2007年版，第360～362页。

WYS054.6.3
娥皇像、女英像

实　例

（参见下级母题实例）

WYS054.6.3.1
后人为娥皇、女英塑像

实　例

汉　族 舜从尧那里接管了天下，就离开了历山，到江南巡察去了。但大伙永远不忘他和他的两个妻子的恩德和功绩，修起了舜庙和娥皇、女英庙，庙里塑上了舜和娥皇、女英像；把历山改名为“舜耕山”；把他和他的两个妻子带领大伙挖出的那眼泉井，叫做“舜井”，也叫“舜泉”。

【流传】山东省 · 济南市［采录地点：济南市］

【出处】韩兆福（男，大专，干部）讲，李奎元（男，42 岁，济南市委宣传部干部，大专）采录：《舜井锁蛟》(1989)，见《中国民间故事集成》全国编辑委员会、《中国民间故事集成 · 山东卷》编辑委员会编《中国民间故事集成》(山东卷)，北京：中国 ISBN 中心 2007 年版，第 360 ～ 362 页。

WYS054.6.4
舜的二妃坛

实　例

汉　族 潼关去蒲坂城六十，城中有舜庙，城外有舜宅并及二妃坛，南去城二十，舜所耕也。

【流传】(无考)

【出处】［宋］罗泌：《路史》注引《西征记》。

WYS054.6.5
娥皇峰

实　例

汉　族 九嶷山有九峰，其中第四奉曰娥皇峰，峰下有舜池。

【流传】(无考)

【出处】(a)［宋］李昉、李穆、徐铉等：《太平御览》卷四一引《郡国志》。(b)《九嶷山》，见袁珂《中国神话大词典》，北京：华夏出版社 2015 年版，第 12 页。

WYS054.7
与舜婚姻有关的其他母题

实　例

（参见下级母题实例）

WYS054.7.0
舜拒婚

实　例

（参见下级母题实例）

WYS054.7.0.1
尧欲嫁女儿娥皇、女英与舜时，舜觉自己出身微贱坚拒

实　例

中华民族 尧派使臣提亲，要嫁娥皇、女英与舜。舜深感意外，但总觉自己出身微

贱，故而坚拒。

【流传】（山西省）

【出处】中国先秦史学会尧舜禹文化研究基地编，叶雨青、张培莲著：《尧舜传》第二十六章“尧访贤众臣举舜，娶二女嫔于虞城”，太原：山西出版集团·山西春秋电子音像出版社 2008 年版，第 174 页。

WYS054.7.1

舜婚姻的帮助者（舜婚姻的媒人）

实　例

（参见下级母题实例）

WYS054.7.1.1

尧是舜婚姻的帮助者

实　例

（参见下级母题实例）

WYS054.7.1.1.0

尧禅让舜，并把两个女儿嫁给舜做妻子

实　例

汉　族 尧王把王位禅让给舜后，又把娥皇、女英两个女儿一起许配给舜，姐妹俩心里都很高兴。

【流传】山西省·临汾市［采录地点：临汾市郭珩乡］

【出处】逵忠辄（男，73 岁，临汾市郭圻乡退休中学教师）讲，王宏（男，46 岁，临汾蒲剧院干部，大专）采录：《尧王嫁女》（1981），见中国民间文学集成全国编辑委员会、《中国民间文学集成·山西卷》编辑委员会编《中国民间故事集成》（山西卷），北京：中国 ISBN 中心 1999 年版，第 37 ～ 38 页。

汉　族 尧把帝位禅让给舜，还把自己的两个女儿，娥皇和女英给舜做了妻子。

【流传】河南省·南阳市·淅川县［采录地点：淅川县荆紫关镇吴村］

【出处】习警文讲，习诏记录：《丹江的传说》（1985.03），见中国民间文艺家协会组织编写，罗杨总主编，王洪连、习诏本卷主编《中国民间故事丛书》（河南省·南阳市·淅川卷），北京：知识产权出版社 2016 年版，第 19 ～ 21 页。

汉　族 舜弹琴弹得最好，尧便令娥皇、女英跟着舜学。后来，尧就把两个女儿嫁给舜做妻子。

【流传】河南省·（南阳市）·南阳县（宛城区、卧龙区）

【出处】邱海观（男，72 岁，农民）讲，范牧采录整理：《瑶琴》，见张振犁编著，孟宪明、朱淑君统纂《中原神话通鉴》（第三卷），郑州：河南大学出版社 2017 年版，第 992 页。

汉　族 昔舜耕于历山，尧知其贤而有才，遂以娥皇、女英二女妻之，未久且禅以王位。

【流传】（无考）

【出处】（a）《珍珠泉》，原载《中国地方风物传说选》（二）。（b）同（a），见袁珂《中国神话大词典》，北京：华夏出版社

2015 年版，第 384 页。

WYS054.7.1.1.1

尧乃以二女妻舜以观其内

实　例

中华民族 舜三十而帝尧问可用者。四岳咸荐虞舜，曰可。於是尧乃以二女妻舜以观其内，使九男与处以观其外。

【流传】（无考）

【出处】［西汉］司马迁：《史记·五帝本纪》。

汉　族 尧老了，他把国家大权交给舜管理，舜是尧的女婿，尧有两个女儿，一个叫娥皇，一个叫女英，全都嫁给了舜。

【流传】湖北省·宜昌市·西陵区［采录地点：宜昌市西陵区璞宝街］

【出处】陈补（59 岁，干部）讲，肖觉记录：《断江山》（1988 年冬天），见中国民间文艺家协会组织编写，罗杨总主编，王金碧、席群英、刘复军本卷主编《中国民间故事丛书》（湖北省·宜昌市·西陵点军卷），北京：知识产权出版社 2016 年版，第 44 ～ 45 页。

WYS054.7.1.1.2

尧妻舜以媓，媵舜以娥

实　例

中华民族 尧"于是妻之（舜）以媓，媵之以娥。"

【流传】（无考）

【出处】《艺文类聚·帝舜有虞氏》引《尸子》。

WYS054.7.1.1.3

尧赏识舜，将女儿许配给舜

实　例

汉　族 舜耕历山，岁不熟。舜粜，其母诣籴，每还钱与米，问之，子也。因相抱泣。拭其父目，寻自明。尧闻而妻之。

【流传】（无考）

【出处】（a）［宋］罗泌：《路史·后纪十一》罗苹注引《类林》。（b）《舜耕历山》，见袁珂《中国神话大词典》，北京：华夏出版社 2015 年版，第 321 页。

汉　族 一天，尧到一个地方巡查，见到一个小头目，人年轻，又能干，就把娥皇、女英两个姑娘都嫁给他，这个小头目叫舜。

【流传】湖北省·随州市［采录地点：随州市区］

【出处】晏勋其（男，78 岁，随州市教师，大学）讲，刘大业（文化馆干部，初中）采录：《舜的传说》（1988），见《中国民间故事集成》全国编辑委员会、《中国民间故事集成·湖北卷》编辑委员会编《中国民间故事集成》（湖北卷），北京：中国 ISBN 中心 1999 年版，第 36 ～ 37 页。

WYS054.7.1.1.4

尧将女儿娥皇、女英嫁给舜做妃子

实　例

汉　族 尧在位好多年，到年纪老了，就把帝位传给舜，还把两个女儿娥皇、女英嫁给舜做妃子。

【流传】湖南省·（永州市）·蓝山县［采录地点：蓝山县］

【出处】邝圣恒（男，干部，高中）讲，李夕考（男，干部，高师）采录：《娥皇女英》（1986），见中国民间故事集成全国编辑委员会、《中国民间故事集成·湖南卷》编辑委员会编《中国民间故事集成》（湖南卷），北京：中国ISBN中心2002年版，第59～60页。

WYS054.7.1.1.5

尧令二女跟舜学弹琴，后将女儿嫁给舜

实 例

汉 族 舜弹琴弹得最好，尧便令娥皇、女英跟着舜学。后来，尧就把两个女儿嫁给舜做妻子。

【流传】河南省·（南阳市）·南阳县（宛城区、卧龙区）

【出处】邱海观（男，72岁，农民）讲，范牧采录整理：《瑶琴》，见张振犁编著，孟宪明、朱淑君统纂《中原神话通鉴》（第三卷），郑州：河南大学出版社2017年版，第992页。

WYS054.7.1.2

皇帝是舜婚姻的帮助者

实 例

（参见下级母题实例）

WYS054.7.1.2.1

皇帝将女儿嫁给舜

实 例

汉 族 舜帮助穷人的事，传到皇帝耳朵里，他传旨召见舜，皇帝看他相貌不凡，将来一定有大福大贵，就把自己的女儿嫁给了舜。舜成了亲，就带着媳妇，拿着皇帝送的金银珠宝回老家探望父母。

【流传】甘肃省·天水市·北道区［采录地点：天水市北道区街子乡］

【出处】张文理（男，57岁，农民，小学）讲，柴亚方（男，34岁，农民，初中）采录：《舜的传说》（1987.05），见《中国民间故事集成》全国编辑委员会、《中国民间故事集成·甘肃卷》编辑委员会编《中国民间故事集成》（甘肃卷），北京：中国ISBN中心2001年版，第21页。

WYS054.7.2

舜婚姻的破坏者

实 例

（参见下级母题实例）

WYS054.7.2.1

舜的弟弟想害死舜，从而娶嫂

实 例

汉 族 舜的弟弟象傲以为把舜烧死了，他就跑到哥哥屋里去，打算跟嫂嫂成亲。

【流传】四川省·成都（成都市）

【出处】李茂生讲，陈钧整理：《害不死的大舜》，载《民间文学》1964 年第 3 期。

汉 族 舜带着妻子回家，继母和弟弟象起了歹意，想霸占娥皇、女英，暗中定下奸计，想害死舜。

【流传】山西省·（运城市）·芮城县［采录地点：芮城县杜庄乡历山村］

【出处】薛振东（男，56 岁，芮城县文化馆干部，小学）讲，文晓（男，24 岁，工人，高中）采录：《舜王打井》（1984.05），见中国民间文学集成全国编辑委员会、《中国民间文学集成·山西卷》编辑委员会编《中国民间故事集成》（山西卷），北京：中国 ISBN 中心 1999 年版，第 41 ~ 42 页。

WYS054.7.2.2

舜的弟弟对舜的妻子垂涎万分

实 例

汉 族 舜的妻子娥皇和女英的美貌让弟弟象垂涎万分，按照当时的风俗习惯，弟兄死了，各人都可以占有对方的妻子。

【流传】（无考）

【出处】《尧舜二帝》，见金麦田编著《中国古代神话故事》，北京：京华出版社 2003 年版，第 45 ~ 52 页。

WYS054.7.2.3

舜的妻子被弟弟暗中抢夺

实 例

中华民族 （舜的父亲）瞽叟、（舜的弟弟）象喜，以为舜已死。象曰："本谋者象。"象与其父母分，于是曰："舜妻尧二女，与琴，象取之。牛羊仓廪予父母。"

【流传】（无考）

【出处】［西汉］司马迁：《史记·五帝本纪》。

WYS054.7.3

舜婚姻的情形

实 例

（参见下级母题实例）

WYS054.7.3.1

舜婚姻的伊始状态

实 例

（参见下级母题实例）

WYS054.7.3.1.1

舜不告而娶

实 例

中华民族 舜，帝舜也。闵，忧也。无妻曰鳏。言舜为布衣，忧闵其家，其父顽母嚚，不为娶妇，乃至于鳏也。姚，舜姓也。言尧不告舜父母而妻之，如令告之则不听，尧女当何所亲附乎？

【流传】（无考）

【出处】［东汉］王逸：《楚辞章句》。

中华民族 万章问曰："《诗》云：'娶妻如之何，必告父母。'信斯言也，宜莫如舜。舜之不告而娶，何也？"孟子曰："告则不得娶。男女居室，人之大伦也。如告则废人之大伦，以次父母，是以不告也。”万章曰：“舜之不告而娶则吾既得闻命矣，帝之妻舜而不告，何也？”曰：“帝亦知告焉则不得妻也。”

【流传】（无考）

【出处】［战国］孟轲及其弟子：《孟子·万章上》。

WYS054.7.3.1.1.1

舜不告而娶的原因

实　例

（参见下级母题实例）

WYS054.7.3.1.1.1.1

舜告则不得娶

实　例

中华民族 万章问曰：“《诗》云：‘娶妻如之何，必告父母。’信斯言也，宜莫如舜。舜之不告而娶，何也？”孟子曰：“告则不得娶。男女居室，人之大伦也。如告则废人之大伦，以次父母，是以不告也。”万章曰：“舜之不告而娶则吾既得闻命矣，帝之妻舜而不告，何也？”曰：“帝亦知告焉则不得妻也。”

【流传】（无考）

【出处】［战国］孟轲及其弟子：《孟子·万章上》。

WYS054.7.3.1.1.2

舜娶而不告的对象

实　例

（参见下级母题实例）

WYS054.7.3.1.1.2.1

舜的婚姻未告知舜的母族姚姓氏族

实　例

中华民族 战国时期屈原的《天问》中说：“尧不姚告，二女何亲？”这是一个宾语前置的句子，即“尧不告姚”，即未告舜的母族姚姓氏族。屈原的说法如实反映了当时社会习俗。

【流传】（无考）

【出处】郭世谦：《古史传说考》（一、唐虞猛兽图腾集团），天津：天津出版传媒集团·天津古籍出版社 2019 年版，第 49 页。

WYS054.7.3.1.1.3

舜不告而娶的结果

实　例

（参见下级母题实例）

WYS054.7.3.1.1.3.1

舜不告而娶惹父母恼怒

实　例

中华民族 舜的父亲瞽瞍夫妇刚刚听说舜娶了娥皇、女英，对舜的不告而娶，父恼母恨，特别是后娘气得一蹦老高。

【流传】（山西省）

【出处】中国先秦史学会尧舜禹文化研究基地编，叶雨青、张培莲著：《尧舜传》第二十七章“去负夏拜见父母，赴平阳尧舜论道”，太原：山西出版集团·山西春秋电子音像出版社 2008 年版，第 178 页。

WYS054.7.3.2

舜婚后的生活状况（舜婚后的事件）

实 例

（参见下级母题实例）

WYS054.7.3.2.1

舜婚后夫妻恩爱，举家和睦

实 例

汉 族舜娶了娥皇、女英姊妹俩，夫妻恩爱，举家和睦。

【流传】（中原一带）

【出处】《尧王选贤》，见孟宪明著《中原经典神话》，郑州：河南大学出版社2016年版，第196页。

WYS054.7.3.2.2

舜的婚姻生活美满

实 例

汉 族尧王把王位禅让给舜后，又把娥皇、女英两个女儿一起许配给舜。舜王和娥皇、女英成亲后，没有分偏房正房，姐妹俩齐心协力，辅佐舜治理天下，给百姓做了许多好事。

【流传】山西省·临汾市［采录地点：临汾市郭珩乡］

【出处】逯忠辄（男，73岁，临汾市郭圻乡退休中学教师）讲，王宏（男，46岁，临汾蒲剧院干部，大专）采录：《尧王嫁女》（1981），见中国民间文学集成全国编辑委员会、《中国民间文学集成·山西卷》编辑委员会编《中国民间故事集成》（山西卷），北京：中国ISBN中心1999年版，第37～38页。

汉 族舜和娥皇、女英成亲之后，对她俩从不分大小，更不论偏正。姐姐总是事事处处让着妹妹，妹妹也总是学着姐姐，同心同德，齐心协力辅佐舜王治理天下，安抚百姓为人民做了许许多多的好事、善事、美事。

【流传】山西省·运城市·绛县·古绛镇·尧寓村

【出处】李友植：《二鹿门》，见田茂忠、申建华主编《尧王故里》，山西省绛县尧文化研究会编印，2009年，第127～129页。

WYS054.7.3.2.3

舜一夫二妻充满情趣

实 例

汉 族舜被和娥皇成了亲后，就在娥皇所在的烈山开荒种地。

【流传】湖北省·随州市［采录地点：随州市区］

【出处】冷明中（男，70岁，随州市农民，小学）讲，冷明权（文化馆干部，大学）采录：《舜的传说》（1982），见《中国民间故事集成》全国编辑委员会、《中国民间故事集成·湖北卷》编辑委员会编《中国民间故事集成》（湖北卷），北京：中国ISBN中心1999年版，第37～38页。

汉 族舜和他的两个妻子一娥皇和女英，在历山脚下，耕种田地。

【流传】山东省·济南市［采录地点：济南市］

【出处】韩兆福（男，大专，干部）讲，李奎元（男，42岁，济南市委宣传部干部，大专）采录：《舜井锁蛟》（1989），见《中国民间故事集成》全国编辑委员会、《中国民间故事集成·山东卷》编辑委员会编《中国民间故事集成》（山东卷），北京：中国ISBN中心2007年版，第360～362页。

中华民族 回到妫汭，舜见女英气还未消，甚是疼爱，又见娥皇难为，就给她俩分了一样多的柴，说："你们每人给我擀碗面条，谁先做好，谁为大。"女英拍手称快，转涕为笑，娥皇也就随了妹妹的意。

【流传】（山西省）

【出处】中国先秦史学会尧舜禹文化研究基地编，叶雨青、张培莲著：《尧舜传》第二十六章"尧访贤众臣举舜，娶二女嫔于虞城"，太原：山西出版集团·山西春秋电子音像出版社2008年版，第176页。

WYS054.7.3.2.4

舜婚后省亲

实 例

（参见下级母题实例）

WYS054.7.3.2.4.1

舜婚后不久便与娥皇、女英二妃去负夏看望父母

实 例

中华民族 舜婚后不久，便与娥皇、女英两个妻子去负夏，看望父母。

【流传】（山西省）

【出处】中国先秦史学会尧舜禹文化研究基地编，叶雨青、张培莲著：《尧舜传》第二十七章"去负夏拜见父母，赴平阳尧舜论道"，太原：山西出版集团·山西春秋电子音像出版社2008年版，第178页。

WYS054.7.4

舜是光棍

实 例

汉 族 舜的父亲瞽叟看不见，又糊涂，还怕舜的后母熙氏，就跟着熙氏骂舜。没办法，舜就跑到历山上，搭了一间草棚子，一个人去过日子。

【流传】山西省·（临汾市）·翼城县［采录地点：翼城县西阎镇］

【出处】李士龙（男，79岁，翼城县大河乡农民，初中）讲，王吉文（男，52岁，翼城县文化局干部，中专）采录：《舜耕历山》（1986），见中国民间文学集成全国编辑委员会、《中国民间文学集成·山西卷》编辑委员会编《中国民间故事集成》（山西卷），北京：中国ISBN中心1999年版，第40页。

WYS054.7.4.1

舜是光棍的原因

实 例

（参见下级母题实例）

WYS054.7.4.1.1

舜因父顽母嚚不为娶妇乃鳏

实 例

中华民族 舜，帝舜也。闵，忧也。无妻曰鳏。言舜为布衣，忧闵其家，其父顽母嚚，不为娶妇，乃至于鳏也。

【流传】（无考）

【出处】［东汉］王逸：《楚辞章句》。

WYS055

舜的后代（舜子女；舜的子孙）

实 例

（参见下级母题实例）

WYS055.1

舜特定的子女

实 例

（实例待考）

WYS055.2

舜的儿子

实 例

（参见下级母题实例）

WYS055.2.1

舜的儿子商均

实 例

汉 族 舜妃娥皇、女英。娥皇无子，女英生商均。

【流传】（无考）

【出处】［南朝·宋］裴骃：《史记集解·五帝本纪》引《帝王世纪》。

中华民族 舜有三妃，元妃娥皇无子，次妃女英生商均，次妃登北氏生二女霄明、烛光。有庶子八人，皆不肖。

【流传】（无考）

【出处】［晋］皇甫谧：《帝王世纪》。

WYS055.2.1.1

“商均”名字的来历

实 例

（参见下级母题实例）

WYS055.2.1.1.1

舜的儿子义均封于商故称商均

实 例

中华民族 或云封舜子均于商，故号商均也。

【流传】（无考）

【出处】［唐］张守节：《史记正义·五帝本纪》引《括地志》。

汉 族 女英生义钧，义钧封于商，是为商均。

【流传】（无考）

【出处】［宋］罗泌：《路史·后纪十一》。

中华民族 舜子义均不肖，顽劣异常，教育无效，如果让他继承帝位，必将误国害民。舜为了不使义均成为帝位继承人，只有把他封在外地。于是，便将义均封于商，故称商均。

【流传】（无考）

【出处】任乃荣：《三皇五帝探源》第八章“舜有虞氏时代”，北京：新华出版社2011年版，第212页。

WYS055.2.1.2

商均的事迹

实 例

（实例待考）

WYS055.2.1.3

关于商均的评价

实 例

（参见下级母题实例）

WYS055.2.1.3.1

舜子商均不肖

实 例

中华民族 故尧有丹朱，舜有商均，启有五观，汤有大甲，文王有管蔡。是五王者，皆元德也，而有奸子。

【流传】（无考）

【出处】［春秋］左丘明：《国语·楚语上》。

中华民族 舜子商均亦不肖。

【流传】（无考）

【出处】［西汉］司马迁：《史记·五帝本纪》。

汉 族 舜因巡猎崩苍梧，娥皇、女英二妃心中苦，终日依枕哀哀哭，泪水涨满洞庭湖：“我夫在位五十年，一旦辞世归了天。丢下商均子不贤，我们姊妹无靠山。”

【流传】湖北省·神农架林区

【出处】《人祖创世》，胡崇峻据秭归县新滩镇《黑暗传》清末抄本，阳日镇龙溪村村民杨有才和史光裕处口述材料，唐运青收集的祝天照、姜德龙抄本和唐运青采录的部分资料，贾邦修、张忠臣《黑暗大盘头》《黑暗纲鉴》资料以及林区下谷土家族民族乡石磨村戊子垭刘茂森处摘录转抄本的片断资料等整理，见胡崇峻搜集整理《黑暗传》，武汉：长江文艺出版社2002年版，第228页。

WYS055.2.1.3.1.1

舜的儿子义均成了舜的心病

【关联】［WYS055.2.1.1.1］舜的儿子义均封于商故称商均

实 例

中华民族 舜让禹总百揆后，决心将联盟王禅让给禹，儿子义均便成了舜的心病。

【流传】（山西省）

【出处】中国先秦史学会尧舜禹文化研究基地编，叶雨青、张培莲著：《尧舜传》第三十九章“义均歌舞放于商，娥皇女英愤离别”，太原：山西出版集团·山西春秋电子音像出版社2008年版，第274页。

WYS055.2.1.3.2*

舜子商均是有主见的部落长和有才干之人

实 例

中华民族 帝舜之嫡长子商均同尧之子丹朱

一样，并非“不肖之子”而是有主见的部落长和有才干之人。

【流传】（无考）

【出处】杨东晨：《华夏始祖：尧舜禹时代》“四、大禹的治水篇”，西安：三秦出版社 2007 年版，第 145 页。

WYS055.2.1a

舜的儿子义钧

实　例

（参见下级母题实例）

WYS055.2.1a.1

帝舜命子义钧封于商

【关联】［WYS055.8.3.1］帝舜的儿子义均建立商古国

实　例

中华民族 帝舜命子义钧封于商。

【流传】（无考）

【出处】［东周］史官：《竹书纪年》。

WYS055.2.2

舜有庶子八人

实　例

中华民族 舜有三妃，元妃娥皇无子，次妃女英生商均，次妃登北氏生二女霄明、烛光。有庶子八人，皆不肖。

【流传】（无考）

【出处】［晋］皇甫谧：《帝王世纪》。

WYS055.3

舜的女儿

实　例

（参见下级母题实例）

WYS055.3.1

舜的女儿宵明、烛光

实　例

中华民族 舜妻登比氏，生宵明、烛光，处河大泽。二女之灵能照此所方百里。

【流传】（无考）

【出处】［战国至汉］撰者不详：《山海经·海内北经》。

WYS055.3.1.1

舜的女儿宵明是女神

实　例

汉　族 宵明，女神名，舜妻登比氏之女。

【流传】（无考）

【出处】《宵明》，见袁珂《中国神话大词典》，北京：华夏出版社 2015 年版，第 274 页。

WYS055.3.2

舜王和舜王奶有六个闺女

实　例

汉　族 舜王与舜王奶有六个闺女。

【流传】河南省·（南阳市）·方城县·（清河乡·老庄村）

【出处】郭延华（男，30 岁，农民）讲，郭国祥采录整理:《舜王庙（二）》(1985.09.04)，见张振犁编著，孟宪明、朱淑君统纂《中原神话通鉴》(第三卷)，郑州：河南大学出版社 2017 年版，第 1012 ~ 1013 页。

汉 族 舜王和舜王奶有 6 个闺女。

【流传】河南省·南阳市·方城县［采录地点：方城县清河乡老庄村］

【出处】郭延华（30 岁，农民）讲，郭国祥（35 岁，干部）记录:《舜王庙》(1985.09.04)，见中国民间文艺家协会组织编写，罗杨总主编，毛秀荣本卷主编《中国民间故事丛书》(河南省·南阳市·方城卷)，北京：知识产权出版社 2016 年版，第 73 ~ 74 页。

WYS055.4

舜的孙子

实 例

（实例待考）

WYS055.5

舜特定辈次的子孙

实 例

（实例待考）

WYS055.6

舜的后代（舜的后裔）

实 例

（实例待考）

WYS055.6.1

特定的人是舜的后代

实 例

（参见下级母题实例）

WYS055.6.1.1

宵明、烛光是舜的后代

实 例

中华民族 舜妻登比氏，生宵明、烛光，处河大泽。二女之灵能照此所方百里。

【流传】(无考)

【出处】［战国至汉］撰者不详:《山海经·海内北经》。

WYS055.6.1.2

陈胡公妫满是虞帝舜之后

实 例

中华民族 陈胡公满者，虞帝舜之后也。昔舜为庶人时，妻尧之二女，居妫汭，其后因为氏姓，姓妫氏。至于周武王克殷纣，乃复求舜后，得妫汭，封之于陈，以奉帝舜祀，是为胡公。

【流传】(无考)

【出处】［西汉］司马迁:《史记·陈世家》。

WYS055.6.1.3

戏是舜的后代

实 例

汉 族 河伯念有易，有易潜出，为国于

兽，方食之，名曰摇民。帝舜生戏，戏生摇民。

【流传】（无考）

【出处】［战国至汉］撰者不详：《山海经·大荒东经》。

WYS055.6.2

特定的民族是舜的后代

实　例

（实例待考）

WYS055.6.3

特定的部落是舜的后代

实　例

（实例待考）

WYS055.6.4

特定的民族是舜的后代

实　例

（参见下级母题实例）

WYS055.6.4.1

百越族群是舜的后代

实　例

中华民族 以龙为图腾的苗、瑶、畲、黎、壮、侗、水、布依等百越族群，他们是以远古女娲和帝舜所代表的“东夷”。

【流传】（南方地区）

【出处】刘尧汉：《中华民族龙虎文化论——联结中国各族的龙虎文化纽带渊源于远古女娲、伏羲的合体葫芦（二）》，载《贵州民族研究》1985 年第 2 期。

WYS055.6.4.2

舜的后代摇（瑶）民

实　例

汉　族 河伯念有易，有易潜出，为国于兽，方食之，名曰摇民。帝舜生戏，戏生摇民。

【流传】（无考）

【出处】［战国至汉］撰者不详：《山海经·大荒东经》。

WYS055.6.5

特定的姓氏是舜的后代

实　例

（参见下级母题实例）

WYS055.6.5.1

“妫”姓，为帝舜后裔之姓

实　例

中华民族 “妫”姓，为帝舜后裔之姓。出自妫姓的当今前 100 位大姓的姓有：王、陈、孙、胡、袁、田、姚、邱、夏、薛。

【流传】（无考）

【出处】闫德亮：《文化视域下的古代神话与华夏姓氏》，载《中州学刊》2009 年第 6 期。

中华民族 东周以来的世系书都是逆溯体系。“姓”追上去是“帝”，这些“帝”本来是不同族姓的宗神，互不相淆，比如姬（周）出黄帝，姜（齐、吕、申、许）出炎帝，嬴（秦、徐、江、黄）出少昊，风（任、宿、须句、颛臾）出太昊，祁（唐）出尧，妫（陈）出舜，等等。

【流传】（无考）

【出处】李零：《考古发现与神话传说》，原载《学人》1995年第5辑，见马昌仪选编《中国神话学百年文论选》（下），西安：陕西师范大学出版总社有限公司2013年版，第914～934页。

WYS055.6.5.2

吴、朱、龙姓与舜有关

实　例

中华民族 与舜有关的当今前100位大姓的姓有：吴、朱、龙。“吴”姓，源于“虞”“吴”音近；“朱”“龙”两姓得姓于舜帝的两位大臣。

【流传】（无考）

【出处】闫德亮：《文化视域下的古代神话与华夏姓氏》，载《中州学刊》2009年第6期。

WYS055.6.5.3

舜后裔有陈、胡、袁、姚、虞、田、王、孙、陆、车等四十多个姓氏

实　例

中华民族 尧、舜均在五帝之列，是中华民族的人文圣祖。其中舜后裔有陈、胡、袁、姚、虞、田、王、孙、陆、车等四十多个姓氏。

【流传】（无考）

【出处】高强：《尧舜时代对后世大一统观念的影响》，见山东菏泽《首届中华伏羲祖源文化论坛论文集》，内部编印，2020年9月，第73页。

WYS055.6.5.4

因舜曾妫汭河畔，舜的后裔多姓“妫”

实　例

中华民族 帝舜是颛顼的五世孙、黄帝的七世孙，因生在姚墟而姓姚，后又因住在妫汭河畔，其后裔多姓“妫”。

【流传】（无考）

【出处】闫德亮：《文化视域下的古代神话与华夏姓氏》，载《中州学刊》2009年第6期。

WYS055.6.6

特定的国家是舜的后代

实　例

（参见下级母题实例）

WYS055.6.6.1

姚姓或妫姓——祖帝舜，有陈、遂、虞、卢戎诸国

实　例

中华民族 通检《诗》《书》《左传》《国语》《世本·帝系》，证以卜辞金文，两周时代的著姓中，姚姓或妫姓——祖帝舜，有陈、遂、虞、卢戎诸国。（《左传》云祖颛顼）

【流传】(无考)

【出处】丁山:《〈古代神话与民族〉自序》(1948),原载丁山《从东西文化交流探索史前时代的帝王世系》,《文史》1985年第28辑上,见马昌仪选编《中国神话学百年文论选》(上),西安:陕西师范大学出版总社有限公司2013年版,第423～437页。

WYS055.6.6.2

田齐是舜的后代

实 例

中华民族 舜又是田齐的祖先,齐人是最夸诞的。

【流传】(无考)

【出处】吴锐:《关于中国文明主体的再认识——评王献唐对炎帝文明的研究》,载《东方论坛·青岛大学学报》1996年第4期。

WYS055.6.7

其他特定群体是舜的后代

实 例

(参见下级母题实例)

WYS055.6.7.1

余姚是舜后裔封地之一

实 例

中华民族 越州余姚县:即今浙江余姚县,舜后裔封地之一。舜姚姓,故称余姚。

【流传】(浙江余姚县)

【出处】张大可、朱枝富编著:《人文始祖黄帝》,北京:商务印书馆2018年版,第110页。

WYS055.6.7.2

陈是舜后代的封地

实 例

中华民族 陈胡公满者,虞帝舜之后也。昔舜为庶人时,妻尧之二女,居妫汭,其后因为氏姓,姓妫氏。至于周武王克殷纣,乃复求舜后,得妫汭,封之于陈,以奉帝舜祀,是为胡公。

【流传】(无考)

【出处】[西汉]司马迁:《史记·陈世家》。

WYS055.6.8

舜的其他后代

实 例

(实例待考)

WYS055.7

舜后代的其他特定关系人

实 例

(参见下级母题实例)

WYS055.7.1

舜的倒插门的甥女婿益

【关联】[WYS025.7.1.5]舜是赘婿(舜是上门女婿)

实 例

中华民族 《史记》说:“禹平水土,已成,帝锡玄圭,禹受曰:‘非予能成,亦大费为辅。’帝舜曰：‘咨尔费，赞禹功，其赐尔皁游，尔后嗣将大出。’乃妻之姚姓之王女。大费拜受，佐舜调驯鸟兽，鸟兽多驯服，是为栢翳。舜赐姓嬴氏。”这里说的是，益之所以得为虞，是因为舜“妻之以姚姓之玉女”，姚为舜姓，妻姚姓之玉女即妻有虞氏女。即益是舜的倒插门的甥女婿。

【流传】（无考）

【出处】郭世谦：《古史传说考》（一、唐虞猛兽图腾集团），天津：天津出版传媒集团·天津古籍出版社 2019 年版，第 24 页。

WYS055.8
与舜后代有关的其他母题

实 例

（参见下级母题实例）

WYS055.8.1
舜后代的活动范围

实 例

（实例待考）

WYS055.8.2
舜后代的繁衍发展

实 例

（实例待考）

WYS055.8.3
舜的后代的事迹

实 例

（参见下级母题实例）

WYS055.8.3.1
帝舜的儿子义均建立商古国

实 例

中华民族 帝舜又封其子义均于此，称商均，建立商古国。

【流传】（无考）

【出处】杨东晨：《华夏始祖：尧舜禹时代》“五、尧舜禹文明篇”，西安：三秦出版社 2007 年版，第 162 页。

WYS056
舜的上下从属关系

实 例

（参见下级母题实例）

WYS056.1
舜的上司

实 例

（参见下级母题实例）

WYS056.1.1
舜的上司尧王

实 例

中华民族 舜相尧，二十有八载，非人之所

能为也，天也。尧崩，三年之丧毕，舜避尧之子于南河之南。天下诸侯朝觐者不之尧之子而之舜，讼狱者不之尧之子而之舜，讴歌者不讴歌尧之子而讴歌舜，故曰天也。

【流传】（无考）

【出处】［战国］孟轲及其弟子：《孟子·万章》上。

WYS056.1.1.1

舜听差尧王

实 例

汉　族 当尧之时，天下犹未平，洪水横流，泛滥于天下。草木畅茂，禽兽繁殖，五谷不登，禽兽逼人，兽蹄鸟迹之道，交于中国。尧独忧之，举舜而敷治焉。

【流传】（无考）

【出处】［战国］孟轲及其弟子：《孟子·滕文公上》。

WYS056.1.1.1.1

尧给予舜诸多赏赐

实 例

中华民族 尧帝赐给舜一套细葛布衣服、一张琴，为他修建储藏粮食的仓廪，还赐了牛和羊。

【流传】（无考）

【出处】《舜·孝悌有闻》，见卢静《尧舜禹》，北京：中华书局 2019 年版，第 39 页。

中华民族 尧乃赐舜絺衣，与琴，为筑仓廪，予牛羊。

【流传】（无考）

【出处】［西汉］司马迁：《史记·五帝本纪》。

WYS056.1.1.1a

舜扶助尧治理国家

实 例

中华民族 尧与舜谈种植农作物，舜有理有据，又熟悉礼乐。尧视为贤者，对舜作三年之考验，随命他的九个儿子都到历山向舜学习，又把两个女儿嫁于舜为妻，舜扶助尧治理国家。

【流传】（无考）

【出处】《史籍记载的尧舜源流与功绩》，见赵大勇、赵随意著《尧都平阳与尧舜禹》，太原：山西古籍出版社 1999 年版，第 29 页。

WYS056.1.1.2

舜辅佐尧二十八年

实 例

中华民族 舜相尧，二十有八载，非人之所能为也，天也。尧崩，三年之丧毕，舜避尧之子于南河之南。

【流传】（无考）

【出处】［战国］孟轲及其弟子：《孟子·万章上》。

WYS056.2

舜的从属（舜的部下；舜的随从）

实 例

（参见下级母题实例）

WYS056.2.0

百官是舜的从属

实 例

中华民族 尧命舜管理百官，接待宾客，舜不但将政事处理得井井有条。

【流传】（无考）

【出处】《史籍记载的尧舜源流与功绩》，见赵大勇、赵随意著《尧都平阳与尧舜禹》，太原：山西古籍出版社1999年版，第27页。

WYS056.2.1

鲧是舜的部下

实 例

（参见下级母题实例）

WYS056.2.1.1

舜的部下鲧的事迹

实 例

（参见下级母题实例）

WYS056.2.1.1.1

鲧请缨治水

实 例

汉 族 舜的手下有个叫鲧的人。一天，他请求舜允许他去治理水患，舜就答应了。鲧治水治了十年，他在九州打了九九八十一条大坝，但他怎么堵洪水也堵不住，舜就把鲧杀了。

【流传】甘肃省·（兰州市）·皋兰县［采录地点：皋兰县什川乡泥湾村］

【出处】王宏男（30岁，干部）讲，曾城奎（男，27岁，干部，大专）采录：《禹王坪》（1987），见《中国民间故事集成》全国编辑委员会、《中国民间故事集成·甘肃卷》编辑委员会编《中国民间故事集成》（甘肃卷），北京：中国ISBN中心2001年版，第217～218页。

WYS056.2.1.1.2

舜差遣鲧治水

实 例

汉 族 相传四千多年以前，现在的太原盆地是一个大湖。当时担任部落联盟的大酋长舜，看到一遇暴雨，湖水四处漫溢，淹没了大片田野和村庄，他立即差鲧去治理。

【流传】山西省·（晋中市）·灵石县［采录地点：灵石县段村］

【出处】郭澜声（男，35岁，灵石县段村中学）讲，梁佳华（男，43岁，记者，大专）采录：《*晋中平原的来历》，见中国民间文学集成全国编辑委员会、《中国民间文学集成·山西卷》编辑委员会编《中国民间故事集成》（山西卷），北京：中国ISBN中心1999年版，第45～46页。

WYS056.2.1.2

舜的部下鲧的死亡

实 例

（参见下级母题实例）

WYS056.2.1.2.1

舜即位，殛鲧于羽山

实 例

中华民族 尧欲禅舜，共工、鲧谏以为不可，舜即位，殛鲧于羽山。

【流传】（无考）

【出处】［唐］虞世南：《北堂书钞》四十五引古本《竹书纪年》。

WYS056.2.1.2.2

鲧治水不利，被舜杀

实 例

汉 族 舜王派鲧伯治水。鲧伯搞得有的地方干，有的地方还是淹，没把水治好，舜王把他杀了。

【流传】湖北省·随州市［采录地点：随州市天河口镇］

【出处】陈尚林（男，42 岁，随州市干部，高中）讲，刘大业（男，群艺馆干部，初中）采录：《大禹治水》（1984），见《中国民间故事集成》全国编辑委员会、《中国民间故事集成·湖北卷》编辑委员会编《中国民间故事集成》（湖北卷），北京：中国 ISBN 中心 1999 年版，第 38 ～ 39 页。

WYS056.2.1.2.3

鲧死后面色如常

实 例

汉 族 舜看到鲧治水没有功效，就把鲧杀死。鲧断颈的头，气色如常。

【流传】（无考）

【出处】（a）钟伟今搜集整理：《禹的诞生》，载《山海经》1981 年第 4 期。（b）同（a），见姚宝瑄主编《中国各民族神话》（汉族），太原：山西出版传媒集团·书海出版社 2014 年版，第 107 ～ 110 页。

WYS056.2.1.2.4

鲧死之处形成“殛鲧泉”

实 例

汉 族 舜因鲧治水不利，杀死在禹山之上，以谢罪天下百姓。剑挥头落，鲜血从鲧的脖子里喷出来，足有一丈多高，落到地上。就化作一个泉眼，有盘口那么大，这就是远近闻名的“殛鲧泉”。

【流传】山东省·（临沂市）·临沭县［记录地点：临沭县城］

【出处】刘锡奎（34，岁临沭文化局干部，中专）讲述采录：《鲧助禹王》（1989），见《中国民间故事集成》全国编辑委员会、《中国民间故事集成·山东卷》编辑委员会编《中国民间故事集成》（山东卷），北京：中国 ISBN 中心 2007 年版，第 23 ～ 25 页。

WYS056.2.2

鲧是舜的大臣

实 例

汉 族 帝王叫舜，舜叫大臣鲧带领人们治水。

【流传】河南省·（南阳市）·社旗县

【出处】姜书华采录整理：《春风第一枝》，见张振犁编著，孟宪明、朱淑君统纂《中原神话通鉴》（第四卷），郑州：河南大学出版社 2017 年版，第 1034 页。

WYS056.2.3

禹是舜的部下

实 例

（参见下级母题实例）

WYS056.2.3.1

舜派禹为人类治水

实 例

汉 族 鲧见自己的孩子已经出世，治水有了后继之人，便化作一条黄龙，跃进羽渊中去了。舜派鲧的儿子禹继续为人类治水。

【流传】淮河流域

【出处】常山讲：《鲧王治水》，原载茆文斗搜集整理《河蚌姑娘》，见姚宝瑄主编《中国各民族神话》（汉族），太原：山西出版传媒集团·书海出版社 2014 年版，第 100 ～ 106 页。

WYS056.2.3.2

舜帝命大禹治水

实 例

汉 族 很久以前，洪水泛滥，民不聊生，当时的舜帝命大禹治水。

【流传】安徽省·（蚌埠市）·怀远县·天河乡［采录地点：天河乡］

【出处】韩宗池讲，钱厉采录：《大禹治水的传说》（1993.05），见《中国民间故事集成》全国编辑委员会、《中国民间故事集成·安徽卷》编辑委员会编《中国民间故事集成》（安徽卷），北京：中国 ISBN 中心 2008 年版，第 24 ～ 25 页。

中华民族 舜升大禹石夷之野，征诣王庭（阙），拜治水土。

【流传】（无考）

【出处】［西汉］焦赣：《焦氏易林》。

WYS056.2.3.3

舜遣大禹带白额虎神降龙治水

实 例

汉 族 舜帝得知青龙发洪水后，急忙差遣大禹带着一条白额神虎前来降龙治水。

【流传】安徽省·蚌埠市［采录地点：五河县一带］

【出处】张綏采录：《金眼银鱼》（1993.05），见《中国民间故事集成》全国编辑委员会、《中国民间故事集成·安徽卷》编辑委员会编《中国民间故事集成》（安徽卷），北京：中国 ISBN 中心 2008 年版，第 581 页。

WYS056.2.3.4

舜使禹疏三江五湖

实 例

中华民族 舜乃使禹疏三江五湖，辟伊阙。

【流传】（无考）

【出处】［西汉］淮南王刘安及门客：《淮南子·本经训》。

WYS056.2.4

益是舜的部下

实 例

（参见下级母题实例）

WYS056.2.4.1

舜使益掌火

实 例

汉 族 舜使益掌火，益烈山泽而焚之，禽兽逃匿。

【**流传**】（无考）

【**出处**】［战国］孟轲及其弟子：《孟子·滕文公上》。

WYS056.2.4.1.1

舜使益焚烈山上的伤人禽兽为民除害

实 例

汉 族 当尧之时，天下犹未平，洪水横流，泛滥于天下。草木畅茂，禽兽繁殖，五谷不登，禽兽逼人，兽蹄鸟迹之道交于中国。……舜使益掌火，益烈山泽而焚之，禽兽逃匿。

【**流传**】（无考）

【**出处**】［战国］孟轲及其弟子：《孟子·滕文公上》。

WYS056.2.5

舜有五位大臣

实 例

（参见下级母题实例）

WYS056.2.5.1

舜有臣五人而天下治。（五人者，禹、契、弃、皋陶与益也）

实 例

中华民族 舜有臣五人而天下治。（五人者，禹、契、弃、皋陶与益也）

【**流传**】（无考）

【**出处**】《论语·泰伯》。

WYS056.2.6

四岳大臣是舜王的从属

实 例

（参见下级母题实例）

WYS056.2.6.1

舜王命从属四岳大臣保护尧王迁都

实 例

汉 族 舜王就命四岳大臣保护尧王迁都太原，又命六司大臣在浮丘山上设坛祭祀。

【**流传**】河南省·（郑州市）·登封市

【**出处**】《舜王访贤》，见张振犁编著，孟宪明、朱淑君统纂《中原神话通鉴》（第四卷），郑州：河南大学出版社 2017 年版，第 1129 页。

WYS056.2.7

六司大臣是舜王的从属

实 例

（参见下级母题实例）

WYS056.2.7.1

舜王命从属六司大臣设坛祭祀

实 例

汉 族 舜王就命四岳大臣保护尧王迁都太原，又命六司大臣在浮丘山上设坛祭祀。

【流传】河南省 ·（郑州市）· 登封市

【出处】《舜王访贤》，见张振犁编著，孟宪明、朱淑君统纂《中原神话通鉴》（第四卷），郑州：河南大学出版社 2017 年版，第 1129 页。

WYS056.2.8

舜王的大司理皋陶

实 例

汉 族 大司理皋陶对舜说："明辨是非，秉公以律，是臣的本分，要治洪水，请圣上另选贤人！"

【流传】河南省 ·（郑州市）· 登封市

【出处】《舜王访贤》，见张振犁编著，孟宪明、朱淑君统纂《中原神话通鉴》（第四卷），郑州：河南大学出版社 2017 年版，第 1129 页。

WYS056.2.9

舜的其他部下

实 例

（参见下级母题实例）

WYS056.2.9.1

舜王的大司农周弁

实 例

汉 族 大司农周弁对舜说："臣只会耕种五谷，饲养六畜，改做司空，我胜任不了。"

【流传】河南省 ·（郑州市）· 登封市

【出处】《舜王访贤》，见张振犁编著，孟宪明、朱淑君统纂《中原神话通鉴》（第四卷），郑州：河南大学出版社 2017 年版，第 1129 页。

WYS056.2.9.2

舜王的大司徒殷契

实 例

汉 族 大司徒殷契对舜说："臣为司徒，只能教民以礼，对于洪水，我是无能为力。"

【流传】河南省 ·（郑州市）· 登封市

【出处】《舜王访贤》，见张振犁编著，孟宪明、朱淑君统纂《中原神话通鉴》（第四卷），郑州：河南大学出版社 2017 年版，第 1129 页。

WYS056.2.9.3

舜的部下"八元""八恺"

实 例

（参见下级母题实例）

WYS056.2.9.3.1

舜让“八元”管土地

实 例

中华民族（参见“WYS056.2.9.3.2 舜让‘八恺’管教化”母题实例）

WYS056.2.9.3.2

舜让“八恺”管教化

实 例

中华民族 尧命舜管理百官，接待宾客，舜不但将政事处理得井井有条，而且起用了早有贤名的“八元”“八恺”，使“八元”管土地，使“八恺”管教化。

【流传】（无考）

【出处】《史籍记载的尧舜源流与功绩》，见赵大勇、赵随意著《尧都平阳与尧舜禹》，太原：山西古籍出版社 1999 年版。

WYS056.2.9.4

舜掌管乐的大臣夔

实 例

中华民族 舜告诉当时掌管乐的大臣夔说：“你掌管典乐，就是要用诗乐启迪青年，用典乐教化大众。”

【流传】（山西省）

【出处】中国先秦史学会尧舜禹文化研究基地编，叶雨青、张培莲著：《尧舜传》第三十六章“国号虞迁都蒲坂，任官职以乐兴治”，太原：山西出版集团 · 山西春秋电子音像出版社 2008 年版，第 246 页。

WYS056.3

舜的助手

实 例

（实例待考）

WYS056.4

舜的辅佐者

实 例

（参见下级母题实例）

WYS056.4.1

大费是舜的辅佐者

实 例

（参见下级母题实例）

WYS056.4.1.1

大费佐舜调驯鸟兽

实 例

中华民族 禹平水土，已成，帝锡玄圭，禹受曰：“非予能成，亦大费为辅。”帝舜曰：“咨尔费，赞禹功，其赐尔皁游，尔后嗣将大出。”乃妻之姚姓之玉女。大费拜受，佐舜调驯鸟兽，鸟兽多驯服，是为柏翳。舜赐姓嬴氏。

【流传】（无考）

【出处】［西汉］司马迁：《史记 · 秦本纪》。

WYS056.4.1.1.1

大费驯鸟有功，舜赐姓嬴氏

实 例

汉 族 大费拜受，佐舜调驯鸟兽，鸟兽多驯服，是为柏翳。舜赐姓嬴氏。

【流传】（无考）

【出处】［西汉］司马迁：《史记·秦本纪》。

WYS056.4.2

契是舜的辅佐者

实 例

（参见下级母题实例）

WYS056.4.2.1

舜任契为司徒，掌管教化

实 例

汉 族 契因“长而佐禹治水有功”，被舜任为司徒，掌管教化。

【流传】（无考）

【出处】《契》，见乌丙安主编《中国民间神谱》，沈阳：辽宁人民出版社 2007 年版，第 62 页。

中华民族 舜帝对契说：“百姓不睦，五伦不顺，任命你做司徒，去谨慎地以五伦教化百姓，契，你要注意施以宽厚。”

【流传】（无考）

【出处】《舜·分授百官》，见卢静《尧舜禹》，北京：中华书局 2019 年版，第 55 页。

WYS056.4.3

丹朱是舜的辅佐者

实 例

汉 族 尧曾经叛逆的儿子丹朱负荆请罪，羞愧地说：“是儿不成器，我不怪父王，你既然决定让位于舜，舜也是我的妹夫。我会尽心尽力辅助他的。”从此，丹朱真的变了，尧王封他为一方诸侯。

【流传】山西省·运城市·绛县

【出处】宋玉秀：《丹朱三拜尧王》，见田茂忠、申建华主编《尧王故里》，山西省绛县尧文化研究会编印，2009 年，第 157 ～ 160 页。

WYS056.4.4

娥皇、女英是舜的辅佐者

实 例

汉 族 尧王选婿，将两个女儿娥皇、女英都许配他的继承人虞舜为妻，帮助舜辅佐朝政。

【流传】山西省·运城市·绛县·古绛镇·尧寓村

【出处】李友植：《二鹿门》，见田茂忠、申建华主编《尧王故里》，山西省绛县尧文化研究会编印，2009 年，第 127 ～ 129 页。

汉 族 通过三次遇害妻子娥皇、女英相救的事，他对两个妻子更加敬重，由妻子的才能和人品他推想到岳父尧的不凡业绩，不禁在心里暗暗发誓，他一定要在两个妻子的辅佐下，以尧为榜样，干一番轰轰烈烈的事业，为天下百姓谋福祉。

【流传】山西省·运城市·绛县·古绛镇·尧寓村

【出处】张志善:《娥皇女英助舜脱险的故事》，见田茂忠、申建华主编《尧王故里》，山西省绛县尧文化研究会编印，2009 年，第 130 ～ 136 页。

WYS056.4.5

八元八恺是舜的辅佐者

实 例

汉 族 当时黄龙负河图，未常国献千年龟，朝中一日有祥瑞，八元八恺事舜君。

【流传】湖北省·神农架林区

【出处】《人祖创世》，胡崇峻据秭归县新滩镇《黑暗传》清末抄本，阳日镇龙溪村村民杨有才和史光裕处口述材料，唐运青收集的祝天照、姜德龙抄本和唐运青采录的部分资料，贾邦修、张忠臣《黑暗大盘头》《黑暗纲鉴》资料以及林区下谷土家族民族乡石磨村戊子垭刘茂森处摘录转抄本的片断资料等整理，见胡崇峻搜集整理《黑暗传》，武汉：长江文艺出版社 2002 年版，第 227 页。

WYS056.4.6

伯益（伯翳）是舜的辅佐者

实 例

汉 族 “嬴，伯翳之后也；伯翳能议百物，以佐舜者也。”韦昭注：“伯翳，舜虞官，少皞之后，伯益也。”

【流传】（无考）

【出处】［春秋］左丘明:《国语·郑语》韦昭注。

WYS056.4.6.1

伯益造井

实 例

汉 族 “伯益作井而龙登玄云，神栖昆仑。”高诱注：“伯益佐舜初作井，凿地而求水，龙知将决川谷，漉陂池，恐见害，故登云而去，栖其神于昆仑之山。”

【流传】（无考）

【出处】［西汉］淮南王刘安及门客:《淮南子·本经》高诱注。

WYS057

舜的朋友（舜的伙伴）

实 例

（参见下级母题实例）

WYS057.1

神是舜的朋友

实 例

（实例待考）

WYS057.2

舜的朋友是特定的人

实 例

（参见下级母题实例）

WYS057.2.1

含儿是舜的好伙伴

实 例

中华民族 含儿是舜一起长大的好伙伴。娥皇、女英还向含儿的娘妙珍学了一手按摩的功夫，好给婆婆按摩，缓解她身上的病痛。

【流传】（无考）

【出处】《舜·孝悌有闻》，见卢静《尧舜禹》，北京：中华书局 2019 年版，第 38 页。

WYS057.2.2

舜得友五人

实 例

（参见下级母题实例）

WYS057.2.2.1

舜的朋友雄陶、续耳、柏阳、东不识、秦不空五人

实 例

中华民族 舜得友五人。曰雄陶、续耳、柏阳、东不识、秦不空。皆一国之贤人。

【流传】（山西省）

【出处】［东周］尸佼：《尸子·君治》。

WYS057.2.3

舜的众多朋友

实 例

（参见下级母题实例）

WYS057.2.3.1

舜有续牙、雄陶、柏阳、东不识、灵甫、秦不虚诸友

实 例

中华民族 续牙、雄陶、柏阳、东不识、灵甫、秦不虚诸友与舜一块儿在历山耕田。

【流传】（山西省）

【出处】中国先秦史学会尧舜禹文化研究基地编，叶雨青、张培莲著：《尧舜传》第二十三章“舜渔雷泽让渔场，八元众人访虞舜”，太原：山西出版集团·山西春秋电子音像出版社 2008 年版，第 14 页。

WYS057.3

动物是舜的伙伴

实 例

汉 族 舜在历山脚下的小屋边开了一片荒地，种上了庄稼。鸟呀，象呀什么的，成了舜的好伙伴。

【流传】山东省·济南市［采录地点：济南市］

【出处】徐臻（男，40 岁，干部，大专）讲，李奎元（男，40 岁，济南市委干部，大专）采录：《舜耕历山下》（1986 年春天），见《中国民间故事集成》全国编辑委员会、《中国民间故事集成·山东卷》编辑委员会编《中国民间故事集成》（山东卷），北京：中国 ISBN 中心 2007 年版，第 18 ～ 21 页。

WYS057.4

舜的知音

实 例

（参见下级母题实例）

WYS057.4.1

舜遇知音尧

实 例

中华民族 禹虽然是位少年，比舜小十四岁，舜并没感到禹是个小孩，却仿佛同龄人一般，两人无话不谈，从部落事务，到人生志向品行，最后又谈到水患。

【**流传**】（山西省）

【**出处**】中国先秦史学会尧舜禹文化研究基地编，叶雨青、张培莲著：《尧舜传》第二十五章“陶城舜禹偶相会，唐尧震怒黜崇鲧”，太原：山西出版集团 · 山西春秋电子音像出版社 2008 年版，第 164 页。

WYS058

舜的敌人（舜的对手）

实 例

（参见下级母题实例）

WYS058.1

巫支祁是舜的敌手

实 例

（参见下级母题实例）

WYS058.1.1

巫支祁欲与舜争首领位

实 例

汉 族 巫支祁本来是一条恶蛟，因为多年苦苦修炼，变成了人形，但还有点蛇头蛇脑、龇牙咧嘴的凶恶模样。他朝思暮想，一心想当天下首领，在“万人之上”。为这事，他多次找到舜，甜言蜜语，叫舜让位给他。舜见他一脸凶相，心眼狡诈，舜没有理睬他。巫支祁对这事一直怀恨在心。

【**流传**】山东省 · 济南市［采录地点：济南市］

【**出处**】韩兆福（男，大专，干部）讲，李奎元（男，42 岁，济南市委宣传部干部，大专）采录：《舜井锁蛟》（1989），见《中国民间故事集成》全国编辑委员会、《中国民间故事集成 · 山东卷》编辑委员会编《中国民间故事集成》（山东卷），北京：中国 ISBN 中心 2007 年版，第 360 ～ 362 页。

WYS058.2

丹朱是舜的对手

【**关联**】［WYS020.1.5.1］黄帝后裔驩兜，尧之子丹朱反对舜继位

WYS058.2.1

舜与尧长子丹朱竞争继位

实 例

汉 族 尧王爷把天下让给舜以后，朝廷里

大小官员和全国老百姓都很高兴，只是尧王爷的大儿子丹朱心里不顺和。

【流传】山西省 ·（临汾市）· 翼城县［采录地点：翼城县西阎镇］

【出处】李士龙（男，79 岁，翼城县大河乡农民，初中）讲，王吉文（男，52 岁，翼城县文化局干部，中专）采录：《丹朱墓》（1986），见中国民间文学集成全国编辑委员会、《中国民间文学集成 · 山西卷》编辑委员会编《中国民间故事集成》（山西卷），北京：中国 ISBN 中心 1999 年版，第 42 ～ 43 页。

WYS058.2.2

丹朱不说舜的好话

实 例

汉 族 尧王把帝位让给舜之前，让九个儿子与舜一起生活，考察他的品行。停了一时节，尧王爷的儿子回到尧都，除了大儿子丹朱没说好话，其余的都说舜是个又贤良又有才干的人。

【流传】山西省 ·（临汾市）· 翼城县［采录地点：翼城县西阎镇］

【出处】李士龙（男，79 岁，翼城县大河乡农民，初中）讲，王吉文（男，52 岁，翼城县文化局干部，中专）采录：《尧王传舜》（1986），见中国民间文学集成全国编辑委员会、《中国民间文学集成 · 山西卷》编辑委员会编《中国民间故事集成》（山西卷），北京：中国 ISBN 中心 1999 年版，第 39 ～ 40 页。

WYS058.3

浑沌、穷奇、梼机、饕餮是舜的敌对者

实 例

（参见下级母题实例）

WYS058.3.1

舜助尧管理国事，浑沌、穷奇、梼机、饕餮不服，结伙捣乱

实 例

汉 族 舜辅助尧管理国事后，有人不服气，像浑沌、穷奇、梼机、饕餮这些人都不老实。他们惯会溜须拍马，阿谀奉迎，没有真本事，可光想当大官。舜是正直、厚道的人，哪里肯用这些人呢？这些家伙一看当不了官，就结成伙，到处说舜的坏话，妄想把舜搞臭，好取而代之。

【流传】山东省 · 济南市［采录地点：济南市］

【出处】徐臻（男，40 岁，干部，大专）讲，李奎元（男，40 岁，济南市委干部，大专）采录：《舜耕历山下》（1986 年春天），见《中国民间故事集成》全国编辑委员会、《中国民间故事集成 · 山东卷》编辑委员会编《中国民间故事集成》（山东卷），北京：中国 ISBN 中心 2007 年版，第 18 ～ 21 页。

WYS058.4

舜的对手尧

实 例

（参见下级母题实例）

WYS058.4.1

尧舜之间为权力发生矛盾

实 例

中华民族 舜“摄政”后，丹朱等又争权，尧倾向于其子，才发生囚闭尧而夺权的暴力事件。

【流传】（无考）

【出处】杨东晨：《华夏始祖：尧舜禹时代》“三、帝舜的明德”，西安：三秦出版社2007年版，第75页。

WYS058.5

舜的对手鲧

实 例

（参见下级母题实例）

WYS058.5.1

鲧反对舜任三公

实 例

中华民族 鲧治水九年失败，又反对舜任三公，被帝尧和舜处死。

【流传】（无考）

【出处】杨东晨：《华夏始祖：尧舜禹时代》“四、大禹的治水篇”，西安：三秦出版社2007年版，第106页。

WYS058.6

舜的敌对者“四凶”

实 例

（参见下级母题实例）

WYS058.6.1

流放的三个部落长和三苗对帝尧重用异姓舜不满

实 例

中华民族 流放的三个部落长和三苗对帝尧重用异姓舜不满，而对处罚他们的舜更是仇恨，便不断伺机作乱，被人们视为“四凶”。

【流传】（无考）

【出处】杨东晨：《华夏始祖：尧舜禹时代》“三、帝舜的明德”，西安：三秦出版社2007年版，第72页。

WYS058.7

特定动物是舜的敌手

实 例

（参见下级母题实例）

WYS058.7.1

九龙是舜的敌手

实 例

汉 族 老龙找来八龙，转达舜帝旨意。横龙大怒：“胆小成不了大事，我们同心协力，还怕他舜帝不成！”蛟龙更为暴躁，提出要和舜帝决斗一次，败了再归大海不迟。黄龙、青龙、蟠龙、石龙、上龙也认为他说得有理。第二天，九龙会集，掀起波涛要与舜帝比高低。

【流传】湖南省·（永州市）·宁远县［采录地点：宁远县］

【出处】秦友仁（男，农民，小学）讲，秦东凡（男，干部，中专）采录：《舜帝降九龙》(1986.05)，见中国民间故事集成全国编辑委员会、《中国民间故事集成·湖南卷》编辑委员会编《中国民间故事集成》(湖南卷)，北京：中国ISBN中心2002年版，第56～57页。

WYS059
与舜的关系有关的其他母题

实 例

（参见下级母题实例）

WYS059.1
舜部落

实 例

（实例待考）

WYS059.2
舜的师傅

实 例

（参见下级母题实例）

WYS059.2.1
舜学于务成昭

实 例

中华民族 故礼之生为，贤人以下至庶民也，非为成圣也。然而亦所以成圣也。不学不成，尧学于君畴，舜学于务成昭，禹学于西王国。

【流传】（无考）

【出处】［战国］荀况：《荀子·大略篇》。

中华民族 故礼之生为，贤人以下至庶民也，非为成圣也。然而亦所以成圣也。不学不成，尧学于君畴，舜学于务成昭，禹学于西王国。

【流传】（无考）

【出处】［宋］李昉、李穆、徐铉等：《太平御览》六百七引《孙卿子》。

WYS059.2a
舜的徒弟（舜的受教者）

实 例

（参见下级母题实例）

WYS059.2a.1
尧的九个儿子到历山向舜学习

实 例

中华民族 尧与舜谈种植农作物，舜有理有据，又熟悉礼乐。尧视为贤者，对舜作三年之考验，随命他的九个儿子都到历山向舜学习。

【流传】（无考）

【出处】《史籍记载的尧舜源流与功绩》，见赵大勇、赵随意著《尧都平阳与尧舜禹》，太原：山西古籍出版社1999年版，第29页。

WYS059.2a.2
许多人搬到历山向舜学习开荒种庄稼

实 例

汉 族 舜十三四岁时被姚婆赶出了家门，

无地可去，到历山山洞栖身，舜便在后山开荒种地。他劈荆棘，搬顽石，除杂草，担泉水浇地，庄稼长得真好，引来许多人搬到历山与舜为邻。学舜开荒种庄稼。

【流传】（山西省·运城市·盐湖区·鸣条）

【出处】相水虎主编：《鸣条尧舜禹关四圣出巡古庙会》，运城市盐湖区鸣条二月二古庙会文化活动中心内部交流本，2016 年，第 8 页。

WYS059.3

舜的帮助者

实 例

（参见下级母题实例）

WYS059.3.1

舜的妻子是舜的帮助者

【关联】［WYS054.3.8］妻子送舜避难宝物，使其免于陷害

实 例

汉 族 舜的父亲想让舜掏井时害死他时，舜的妻子娥皇、女英给舜穿上了一件画着龙形的彩纹衣服，外面罩上了旧衣服，嘱道："危急时你将旧衣服脱掉，就会遇难呈祥"。

【流传】山西省·运城市·绛县·古绛镇·尧寓村

【出处】张志善：《娥皇女英助舜脱险的故事》，见田茂忠、申建华主编《尧王故里》，山西省绛县尧文化研究会编印，2009 年版，第 130 ~ 136 页。

WYS059.3.2

尧的九子帮舜耕田

实 例

中华民族 舜每天忙于事务，或与九子谈论政治，商讨家邦大事，或去地里农耕，九子也经常到田里助舜稼穑。

【流传】（山西省）

【出处】中国先秦史学会尧舜禹文化研究基地编，叶雨青、张培莲著：《尧舜传》第二十七章"去负夏拜见父母，赴平阳尧舜论道"，太原：山西出版集团·山西春秋电子音像出版社 2008 年版，第 181 页。

WYS059.3.3

动物帮助舜

实 例

汉 族 舜任劳任怨耕田，累病了，野猪来替他耕地，小鸟替他啄草，结果获得了好收成。

【流传】河南省·南阳市

【出处】王上清（男，50 岁，宜阳县农民，高小）讲，王孟晓（河南大学中文系学生）采录：《*尧王访贤》，见《中国民间故事集成》全国编辑委员会、《中国民间故事集成·河南卷》编辑委员会编《中国民间故事集成》（河南卷），北京：中国 ISBN 中心 2001 年版，第 47 页。

WYS059.4

舜与特定人物

实 例

（参见下级母题实例）

WYS059.4.1

舜与许由

实 例

（参见下级母题实例）

WYS059.4.1.1

舜感化许由

实 例

汉 族 舜帝处处替老百姓着想，使许由受到很大教育，从此，果然也为老百姓办起事来。

【流传】湖南省·（永州市）·宁远县［采录地点：宁远县］

【出处】吴枝旺（医生，大学）讲，李登琛（男，宁远县文化干部，大学）采录：《舜帝见许由》（1984），见中国民间故事集成全国编辑委员会、《中国民间故事集成·湖南卷》编辑委员会编《中国民间故事集成》（湖南卷），北京：中国 ISBN 中心 2002 年版，第 57 ～ 58 页。

6. 舜的名称【WYS060 ～ WYS069】

WYS060

舜的名称（舜的名字）

实 例

（参见下级母题实例）

WYS061

舜名称的产生（舜名字的来历）

实 例

（参见下级母题实例）

WYS061.1

舜名称产生的原因

实 例

（参见下级母题实例）

WYS061.1.1

握登生舜姚墟地，故以姚为姓名

实 例

汉 族 舜帝父亲名瞽叟，握登乃是他母亲。握登生舜姚墟地，故此以姚为姓名。

【流传】湖北省·神农架林区

【出处】《人祖创世》，胡崇峻据秭归县新滩镇《黑暗传》清末抄本，阳日镇龙溪村村民杨有才和史光裕处口述材料，唐运青收集的祝天照、姜德龙抄本和唐运青采录的部分资料，贾邦修、张忠臣《黑暗大盘头》《黑暗纲鉴》资料以及林区下谷土家族民族乡石磨村戊子垭刘茂森处摘录转抄本的片断资料等整理，见胡崇峻搜集整理《黑暗传》，武汉：长江文艺出版社 2002 年版，第 222 页。

WYS061.1.2

舜因生在姚墟而姓姚

实　例

中华民族 帝舜是颛顼的五世孙、黄帝的七世孙，因生在姚墟而姓姚，后又因住在妫汭河畔，其后裔多姓“妫”。

【流传】（无考）

【出处】闫德亮：《文化视域下的古代神话与华夏姓氏》，载《中州学刊》2009 年第 6 期。

WYS061.1.3

瞍之妻握登见大虹意感而生舜于姚墟，故姓姚氏

实　例

中华民族 《世纪》云：“颛顼生穷蝉，穷蝉生敬康，敬康生句芒，句芒生蟜牛，蟜牛生瞽瞍，瞍之妻握登见大虹意感而生舜于姚墟，故姓姚氏。”

【流传】（无考）

【出处】［唐］孔颖达疏：《周易正义·系传下》。

WYS061.2

舜名称产生的时间

实　例

（实例待考）

WYS061.3

舜的取名者

实　例

（参见下级母题实例）

WYS061.3.1

舜的父母为舜取名

实　例

中华民族 舜出生后，父亲瞽瞍对妻子握登道：“你说叫什么名字？”握登道：“木槿花长得很美丽，别名叫舜，咱儿子叫舜，如何？”瞽瞍道：“这名字好听，舜既然是花，咱给孩子再起个名字叫华，如何？”握登道：“行啊！儿子又是重瞳子，华为重华，怎么样？”瞽瞍道：“好啊！孩子的名字就这样定了。”

【流传】（山西省）

【出处】中国先秦史学会尧舜禹文化研究基地编，叶雨青、张培莲著：《尧舜传》第十七章“握登砍柴遇彩虹，虞舜降生姚墟聚”，太原：山西出版集团·山西春秋电子音像出版社 2008 年版，第 107 页。

WYS062

舜的姓氏

实 例

（参见下级母题实例）

WYS062.1

舜姓姚

实 例

中华民族 《世纪》云："帝舜代（尧）立，帝舜姚姓，其先出自颛顼。颛顼生穷蝉，穷蝉生敬康，敬康生句芒，句芒生蟜牛，蟜牛生瞽瞍，瞍之妻握登见大虹意感而生舜于姚墟，故姓姚氏。"

【流传】（无考）

【出处】［唐］孔颖达疏：《周易正义 · 系传下》。

汉　族 姚，虞帝生于姚墟，子孙以姚为氏。

【流传】（无考）

【出处】［唐］林宝修撰：《元和姓纂》。

汉　族 姚姓，虞舜生于姚墟，因以为姓。

【流传】（无考）

【出处】［宋］宋祁、欧阳修、范镇、吕夏卿等：《新唐书 · 宰相世系》。

汉　族 记载："女生为姓，故姓之字多从女。虞舜生于姚，故因生地为姓，后世有以姚为氏。"

【流传】（无考）

【出处】［宋］邵思：《姓解》。

中华民族 帝舜是颛顼的五世孙、黄帝的七世孙，因生在姚墟而姓姚，后又因住在妫汭河畔，其后裔多姓"妫"。

【流传】（无考）

【出处】闫德亮：《文化视域下的古代神话与华夏姓氏》，载《中州学刊》2009 年第 6 期。

中华民族 舜为有虞氏，姚姓。

【流传】（无考）

【出处】郭世谦：《古史传说考》（五、三皇五帝及历代古史整理倾向），天津：天津出版传媒集团 · 天津古籍出版社 2019 年版，第 1310 页。

汉　族 舜因为舍不下这块生息过的土地，留下了部分家族依旧在这里垦种，因虞舜姓姚，余姚因此得名。

【流传】浙江省 ·（宁波市）· 慈溪市 · 石堰乡 · 上街头［采录地点：石堰乡上街头］

【出处】康启龙（40 岁，农民，初识字）讲，张信人（61 岁，医生，大专）记录：《虞舜传说》（1987），见中国民间文艺家协会组织编写，罗杨总主编，童银舫本卷主编《中国民间故事丛书》（浙江省 · 宁波市 · 慈溪卷），北京：知识产权出版社 2015 年版，第 7 ～ 8 页。

汉　族 大舜，姓姚，名叫重华，他爹有姚氏生性顽固，继母为人刁蛮，弟弟象非常傲慢。

【流传】河南省 · 济源市 · 邵原镇［采录地点：邵原村西街翟家祠堂门前］

【出处】翟良志（男，81岁，邵原镇邵原村农民，不识字）讲，陈公平（男，46岁，邵原镇邵原村人，高中）采录：《大舜耕田孝感天帝》(2004.08.20)，见济源市邵原镇人民政府、济源邵州文化教育研究会编著《济源邵原创世神话群》，郑州：河南人民出版社2008年版，第30页。

WYS062.1.1
舜因母感大虹生圣祖于姚墟故姓姚

实 例

中华民族 圣祖之生母握登氏，于唐尧壬午三十九年，感大虹生圣祖于姚墟（在今山西永济县），因以为姓。

【流传】（山西永济县）

【出处】《胡氏历代世系表序》，见中国先秦史学会尧舜禹文化研究基地编，叶雨青、张培莲著：《尧舜传》，太原：山西出版集团・山西春秋电子音像出版社2008年版，第108页。

WYS062.2
舜姓妫

实 例

中华民族 陈胡公满者，虞帝舜之后也。昔舜为庶人时，妻尧之二女，居妫汭，其后因为氏姓，姓妫氏。

【流传】（无考）

【出处】［西汉］司马迁：《史记・陈世家》。

汉 族 虞有两姓，曰姚曰妫。因姚墟之生而姓姚，因妫水之居而姓妫。故姚恢改姓为妫，而妫皓又改姓为姚，知姚与妫可通。

【流传】（无考）

【出处】［宋］邓名世：《古今姓氏书辩证》。

WYS062.3
舜为姚姓或妫姓

实 例

中华民族 通检《诗》、《书》、《左传》、《国语》、《世本・帝系》，证以卜辞金文，两周时代的著姓中，姚姓或妫姓——祖帝舜，有陈、遂、虞、卢戎诸国。(《左传》云祖颛顼）

【流传】（无考）

【出处】丁山：《〈古代神话与民族〉自序》（1948），原载丁山《从东西文化交流探索史前时代的帝王世系》，《文史》1985年第28辑上，见马昌仪选编《中国神话学百年文论选》(上），西安：陕西师范大学出版总社有限公司2013年版，第423～437页。

WYS062.4
舜姓虞

实 例

（参见下级母题实例）

WYS062.4.1
舜以封地虞为姓氏

实 例

中华民族 舜姓虞。《郑语》史伯称舜之先曰虞幕，虞是国名，后以封地为姓氏也，今山西虞城县是其地。

【流传】（山西省）

【出处】［汉］王符：《氏姓志》。

WYS063

舜的名字

实 例

（参见下级母题实例）

WYS063.1

舜的名字叫重华

实 例

汉 族 “济沅湘以甫征兮，就重而陈词。”王逸注：“重华，舜名也。”

【流传】（无考）

【出处】［战国］屈原：《楚辞·离骚》王逸注。

汉 族 虞舜者，名曰重华，重华父曰瞽叟。瞽叟盲而舜母死，瞽叟更娶妻而生象。象傲，瞽叟爱后妻子，常欲杀舜。

【流传】（无考）

【出处】［西汉］司马迁：《史记·五帝本纪》。

汉 族 大舜，姓姚，名叫重华。

【流传】河南省·济源市·邵原镇［采录地点：邵原村西街翟家祠堂门前］

【出处】翟良志（男，81岁，邵原镇邵原村农民，不识字）讲，陈公平（男，46岁，邵原镇邵原村人，高中）采录：《大舜耕田孝感天帝》（2004.08.20），见济源市邵原镇人民政府、济源邵州文化教育研究会编著《济源邵原创世神话群》，郑州：河南人民出版社2008年版，第30页。

WYS063.1.1

舜的名字重华的来历

实 例

（参见下级母题实例）

WYS063.1.1.1

因舜目含双瞳，故取名重华

实 例

中华民族 握登生了一个男孩。婴儿天庭饱满，更奇的是一双明亮的大眼睛竟是双瞳。瞽叟夫妇喜得合不拢嘴。当年，姚墟上开着一种十分秀美的木瑾花，又叫舜，夫妻俩便给可爱的孩子取名舜，因目含双瞳，又名重华。

【流传】（无考）

【出处】《舜·孝悌有闻》，见卢静《尧舜禹》，北京：中华书局2019年版，第36页。

WYS063.1.1.2

舜的眼睛里有两个瞳仁，所以取名重华

实 例

汉 族 舜的眼睛里有两个瞳仁，所以取名重华。

【流传】河南省·济源市·邵原镇［采录地点：邵原复印部］

【出处】秦随明（男，50岁，邵原镇双房村人，中学）讲，翟冬冬（男，21岁，邵原镇邵原村人，高中）采录：《诸冯生舜》（2004.02），见济源市邵原镇人民政府、济源邵州文化教育研究会编著《济

源邵原创世神话群》，郑州：河南人民出版社 2008 年版，第 27 页。

汉　族 托梦而生的舜，眼睛长得很特别，每只眼睛里有两个瞳孔，所以又叫做重华。重华生长在妫水，除了每只眼睛里有两个瞳孔的奇特相貌以外，就是一个普通的青年。他中等的个头，因为常常在外面劳动把皮肤晒得黑黝黝的。

【**流传**】（无考）

【**出处**】《尧舜二帝》，见金麦田编著《中国古代神话故事》，北京：京华出版社 2003 年版，第 45 ～ 52 页。

WYS063.2

舜名字叫“舜”

实　例

中华民族 握登生了一个男孩。婴儿天庭饱满，更奇的是一双明亮的大眼睛竟是双瞳。瞽叟夫妇喜得合不拢嘴。当年，姚墟上开着一种十分秀美的木瑾花，又叫舜，夫妻俩便给可爱的孩子取名舜，因目含双瞳，又名重华。

【**流传**】（无考）

【**出处**】《舜・孝悌有闻》，见卢静《尧舜禹》，北京：中华书局 2019 年版，第 36 页。

WYS063.2.1

名字“舜”的来历

实　例

（参见下级母题实例）

WYS063.2.1.1

“舜”名来源于秀美的木槿花

实　例

中华民族 握登生了一个男孩。婴儿天庭饱满，更奇的是一双明亮的大眼睛竟是双瞳。瞽叟夫妇喜得合不拢嘴。当年，姚墟上开着一种十分秀美的木瑾花，又叫舜，夫妻俩便给可爱的孩子取名舜，因目含双瞳，又名重华。

【**流传**】（无考）

【**出处**】《舜・孝悌有闻》，见卢静《尧舜禹》，北京：中华书局 2019 年版，第 36 页。

WYS063.2.1.2

舜出生时父母看到舜草遂取名“舜”

实　例

汉　族 舜出生后，两个手心儿呢，有深深的字纹，像个“华”字。虞成和五英商量着给孩子起个名字，抬头一看，周围地上长满了叫“舜”的香草，就给孩子起名叫“舜”。他手上的纹儿像个华字，在家排行又是老二，就叫他“仲华”。

【**流传**】河南省・（南阳市）・桐柏县［采录地点：桐柏县・水帘洞］

【**出处**】释妙祥讲，刘剑、柳丹采录：《虞舜出世》（1986.01），见张振犁编著，孟宪明、朱淑君统纂《中原神话通鉴》（第三卷），郑州：河南大学出版社 2017 年版，第 998 ～ 999 页。

WYS063.3

舜名字叫“大舜”

实 例

（参见下级母题实例）

WYS063.3.1

唐尧时，有个青年叫大舜

实 例

汉 族 唐尧时，有个青年叫大舜，勤快憨厚，对父母十分孝顺。后娘百般虐待大舜，舜还是很孝顺。

【流传】（无考）

【出处】王上清讲，王孟晓记录：《大舜耕田》，原载陶阳编《中国民间故事大观》，见陶阳、钟秀编《中国神话》（中），北京：商务印书馆 2008 年版，第 826 ~ 827 页。

WYS064

舜的称谓（舜的名号）

实 例

（参见下级母题实例）

WYS064.1

舜被称为“湘君”

实 例

（参见下级母题实例）

WYS064.1.1

舜在《楚辞》里被称为“湘君”

实 例

中华民族 舜在《楚辞》里被称为“湘君”，由此舜应当属于湖南地域

【流传】（湖南）

【出处】郭静云：《夏商周——从神话到史实》，上海：上海古籍出版社 2013 年版，第 104 页。

WYS064.2

舜的号有虞

实 例

汉 族 舜为天子号有虞，不记（弟弟）象（多次暗害）仇封有神，心不格奸真仁义。

【流传】湖北省 · 神农架林区

【出处】《人祖创世》，胡崇峻据秭归县新滩镇《黑暗传》清末抄本，阳日镇龙溪村村民杨有才和史光裕处口述材料，唐运青收集的祝天照、姜德龙抄本和唐运青采录的部分资料，贾邦修、张忠臣《黑暗大盘头》《黑暗纲鉴》资料以及林区下谷土家族民族乡石磨村戊子垭刘茂森处摘录转抄本的片断资料等整理，见胡崇峻搜集整理《黑暗传》，武汉：长江文艺出版社 2002 年版，第 228 页。

WYS064.3

虞舜被称为“舜王”

实 例

汉 族 尧王把帝位让给了“虞舜”。人们叫他舜王。从此，开河渠，种五谷，人们过着丰衣足食的生活，都称舜为贤王。

【流传】河南省·（濮阳市）·范县［采录地点：范县·王楼乡］

【出处】崔金甲（男，65岁，农民，不识字）讲，崔金钊采录：《尧王访贤（一）》（1989.10.22），见张振犁编著，孟宪明、朱淑君统纂《中原神话通鉴》（第三卷），郑州：河南大学出版社2017年版，第987页。

WYS064.4

虞舜被称为“贤王”

实 例

汉 族 尧王把帝位让给了“虞舜”。人们叫他舜王。从此，开河渠，种五谷，人们过着丰衣足食的生活，都称舜为贤王。

【流传】河南省·（濮阳市）·范县［采录地点：范县·王楼乡］

【出处】崔金甲（男，65岁，农民，不识字）讲，崔金钊采录：《尧王访贤（一）》（1989.10.22），见张振犁编著，孟宪明、朱淑君统纂《中原神话通鉴》（第三卷），郑州：河南大学出版社2017年版，第987页。

WYS064.5

舜被称为“息壤先人”

实 例

汉 族 舜为开拓息壤立了大功，后人尊称他是“息壤先人”。

【流传】河南省·（信阳市）·息县（豫南一带）

【出处】金美臣（男，83岁，老艺人）讲，李中民采录整理：《蒲息千秋》（1985.05），见张振犁编著，孟宪明、朱淑君统纂《中原神话通鉴》（第三卷），郑州：河南大学出版社2017年版，第1010页。

WYS064.6

舜是重华的谥号

【关联】［WYS066.1.1.1］虞是国名，舜是谥号

实 例

中华民族 舜是重华的谥号。《史记·五帝纪》集解中记：“骃案：谥法曰仁圣盛明曰舜。”

【流传】（无考）

【出处】《史籍记载的尧舜源流与功绩》，见赵大勇、赵随意著《尧都平阳与尧舜禹》，太原：山西古籍出版社1999年版。

WYS065

舜的其他名称

实 例

（参见下级母题实例）

WYS065.1

舜的字都君

实 例

中华民族 虞舜：有虞氏之首领，继尧为帝。名重华，字都君。虞，国名，即部落名。舜，谥号。

【流传】（无考）

【出处】张大可、朱枝富编著：《人文始祖黄帝》，北京：商务印书馆 2018 年版，第 84 页。

WYS066

舜名称的特征（舜名称的含义）

实 例

（参见下级母题实例）

WYS066.1

舜称虞舜

实 例

（参见下级母题实例）

WYS066.1.1

“虞舜”的含义

实 例

（参见下级母题实例）

WYS066.1.1.1

虞是国名，舜是谥号

实 例

中华民族 虞舜：有虞氏之首领，继尧为帝。名重华，字都君。虞，国名，即部落名。舜，谥号。

【流传】（无考）

【出处】张大可、朱枝富编著：《人文始祖黄帝》，北京：商务印书馆 2018 年版，第 84 页。

WYS067

舜名称的类型（舜有不同写法）

实 例

（实例待考）

WYS068

舜名称的演变（舜名称的变化；舜读音的变异）

实 例

（参见下级母题实例）

WYS068.1

舜名称演变的原因

实 例

（实例待考）

WYS068.2

舜名称演变情形

实 例

（参见下级母题实例）

WYS068.2.1

舜是传说中的古帝有虞氏

实 例

中华民族 舜是传说中的古帝有虞氏。

【流传】（无考）

【出处】叶舒宪：《中华文明的探索神学研究》，北京：社会科学文献出版社·经济与管理出版分社 2015 年版，第 395 ～ 396 页。

WYS069
与舜的名称有关的其他母题

实　例

（参见下级母题实例）

WYS069.1
舜的合称

实　例

（实例待考）

WYS069.2
舜的名字之辨

实　例

（参见下级母题实例）

WYS069.2.1
舜疑为《山海经》所记载的帝俊

实　例

中华民族 《山海经》中重要的神是“帝俊”，但别处文献反而很少见。郭璞谓：“俊亦舜字，假借音也。”从帝俊妻娥皇一点看，俊也许是舜。有的以为帝俊是黄帝，或以为是帝善。

【流传】（无考）

【出处】郑德坤：《〈山海经〉及其神话》，原载《史学年报》1932 年第 4 期，见马昌仪选编《中国神话学百年文论选》（上），西安：陕西师范大学出版总社有限公司 2013 年版，第 96 ～ 112 页。

WYS069.2.2
帝舜实即帝喾

实　例

中华民族 帝舜实即帝喾，且为殷商之祖。

【流传】（无考）

【出处】刘尧汉：《中华民族龙虎文化论——联结中国各族的龙虎文化纽带渊源于远古女娲、伏羲的合体葫芦（二）》，载《贵州民族研究》1985 年第 2 期。

WYS069.2.3
帝俊即帝舜

实　例

中华民族 《山海经·大荒南经》曰：“有人三身，帝俊妻娥皇，生此三身之国，姚姓，黍食，使四鸟。”此娥皇之子为姚姓，姚为舜姓，是在秦人的传说中舜妻娥皇也成为帝俊之妻，这就更成为后儒所认为的帝俊即帝舜的一个证明。

【流传】（无考）

【出处】郭世谦：《古史传说考》（三、两昊鸟图腾部落集团），天津：天津出版传媒集团·天津古籍出版社 2019 年版，第 687 页。

WYS069.2.4
帝俊、帝喾、帝舜为一人

实　例

中华民族 帝俊、帝喾、帝舜为一人，故以为卜辞之娥即舜妻娥皇。

【流传】（无考）

【出处】郭沫若：《甲骨文研究·释祖妣》。

7. 舜的死亡与纪念【WYS070 ～ WYS079】

WYS070

舜的寿命

实 例

（参见下级母题实例）

WYS070.1

舜长寿

实 例

中华民族 舜以尧之二十一年甲子生，三十一年（或引作“五十一年”）甲午征用，七十九年壬午即真，百岁癸卯崩。

【流传】（无考）

【出处】《五帝本纪·集解》引皇甫谧语。

WYS070.1.1

舜至少一百零七岁

实 例

中华民族 帝舜高寿，年约 107 岁时还到南方巡视。

【流传】（无考）

【出处】杨东晨：《华夏始祖：尧舜禹时代》“三、帝舜的明德”，西安：三秦出版社 2007 年版，第 89 页。

WYS070.1.2

舜享年一百一十多岁

实 例

汉 族 舜三十五年居鸣条，享年一百一十多岁。

【流传】（山西省·运城市·盐湖区·鸣条）

【出处】相水虎主编：《鸣条尧舜禹关四圣出巡古庙会》，运城市盐湖区鸣条二月二古庙会文化活动中心内部交流本，2016 年，第 7 页。

WYS070.2

舜有特定的寿限

实 例

（实例待考）

WYS071

舜的死亡

实 例

（参见下级母题实例）

WYS071.1

舜死亡的原因

实 例

（参见下级母题实例）

WYS071.1.1

舜因巡猎崩苍梧

实 例

汉 族 舜因巡猎崩苍梧。

【流传】湖北省·神农架林区

【出处】《人祖创世》，胡崇峻据秭归县新滩镇《黑暗传》清末抄本，阳日镇龙溪村村民杨有才和史光裕处口述材料，唐运青收集的祝天照、姜德龙抄本和唐运青采录的部分资料，贾邦修、张忠臣《黑暗大盘头》《黑暗纲鉴》资料以及林区下谷土家族民族乡石磨村戊子垭刘茂森处摘录转抄本的片断资料等整理，见胡崇峻搜集整理《黑暗传》，武汉：长江文艺出版社 2002 年版，第 228 页。

WYS071.1.2

舜降服九龙后死亡

实 例

汉 族 舜帝降服九龙后不久，舜帝死在九嶷山。

【流传】湖南省·（永州市）·宁远县［采录地点：宁远县］

【出处】秦友仁（男，农民，小学）讲，秦东凡（男，干部，中专）采录：《舜帝降九龙》（1986.05），见中国民间故事集成全国编辑委员会、《中国民间故事集成·湖南卷》编辑委员会编《中国民间故事集成》（湖南卷），北京：中国 ISBN 中心 2002 年版，第 56 ～ 57 页。

WYS071.1.3

舜因巡视劳累病死

实 例

汉 族 舜巡视来到南方的苍梧，一路劳累，身体虚弱，抵不住瘴气的侵袭，就一病不起。他死后，葬在了九嶷山下。

【流传】山东省·济南市［采录地点：济南市］

【出处】徐臻（男，40 岁，干部，大专）讲，李奎元（男，40 岁，济南市委干部，大专）采录：《舜耕历山下》（1986 年春天），见《中国民间故事集成》全国编辑委员会、《中国民间故事集成·山东卷》编辑委员会编《中国民间故事集成》（山东卷），北京：中国 ISBN 中心 2007 年版，第 18 ～ 21 页。

中华民族 舜南巡病逝而葬于苍梧。

【流传】（无考）

【出处】杨东晨：《华夏始祖：尧舜禹时代》“三、帝舜的明德”，西安：三秦出版社 2007 年版，第 94 页。

WYS071.1.4

舜年迈视察战乱，途中病逝

实 例

汉 族 舜晚年的时候，九嶷山一带发生战乱。舜不顾年老体弱，想到那里视察一下实情。舜不幸中途病逝于南方的苍梧之野，埋在九嶷山下。

【流传】（无考）

【出处】《尧舜二帝》，见金麦田编著《中国古代神话故事》，北京：京华出版社 2003

年版，第 45 ～ 52 页。

WYS071.2
舜死亡的时间

实 例

（参见下级母题实例）

WYS071.2.1
舜践帝位三十九年，崩

实 例

中华民族 舜践帝位三十九年，南巡狩，崩于苍梧之野。葬于江南九嶷，是为零陵。

【**流传**】（无考）

【**出处**】［西汉］司马迁：《史记 · 五帝本纪》。

WYS071.2.2
舜在南征有苗的途中死亡

实 例

中华民族 三苗曾与尧舜为乱而一决雌雄，最后败北，或许天不绝苗，当年舜南征有苗而崩于中道，葬于九嶷山。

【**流传**】（南方地区）

【**出处**】郭兆祥：《试论九黎、三苗、盘瓠与梅山蛮》，载《邵阳师专学报》1996 年第 1 期。

WYS071.3
舜死亡的地点

实 例

（参见下级母题实例）

WYS071.3.1
舜崩于苍梧之野

实 例

中华民族 舜年二十以孝闻，年三十尧举之，年五十摄行天子事，年五十八尧崩，年六十一代尧践帝位。践帝位三十九年，南巡狩，崩于苍梧之野。

【**流传**】（无考）

【**出处**】［西汉］司马迁：《史记 · 五帝本纪》。

汉 族 舜陟方，死于苍梧，号曰重华。

【**流传**】（无考）

【**出处**】［西汉］刘向：《列女传 · 有虞二妃》。

中华民族 千年尧舜心，心成身已殁。始随苍梧云，不返苍龙阙。

【**流传**】（无考）

【**出处**】［唐］曹邺：《文宗陵》。

WYS071.3.1a
舜因巡猎崩苍梧

实 例

汉 族 舜因巡猎崩苍梧。

【**流传**】湖北省 · 神农架林区

【**出处**】《人祖创世》，胡崇峻据秭归县新滩镇《黑暗传》清末抄本，阳日镇龙溪村村民杨有才和史光裕处口述材料，唐运青收集的祝天照、姜德龙抄本和唐运青采录的部分资料，贾邦修、张忠臣《黑暗大盘头》《黑暗纲鉴》资料以及林区下谷土家族民族乡石磨村戊子垭刘茂森处摘录转抄本的片断资料等整理，见胡崇峻搜集整理《黑暗传》，武汉：长江文艺出版社 2002 年版，第 228 页。

WYS071.3.1b

舜死于南方苍梧之野

实 例

汉 族 舜晚年的时候，九嶷山一带发生战乱。舜不顾年老体弱，想到那里视察一下实情。舜不幸中途病逝于南方的苍梧之野，埋在九嶷山下。

【流传】（无考）

【出处】《尧舜二帝》，见金麦田编著《中国古代神话故事》，北京：京华出版社 2003 年版，第 45 ～ 52 页。

中华民族 舜安息在了南方的苍梧之野。天下民众，一片悲哀。

【流传】（无考）

【出处】《禹 · 承继帝位》，见卢静《尧舜禹》，北京：中华书局 2019 年版，第 115 页。

WYS071.3.1c

舜南征三苗，道死苍梧

实 例

中华民族 （舜）南征三苗，道死苍梧。

【流传】（无考）

【出处】［西汉］淮南王刘安及门客：《淮南子 · 修务训》。

WYS071.3.2

舜卒鸣条（舜死于鸣条）

实 例

中华民族 孟子曰，舜生于诸冯，迁于负夏，卒于鸣条，东夷之人也。文王生于岐周，卒于毕郢，西夷之人也。地之相去也千有余里，世之相后也，千有余岁。得志行乎中国。若合符节。

【流传】（无考）

【出处】［战国］孟轲及其弟子：《孟子 · 离娄章句下》。

汉 族 舜卒鸣条，在定陶城西大章寺龙山遗址。舜灰于常羊，乃炎帝、尧帝诞生之地，当在成阳雷泽附近。

【流传】山东省 · 菏泽市

【出处】潘建荣：《在“伏羲桑梓、尧舜故里”菏泽市牡丹区胡集镇举办公祭伏羲尧舜禹仪式最为合适》，见山东菏泽《首届中华伏羲祖源文化论坛论文集》，内部编印，2020 年 9 月，第 8 页。

WYS071.3.3

舜死于湖南九嶷山

实 例

中华民族 舜死于湖南九嶷山，有舜陵。

【流传】（无考）

【出处】仲大军：《黄帝与少昊的关系》，载《社会科学论坛》2010 年第 9 期。

WYS071.3.3a

舜帝死在九嶷山

实 例

汉 族 舜帝降服九龙后不久，舜帝死在九嶷山。

【流传】 湖南省·（永州市）·宁远县［采录地点：宁远县］

【出处】 秦友仁（男，农民，小学）讲，秦东凡（男，干部，中专）采录：《舜帝降九龙》（1986.05），见中国民间故事集成全国编辑委员会、《中国民间故事集成·湖南卷》编辑委员会编《中国民间故事集成》（湖南卷），北京：中国 ISBN 中心 2002 年版，第 56 ～ 57 页。

WYS071.3.4

舜帝崩于零陵

实 例

中华民族 关于女英、娥皇的葬地，传统说法是舜帝崩于零陵（今湖南宁远）后，二妃千里哭祭，至巴陵（今湖南岳阳）殉节，葬于湘山，称湘妃墓。

【流传】（湖南宁远）

【出处】 杨东晨、杨建国：《渭水流域是华夏文化的重要源头——论宝鸡地区在炎黄族融合和孕育三代文化中的重要地位》，载《宝鸡文理学院学报（社会科学版）》2002 年第 3 期。

WYS071.3.5

舜病死在去南方的路上

实 例

汉 族 舜晚年时再次动身巡行天下，不幸病死在去南方的路上。

【流传】（中原一带）

【出处】《水仙花》，见孟宪明著《中原经典神话》，郑州：河南大学出版社 2016 年版，第 211 页。

WYS071.4

舜死后的丧葬

实 例

（参见下级母题实例）

WYS071.4.1

禹为舜办理丧葬

实 例

中华民族（参见“WYS071.4.2 禹率群臣在鸣条安葬舜，仪式隆重”母题实例）

WYS071.4.2

禹率群臣在鸣条安葬舜，仪式隆重

实 例

中华民族 禹派人在鸣条岗离宫前为舜开挖幕穴；禹率群臣在鸣条安葬舜，仪式隆重，场面宏大。

【流传】（山西省）

【出处】 中国先秦史学会尧舜禹文化研究基

地编，叶雨青、张培莲著：《尧舜传》第四十章“奔渭地殡葬娥皇，居离宫卒于鸣条”，太原：山西出版集团·山西春秋电子音像出版社 2008 年版，第 287 页。

WYS071.5

舜死后化生

实 例

（实例待考）

WYS071.6

舜死后的其他情形

实 例

（实例待考）

WYS072

与舜的死亡有关的其他母题

实 例

（实例待考）

WYS073

舜祭祀的产生

实 例

（实例待考）

WYS073.1

祭祀舜的原因

实 例

中华民族 ［参见“WYS076 祭祀舜者（祭祀舜的参与者）”母题实例］

WYS074

祭祀舜的时间

实 例

（参见下级母题实例）

WYS074.1

二月二祭祀舜

实 例

汉 族（参见“WYS077.3.4.1 二月二尧舜禹关四圣出巡”母题实例）

WYS074.2

九月十三祭祀舜

实 例

汉 族（参见“WYS077.3.4.1 二月二尧舜禹关四圣出巡”母题实例）

WYS074.3

腊月三十祭祀舜

实 例

汉 族 每年腊月三十这天，当地百姓成群结队上蒲山朝拜舜，形成了一种风俗。

【流传】河南省·（信阳市）·息县（豫南一带）

【出处】金美臣（男，83 岁，老艺人）讲，李中民采录整理：《蒲息千秋》（1985.05），见张振犁编著，孟宪明、朱淑君统纂《中原神话通鉴》（第三卷），郑州：河南大学出版社 2017 年版，第 1010 页。

WYS074.4

特定朝代开始祭舜

实 例

（参见下级母题实例）

WYS074.4.1*

舜陵祭舜始于北魏

实 例

中华民族 安邑鸣条舜陵庙始建于唐开元二十六年，但对舜陵的祭祀则自北魏已经开始。

【流传】（无考）

【出处】任乃荣：《三皇五帝探源》第八章“舜有虞氏时代”，北京：新华出版社 2011 年版，第 201 页。

WYS074.5

每年春、秋上戊日祭祀舜

实 例

中华民族 明代曾在濮州（今鄄城县）东北 50 里历山上修建舜帝庙，每年春、秋上戊日祭祀。

【流传】（无考）

【出处】杨东晨：《华夏始祖：尧舜禹时代》“三、帝舜的明德”，西安：三秦出版社 2007 年版，第 60 页。

WYS075

祭祀舜的地点

实 例

（参见下级母题实例）

WYS075.1

在蒲山朝拜舜

实 例

汉 族 每年腊月三十这天，当地百姓成群结队上蒲山朝拜舜，形成了一种风俗。

【流传】河南省·（信阳市）·息县（豫南一带）

【出处】金美臣（男，83 岁，老艺人）讲，李中民采录整理：《蒲息千秋》（1985.05），见张振犁编著，孟宪明、朱淑君统纂《中原神话通鉴》（第三卷），郑州：河南大学出版社 2017 年版，第 1010 页。

WYS075.2

九嶷山舜帝陵为祭祖朝圣之所

实 例

中华民族 九嶷山舜帝陵自夏朝始建以来，一直为祭祖朝圣之所，香火不绝。

【流传】（湖南省）

【出处】崔明德：《对当今祭拜活动及祭拜文化的一些认识》，载《烟台大学学报（哲学社会科学版）》2020 年第 3 期。

WYS075.3

在舜陵祭舜

实 例

中华民族 （参见“WYS074.4.1* 舜陵祭舜始于北魏”母题实例）

WYS076

祭祀舜者（祭祀舜的参与者）

实　例

（参见下级母题实例）

WYS076.1

特定群体祭舜

实　例

（参见下级母题实例）

WYS076.1.1

殷人祭祀舜

实　例

中华民族 殷人禘舜而祖契。

【**流传**】（无考）

【**出处**】［春秋］左丘明：《国语 · 鲁语》。

WYS076.1.2

广西各族人民世代祭祀舜帝

实　例

中华民族 大舜文化将山东先进的古文化与广西各民族文化联系在一起，广西各族人民世代祭祀和崇拜中华民族的先祖圣贤——舜帝。

【**流传**】（广西）

【**出处**】何海龙：《浅论大舜文化对岭南文化的影响》，载《2009 中国（诸城）大舜文化学术研讨会论文集》，2009 年。

WYS076.1.3

陈氏祭祀舜帝

实　例

中华民族 陈，颛顼之族。陈氏得政于齐，乃卒亡。自幕至于瞽叟无违命，舜重之以明德，至于遂，世世守之，及胡公，周赐之姓，使祀虞帝。

【**流传**】（无考）

【**出处**】［西汉］司马迁：《史记 · 陈世家》。

WYS076.2

特定人物祭舜

实　例

（参见下级母题实例）

WYS076.2.1*

秦始皇、汉武帝御祭舜

实　例

中华民族 九疑（九嶷山）舜陵秦汉时期即在玉琯岩前建起了舜陵庙。秦始皇、汉武帝均曾“御祭”。

【**流传**】（无考）

【**出处**】任乃荣：《三皇五帝探源》第八章“舜有虞氏时代”，北京：新华出版社 2011 年版，第 201 页。

WYS076.3

祭舜的主持者

实　例

（实例待考）

WYS077
祭祀舜的环节（祭舜的方法）

实 例

（参见下级母题实例）

WYS077.1
祭舜的准备

实 例

（实例待考）

WYS077.2
祭舜的仪式

实 例

汉 族（参见“WYS077.3.3 庙会祭祀舜”母题实例）

WYS077.3
祭舜的方法

实 例

（参见下级母题实例）

WYS077.3.1
祭舜时烧香

实 例

（实例待考）

WYS077.3.2
祭舜时扣头

实 例

（实例待考）

WYS077.3.3
庙会祭祀舜

实 例

（参见下级母题实例）

WYS077.3.3.1
鸣条二月二千年古庙会祭舜

实 例

汉 族（参见“WYS077.3.4.1 二月二尧舜禹关四圣出巡”母题实例）

WYS077.3.4
祭舜时巡游

实 例

（参见下级母题实例）

WYS077.3.4.1
二月二尧舜禹关四圣出巡

实 例

汉 族 鸣条二月二尧舜禹关四圣出巡，更是个千年古庙会，自建庙后，周围四村黎民百姓为缅怀圣祖之功德，在每年的农历“二月二”和“九月十三”，举行大型的庙会活动。

【流传】（山西省 · 运城市 · 盐湖区 · 鸣条）

【出处】相水虎主编：《鸣条尧舜禹关四圣出巡古庙会》，运城市盐湖区鸣条二月二古庙会文化活动中心内部交流本，2016 年，第 54 页。

WYS077.4
祭祀舜的情形

实 例

汉 族（参见“WYS077.3.4.1 二月二尧舜禹关四圣出巡”母题实例）

WYS077.5
祭祀舜的类型

实 例

（实例待考）

WYS077.5.1
公祭舜

实 例

（实例待考）

WYS077.5.2
私祭舜

实 例

（实例待考）

WYS077.5.3
单祭舜

实 例

（参见下级母题实例）

WYS077.5.4
共祭舜

实 例

汉 族 鸣条二月二尧舜禹关四圣出巡，更是个千年古庙会，自建庙后，周围四村黎民百姓为缅怀圣祖之功德，在每年的农历“二月二”和“九月十三”，举行大型的庙会活动。

【流传】（山西省·运城市·盐湖区·鸣条）

【出处】相水虎主编：《鸣条尧舜禹关四圣出巡古庙会》，运城市盐湖区鸣条二月二古庙会文化活动中心内部交流本，2016 年，第 54 页。

WYS078
与祭祀舜的有关的其他母题

实 例

（实例待考）

WYS078.1
祭舜的用品

实 例

（实例待考）

WYS078.2
祭舜的禁忌

实 例

（实例待考）

WYS079
纪念舜（舜的纪念）

实 例

（参见下级母题实例）

WYS079.1
纪念舜的时间

实 例

（实例待考）

WYS079.2
纪念舜方法

实 例

（参见下级母题实例）

WYS079.2.1
修庙纪念舜

实 例

中华民族 今永济县有舜帝庙村，传说舜生于此，东坡高埠称“牛坡”，舜养牛处；西滩称“放马滩”，舜之牧马场；“舜塬”横贯蒲州境内，乃舜开垦的一大平原，产粮地区；村中有一泉池说是舜打的井，并建庙亭纪念之。中条山西端有历山，舜耕历山于此，山中有南河（又名沩呐河），皆是传说中舜活动过的地方。

【流传】（山西省永济县）

【出处】《史籍记载的尧舜源流与功绩》，见赵大勇、赵随意著《尧都平阳与尧舜禹》，太原：山西古籍出版社 1999 年版，第 28 页。

WYS079.2.2
冠名纪念舜

实 例

（参见下级母题实例）

WYS079.2.2.1
舜井

实 例

汉　族 历山脚下的人民，更是永远怀念着开拓这片乐土的圣君。多少年来，舜井一直保留着，后来还把舜井所在的街，命名为“舜井街”。

【流传】山东省·济南市［采录地点：济南市］

【出处】徐臻（男，40 岁，干部，大专）讲，李奎元（男，40 岁，济南市委干部，大专）采录：《舜耕历山下》（1986 年春天），见《中国民间故事集成》全国编辑委员会、《中国民间故事集成·山东卷》编辑委员会编《中国民间故事集成》（山东卷），北京：中国 ISBN 中心 2007 年版，第 18 ～ 21 页。

WYS079.2.3
节日纪念舜

实 例

（参见下级母题实例）

WYS079.2.3.1
永州市举办舜帝文化节

实 例

中华民族 舜的葬地还有三说。《孟子·离娄下》云：舜“卒于鸣条”。《吕氏春秋》云：舜葬于纪城九嶷山下。孟子所说的“鸣条”，一说在安邑（今山西运城市夏县，近年有的学者考证在运城市区北）鸣条陌；一说是在陈留（河南开封市东）平邱鸣条亭；郭沫若先生认为鸣条在今河南封丘东。还有一说是帝舜葬于今山西霍州市的霍山。《山海经 · 大荒南经》云："帝尧，帝喾、帝舜葬于岳山。""岳山"即霍山。

【流传】（无考）

【出处】杨东晨：《华夏始祖：尧舜禹时代》"三、帝舜的明德"，西安：三秦出版社 2007 年版，第 92 ~ 93 页。

WYS079.3
纪念舜的情形

实 例

（实例待考）

WYS079.4
与纪念舜有关的其他母题

实 例

（实例待考）

8. 舜的遗迹与遗俗【WYS080 ~ WYS089】

WYS080
舜的坟墓（舜墓；舜陵）

实 例

（参见下级母题实例）

WYS080.1
舜坟墓的产生

实 例

（参见下级母题实例）

WYS080.1.1*
春秋时已有舜冢

实 例

中华民族 舜陵的四处九个地点中，"九嶷山"的记载最多，祭祀活动开始得较早（夏代），春秋已有冢，证据也最为充足，因而是可以确定为舜帝陵。

【流传】（无考）

【出处】杨东晨：《华夏始祖：尧舜禹时代》"三、帝舜的明德"，西安：三秦出版社 2007 年版，第 93 页。

WYS080.1.2
舜坟墓建于大禹时代

实 例

（参见下级母题实例）

WYS080.1.2.1*
鸣条舜帝陵冢始建于禹

实 例

汉 族 老辈人传说：鸣条舜帝陵冢始建于禹时，当时土陵冢雄伟高大，周围古柏阴森，柏林密布，灵气十足。

【流传】（山西省 · 运城市 · 盐湖区 · 鸣条）

【出处】相水虎主编：《鸣条尧舜禹关四圣出巡古庙会》，运城市盐湖区鸣条二月二古庙会文化活动中心内部交流本，2016 年，第 45 页。

WYS080.1.2.2*

安邑鸣条舜陵庙始建于唐开元二十六年

实　例

中华民族 安邑鸣条舜陵庙始建于唐开元二十六年。

【流传】（无考）

【出处】任乃荣：《三皇五帝探源》第八章“舜有虞氏时代”，北京：新华出版社 2011 年版，第 201 页。

WYS080.2

舜坟墓的地点（舜的埋葬地）

实　例

（参见下级母题实例）

WYS080.2.0

舜陵众多

实　例

（参见下级母题实例）

WYS080.2.0.1*

舜陵有四处九个地点

实　例

中华民族 舜陵的四处九个地点中，“九嶷山”的记载最多，祭祀活动开始得较早（夏代）。

【流传】（无考）

【出处】杨东晨：《华夏始祖：尧舜禹时代》“三、帝舜的明德”，西安：三秦出版社 2007 年版，第 93 页。

WYS080.2.0.2*

帝舜陵庙有两个

实　例

（参见下级母题实例）

WYS080.2.0.2.1*

天下共有两个帝舜陵庙。一个为湖南省宁远县九疑山，另一个山西省运城市安邑鸣条岗

实　例

中华民族 从舜陵的实际情况来看，天下共有两个帝舜陵庙。一个在南方，湖南省宁远县九疑山；一个在北方，山西省运城市安邑鸣条岗。

【流传】（无考）

【出处】任乃荣：《三皇五帝探源》第八章“舜有虞氏时代”，北京：新华出版社 2011 年版，第 200 页。

WYS080.2.1

帝舜葬于岳山

实　例

中华民族 帝尧、帝喾、帝舜葬于岳山。爰有文贝、离俞、鸱久、鹰、延维、视肉、

熊、罴、虎、豹、朱木、青华、玄实。

【流传】（无考）

【出处】［战国至汉］撰者不详：《山海经·大荒南经》。

WYS080.2.2

舜葬苍梧

实 例

汉 族 舜葬苍梧之野，有鸟如雀，自丹州而来，吐五色之气，氤氲如云，名曰凭霄雀，能群飞衔土成丘坟。此鸟能反形变色，常游丹海之际，时来苍梧之野，衔青砂珠，积成垄阜，名曰珠丘。

【流传】（无考）

【出处】(a)［晋］王嘉：《拾遗记》卷一。(b)《珠丘》，见袁珂《中国神话大词典》，北京：华夏出版社 2015 年版，第 259 页。

中华民族 黄帝时的中国版图，南尚不过江，舜征苗野葬苍梧，禹时三苗之国，尚保有洞庭、彭蠡之地，而神农后之厉国，又为南蛮之一。

【流传】（无考）

【出处】盛襄子：《湖南苗史述略》，转引自郑莉《蚩尤和炎帝的关系考》，载《湖州师范学院学报》2005 年第 4 期。

中华民族 舜葬苍梧。汉代尚有知古苍梧之所在者，司马相如《上林赋》言上林之盛“左苍梧，右西极，丹水更其南，紫渊径其北。”是相如以苍梧在上林之东，地近丹水。所以此苍梧在今陕西，而非湖南长沙。

【流传】（无考）

【出处】郭世谦：《古史传说考》（一、唐虞猛兽图腾集团），天津：天津出版传媒集团·天津古籍出版社 2019 年版，第 89 页。

中华民族 三苗在今陕西丹水流域，舜往征之，死葬丹水之滨的苍梧。

【流传】（无考）

【出处】郭世谦：《古史传说考》（一、唐虞猛兽图腾集团），天津：天津出版传媒集团·天津古籍出版社 2019 年版，第 90 页。

中华民族 （舜帝）颛顼五世孙，姚姓。受尧禅，以土德王，都蒲坂。在位五十年，禅于禹。元年己未，即位。咨二十二人。三十二年，命夏后总师，遂陟方岳。四十九年，帝居于鸣条。五十年，帝崩。葬苍梧。

【流传】（山西省）

【出处】［清］雍正《山西通志》。

WYS080.2.2.1

帝舜葬苍梧山阳面

实 例

中华民族 苍梧之山。帝舜葬于阳，帝丹朱葬于阴。氾林方三百里，在狌狌东。狌狌知人名。其为兽如豕而人面。在舜葬西。

【流传】（无考）

【出处】［战国至汉］撰者不详：《山海经·海内南经》。

WYS080.2.2.2

舜葬苍梧九嶷山

实 例

中华民族 南方苍梧之丘，苍梧之渊，其中有九嶷山，舜之所葬。在长沙零陵界中。

【流传】（湖南）

【出处】［战国至汉］撰者不详：《山海经·海内经》。

汉 族 舜巡视来到南方的苍梧，一路劳累，身体虚弱，抵不住瘴气的侵袭，就一病不起。他死后，葬在了九嶷山下。

【流传】山东省·济南市［采录地点：济南市］

【出处】徐臻（男，40岁，干部，大专）讲，李奎元（男，40岁，济南市委干部，大专）采录：《舜耕历山下》（1986年春天），见《中国民间故事集成》全国编辑委员会、《中国民间故事集成·山东卷》编辑委员会编《中国民间故事集成》（山东卷），北京：中国ISBN中心2007年版，第18～21页。

中华民族 三苗曾与尧舜为乱而一决雌雄，最后败北，或许天不绝苗，当年舜南征有苗而崩于中道，葬于九嶷山。

【流传】（南方地区）

【出处】郭兆祥：《试论九黎、三苗、盘瓠与梅山蛮》，载《邵阳师专学报》1996年第1期。

汉 族 舜晚年的时候，九嶷山一带发生战乱。舜不顾年老体弱，想到那里视察一下实情。舜不幸中途病逝于南方的苍梧之野，埋在九嶷山下。

【流传】（无考）

【出处】《尧舜二帝》，见金麦田编著《中国古代神话故事》，北京：京华出版社2003年版，第45～52页。

WYS080.2.2.2.1

舜葬在九疑山女英峰

实 例

汉 族 九疑山有九峰。其中第六峰曰女英峰，舜墓在此峰下。

【流传】（无考）

【出处】（a）［宋］李昉、李穆、徐铉等：《太平御览》卷四一引《郡国志》。（b）《九嶷山》，见袁珂《中国神话大词典》，北京：华夏出版社2015年版，第12页。

WYS080.2.2.2.1.1

九嶷山玉琯岩前舜陵庙

实 例

中华民族 九疑（九嶷山）舜陵秦汉时期即在玉琯岩前建起了舜陵庙。

【流传】（无考）

【出处】任乃荣：《三皇五帝探源》第八章“舜有虞氏时代”，北京：新华出版社2011年版，第201页。

WYS080.2.2.3

舜葬于苍梧之野

【关联】［WYS071.3.1］舜崩于苍梧之野

实 例

中华民族 舜葬于苍梧之野，盖三妃未之从也。

【流传】（无考）

【出处】［西汉］戴圣编：《礼记·檀弓》。

WYS080.2.2.3.1

舜与叔均葬赤水之东苍梧之野

实 例

汉 族 赤水之东，有苍梧之野，舜与叔均之所葬也。爰有文贝、离俞、鸱久、鹰贾、委维、熊、罴、象、虎、豹、狼、视肉。

【流传】（无考）

【出处】［战国至汉］撰者不详：《山海经·大荒南经》。

WYS080.2.3

舜冢在零陵营浦县

实 例

中华民族 骃案《皇览》曰："舜冢在零陵营浦县，其山九溪皆相似，故曰九疑［嶷］。"

【流传】（无考）

【出处】［南朝·宋］裴骃：《史记集解》。

WYS080.2.4

舜葬于江南零陵九嶷

实 例

中华民族 舜践帝位三十九年，南巡狩，崩于苍梧之野。葬于江南九疑［嶷］，是为零陵。

【流传】（无考）

【出处】［西汉］司马迁：《史记·五帝本纪》。

WYS080.2.4a

帝舜的葬地在零陵九嶷山

实 例

中华民族 关于帝舜的葬地，一般认为是在零陵九嶷山。

【流传】（无考）

【出处】杨东晨：《华夏始祖：尧舜禹时代》"三、帝舜的明德"，西安：三秦出版社2007年版，第90页。

WYS080.2.5

舜葬在长沙零陵界九嶷山

实 例

汉 族 南方苍梧之丘，苍梧之渊，其中有九嶷山，舜之所葬，在长沙零陵界中。

【流传】（长沙零陵）

【出处】［战国至汉］撰者不详：《山海经·海内经》。

WYS080.2.6

舜被埋葬在三峰石下的岩洞

实 例

汉 族 舜走到三峰石下，看见一个异常美丽的岩洞，里面金砖铺地，银钱穿帘，一张石桌上摆满玉石、玛瑙和美味佳肴，靠墙那面还有一张石椅。后来他就在椅子上坐下，那岩洞口就慢慢地封起来了。人们知道舜帝已埋葬在那里。

【流传】湖南省·（永州市）·蓝山县［采录地点：蓝山县］

【出处】邝圣恒（男，干部，高中）讲，李夕考（男，干部，高师）采录：《娥皇女英》（1986），见中国民间故事集成全国编辑委员会、《中国民间故事集成·湖南卷》编辑委员会编《中国民间故事集成》（湖南卷），北京：中国 ISBN 中心 2002 年版，第 59 ～ 60 页。

WYS080.2.7
舜葬在鸣条岗离宫前

实 例

中华民族（参见“WYS071.4.2 禹率群臣在鸣条安葬舜，仪式隆重”母题实例）

WYS080.3
舜坟墓的类型

实 例

（参见下级母题实例）

WYS080.3.1
舜的土冢

实 例

汉 族（参见“WYS080.1.2.1* 鸣条舜帝陵冢始建于禹”母题实例）

WYS080.3.2*
舜时墓而不坟

实 例

中华民族 中国上古帝王陵墓都是“不封不树”、“墓而不坟”。春秋以后始有墓冢出现，可见都是纪念性陵墓，所以我们不必对两千多年未能统一的论点，硬要去统一。

【流传】（无考）

【出处】任乃荣：《三皇五帝探源》第八章“舜有虞氏时代”，北京：新华出版社 2011 年版，第 204 页。

WYS080.4
特定名称的舜坟墓

实 例

（参见下级母题实例）

WYS080.4.1
舜的坟墓名朱丘

实 例

汉 族 舜葬苍梧之野，有鸟如雀，自丹州而来，吐五色之气，氤氲如云，名曰凭霄雀，能群飞衔土成丘坟。此鸟能反形变色，常游丹海之际，时来苍梧之野，衔青砂珠，积成垄阜，名曰珠丘。

【流传】（无考）

【出处】（a）［晋］王嘉：《拾遗记》卷一。（b）《珠丘》，见袁珂《中国神话大词典》，北京：华夏出版社 2015 年版，第 259 页。

WYS080.4.2
舜帝陵

实 例

（参见下级母题实例）

WYS080.4.2.1

湖南省宁远县九嶷山舜帝陵

实 例

中华民族 湖南省宁远县九嶷山舜帝陵。

【流传】（湖南省宁远县）

【出处】杨东晨：《华夏始祖：尧舜禹时代》“三、帝舜的明德”，西安：三秦出版社2007年版，第91页。

WYS080.4.2.2

山西省运城市鸣条岗舜帝陵

实 例

中华民族 山西省运城市鸣条岗有舜帝陵。

【流传】（山西省运城市）

【出处】杨东晨：《华夏始祖：尧舜禹时代》“三、帝舜的明德”，西安：三秦出版社2007年版，第95页。

WYS080.5

舜坟墓的看守

实 例

（实例待考）

WYS080.6

与舜坟墓有关的其他母题

实 例

（参见下级母题实例）

WYS080.6.1*

舜葬九嶷是传说

实 例

中华民族 舜帝和舜葬九嶷，只能是一种传说，是人们口述和记忆中的历史，甚至是重构的历史，而不能成为信史。

【流传】（湖南）

【出处】熊贤品：《湖南先秦史研究的几个问题》，载《社会科学动态》2019年第12期。

WYS080.6.2

舜的三妃未与舜合葬

实 例

中华民族 舜葬于苍梧之野，盖三妃未之从也。

【流传】（无考）

【出处】［西汉］戴圣编：《礼记·檀弓》。

WYS081

与舜有关的建筑

实 例

（参见下级母题实例）

WYS081.1

舜庙

实 例

（参见下级母题实例）

WYS081.1.1

河北曲阳北岳庙飞石殿

实 例

汉 族 西汉宣帝时，好奇的汉宣帝刘询，专程从京城跑到曲阳目睹舜帝所见的飞石，并在飞石前首次举行了祭祀大典。之后，后人还在曲阳建立一座北岳飞石殿，将飞石供在殿内。这也就是河北曲阳北岳庙的由来。

【**流传**】山西省·（大同市）·浑源县

【**出处**】张剑杨采录：《恒山为何封北岳》，见郭万金主编《山西民间故事大系》（晋北卷），北京：商务印书馆 2017 年版，第 865 ～ 866 页。

WYS081.1.2

虞舜庙在慈溪市石堰街的北面

实 例

汉 族 在慈溪市石堰街的北面，有座虞山，山上有座虞舜庙，相传古代贤明皇帝住过这里。

【**流传**】浙江省·（宁波市）·慈溪市·石堰乡·上街头［采录地点：石堰乡上街头］

【**出处**】康启龙（40 岁，农民，初识字）讲，张信人（61 岁，医生，大专）记录：《虞舜传说》（1987），见中国民间文艺家协会组织编写，罗杨总主编，童银舫本卷主编《中国民间故事丛书》（浙江省·宁波市·慈溪卷），北京：知识产权出版社 2015 年版，第 7 ～ 8 页。

WYS081.1.3

舜帝庙在历山

实 例

汉 族 舜帝庙在历山。

【**流传**】（余姚六仓）

【**出处**】［民国］《余姚六仓志》卷二十四。

WYS081.1.4

舜帝庙在可陶村

实 例

汉 族 沁水县城西三十里的大山里，有个可陶村，村里有座舜帝庙。

【**流传**】山西省·（晋城市）·沁水县

【**出处**】丁奉瑞、丁奉礼讲，董富来采录：《舜王传艺可陶村》，见郭万金主编《山西民间故事大系》（晋东南卷），北京：商务印书馆 2017 年版，第 7 ～ 8 页。

汉 族 在“可讨村”讨过饭并带大家学会烧制陶器的舜走后，人们为了让后人永远记住舜传艺烧陶的恩德，就又改成了“可陶村”。并在村中最好的地方盖起了一座高大的舜帝庙，终年香火不断，代代修缮，一直保留到现在。

【**流传**】山西省·（晋城市）·沁水县［采录地点：沁水县可陶村］

【**出处**】丁奉瑞（男，45 岁，沁水县可陶村小学教员）、丁奉礼（男，50 岁，沁水县可陶村农民）讲，董富来（男，54 岁，晋城市煤管局干部，中专）采录：《舜王传艺可陶村》（1987），见中国民间文学集成全国编辑委员会、《中国民间文学集成·山西卷》编辑委员会编《中国民间故事集成》(山西卷)，北京：中国ISBN中心1999年版，第40～41页。

WYS081.1.5

舜庙在舜都蒲坂城中

实 例

中华民族 皇甫谧曰："舜所都也，或言蒲坂，或言平阳及潘者也。"今城中有舜庙。郡南有历山，谓之历观，舜所耕处也。有舜井。妫汭二水出焉，南曰妫水，北曰汭水，西迳历山下，上有舜庙。《尚书》所谓"厘降二女于妫汭"也。孔安国曰："居妫水之内。"王肃曰："妫汭，虞地名。"皇甫谧曰："纳二女于妫水之汭。"马季长曰："水所出曰汭。"然则汭似非水名。而今见有二水，异源同归，浑流西注入于河。

【流传】(无考)

【出处】[北魏]郦道元:《水经注·河水》。

WYS081.1.5a

蒲坂城中有舜庙

实 例

汉 族 潼关去蒲坂城六十，城中有舜庙，城外有舜宅并及二妃坛，南去城二十，舜所耕也。

【流传】(无考)

【出处】[宋]罗泌:《路史》注引《西征记》。

中华民族 蒲坂城中有舜庙，城外有舜宅及二妃坛。

【流传】(山西永济县蒲州镇)

【出处】《元和郡县图志》卷一二。

WYS081.1.6

虞帝庙位于虞山南麓

实 例

中华民族 虞帝庙位于虞山南麓，是桂林市现存所有庙宇中历史最悠久，也是最庄严、最有气势的一座庙宇。因为舜帝在四千多年前南巡苍梧时，游览过虞山之麓的皇泽湾，欣赏此地的民风胜景，并长期驻跸于冬暖夏凉的韶音洞内，宣传教化当地人民，传布仁德，受到人民的爱戴。后人为纪念大舜，就把此山称为虞山，建虞帝庙以祭祀。

【流传】(广西桂林)

【出处】何海龙:《浅论大舜文化对岭南文化的影响》，载《2009中国(诸城)大舜文化学术研讨会论文集》，2009年。

WYS081.1.7

舜帝陵庙

实 例

(参见下级母题实例)

WYS081.1.7.1

湖南九嶷山舜帝陵庙

实 例

汉 族 舜帝降服九龙后不久，舜帝死在九嶷山，众民感念他的恩德，修建了舜帝陵庙，每年香火不断。

【流传】湖南省·（永州市）·宁远县［采录地点：宁远县］

【出处】秦友仁（男，农民，小学）讲，秦东凡（男，干部，中专）采录：《舜帝降九龙》（1986.05），见中国民间故事集成全国编辑委员会、《中国民间故事集成·湖南卷》编辑委员会编《中国民间故事集成》（湖南卷），北京：中国ISBN中心2002年版，第56～57页。

WYS081.1.7.2

山西运城市盐湖区鸣条岗舜帝陵庙

实　例

中华民族 山西运城市盐湖区北10公里处的鸣条岗西端有舜帝陵庙。据古县志和庙内碑刻记载，墓冢始于禹时，庙始建于唐玄宗开元二十六年（公元738年），现存建筑为元明清历代建筑。

【流传】（无考）

【出处】杨东晨：《华夏始祖：尧舜禹时代》“三、帝舜的明德”，西安：三秦出版社2007年版，第93页。

汉　族 舜帝陵庙位于运城市区之北，鸣条岗之西端，其北枕孤峰，南对条山，东拱香山瑶台，西瞰黄河巨流，尽得形胜地利。

【流传】（山西省·运城市·盐湖区·鸣条）

【出处】相水虎主编：《鸣条尧舜禹关四圣出巡古庙会》序言，运城市盐湖区鸣条二月二古庙会文化活动中心内部交流本，2016年，第8～9页。

WYS081.1.8

舜王住过的地方叫舜王庙

实　例

汉　族 在舜王庙前和庙后，还有一个大土堆和五个小土堆。人们称这六个土堆叫“六妮坟”。舜王住过的地方叫“舜王庙”。

【流传】河南省·南阳市·方城县［采录地点：方城县清河乡老庄村］

【出处】郭延华（30岁，农民）讲，郭国祥（35岁，干部）记录：《舜王庙》（1985.09.04），见中国民间文艺家协会组织编写，罗杨总主编，毛秀荣本卷主编《中国民间故事丛书》（河南省·南阳市·方城卷），北京：知识产权出版社2016年版，第73～74页。

汉　族 舜王住过的地方叫舜王庙。

【流传】河南省·（南阳市）·方城县·（清河乡·老庄村）

【出处】郭延华（男，30岁，农民）讲，郭国祥采录整理：《舜王庙（二）》（1985.09.04），见张振犁编著，孟宪明、朱淑君统纂《中原神话通鉴》（第三卷），郑州：河南大学出版社2017年版，第1013页。

WYS081.1.9

与舜庙有关的其他母题

实　例

（参见下级母题实例）

WYS081.1.9.1
舜王庙在邙山岭上

实 例

汉 族 偃师县境内的邙山岭上，有一座舜王庙。

【流传】河南省·（洛阳市）·偃师县（偃师市）

【出处】《舜王庙（一）》，见张振犁编著，孟宪明、朱淑君统纂《中原神话通鉴》（第三卷），郑州：河南大学出版社 2017 年版，第 1011 页。

WYS081.1.9.2
濮州（今鄄城县）舜帝庙

实 例

（实例待考）

WYS081.1.9.3
其他地方的舜庙

实 例

（实例待考）

WYS081.1.9.4
舜庙的特征

实 例

中华民族 明代曾在濮州（今鄄城县）东北 50 里历山上修建舜帝庙。

【流传】（山东省·菏泽市·鄄城县）

【出处】杨东晨：《华夏始祖：尧舜禹时代》“三、帝舜的明德”，西安：三秦出版社 2007 年版，第 60 页。

WYS081.1.9.4.1
舜帝庙保留完好

实 例

汉 族 村中最好的地方盖起了一座高大的舜帝庙。这庙终年香火不断，代代修缮，一直完好地保留到现在。

【流传】山西省·（晋城市）·沁水县

【出处】丁奉瑞、丁奉礼讲，董富米采录：《舜王传艺可陶村》，见郭万金主编《山西民间故事大系》（晋东南卷），北京：商务印书馆 2017 年版，第 7 ～ 8 页。

WYS081.2
舜宫

实 例

（实例待考）

WYS081.3
舜殿

实 例

（实例待考）

WYS081.4
舜祠

实 例

（参见下级母题实例）

WYS081.4.1

道州有舜祠

实 例

汉 族 道州有舜祠，凡遇岁首，山狙群聚祠旁，跳踉奋掷、驻奔急走者五日而后去。次猿亦如之，三日乃去。上神谓之狙猿朝庙。

【流传】（道州）

【出处】［清］褚人获：《坚瓠九集》卷四“朝庙享祭”条引《稗央志异》。

WYS081.4.2

民思帝舜，立望陵祠

实 例

汉 族 会稽山有虞舜巡狩台，台下有望陵祠。帝舜南巡，葬于九疑［嶷］，民思之，立祠曰望陵祠。

【流传】（无考）

【出处】［南朝·梁］任昉：《述异记》卷上。

WYS081.4.3

舜祠在历山

实 例

汉 族 舜所都或云蒲坂，或云平阳及潘，今城中有舜庙。按潘在妫之怀戎，西北三里亦有历山，上有舜祠。

【流传】（无考）

【出处】［宋］罗泌：《路史》注。

WYS081.4.4

舜祠在千佛山顶

实 例

汉 族 千佛山顶上的舜祠，两突泉北边的娥英庙，都是人们为纪念大舜和他的妻子而修建的。

【流传】山东省·济南市［采录地点：济南市］

【出处】徐臻（男，40 岁，干部，大专）讲，李奎元（男，40 岁，济南市委干部，大专）采录：《舜耕历山下》（1986 年春天），见《中国民间故事集成》全国编辑委员会、《中国民间故事集成·山东卷》编辑委员会编《中国民间故事集成》（山东卷），北京：中国 ISBN 中心 2007 年版，第 18 ～ 21 页。

WYS081.4.5

静江府故有虞帝祠

实 例

中华民族 静江府故有虞帝祠，在城东北五里，而近虞山之下，皇泽之湾。盖莫详其始所自立，而有唐石刻辞在焉。有宋淳熙二年春二月，今直秘阁张侯栻始行府事，奉奠进谒，仰视栋宇，倾垫弗支，图象错陈，箧已淫厉，则竦然曰：帝德在人，其神在天。威灵所加，无有远迩，降祠兹土，粤有故常，而因陋踵讹，以至于此。弗图弗革，栻则惧焉。已事，则命撤而新之。时又按国典毁诸所祀不如法者，因悉致其美材文石，以奉兹役。作治逾时，讫事已告。门观显严，庞杂远屏，外朝内寝，惟帝及二妃之神象已南面，俨然临之。秋七月癸未，侯率其属承牢醴，俯伏灌荐，以妥皇灵。肸蠁既通，拜手言曰：天降生民，厥有常性。仁义礼智，父子君臣，爰及昆弟，夫妇朋友。是曰天叙，民所秉夷，失之毫分，穹壤易处。惟帝躬圣诚明，自然慈孝于家，仁敬于邦，友弟刑妻，取人与善，从容钜细，各极其极，如规之圆，如矩之方，使凡天下后世之为人伦者，莫不取则高明博厚，化育并流，孰是遐陬，敢私其施。惟苍梧野，谓帝所藏，寅缘此邦，获恭明祀。兹率群吏衅于新宫，穆若威神，不仁者远，敢不再拜稽首。惟帝之神，实临照之。于是三献成礼。神人浃和，民利骏奔，咏叹兴起，合辞恳请，愿著石章，俾来谒辞，以诏无极。熹窃惟帝之所以配天立极，法施无穷者，既非文字形容所及，而传记所称南巡不反，遂葬苍梧者，又非经言，无所考信，则皆罔敢知。

【流传】（广西桂林虞山石）

【出处】［宋］朱熹：《虞帝庙碑》。

WYS081.5
舜有关的亭台

实 例

（参见下级母题实例）

WYS081.5.1
帝舜台

实 例

中华民族 帝尧台、帝喾台、帝丹朱台、帝舜台，各二台，台四方，在昆仑东北。

【流传】（无考）

【出处】［战国至汉］撰者不详：《山海经·海内北经》。

WYS081.5.2
虞舜巡狩台

实 例

（参见下级母题实例）

WYS081.5.2.1
会稽山有虞舜巡狩台

实 例

中华民族 （参见“WYS081.6.2 望陵祠与舜有关”母题实例）

WYS081.6
与舜有关的其他建筑物

实 例

（参见下级母题实例）

WYS081.6.1
舜纪念碑

实 例

汉 族 沁水县城西三十里的大山里，有个可陶村，村里有座舜帝庙，庙里有块大石碑。碑上说，舜曾经在这里教民烧制陶器。

【流传】山西省·（晋城市）·沁水县

【出处】丁奉瑞、丁奉礼讲，董富来采录：《舜王传艺可陶村》，见郭万金主编《山西民间故事大系》(晋东南卷),北京:商务印书馆 2017 年版,第 7 ～ 8 页。

WYS081.6.2

望陵祠与舜有关

实 例

中华民族 会稽山有虞舜巡狩台,台下有望陵祠,帝舜南巡,葬于九疑[嶷],民思之,立祠曰望陵祠。

【流传】(无考)

【出处】[南朝·梁]任昉:《述异记》卷上。

WYS081.7

与舜建筑物有关的其他母题

实 例

(实例待考)

WYS082

与舜有关的自然风物

实 例

(参见下级母题实例)

WYS082.1

舜山(舜峰)

实 例

(参见下级母题实例)

WYS082.1.1

舜源峰

实 例

汉 族 九疑[嶷]山有九峰,其中五曰舜源峰,此峰最高,上多紫兰。

【流传】(无考)

【出处】(a)[宋]李昉、李穆、徐铉等:《太平御览》卷四一引《郡国志》。(b)《九嶷山》,见袁珂《中国神话大词典》,北京:华夏出版社 2015 年版,第 12 页。

WYS082.3

舜洞

实 例

(实例待考)

WYS082.4

舜沟

实 例

汉 族 现在,历山顶上还有一条长长的沟,人们都说那是当年舜王架着象犁出来的犁沟。

【流传】山西省·(临汾市)·翼城县[采录地点:翼城县西阎镇]

【出处】李士龙(男,79 岁,翼城县大河乡农民,初中)讲,王吉文(男,52 岁,翼城县文化局干部,中专)采录:《舜耕历山》(1986),见中国民间文学集成全国编辑委员会、《中国民间文学集成·山西卷》编辑委员会编《中国民间故事集成》(山西卷),北京:中国 ISBN 中心 1999 年版,第 40 页。

WYS082.5

与舜有关的其他自然物

实 例

(参见下级母题实例)

WYS082.5.1
与舜有关的江

实 例

（参见下级母题实例）

WYS082.5.1.1
姚江因舜姓而命名

实 例

汉 族 虞舜轻装便服，乘上竹筏，沿着曹娥江支流再向东来，这条江叫舜江，就是今天的姚江，因为虞舜姓姚。

【流传】浙江省·（宁波市）·慈溪市·石堰乡·上街头［采录地点：石堰乡上街头］

【出处】康启龙（40岁，农民，初识字）讲，张信人（61岁，医生，大专）记录：《虞舜传说》（1987），见中国民间文艺家协会组织编写，罗杨总主编，童银舫本卷主编《中国民间故事丛书》（浙江省·宁波市·慈溪卷），北京：知识产权出版社2015年版，第7～8页。

WYS082.5.1.2
姚江又称舜江

实 例

汉 族 今余姚、上虞两县，皆以舜得名，其水之经过余姚者曰姚江，亦曰舜江，其水之经过上虞者曰百官江。余姚有历山，上虞有握登山，舜母之名也。

【流传】（无考）

【出处】［明末清初］黄宗羲：《孟子师说·舜生于诸冯章》。

WYS082.5.2
与舜有关的山

实 例

（参见下级母题实例）

WYS082.5.2.1
沥网山（历山）因虞舜打鱼晒网而命名

实 例

汉 族 虞舜曾经在今余姚历山耕田，早先这里有“舜耕学堂”。虞舜打鱼晒网的地方叫沥网山，就是今天的历山。

【流传】浙江省·（宁波市）·慈溪市·石堰乡·上街头［采录地点：石堰乡上街头］

【出处】康启龙（40岁，农民，初识字）讲，张信人（61岁，医生，大专）记录：《虞舜传说》（1987），见中国民间文艺家协会组织编写，罗杨总主编，童银舫本卷主编《中国民间故事丛书》（浙江省·宁波市·慈溪卷），北京：知识产权出版社2015年版，第7～8页。

WYS082.5.2.2
为纪念舜，百姓将历山改名“舜耕山”

实 例

汉 族 舜从尧那里接管了天下，就离开了历山，到江南巡察去了。但大伙永远不忘他和他的两个妻子的恩德和功绩，修起了舜庙和娥皇、女英庙，庙里塑上了舜和娥皇、女英像；把历山改名为“舜耕山”；把他和他的两个妻子带领大伙挖出的那眼泉井，叫做“舜井”，也叫“舜泉”。

【流传】山东省 · 济南市［采录地点：济南市］

【出处】韩兆福（男，大专，干部）讲，李奎元（男，42 岁，济南市委宣传部干部，大专）采录：《舜井锁蛟》（1989），见《中国民间故事集成》全国编辑委员会、《中国民间故事集成 · 山东卷》编辑委员会编《中国民间故事集成》（山东卷），北京：中国 ISBN 中心 2007 年版，第 360 ～ 362 页。

WYS082.5.2.3

诸冯山舜有关

实 例

中华民族 诸冯：舜的族人们从蒲坂都诸冯邑搬迁到负夏后，为了记住故地，将新建的聚子起名叫诸冯，并将附近的一座山起名叫诸冯山。

【流传】（山西省）

【出处】中国先秦史学会尧舜禹文化研究基地编，叶雨青、张培莲著：《尧舜传》第二十章“虞舜牧羊小树林，务成有心教学子”注释，太原：山西出版集团 · 山西春秋电子音像出版社 2008 年版，第 128 ～ 129 页。

WYS082.5.2a

与舜有关的石

实 例

（参见下级母题实例）

WYS082.5.2a.1

“安王石”由舜帝命名

实 例

汉 族 飞行物飘飘下落于舜帝前，众臣围着一看，原来是一块光滑的大青石。舜帝随即将这块灵石命名为“安王石”。

【流传】山西省 ·（大同市）· 浑源县

【出处】张剑杨采录：《恒山为何封北岳》，见郭万金主编《山西民间故事大系》（晋北卷），北京：商务印书馆 2017 年版，第 865 ～ 866 页。

WYS082.5.3

舜湖

实 例

汉 族 后来，人们把舜耕田的这地方就叫做舜湖。

【流传】浙江省 ·（杭州市）· 萧山市［采录地点：萧山市桃源乡］

【出处】王焕根（男，30 岁，萧山市桃源乡，农民，高小）讲，吴桑梓（女，41 岁，萧山轻型车变速箱厂，工人，初小）采录：《舜拜天子》（1987），见中国民间文学集成全国编辑委员会、中国民间文学集成浙江卷编辑委员会编《中国民间故事集成》（浙江卷），北京：中国 ISBN 中心 1997 年版，第 77 页。

WYS082.5.4

舜井

实 例

（参见下级母题实例）

WYS082.5.4.1

历山脚下的舜井留存至今

实 例

汉 族（参见“WYS082.5.4.1.1 舜井所在的街，被命名为“舜井街””母题实例）

WYS082.5.4.1.1

舜井所在的街，被命名为“舜井街”

实 例

汉 族历山脚下的人民，更是永远怀念着开拓这片乐土的圣君。多少年来，舜井一直保留着，后来还把舜井所在的街，命名为“舜井街”。

【流传】山东省·济南市［采录地点：济南市］

【出处】徐臻（男，40岁，干部，大专）讲，李奎元（男，40岁，济南市委干部，大专）采录：《舜耕历山下》（1986年春天），见《中国民间故事集成》全国编辑委员会、《中国民间故事集成·山东卷》编辑委员会编《中国民间故事集成》（山东卷），北京：中国ISBN中心2007年版，第18～21页。

WYS082.5.4.1.1.1

“舜井”等地名被沿用

实 例

汉 族舜的传说发生在当地，并且有舜井等地名一直沿用。

【流传】湖北省·随州市［采录地点：随州市区］

【出处】晏勋其（男，78岁，随州市教师，大学）讲，刘大业（文化馆干部，初中）采录：《舜的传说》（1988）附记，见《中国民间故事集成》全国编辑委员会、《中国民间故事集成·湖北卷》编辑委员会编《中国民间故事集成》（湖北卷），北京：中国ISBN中心1999年版，第36～37页。

WYS082.5.4a

舜井也叫舜泉

实 例

汉 族舜从尧那里接管了天下，就离开了历山，到江南巡察去了。但大伙永远不忘他和他的两个妻子的恩德和功绩，修起了舜庙和娥皇、女英庙，庙里塑上了舜和娥皇、女英像；把历山改名为“舜耕山”；把他和他的两个妻子带领大伙挖出的那眼泉井，叫做“舜井”，也叫“舜泉”。

【流传】山东省·济南市［采录地点：济南市］

【出处】韩兆福（男，大专，干部）讲，李奎元（男，42岁，济南市委宣传部干部，大专）采录：《舜井锁蛟》（1989），见《中国民间故事集成》全国编辑委员会、《中国民间故事集成·山东卷》编辑委员会编《中国民间故事集成》（山东卷），北京：中国ISBN中心2007年版，第360～362页。

WYS082.5.5
舜泉坊

实　例

（参见下级母题实例）

WYS082.5.5.1
舜泉坊被赐名广孝泉

实　例

汉　族 践天子之位，都于蒲（今河东县蒲津关，所谓蒲坂，《汉志》之蒲阪县，本曰蒲，或曰蒲阴。今河中有舜泉坊，二井相通，祥符祠分阴临观，赐名广孝泉。

【流传】（无考）

【出处】［宋］罗泌：《路史》注。

WYS082.5.6
舜池

实　例

（参见下级母题实例）

WYS082.5.6.1
舜池在九嶷山娥皇峰下

实　例

汉　族 九嶷山有九峰，其中第四峰曰娥皇峰，峰下有舜池，池旁春月百鸟生卵，人取之则迷路，致本处可得还。

【流传】（无考）

【出处】（a）［宋］李昉、李穆、徐铉等：《太平御览》卷四一引《郡国志》。（b）《九嶷山》，见袁珂《中国神话大词典》，北京：华夏出版社 2015 年版，第 12 页。

WYS082.6
与舜关系人有关的自然物

实　例

（实例待考）

WYS083
与舜有关的地名

实　例

（参见下级母题实例）

WYS083.1
与舜有关的地区

实　例

（参见下级母题实例）

WYS083.1.1
地名与舜的姓氏有关

实　例

汉　族 舜因为舍不下这块生息过的土地，留下了部分家族依旧在这里垦种，因虞舜姓姚，余姚因此得名。

【流传】浙江省·（宁波市）·慈溪市·石堰乡·上街头［采录地点：石堰乡上街头］

【出处】康启龙（40 岁，农民，初识字）讲，张信人（61 岁，医生，大专）记录：《虞舜传说》（1987），见中国民间文艺家协会组织编写，罗杨总主编，童银舫本卷主编《中国民间故事丛书》（浙江省·宁波市·慈溪卷），北京：知识产权出版社 2015 年版，第 7 ～ 8 页。

WYS083.1.2

地名与舜的名字有关

实　例

汉　族 今余姚、上虞两县，皆以舜得名，其水之经过余姚者曰姚江，亦曰舜江，其水之经过上虞者曰百官江。

【流传】（无考）

【出处】［明末清初］黄宗羲：《孟子师说·舜生于诸冯章》。

WYS083.1.3

舜的图腾“驺虞”变为地名

实　例

中华民族 李玄伯认为，我国最古老的地名，大部分是图腾的名字。用这种图腾（姓）的团，因定居在某一地，就用图腾以名其地。譬如：虞的图腾当系仁兽的驺虞，后变为地名（《诗·文王》：“虞芮质厥成”）。

【流传】（无考）

【出处】郭世谦：《古史传说考》（四、姜姬部落集团），天津：天津出版传媒集团·天津古籍出版社 2019 年版，第 845 ～ 846 页。

WYS083.2

与舜有关的城邑

实　例

中华民族 舜在哪里住上一年，那里就会形成村落；住上两年，那里就成为市镇；住上三年，那里就变成都城了。

【流传】（无考）

【出处】《舜·孝悌有闻》，见卢静《尧舜禹》，北京：中华书局 2019 年版，第 39 页。

WYS083.3

与舜有关的村落

实　例

（参见下级母题实例）

WYS083.3.1

可讨村与舜有关

实　例

（参见下级母题实例）

WYS083.3.1.1

因舜曾在此乞讨并说“好一个可讨村”，村名改为“可讨村”

实　例

汉　族 后来，在这里讨过饭并带大家学会烧制陶器的舜走了。因为舜曾说过“好一个可讨村”，就把这个村改成了“可讨村”。

【流传】山西省·（晋城市）·沁水县［采录地点：沁水县可陶村］

【出处】丁奉瑞（男，45 岁，沁水县可陶村小学教员）、丁奉礼（男，50 岁，沁水县可陶村农民）讲，董富来（男，54 岁，晋城市煤管局干部，中专）采录：《舜王传艺可陶村》（1987），见中国民间文学集成全国编辑委员会、《中国民间文学集成·山西卷》编辑委员会编《中国民间故事集成》(山西卷),北京:中国 ISBN 中心 1999 年版,第 40 ~ 41 页。

WYS083.3.2

可陶村与舜有关

实 例

(参见下级母题实例)

WYS083.3.2.1

村落因纪念舜在此传艺烧陶,命名“可陶村”

实 例

汉 族 在“可讨村”讨过饭并带大家学会烧制陶器的舜走后,人们为了让后人永远记住舜传艺烧陶的恩德,就又改成了“可陶村”。并在村中最好的地方盖起了一座高大的舜帝庙,终年香火不断,代代修缮,一直保留到现在。

【流传】 山西省·(晋城市)·沁水县[采录地点:沁水县可陶村]

【出处】 丁奉瑞(男,45 岁,沁水县可陶村小学教员)、丁奉礼(男,50 岁,沁水县可陶村农民)讲,董富来(男,54 岁,晋城市煤管局干部,中专)采录:《舜王传艺可陶村》(1987),见中国民间文学集成全国编辑委员会、《中国民间文学集成·山西卷》编辑委员会编《中国民间故事集成》(山西卷),北京:中国 ISBN 中心 1999 年版,第 40 ~ 41 页。

WYS083.3.3

箭的河村与舜有关

实 例

(参见下级母题实例)

WYS083.3.3.1

舜治水射鲤鱼的箭留在河岸石壁,附近的村庄因此命名“箭的河”

实 例

汉 族 舜治水时,发现鲤鱼一甩尾巴钻进了山里。舜帝急了,拈弓搭箭,对着两条鲤鱼连射三箭。箭头齐扎在清水河左岸的石壁上,直到今天还挺挺地立着。附近的村庄因此叫做“箭的河 "。

【流传】(中原一带)

【出处】《黄河鲤鱼》,见孟宪明著《中原经典神话》,郑州:河南大学出版社 2016 年版,第 207 页。

WYS083.3.4

神后村与舜有关

实 例

中华民族 诸冯:舜的族人们从蒲坂都诸冯邑搬迁到负夏后,为了记住故地,将新建的聚子起名叫诸冯,并将附近的一座山起名叫诸冯山。后来人们将尧舜禹尊崇为天地水三官大帝,舜被尊成神,人们将诸冯聚改为神后村。

【流传】(山西省)

【出处】 中国先秦史学会尧舜禹文化研究基

地编，叶雨青、张培莲著：《尧舜传》第二十章“虞舜牧羊小树林，务成有心教学子”注释，太原：山西出版集团·山西春秋电子音像出版社2008年版，第128～129页。

WYS083.3.5

舜帝庙村与舜有关

实 例

中华民族 今永济县有舜帝庙村，传说舜生于此

【**流传**】(山西省永济县)

【**出处**】《史籍记载的尧舜源流与功绩》，见赵大勇、赵随意著《尧都平阳与尧舜禹》，太原：山西古籍出版社1999年版，第28页。

WYS083.4

舜故里

实 例

(参见下级母题实例)

WYS083.4.1

舜的家乡在诸冯

实 例

汉 族 传说舜未做君王之前，在家乡诸冯(地名，今诸城市北约五华里处)种地。

【**流传**】山东省·(潍坊市)·诸城市［采录地点：诸城市万家庄乡官庄店村］

【**出处**】范炳忠(62岁，万家庄乡官庄店村，小学)讲，范凤廷(47岁，万家庄乡官庄店村，初中)采录：《尧王访舜》(1986.08)，见《中国民间故事集成》全国编辑委员会、《中国民间故事集成·山东卷》编辑委员会编《中国民间故事集成》(山东卷)，北京：中国ISBN中心2007年版，第17～18页。

WYS083.4.1.1

诸冯人物以舜为冠

实 例

汉 族 (诸城)县人物以舜为冠，古迹以诸冯为首。

【**流传**】(诸城)

【**出处**】［清］宫懋让、李文藻修纂：《诸城县志·古迹考第五》，台湾：成文出版社1966年版，第287页。

WYS083.4.2

虞舜的家在济南南边历山脚下的济水边

实 例

汉 族 传说，虞舜的家就在济南南边历山脚下的济水边。

【**流传**】山东省·济南市［采录地点：济南市］

【**出处**】徐臻(男，40岁，干部，大专)讲，李奎元(男，40岁，济南市委干部，大专)采录：《舜耕历山下》(1986年春天)，见《中国民间故事集成》全国编辑委员会、《中国民间故事集成·山东卷》编辑委员会编《中国民间故事集成》(山东卷)，北京：中国ISBN中心2007年版，第18～21页。

WYS083.4.3

舜的老家在妫汭

实 例

中华民族 妫汭：妫水入黄河的河口，舜的老家之所在，《正义》引《括地志》以为在今山西永济县境。

【流传】（无考）

【出处】张大可、朱枝富编著：《人文始祖黄帝》，北京：商务印书馆2018年版，第87页。

WYS083.4.4

舜是骊山脚下人氏

实 例

汉 族 舜，骊山脚下人氏。

【流传】河南省·（濮阳市）·范县［采录地点：范县·王楼乡］

【出处】崔金甲（男，65岁，农民，不识字）讲，崔金钊采录：《尧王访贤（一）》（1989.10.22），见张振犁编著，孟宪明、朱淑君统纂《中原神话通鉴》（第三卷），郑州：河南大学出版社2017年版，第986页。

WYS083.4.5

山西省永济市张营乡舜帝村有“大孝有虞舜帝故里”碑

实 例

中华民族 山西省永济市张营乡舜帝村有“大孝有虞舜帝故里”碑。

【流传】（无考）

【出处】杨东晨：《华夏始祖：尧舜禹时代》“三、帝舜的明德”，西安：三秦出版社2007年版，第63页。

WYS083.5

舜王坪

实 例

（参见下级母题实例）

WYS083.5.1

历山山顶名舜王坪，因舜曾在山顶稼穑而名

实 例

中华民族 历山，中条山主峰称历山，山顶名舜王坪，传说舜曾在山顶稼穑而名。

【流传】（山西省）

【出处】中国先秦史学会尧舜禹文化研究基地编，叶雨青、张培莲著：《尧舜传》第二十一章“父母驱赶离家园，舜耕历山美名扬”注释，太原：山西出版集团·山西春秋电子音像出版社2008年版，第137页。

WYS083.6

其他与舜有关的地名

实 例

（参见下级母题实例）

WYS083.6.1

东坡高埠称“牛坡”，为舜养牛处

实 例

中华民族 （参见“WYS083.6.2 西滩称‘放

马滩'，为舜的牧马场"母题实例）

WYS083.6.2

西滩称"放马滩"，为舜的牧马场

实 例

中华民族 今永济县有舜帝庙村，传说舜生于此，东坡高埠称"牛坡"，舜养牛处；西滩称"放马滩"，舜之牧马场；"舜塬"横贯蒲州境内，乃舜开垦的一大平原，产粮地区。

【**流传**】（山西省永济县）

【**出处**】《史籍记载的尧舜源流与功绩》，见赵大勇、赵随意著《尧都平阳与尧舜禹》，太原：山西古籍出版社 1999 年版，第 28 页。

WYS083.7

与舜有关的其他遗迹

实 例

（实例待考）

WYS083.7.1

舜的脚印

实 例

（实例待考）

WYS084

与舜有关的文物

实 例

（参见下级母题实例）

WYS084.1

舜像（舜画像）

实 例

（实例待考）

WYS084.2

舜塑像

实 例

（参见下级母题实例）

WYS084.2.1

山西永济修建有舜塑像

实 例

中华民族 山西永济修建有舜都广场和塑像。

【**流传**】（无考）

【**出处**】杨东晨：《华夏始祖：尧舜禹时代》"三、帝舜的明德"，西安：三秦出版社 2007 年版，第 89 页。

WYS084.3

舜绣像

实 例

（实例待考）

WYS084.4

舜俑

实 例

（实例待考）

WYS085

与舜有关的生产习俗

实 例

（实例待考）

WYS086

与舜有关的生活习俗

实 例

（实例待考）

WYS086.1

与舜有关的穿衣习俗

实 例

（实例待考）

WYS086.2

与舜有关的饮食习俗

实 例

（实例待考）

WYS086.3

与舜有关的饮食习俗

实 例

（实例待考）

WYS086.4

与舜有关的居住习俗

实 例

（实例待考）

WYS086.5

与舜有关的出行习俗

实 例

（实例待考）

WYS086.6

与舜有关的医疗习俗

实 例

（实例待考）

WYS087

与舜有关的文化习俗

实 例

（参见下级母题实例）

WYS087.1

与舜有关的节日习俗

实 例

（参见下级母题实例）

WYS087.1.1

春节与舜有关

实 例

（参见下级母题实例）

WYS087.1.1.1

春节兴于舜

实 例

汉 族 中国农历年的岁首春节是由虞舜兴

起的。

【流传】（无考）

【出处】《舜》，见乌丙安主编《中国民间神谱》，沈阳：辽宁人民出版社 2007 年版，第 60 页。

WYS087.1.2
元旦与舜有关

实 例

（参见下级母题实例）

WYS087.1.2.1
人们把舜祭告天地和尧帝之日，定为一年的开始，即元旦

实 例

中华民族 人们为了纪念舜，就把舜祭告天地和尧帝之日当作一年的开始，即元旦，也就是我国的农历新年。

【流传】（黄河流域）

【出处】《尧舜与农历新年》，见郭先芳编著《黄河的神话传说和民间故事》，郑州：黄河水利出版社 2015 年版，第 98 页。

WYS087.2
与舜有关的祭祀习俗

实 例

（实例待考）

WYS087.3
与舜有关的婚姻习俗

实 例

（实例待考）

WYS087.4
与舜有关的丧葬习俗

实 例

（参见下级母题实例）

WYS087.4.1
灵幡文字与舜有关

实 例

（参见下级母题实例）

WYS087.4.1.1
亡者灵前的条幅上写“大舜耕田在历山”以纪念舜耕田和舜是孝子

实 例

汉 族 为啥直到今天，死了人灵前的吊（亡者灵前的条幅）上还写着“大舜耕田在历山”这话？这不光说他耕田为百姓的事，要紧的还因为他是天下有名的大孝子哩。

【流传】陕西省·（咸阳市）·淳化县［采录地点：淳化县胡家庙乡］

【出处】罗吉学（男，51 岁，淳化县北城堡乡，农民，小学）讲，张耀群（男，26 岁，淳化县胡家庙乡文化站，干部，高中）采录：《大舜的传说》（1988.04.21），见中国民间文学集成全国编辑委员会、中国民间文学集成陕西卷编辑委员会编《中国民间故事集成》（陕西卷），北京：中国 ISBN 中心 1996 年版，第 28 ～ 29 页。

WYS087.5

与舜有关的方言俗语

实 例

（参见下级母题实例）

WYS087.5.1

“落井下石”与舜有关

实 例

汉 族 弟弟象想霸占舜的两个妻子。舜到井边给伯伯（亲生父亲）洗衣裳时，后娘和弟弟象设计把舜弄到井里，弟弟搬起石头就往里砸。舜命大逃生回到家里，只见象正坐在两个嫂子中间。舜说：“小弟，我落井，你下石，好狠的心啦！”“落井下石”的典故就是这么来的。

【**流传**】湖北省 · 随州市［采录地点：随州市区］

【**出处**】晏勋其（男，78 岁，随州市教师，大学）讲，刘大业（文化馆干部，初中）采录：《舜的传说》（1988），见《中国民间故事集成》全国编辑委员会、《中国民间故事集成 · 湖北卷》编辑委员会编《中国民间故事集成》（湖北卷），北京：中国 ISBN 中心 1999 年版，第 36 ～ 37 页。

WYS088

与舜有关的其他事象

实 例

（参见下级母题实例）

WYS088.1

与舜有关的动物

实 例

（参见下级母题实例）

WYS088.1.1

虎与舜有关

实 例

（参见下级母题实例）

WYS088.1.1.1

舜为虎命名

实 例

汉 族 帮舜开水田的有个力气很大的野兽，撬起种谷塘呼呼作响，小虞舜就给它起个名字叫“老呼”，这就是现在的老虎。

【**流传**】浙江省 ·（金华市）· 武义县［采录地点：武义县后树乡］

【**出处**】张舍囡（男，46 岁，武义县后树乡黄泥坑村，盲艺人，不识字）讲，吴钟文（男，43 岁，武义县文化局，干部，大专）、程源源（女，44 岁，武义县文化馆，干部，大专）、邱德芝（女，26 岁，武义县后树乡文化站，干部，高中）采录：《虞舜开田》（1987），见中国民间文学集成全国编辑委员会、中国民间文学集成浙江卷编辑委员会编《中国民间故事集成》（浙江卷），北京：中国 ISBN 中心 1997 年版，第 51 ～ 52 页。

WYS088.1.2

独角兽与舜有关

实 例

（实例待考）

WYS088.1.2.1

独角兽在舜所葬之处的东面

实 例

（实例待考）

WYS088.1.3

骡子与舜有关

实 例

（参见下级母题实例）

WYS088.1.3.1

骡子不生育是舜的旨意

【关联】［WYS018.6.1］舜下圣旨让骡子不孕

实 例

汉 族 舜为帝时，曾娶二妃，一曰娥皇，一曰女英。舜欲立女英为后，就二妃一牛或一骡，令骑之行，先至己前者封为正宫娘娘。女英得骡，一路领先；娥皇得牛，缓缓而行。结果中途骡产驹，延误半日，娥皇先到。舜枉费心机，终未如愿，遂怒而降旨：毋令骡生小驹。至今骡不生驹，即此故也。

【流传】（河南省）

【出处】袁珂改编：《娥皇与女英》（原名《骡子为什么不下驹》），原载河南师大中文系编《河南民间故事》，见袁珂《中国神话大词典》，北京：华夏出版社 2015 年版，第 389 页。

WYS088.1.4

猩猩与舜有关

实 例

（参见下级母题实例）

WYS088.1.4.1

猩猩居住在舜所葬地的西面

实 例

汉 族 狌狌知人名，其为兽如豕而人面。在舜葬西。

【流传】（无考）

【出处】［战国至汉］撰者不详：《山海经·海内南经》。

WYS088.2

与舜有关的植物

实 例

（参见下级母题实例）

WYS088.2.1

与舜有关的药用植物（药物）

实 例

（参见下级母题实例）

WYS088.2.1.1
药物与舜有关

实 例

（参见下级母题实例）

WYS088.2.1.1.1
草药由舜抛出的落石变成

实 例

汉 族 瘟疫造成民不聊生。舜王骂玉皇越骂越气，骂到气狠处，弯腰抓起一块大石，没命地朝天上打去。那大石流星一般朝天上击去，转眼飞上三重天。突然“轰”的爆炸了，无数的碎石雨点一样散落下来，“啪啪”地落在树林里草丛中，一转眼工夫，漫山遍野长起了药草，迸开各色各样的鲜花。

【流传】山西省·（晋城市）·沁水县

【出处】达奇江、仝发景、许光发、楼万金讲，潘保安采录：《击石成药》，见郭万金主编《山西民间故事大系》（晋东南卷），北京：商务印书馆 2017 年版，第 58 ～ 59 页。

WYS088.2.1.1.2
舜王带来各种草药

实 例

汉 族 历山上到处是药材，从珍贵的党参、木通、防风，到常见的黄芩、连壳、苍耳，有一百五十多种。这是舜王带来的。

【流传】山西省·（晋城市）·沁水县

【出处】达奇江、仝发景、许光发、楼万金讲，潘保安采录：《击石成药》，见郭万金主编《山西民间故事大系》（晋东南卷），北京：商务印书馆 2017 年版，第 58 ～ 59 页。

WYS088.2.1.1.3
草药是包括舜在内的三贤显圣传授

实 例

汉 族 老人告诉为母寻药的小伙说：“我们是尧、舜和禹，我们三个都曾在这伏牛山上修炼过。”……因为这是三贤显圣传授的，这座山就起名叫“三贤山”。

【流传】河南省·南阳市·方城县［采录地点：方城县广阳镇政府］

【出处】刘长法（46 岁）讲，马书军（22 岁，干部）记录：《三贤显圣赐灵药》（1985.06.03），见中国民间文艺家协会组织编写，罗杨总主编，毛秀荣本卷主编《中国民间故事丛书》（河南省·南阳市·方城卷），北京：知识产权出版社 2016 年版，第 176 页。

WYS088.2.1.2
舜传授的药物种类

实 例

（参见下级母题实例）

WYS088.2.1.2.0
舜传授的药物种类有一百五十多种

实 例

汉 族 （参见“WYS088.2.1.2.9.2 舜传授

的草药苍耳”母题实例）

WYS088.2.1.2.1

舜传授的草药贝母

实 例

汉　族（参见“WYS088.2.1.2.9.2 舜传授的草药苍耳”母题实例）

WYS088.2.1.2.2

舜传授的草药采细辛

实 例

汉　族（参见“WYS088.2.1.2.9.2 舜传授的草药苍耳”母题实例）

WYS088.2.1.2.3

舜传授的草药菖蒲

实 例

汉　族（参见“WYS088.2.1.2.9.2 舜传授的草药苍耳”母题实例）

WYS088.2.1.2.4

舜传授的草药丹参

实 例

汉　族（参见“WYS088.2.1.2.9.2 舜传授的草药苍耳”母题实例）

WYS088.2.1.2.5

舜传授的草药党参

实 例

汉　族（参见“WYS088.2.1.2.9.2 舜传授的草药苍耳”母题实例）

WYS088.2.1.2.6

舜传授的草药防风

实 例

汉　族（参见“WYS088.2.1.2.9.2 舜传授的草药苍耳”母题实例）

WYS088.2.1.2.7

舜传授的草药黄芩

实 例

汉　族（参见“WYS088.2.1.2.9.2 舜传授的草药苍耳”母题实例）

WYS088.2.1.2.8

舜传授的草药猪苓

实 例

汉　族（参见“WYS088.2.1.2.9.2 舜传授的草药苍耳”母题实例）

WYS088.2.1.2.9

舜传授的其他草药

实 例

汉　族（参见“WYS088.2.1.2.9.2 舜传授的草药苍耳”母题实例）

WYS088.2.1.2.9.1

舜传授的草药木通

实 例

汉　族（参见“WYS088.2.1.2.9.2 舜传授

的草药苍耳”母题实例）

WYS088.2.1.2.9.2

舜传授的草药苍耳

实 例

汉 族 瘟疫时，舜王投掷玉皇的一块大石炸碎后落到历山上化为各种草药。直到今天，历山上仍然到处是药材，从珍贵的党参、木通、防风，到常见的黄芩、连壳、苍耳等。人们还采了菖蒲，采贝母，采了猪苓，采丹参，采了黄芩，采细辛。有一百五十多种。自然，这是舜王带来的。

【流传】山西省·（晋城市）·沁水县

【出处】达奇江、仝发景、许光发、楼万金讲，潘保安采录：《击石成药》，见郭万金主编《山西民间故事大系》（晋东南卷），北京：商务印书馆 2017 年版，第 58 ～ 59 页。

WYS088.2.2

兰草与舜有关

实 例

（参见下级母题实例）

WYS088.2.2.1

紫兰与舜有关

实 例

汉 族 九疑山有九峰，其中五曰舜源峰，此峰最高，上多紫兰。

【流传】（无考）

【出处】（a）［宋］李昉、李穆、徐铉等：《太平御览》卷四一引《郡国志》。（b）《九嶷山》，见袁珂《中国神话大词典》，北京：华夏出版社 2015 年版，第 12 页。

WYS088.2.3

竹与舜有关

实 例

（参见下级母题实例）

WYS088.2.3.1

斑竹与舜有关

实 例

（参见下级母题实例）

WYS088.2.3.1.1

舜亡，舜妃“湘夫人”的眼泪形成带斑点的“湘妃竹”

实 例

汉 族 九嶷山有 9 条恶龙，造成洪水暴涨。舜南来此地，帮助百姓除掉群龙，不幸病死，遂葬于此地。他的二妃娥皇、女英寻夫来到九嶷山，知舜死后葬在此地，悲痛的泪水洒在竹上，形成带斑点的“湘妃竹”。

【流传】（无考）

【出处】《湘妃竹》，载《民间文学》1980 年第 10 期。

WYS088.2.4

某些特定植物的特征与舜有关

实 例

（参见下级母题实例）

WYS088.2.4.1

历山深沟的丛树荆棘灌木的特征与舜有关

实 例

中华民族 直到今天历山平地中仍有一条一条的深沟，山旁皆乱石滩，周围的丛树荆棘灌木都往外斜倒，说这都是舜压弯了树枝的。

【流传】（山西省中条山一带）

【出处】《史籍记载的尧舜源流与功绩》，见赵大勇、赵随意著《尧都平阳与尧舜禹》，太原：山西古籍出版社1999年版，第29页。

WYS088.3

与舜有关的巫术

实 例

（实例待考）

WYS088.4

与舜有关的历法

实 例

（实例待考）

WYS088.5

与舜有关的景观

实 例

（参见下级母题实例）

WYS088.5.1

山西永济修建有舜都广场

实 例

中华民族 （参见“WYS084.2.1 山西永济修建有舜塑像”母题实例）

WYS088.5.2

湖南永州市舜文化旅游景区

实 例

中华民族 （参见“WYS079.2.3.1 永州市举办舜帝文化节”母题实例）

WYS089

与舜的遗迹与遗俗有关的其他母题

实 例

（参见下级母题实例）

WYS089.1

舜有关的考古

实 例

（参见下级母题实例）

WYS089.1.1

历山现存舜耕避雨遗迹

实 例

汉 族 历山在县北四十里，有象田舜井，石床诸迹，山崖石壁镌“耕隐”二字，石嵌空横覆如床，可坐数人，相传为帝舜耕时避雨处。

【流传】(余姚县)

【出处】[清]康熙《余姚县志》。

9. 与舜有关的其他母题【WYS090 ~ WYS099】

WYS090

舜崇拜

实 例

(参见下级母题实例)

WYS090.1

舜崇拜的产生

实 例

中华民族 (参见“WYS090.5 舜崇拜的关联现象”母题实例)

WYS090.2

舜崇拜的特征(舜崇拜的性质)

实 例

中华民族 (参见“WYS090.5 舜崇拜的关联现象”母题实例)

WYS090.3

舜崇拜的方法(舜崇拜的表现)

实 例

(实例待考)

WYS090.4

舜崇拜的演变

实 例

(实例待考)

WYS090.5

舜崇拜的关联现象

实 例

中华民族 大舜文化将山东先进的古文化与广西各民族文化联系在一起,广西各族人民世代祭祀和崇拜中华民族的先祖圣贤——舜帝。

【流传】(广西)

【出处】何海龙:《浅论大舜文化对岭南文化的影响》,载《2009 中国(诸城)大舜文化学术研讨会论文集》,2009 年。

WYS090.6

与舜崇拜有关的其他母题

实 例

(实例待考)

WYS091

舜神话

实　例

（参见下级母题实例）

WYS091.1

舜神话的产生

实　例

（参见下级母题实例）

WYS091.1.1

舜神话产生的原因（舜神话的原型）

实　例

中华民族 案《汲冢琐语》云：“舜放尧于平阳。”而《书》云某地有城以“囚尧”为号识者，凭斯异说，颇以禅授为疑。然则观此二书，已足为证者矣，而犹有所未睹也。何者？据《山海经》谓放勋之子为“帝丹朱”而列君于帝者，得非舜虽废尧，仍立尧子，俄又夺其帝者乎？观近古有奸雄奋发，自号勤王，或废父而立其子，或黜兄而奉其弟，始则示相推戴，终亦成其篡夺。求诸历代，往往而有。必以古方今，千载一揆，斯则尧之授舜，其事难明，谓之让国，徒虚语耳。

【流传】（无考）

【出处】［唐］刘知畿：《史通・外篇・疑古》。

WYS091.1.2

舜神话产生的时间

实　例

（实例待考）

WYS091.1.3

舜神话产生的地点

实　例

（实例待考）

WYS091.1.4

舜神话源于特定事件

实　例

（参见下级母题实例）

WYS091.1.4.1

舜神话的来源可以追溯到甲骨文中的高祖夋

实　例

中华民族 帝俊、帝善、大皞、帝舜原是殷人—东夷上帝及祖先的神话，它的来源可以追溯到甲骨文中的高祖夋；鲧、共工、玄冥、冯夷是殷人—东夷的河伯和祖先神话，它的来源可以追溯到甲骨文中对河的祭祀以及殷商的祖先玄冥传说。

【流传】（无考）

【出处】杨宽：《系统探索古史传说的四点看法》，原载杨宽《历史激流中的动荡和曲折——杨宽自传》，台北时报文化公司 1993 年版，见马昌仪选编《中国神话学百年文论选》(下)，西安：陕西师范大学出版总社有限公司 2013 年版，第 856 ～ 860 页。

WYS091.1.5
舜神话源于其他神话

实 例

(实例待考)

WYS091.1.6
舜神话源于特定的学说

实 例

(实例待考)

WYS091.2
舜神话的特征

实 例

(参见下级母题实例)

WYS091.2.1
舜神话是历史真实

实 例

中华民族 帝舜有虞氏也和帝尧陶唐氏一样，为我国信史，确凿清晰。这首先体现在先秦史籍记载详细可靠。

【流传】(无考)

【出处】任乃荣:《三皇五帝探源》第八章“舜有虞氏时代”，北京：新华出版社 2011 年版，第 191 页。

WYS091.2.2
舜神话是虚构

实 例

中华民族 案《汲冢琐语》云：“舜放尧于平阳。”而《书》云某地有城以“囚尧”为号识者，凭斯异说，颇以禅授为疑。然则观此二书，已足为证者矣，而犹有所未睹也。何者？据《山海经》谓放勋之子为“帝丹朱”而列君于帝者，得非舜虽废尧，仍立尧子，俄又夺其帝者乎？观近古有奸雄奋发，自号勤王，或废父而立其子，或黜兄而奉其弟，始则示相推戴，终亦成其篡夺。求诸历代，往往而有。必以古方今，千载一揆，斯则尧之授舜，其事难明，谓之让国，徒虚语耳。

【流传】(无考)

【出处】[唐]刘知幾:《史通・外篇・疑古》。

WYS091.3
舜神话的含义

实 例

(实例待考)

WYS091.4
舜神话的载体

实 例

中华民族 (参见“WYS091.9.1 古籍神话中的帝舜”母题实例)

WYS091.6
舜神话的归属

实 例

（参见下级母题实例）

WYS091.6.1*
帝舜原是殷人—东夷上帝及祖先的神话

实 例

中华民族 帝俊、帝善、大皞、帝舜原是殷人—东夷上帝及祖先的神话，它的来源可以追溯到甲骨文中的高祖夋；鲧、共工、玄冥、冯夷是殷人—东夷的河伯和祖先神话，它的来源可以追溯到甲骨文中对河的祭祀以及殷商的祖先玄冥传说。

【流传】（无考）

【出处】杨宽:《系统探索古史传说的四点看法》，原载杨宽《历史激流中的动荡和曲折——杨宽自传》，台北时报文化公司 1993 年版，见马昌仪选编《中国神话学百年文论选》（下），西安：陕西师范大学出版总社有限公司 2013 年版，第 856 ～ 860 页。

WYS091.6.2*
舜属于华夏集团

实 例

中华民族 华夏集团包括炎帝、黄帝、颛项（高阳）、青阳，以及舜（有虞氏）、祝融等族。

【流传】（无考）

【出处】《史籍记载的尧舜源流与功绩》，见赵大勇、赵随意著《尧都平阳与尧舜禹》，太原：山西古籍出版社 1999 年版，第 13 页。

WYS091.7
舜神话的传播

实 例

（实例待考）

WYS091.8
舜神话的演变

实 例

（实例待考）

WYS091.9
与舜神话有关的其他母题

实 例

（参见下级母题实例）

WYS091.9.1
古籍神话中的帝舜

实 例

（参见下级母题实例）

WYS091.9.1.1
帝舜在《山海经》中共出现十二次

实 例

中华民族 帝舜在《山海经》中共出现

12 次。

【流传】(无考)

【出处】郭世谦:《古史传说考》(三、两昊鸟图腾部落集团),天津:天津出版传媒集团·天津古籍出版社 2019 年版,第 691 页。

WYS092

舜传说(大舜的传说)

实 例

(参见下级母题实例)

WYS092.1

舜传说的产生

实 例

(参见下级母题实例)

WYS092.1.1

孔门后学创舜弹五弦歌《南风》的传说

实 例

中华民族 舜弹五弦歌《南风》的传说当为孔门后学所创。

【流传】(无考)

【出处】陈泳超:《舜与音乐的传说研究》,原载陈泳超《尧舜传说研究》第五章,南京师范大学出版社 2000 年版,见马昌仪选编《中国神话学百年文论选》(下),西安:陕西师范大学出版总社有限公司 2013 年版,第 1137 ～ 1150 页。

中华民族 舜耕历山的故事在晋南广为流传,历山永济县南有之,翼城县有之,洪洞县左木沟有之,沁水县有之,诸说不一。

【流传】(山西省)

【出处】《史籍记载的尧舜源流与功绩》,见赵大勇、赵随意著《尧都平阳与尧舜禹》,太原:山西古籍出版社 1999 年版,第 29 页。

WYS092.2

舜传说的特征

实 例

(参见下级母题实例)

WYS092.2.1

舜传说地点的多样性

实 例

(参见下级母题实例)

WYS092.2.1.1

多地流传舜耕历山传说

【关联】[WYS043.3.2] 舜耕历山(舜耕历山)

实 例

中华民族 舜耕之历山传说有数地,主要的有河东说和濮州说两种。前者指今山西南部之中条山,后者指今河南濮阳县至山东西部地区。

【流传】(山西、河南)

【出处】张大可、朱枝富编著:《人文始祖黄帝》，北京：商务印书馆 2018 年版，第 113 页。

中华民族 舜葬之移于南国，始自春秋而完成于战国。

【流传】（无考）

【出处】郭世谦：《古史传说考》（一、唐虞猛兽图腾集团），天津：天津出版传媒集团·天津古籍出版社 2019 年版，第 88 页。

WYS092.3

舜传说的含义

实 例

（参见下级母题实例）

WYS092.3.1*

舜帝和舜葬九嶷是传说，而非信史

实 例

中华民族 舜帝和舜葬九嶷，只能是一种传说，是人们口述和记忆中的历史，甚至是重构的历史，而不能成为信史。

【流传】（湖南）

【出处】熊贤品：《湖南先秦史研究的几个问题》，载《社会科学动态》2019 年第 12 期。

WYS092.4

舜传说的流传

实 例

（参见下级母题实例）

WYS092.4.1

舜传说在湖南流传

实 例

中华民族 （参见“WYS093.5.4 湘地有不少舜妃们的传说故事”母题实例）

WYS092.5

与舜传说有关的其他母题

实 例

（参见下级母题实例）

WYS092.5.1

舜弹五弦歌《南风》的传说

实 例

（参见下级母题实例）

WYS092.5.1.1

舜弹五弦歌《南风》的传说传于后世诸多文献

实 例

中华民族 舜弹五弦歌《南风》的传说，又见于《韩非子·外储说左上》《尸子》《韩诗外传》《淮南子》之《诠言训》和《泰族训》《新语·无为》《说苑·建本》《越绝书》《孔子家语》等文献，可见此传说历秦汉而不衰。

【流传】（无考）

【出处】陈泳超：《舜与音乐的传说研究》，原载陈泳超《尧舜传说研究》第五章，南京师范大学出版社 2000 年版，见马昌仪选编《中国神话学百年文论选》(下)，西安：陕西师范大学出版总社有限公司 2013 年版，第 1137 ～ 1150 页。

WYS092.5.2

舜打井的传说

实　例

(参见下级母题实例)

WYS092.5.2.1

传说历山村中的两口井是舜亲手之作

实　例

汉　族 杜庄乡历山村中，有两眼古深井，相隔只有一丈远，一眼是苦井，一眼是甜井。传说这两眼井是当年大舜亲手打的。

【流传】 山西省·(运城市)·芮城县［采录地点：芮城县杜庄乡历山村］

【出处】 薛振东（男，56 岁，芮城县文化馆干部，小学）讲，文晓（男，24 岁，工人，高中）采录：《舜王打井》(1984.05)，见中国民间文学集成全国编辑委员会、《中国民间文学集成·山西卷》编辑委员会编《中国民间故事集成》(山西卷)，北京：中国 ISBN 中心 1999 年版，第 41 ～ 42 页。

WYS092.5.3

舜耕避雨处的传说

实　例

(参见下级母题实例)

WYS092.5.3.1

历山石崖相传是舜耕避雨处

实　例

汉　族 历山在县北四十里，有象田舜井，石床诸迹，山崖石壁镌“耕隐”二字，石嵌空横覆如床，可坐数人，相传为帝舜耕时避雨处。

【流传】(余姚县)

【出处】［清］康熙《余姚县志》。

WYS092.5.4

湘地有不少舜妃们的传说故事

实　例

中华民族 由于舜南巡病逝而葬于苍梧，所以湘地便有了不少舜妃们的传说故事和遗迹。

【流传】(无考)

【出处】 杨东晨:《华夏始祖：尧舜禹时代》“三、帝舜的明德”，西安：三秦出版社 2007 年版，第 94 页。

WYS092.5.5*

舜的传说具有历史价值

实　例

中华民族 对尧、舜、禹传说的研究，现今的学术界普遍认为：尧、舜、禹禅让的故事，确实反映了原始社会末期的情况，虽为传说，但有其历史价值。

【流传】(无考)

【出处】《史籍记载的尧舜源流与功绩》，见赵大勇、赵随意著《尧都平阳与尧舜禹》，太原：山西古籍出版社 1999 年版，第 8 页。

WYS093

舜的其他载体

实 例

（参见下级母题实例）

WYS093.1

舜故事

实 例

（参见下级母题实例）

WYS093.1.1

历山永济县南、翼城县、洪洞县左木沟、沁水县都流传舜故事

实 例

中华民族 舜耕历山的故事在晋南广为流传，历山永济县南有之，翼城县有之，洪洞县左木沟有之，沁水县有之，诸说不一。

【流传】（山西省）

【出处】《史籍记载的尧舜源流与功绩》，见赵大勇、赵随意著《尧都平阳与尧舜禹》，太原：山西古籍出版社 1999 年版，第 29 页。

WYS094

舜形象的内涵

实 例

（参见下级母题实例）

WYS094.1*

舜的人格形象成为儒家伦理学说的典范

实 例

中华民族 舜对儒家，又有特殊意义。儒家学说重视孝道，舜以孝道著称，故舜的人格形象后成为儒家伦理学说的典范。

【流传】（无考）

【出处】《史籍记载的尧舜源流与功绩》，见赵大勇、赵随意著《尧都平阳与尧舜禹》，太原：山西古籍出版社 1999 年版，第 10 页。

WYS095

舜形象的意义

实 例

（实例待考）

WYS095.1

舜的象征

实 例

（实例待考）

WYS096

舜文化

实 例

（参见下级母题实例）

WYS096.1

舜文化发生的时间

实 例

（实例待考）

WYS096.2

舜文化的发祥地

实 例

（实例待考）

WYS096.3

舜文化的流传地

实 例

（实例待考）

WYS096.4

舜文化的传承者

实 例

（实例待考）

WYS096.5

舜文化的传播途径

实 例

（实例待考）

WYS096.6

舜文化的意义

实 例

（参见下级母题实例）

WYS096.6.1*

虞舜文化是中国传统文化的重要母源

实 例

中华民族 舜帝是道德文明的鼻祖，虞舜文化是中国传统文化的重要母源。

【流传】（无考）

【出处】杨东晨：《华夏始祖：尧舜禹时代》"三、帝舜的明德"，西安：三秦出版社 2007 年版，第 88 页。

WYS096.7

与舜文化有关的其他事象

实 例

（参见下级母题实例）

WYS096.7.1*

龙山文化与舜有关

实 例

中华民族 帝舜又封其子义均于此，称商均，建立商古国。商州紫荆的龙山文化就是商古国的遗存。

【流传】（无考）

【出处】杨东晨：《华夏始祖：尧舜禹时代》"五、尧舜禹文明篇"，西安：三秦出版社 2007 年版，第 162 页。

WYS097

舜时代（虞舜时代）

实 例

（参见下级母题实例）

WYS097.1

舜时代发生的时间

实 例

（实例待考）

WYS097.2

舜时代起止的时间

实 例

（参见下级母题实例）

WYS097.2.1*

舜时代属于原始社会末期和向阶级社会过渡时期

实 例

中华民族 （参见“WYS097.3.5* 舜时代已有相当多的国家形态的成分”母题实例）

WYS097.2.2*

虞舜时代处于龙山文化中晚期，居五帝之末，三代之前

实 例

中华民族 虞舜时代处于龙山文化中、晚期，居五帝之末，三代之前。

【**流传**】（无考）

【**出处**】任乃荣：《三皇五帝探源》第八章“舜有虞氏时代”，北京：新华出版社 2011 年版，第 191 页。

WYS097.2.3*

帝舜元年为公元前 2255 年，丙戌；末年为公元前 2208 年癸酉

实 例

中华民族 （参见“WYS097.2.4* 舜元年为前 2285 年丙辰，舜末年为前 2205 年丙子”母题实例）

WYS097.2.4*

舜元年为前 2285 年丙辰，舜末年为前 2205 年丙子

实 例

中华民族 帝舜元年为公元前 2255 年，丙戌；末年为公元前 2208 年癸酉，在位四十七年。故我们应取舜元年为前 2285 年丙辰，舜末年为前 2205 年丙子。

【**流传**】（无考）

【**出处**】柏扬编著：《中国历史年表》，转引自任乃荣《三皇五帝探源》第八章“舜有虞氏时代”，北京：新华出版社 2011 年版，第 214 页。

WYS097.2.5*

舜元年为公元前 2285 年丙辰，末年为公元前 2225 年壬戌

实 例

中华民族 尧元年为公元前 2357 年甲辰。末年为前 2286 年已卯，在位七十二年。舜元年为公元前 2285 年丙辰，末年为公元前 2225 年，壬戌。

【流传】（无考）

【出处】杨景磬:《皇极经世演绎》，转引自任乃荣《三皇五帝探源》第八章“舜有虞氏时代”，北京：新华出版社 2011 年版，第 214 页。

WYS097.3

舜时代的特征

实 例

（参见下级母题实例）

WYS097.3.1

舜在位时，人民安居乐业，太平无事

实 例

汉 族 尧王死后，大舜做了皇帝。舜在位六十年，全国人民都能安居乐业，太平无事。这就是后来人们称赞的尧舜时代。

【流传】（无考）

【出处】王上清讲，王孟晓记录:《大舜耕田》，见陶阳、钟秀编《中国神话》（中册），北京：商务印书馆 2008 年版，第 826 ～ 827 页。

WYS097.3.2

舜时代，南北顺从

实 例

中华民族 昔虞舜以天德嗣尧，布功散德制礼，朔方幽都来服，南抚交趾，出入日月，莫不率俾。

【流传】（无考）

【出处】［西汉］戴德:《礼记 · 少闲》。

WYS097.3.3

舜时代百姓丰衣足食

实 例

汉 族 尧王把帝位让给了“虞舜”。人们叫他舜王。从此，开河渠，种五谷，人们过着丰衣足食的生活，都称舜为贤王。

【流传】河南省 ·（濮阳市）· 范县［采录地点：范县 · 王楼乡］

【出处】崔金甲（男，65 岁，农民，不识字）讲，崔金钊采录:《尧王访贤（一）》（1989.10.22），见张振犁编著，孟宪明、朱淑君统纂《中原神话通鉴》（第三卷），郑州：河南大学出版社 2017 年版，第 987 页。

WYS097.3.4*

舜时代已进入阶级社会

实 例

中华民族 （参见“WYS097.3.5* 舜时代已有相当多的国家形态的成分”母题实例）

WYS097.3.5*

舜时代已有相当多的国家形态的成分

实 例

中华民族 舜所代表的时代，虽然和尧一样属于原始社会末期和向阶级社会过渡的时期，但已经在跨入阶级社会了，政治组织也具有了相当多的国家形态的成分。

【流传】（无考）

【出处】田继周:《先秦民族史》，成都：四川

民族出版社 1988 年版，第 131 ～ 132 页。

WYS097.3.6*

尧舜时期是夏文化空白期

实 例

中华民族 尧舜时期，是中国的一个断代文化期，也就是夏文化空白期。因那时符号文初出，无文字记载历史，人们传播文化与知识，只能以口传为主，到西周时史官们才将过去口传的三皇五帝诸领袖人物用文字记载下来。

【**流传**】（无考）

【**出处**】《史籍记载的尧舜源流与功绩》，见赵大勇、赵随意著《尧都平阳与尧舜禹》，太原：山西古籍出版社 1999 年版，第 8 页。

WYS097.4

舜时代的情形

实 例

（参见下级母题实例）

WYS097.4.1

舜时人为小事纷争

实 例

汉 族 舜时，泰山脚下的人常为鸡毛蒜皮的小事争啊闹呀。到庄稼成熟季节，山边村子里的人便进山来。他们不由分说，把熟了的庄稼全给抢走了。

【**流传**】（a）河南省桐柏山一带。（b）河南省 ·（南阳市）· 桐柏县

【**出处**】（a）释妙祥讲，刘剑、柳丹记录整理：《箫》，原文本标注自马卉欣主编《中国民间故事集成》河南桐柏县卷第一分册《神话 · 传说》，见陶阳、钟秀编《中国神话》（下册），北京：商务印书馆 2008 年版，第 1275 ～ 1277 页。（b）释妙祥（男，60 岁，桐柏山水帘洞和尚）讲，刘剑、柳丹采录整理：《箫》（1985.11.16），见张振犁编著《中原神话通鉴》（第三卷），郑州：河南大学出版社 2017 年版，第 1008 ～ 1009 页。

WYS097.4.2

舜时有制令而无刑罚

实 例

中华民族 昔者神农无制令而民从，唐虞有制令而无刑罚，夏后氏不负言，殷人誓，周人盟。逮至当今之世，忍询而轻辱，贪得而寡羞，欲以神农之道治之，则其乱必矣。

【**流传**】（无考）

【**出处**】［西汉］淮南王刘安及门客：《淮南子 · 氾论训》。

WYS097.4.3

舜之时，有苗不服

实 例

中华民族 当舜之时，有苗不服，其所以不服者，大山在其南，殿山在其北，左洞庭之波，右彭蠡之川，因此险也，所以不服。

【**流传**】（无考）

【出处】[西汉]刘向:《说苑·君道》。

WYS097.4.4

舜时用象征代刑

实 例

中华民族 在舜之时，用象征的方式代刑，民不敢犯。

【流传】(无考)

【出处】《舜·巡狩四方》，见卢静《尧舜禹》，北京：中华书局 2019 年版，第 50 页。

WYS097.4.5

舜时，没有田

实 例

汉 族 舜那个时候，还没有田，人们全靠在山上开点地种点芦稷（高粱）和粟混日子。

【流传】浙江省·(金华市)·武义县[采录地点：武义县后树乡]

【出处】张舍囡（男，46 岁，武义县后树乡黄泥坑村，盲艺人，不识字）讲，吴钟文（男，43 岁，武义县文化局，干部，大专）、程源源（女，44 岁，武义县文化馆，干部，大专）、邱德芝（女，26 岁，武义县后树乡文化站，干部，高中）采录:《虞舜开田》(1987)，见中国民间文学集成全国编辑委员会、中国民间文学集成浙江卷编辑委员会编《中国民间故事集成》(浙江卷)，北京：中国 ISBN 中心 1997 年版，第 51 ～ 52 页。

WYS097.4.6

舜时，人们不懂得如何耕种

实 例

汉 族 舜时，食草籽野兽的人居多，还不懂如何种庄稼。

【流传】山东省·(潍坊市)·诸城市[采录地点：诸城市万家庄乡官庄店村]

【出处】范炳忠（62 岁，万家庄乡官庄店村，小学）讲，范凤廷（47 岁，万家庄乡官庄店村，初中）采录:《尧王访舜》(1986.08)，见《中国民间故事集成》全国编辑委员会、《中国民间故事集成·山东卷》编辑委员会编《中国民间故事集成》(山东卷)，北京：中国 ISBN 中心 2007 年版，第 17 ～ 18 页。

WYS097.4.7

舜时，种田分外省力

实 例

汉 族 虞舜时，田里不长草，种田十分省力，春季把谷种播下去，勿要施肥，到秋季就有收成。凡间人一年到头，除了播谷种，割稻，便没有其他生活了，整天在家里吹箫作乐。

【流传】浙江省·(金华市)·武义县[采录地点：武义县后树乡]

【出处】张舍囡（男，46 岁，武义县后树乡黄泥坑村，盲艺人，不识字）讲，吴钟文（男，43 岁，武义县文化局，干部，大专）、程源源（女，44 岁，武义县文化馆，干部，大专）、邱德芝（女，26岁，武义县后树乡文化站，干部，高中）采录：《虞舜开田》(1987)，见中国民间文学集成全国编辑委员会、中国民间文学集成浙江卷编辑委员会编《中国民间故事集成》(浙江卷)，北京：中国ISBN中心1997年版，第51～52页。

WYS097.4.8

舜时代的灾难

实 例

（参见下级母题实例）

WYS097.4.8.1

舜时遇大旱

实 例

汉 族 舜时，有一年，天大旱，一连九九八十一天没有下雨，河水不淌了，泉水不冒了，湖水干没了，水井见底了，地里的庄稼棵子都枯死了。

【**流传**】山东省·济南市［采录地点：济南市］

【**出处**】韩兆福（男，大专，干部）讲，李奎元（男，42岁，济南市委宣传部干部，大专）采录：《舜井锁蛟》(1989)，见《中国民间故事集成》全国编辑委员会、《中国民间故事集成·山东卷》编辑委员会编《中国民间故事集成》(山东卷)，北京：中国ISBN中心2007年版，第360～362页。

WYS097.4.8.2

舜时水灾严重

实 例

中华民族 舜之时，共工振滔洪水，以薄空桑。

【**流传**】（无考）

【**出处**】［西汉］淮南王刘安及门客：《淮南子·本经篇》。

汉 族 舜当政后，各地都发生了水灾。水灾最严重的地方，要数四川东部。

【**流传**】湖北省·宜昌市·西陵区［采录地点：宜昌市西陵区璞宝街］

【**出处**】陈补（59岁，干部）讲，肖觉记录：《断江山》(1988年冬天)，见中国民间文艺家协会组织编写，罗杨总主编，王金碧、席群英、刘复军本卷主编《中国民间故事丛书》(湖北省·宜昌市·西陵点军卷)，北京：知识产权出版社2016年版，第44～45页。

汉 族 舜在位的时候，发生了巨大的洪水灾害，天下洪水泛滥。大水铺天盖地，老百姓有的在树梢上像鸟儿一样筑巢，有的在山顶洞里像野兽一样穴居，有的干脆在木筏上安家，随着水流东漂西荡。

【**流传**】（无考）

【**出处**】《大禹治水》，见金麦田编著《中国古代神话故事》，北京：京华出版社2003年版，第55～61页。

WYS097.4.9

舜时代的其他情形

实 例

（参见下级母题实例）

WYS097.4.9.1

舜时南浔之国，鱼龙同穴

实 例

汉 族 舜时，南浔之国，有洞穴阴源，其下通地脉。中有毛龙、毛鱼，时蜕骨于旷泽之中，鱼龙同穴而处。

【流传】（无考）

【出处】［晋］王嘉：《拾遗记》卷一。

WYS097.4.9.2

舜时代出现物物交换

实 例

中华民族 舜在市场交易，用鱼交换粮食，并专门换回一个陶罐。

【流传】（山西省）

【出处】中国先秦史学会尧舜禹文化研究基地编，叶雨青、张培莲著：《尧舜传》第二十四章“舜陶河滨陶器牢，鲧窃息壤治洪水”，太原：山西出版集团·山西春秋电子音像出版社 2008 年版，第 154 页。

WYS097.5

与舜时代有关的其他母题

实 例

（参见下级母题实例）

WYS097.5.1

舜时代体现母系氏族社会向父系制过渡的迹象

实 例

中华民族 先秦经典记载关于瞽叟和先后二妻及舜的婚姻状况，以及舜象二人的姓氏及财产关系，都反映了母系氏族社会向父系制的过渡迹象。

【流传】（无考）

【出处】郭世谦：《古史传说考》（一、唐虞猛兽图腾集团），天津：天津出版传媒集团·天津古籍出版社 2019 年版，第 55 页。

WYS098

舜与中华文明

实 例

（实例待考）

WYS098.1*

龙的传人与舜有关

实 例

（实例待考）

WYS099

舜研究

实 例

（参见下级母题实例）

WYS099.1

中华舜文化研究会

实　例

中华民族 2000 年，成立了永州中华舜文化研究会。

【流传】（无考）

【出处】 杨东晨：《华夏始祖：尧舜禹时代》“三、帝舜的明德”，西安：三秦出版社 2007 年版，第 92 页。

附录 1

《中国神话母题 W 编目》10 大类型

简　目[①]

0. 神与神性人物（代码 W0000 ～ W0999）

0.1　神的概述（W0000 ～ W0179）

0.1.1　神的产生（W0000 ～ W0059）

0.1.2　神的特征（W0060 ～ W0089）

0.1.3　神的生活（W0090 ～ W0119）

0.1.4　神的地位与性质（W0120 ～ W0129）

0.1.5　神的能力（W0130 ～ W0134）

0.1.6　神的工具与武器（W0135 ～ W0139）

0.1.7　神的关系（W0140 ～ W0174）

0.1.8　神的寿命与死亡（W0175 ～ W0179）

0.2　与方位相关的神（W0180 ～ W0269）

0.2.1　天神（W0180 ～ W0229）

0.2.2　地神（W0230 ～ W0239）

0.2.3　冥神（W0240 ～ W0249）

0.2.4　其他方位神（W0250 ～ W0269）

0.3　与自然现象（物）有关的神（W0270 ～ W0419）

0.3.1　日月星辰神（W0270 ～ W0289）

0.3.2　与天气有关的神（W0290 ～ W0389）

0.3.3　与自然物有关的神（W0390 ～ W0419）

0.4　与职能、行业相关的神（W0420 ～ W0499）

0.4.1　创造神与破坏神（W0420 ～ W0429）

0.4.2　与管理或保护有关的神（W0430 ～

① 本简目中只列举了《中国神话母题 W 编目》10 大类型中主要的母题类型。借此可以帮助读者了解中国各民族神话 10 个神话母题类型及编目范围，以便于关联母题及母题实例的查找和对叙事结构的总体认知。该 10 种类型的三级母题详目参见《中国神话母题 W 编目》（中国社会科学出版社 2013 年版）。该编目母题三个层级的母题数量总数为 33469 个，其中，一级母题 3398 个，二级母题 13832 个，三级母题 15468 个。目前已完成对 2013 年版《中国神话母题 W 编目》的全面修订，增加为 6 个母题层级，母题总数量为 120000 余个，截至 2020 年，修订的 3 个类型已正式出版。读者可以根据上述母题类型可拓展尧舜神话数据范围，或查找需要关联的母题。

W0449）

0.4.3 与功能或行业有关的神（W0450 ～ W0499）

0.5 与具体的物相关的神（W0500 ～ W0559）

0.5.1 动物神（W0500 ～ W0539）

0.5.2 植物神（W0540 ～ W0549）

0.5.3 无生命物神（W0550 ～ W0599）

0.6 神性人物（W0560 ～ W0769）

0.6.1 文化英雄（W0560 ～ W0629）

0.6.2 半神半人与合体神（W0630 ～ W0639）

0.6.3 祖先（祖先神、始祖神）(W0640 ～ W0659）

0.6.4 巨人（W0660 ～ W0669）

0.6.5 常见的典型神性人物（W0670 ～ W0769）

0.7 与民间信仰相关的神或神性人物（W0770 ～ W0829）

0.7.1 常见民间信仰中的神或神性人物（W0770 ～ W0784）

0.7.2 一般民间信仰中的神或神性人物（W0785 ～ W0799）

0.7.3 仙人（神仙）(W0800 ～ W0829）

0.8 妖魔与怪物（W0830 ～ W0919）

0.8.1 妖魔（W0830 ～ W0854）

0.8.2 怪人、怪物（W0855 ～ W0869）

0.8.3 灵魂（鬼）(W0870 ～ W0919）

0.9 神或神性人物的其他母题（W0920 ～ W0999）

0.9.1 神物（W0920 ～ W0969）

0.9.2 与神或神性人物有关的其他母题（W0970 ～ W0999）

1. 世界与自然物（代码 W1000 ～ W1999）

1.1 世界（宇宙）起源概说（W1000 ～ W1099）

1.1.1 世界的产生（W1000 ～ W1009）

1.1.2 世界的创造与创世者（W1010 ～ W1034）

1.1.3 世界最早的情形（W1035 ～ W1059）

1.1.4 世界的特征（W1060 ～ W1069）

1.1.5 三界及相关母题（W1070 ～ W1089）

1.1.6 与世界有关的其他母题（W1090 ～ W1099）

1.2 天地（W1100 ～ W1499）

1.2.1 天地的产生与特征（W1100 ～ W1129）

1.2.2 天的产生与特征（W1130 ～ W1169）

1.2.3 地的产生与特征（W1170 ～ W1269）

1.2.4 天地的合离与支撑（W1270 ～ W1359）

1.2.5 天地的修整（W1360 ～ W1399）

1.2.6 天地通（W1400 ～ W1424）

1.2.7 天梯与其他上天工具（W1425 ～ W1489）

1.2.8 与天地有关的其他母题（W1490 ～ W1499）

1.3 万物（W1500 ～ W1539）

1.3.1 万物的产生（W1500 ～ W1529）

1.3.2 万物的特征（W1530 ～ W1534）

1.3.3 与万物有关的母题（W1535 ～ W1539）

1.4 日月（W1540 ～ W1699）

1.4.1 日月的产生（W1540 ～ W1599）

1.4.2 日月的特征（W1600 ～ W1629）

1.4.3 日月的数量（W1630 ～ W1669）

1.4.4 日月的关系（W1670 ～ W1689）

2. 人与人类
（代码 W2000 ～ W2999）

2.5.6 怪胎、怪物或肢体变化生人（W2380 ～ W2389）

2.5.7 与变化产生人有关的其他母题（W2390 ～ W2399）

2.6 婚配产生人（W2400 ～ W2499）

2.6.1 神或神性人物婚生人（W2400 ～ W2414）

2.6.2 人与神或神性人物婚生人（W2415 ～ W2419）

2.6.3 人的婚生人（W2420 ～ W2449）

2.6.4 人与动物婚生人（W2450 ～ W2474）

2.6.5 人与植物的婚生人（W2475 ～ W2479）

2.6.6 人与无生命物的婚生人（W2480 ～ W2484）

2.6.7 其他特殊的婚生人（W2485 ～ W2489）

2.6.8 与婚生人有关的其他母题（W2490 ～ W2499）

2.7 人类再生（W2500 ～ W2579）

2.7.1 人类再生概说（W2500 ～ W2529）

2.7.2 洪水后人类再生（W2530 ～ W2559）

2.7.3 其他灾难后人类再生（W2560 ～ W2569）

2.7.4 与人类再生相关的其他母题（W2570 ～ W2579）

2.8 怀孕与生育（W2580 ～ W2699）

2.8.1 怀孕（W2580 ～ W2589）

2.8.2 生育与特殊的出生（W2590 ～ W2599）

2.8.3 人生怪胎（W2600 ～ W2669）

2.8.4 弃婴（弃儿）(W2670 ～ W2689）

2.8.5 人的抚养（W2690 ～ W2699）

2.9 与人的产生相关的母题（W2700 ～ W2749）

2.9.1 人产生的数量（W2700 ～ W2729）

2.9.2 人与异类的同源（W2730 ～ W2739）

2.9.3 与人的产生有关的其他母题（W2740 ～ W2749）

2.10 人类的特征及相关母题（W2750 ～ W2929）

2.10.1 人的性别特征（W2750 ～ W2799）

2.10.2 人的体征（W2800 ～ W2899）

2.10.3 人的其他特征（W2900 ～ W2914）

2.10.4 特定特征的人（W2915 ～ W2929）

2.11 与人相关的其他母题（W2930 ～ 2999）

2.11.1 人的关系（W2930 ～ W2939）

2.11.2 人的寿命与死亡（W2940 ～ W2989）

2.11.3 与人相关的其他母题（W2990 ～ 2999）

3. 动物与植物
（代码 W3000 ～ W3999）

3.1 动物概说（W3000 ～ W3099）

3.1.1 动物的产生（W3000 ～ W3034）

3.1.2 动物的特征（W3035 ～ W3064）

3.1.3 动物的生活与习性（W3065 ～ W3069）

3.1.4 其他特定性质的动物（W3070 ～ W3079）

3.1.5 与动物有关的其他母题（W3080 ～ W3099）

3.2 哺乳动物（W3100 ～ W3299）

3.2.1 哺乳动物概说（W3100 ～ W3104）

3.2.2 常见哺乳动物（W3105 ～ W3274）

3.2.3 一般哺乳动物（W3275 ～ W3299）

3.3 鸟类动物（W3300 ～ W3399）

3.3.1 鸟类概说（W3300 ～ W3329）

3.3.2 常见的鸟（W3330 ～ W3384）

3.3.3 一般鸟类（W3385 ～ W3399）

3.4 水中动物（W3400 ～ W3449）

3.4.1 水中动物概说（W3400 ～ W3409）

3.4.2 鱼、虾、蟹（W3410 ～ W3439）

3.4.3 其他水中动物（W3440 ～ W3449）

3.5 昆虫（W3450 ～ W3499）

3.5.1 昆虫概说（W3450 ～ W3459）

3.5.2 常见的昆虫（W3460 ～ W3479）

3.5.3 一般昆虫（W3480 ～ W3499）

3.6 两栖、爬行与其他动物（W3500 ～ W3599）

3.6.1 两栖与爬行类动物概说（W3500 ～ W3504）

3.6.2 常见的两栖与爬行类动物（W3505 ～ W3549）

3.6.3 龙、凤类动物（W3550 ～ W3594）

3.6.4 其他一些难以分类的动物（W3595 ～ W3599）

3.7 植物概说（W3600 ～ W3699）

3.7.1 植物的产生（W3600 ～ W3639）

3.7.2 植物的特征及成因（W3640 ～ W3684）

3.7.3 与植物相关的其他母题（W3685 ～ W3699）

3.8 各类植物（W3700 ～ W3899）

3.8.1 树木概说及常见的树木（W3700 ～ W3799）

3.8.2 花草概说及常见的花草（W3800 ～ W3839）

3.8.3 作物概说及常见的作物（W3840 ～ W3879）

3.8.4 果蔬概说及常见的果蔬（W3880 ～ W3899）

3.9 与植物相关的其他母题（W3900 ～ 3999）

3.9.1 种子（粮种）概说（W3900 ～ W3949）

3.9.2 种子的获取（盗取）(W3950 ～ W3999）

4. 自然现象与自然秩序（代码 W4000 ～ W4999）

4.1 自然现象概说（W4000 ～ W4099）

4.1.1 一般自然现象（W4000 ～ W4079）

4.1.2 神奇的自然现象（W4080 ～ W4099）

4.2 与日月有关的自然现象（W4100 ～ W4249）

4.2.1 与太阳相关的现象（W4100 ～ W4124）

4.2.2 与月亮相关的现象（W4125 ～ W4199）

4.2.3 与星星有关的现象（W4200 ～ W4209）

4.2.4 日食月食与其他母题（W4210～W4249）

4.3 天气与其他自然现象（W4250～W4619）

4.3.1 天气现象概说（W4250 ～ W4259）

4.3.2 风雨（W4260 ～ W4374）

4.3.3 雷电（W4375 ～ W4439）

4.3.4 云霞霓虹（W4440 ～ W4509）

4.3.5 雪霜雾露等（W4510 ～ W4559）

4.3.6 与天气相关的其他母题（W4560 ～ W4569）

4.3.7 无具体形态的现象（W4570 ～ W4619）

4.4 秩序与自然秩序概说（W4620～W4769）

4.4.1 秩序概说（W4620 ～ W4634）

4.4.2 时间秩序（W4635 ～ W4699）

4.4.3 空间秩序（W4700 ～ W4754）

4.4.4 抽象的秩序（W4755 ～ W4769）

4.5 季节（W4770 ～ W4849）

4.5.1 季节的来历（W4770 ～ W4799）

4.5.2 季节的管理（W4800 ～ W4809）

4.5.3 二十四节气（W4810 ～ W4839）

4.5.4 与季节有关的其他母题（W4840 ～

W4849）

4.6 天体的秩序（W4850 ～ W4969）

4.6.1 天地的秩序与管理（W4850 ～ W4869）

4.6.2 日月的秩序（W4870 ～ W4959）

4.6.3 与天体运行和秩序有关的其他母题（W4960 ～ W4969）

4.7 与自然秩序有关的其他母题（W4970 ～ W4999）

4.7.1 山川河流等的秩序与管理（W4970 ～ W4979）

4.7.2 动物的秩序与管理（W4980 ～ W4989）

4.7.3 植物的秩序与管理（W4990 ～ W4999）

5. 社会组织与社会秩序（代码 W5000 ～ W5999）

5.1 社会秩序概说（W5000 ～ W5084）

5.1.1 社会秩序的建立（W5000 ～ W5029）

5.1.2 首领与首领的产生（W5030 ～ W5074）

5.1.3 与社会秩序有关的其他母题（W5075 ～ W5084）

5.2 家庭、村庄（W5085 ～ W5249）

5.2.1 家庭的产生（W5085 ～ W5094）

5.2.2 家庭与社会关系成员（W5095 ～ W5199）

5.2.3 与家庭相关的其他母题（W5200 ～ W5229）

5.2.4 村寨与城池（W5230 ～ W5249）

5.3 氏族、部落（W5250 ～ W5399）

5.3.1 氏族（W5250 ～ W5299）

5.3.2 部落（W5300 ～ W5359）

5.3.3 泛指的族体及有关母题（W5360 ～ W5399）

5.4 民族（W5400 ～ W5829）

5.4.1 民族的产生（W5400 ～ W5459）

5.4.2 民族的识别（W5460 ～ W5489）

5.4.3 民族的特征（W5490 ～ W5539）

5.4.4 特定民族的产生与特征（W5540 ～ W5729）

5.4.5 与民族有关的其他母题（W5730 ～ W5829）

5.5 国家（W5830 ～ W5959）

5.5.1 国家的产生（W5830 ～ W5859）

5.5.2 国王与臣民（W5860 ～ W5899）

5.5.3 与国家有关的其他母题（W5900 ～ W5959）

5.6 与社会秩序相关的其他母题（W5960 ～ W5999）

5.6.1 神界与动物界秩序（W5960 ～ W5974）

5.6.2 契约与誓约（W5975 ～ W5984）

5.6.3 律法与规则（W5985 ～ W5999）

6. 有形文化与无形文化（代码 W6000 ～ W6999）

6.1 与生产有关的文化（W6000 ～ W6109）

6.1.1 文化概说（W6000 ～ W6009）

6.1.2 采集与渔猎（W6010 ～ W6039）

6.1.3 耕种与饲养（W6040 ～ W6074）

6.1.4 生产者与生产工具（W6075 ～ W6099）

6.1.5 与生产相关的其他母题（W6100 ～ W6109）

6.2 与生活有关的文化（W6110 ～ W6279）

6.2.1 服饰（W6110 ～ W6139）

6.2.2 饮食（W6140 ～ W6159）

6.2.3 人的居所（W6160 ～ W6209）

6.2.4 人的行走（出行）（W6210 ～ W6229）
6.2.5 医药（医术）（W6230 ～ W6249）
6.2.6 特定生活用品（器物）（W6250 ～ W6279）
6.3 图腾与崇拜（W6280 ～ W6449）
6.3.1 图腾概说（W6280 ～ W6289）
6.3.2 常见的图腾类型（W6290 ～ W6349）
6.3.3 与图腾有关的其他母题（W6350 ～ W6359）
6.3.4 崇拜的产生（W6360 ～ W6369）
6.3.5 常见的崇拜物（W6370 ～ W6439）
6.3.6 与崇拜有关的其他母题（W6440 ～ W6449）
6.4 民间信仰与禁忌（W6450 ～ W6549）
6.4.1 民间信仰概说（W6450 ～ W6469）
6.4.2 祭祀（W6470 ～ W6509）
6.4.3 禁忌（W6510 ～ W6549）
6.5 习俗（W6550 ～ W6699）
6.5.1 习俗的产生（W6550 ～ W6559）
6.5.2 生产习俗（W6560 ～ W6579）
6.5.3 生活习俗（W6580 ～ W6599）
6.5.4 节日习俗（W6600 ～ W6629）
6.5.5 婚葬习俗（W6630 ～ W6679）
6.5.6 生育习俗（W6680 ～ W6689）
6.5.7 与习俗相关的其他母题（W6690 ～ W6699）
6.6 常见的其他文化现象（W6700 ～ W6899）
6.6.1 语言、文字与文学（W6700 ～ W6769）
6.6.2 知识、智慧（W6770 ～ W6799）
6.6.3 道德（W6800 ～ W6819）
6.6.4 姓氏与姓名（W6820 ～ W6899）
6.7 与文化、文明有关的其他母题（W6900 ～ W6999）
6.7.1 音乐、体育等其他艺术（W6900 ～ W6909）
6.7.2 火的获取（W6910 ～ W6969）
6.7.3 其他发明或与文化相关的母题（W6970 ～ W6999）

7. 婚姻与性爱
（代码 W7000 ～ W7999）

7.1 婚姻概说（W7000 ～ W7129）
7.1.1 婚姻的产生（W7000 ～ W7019）
7.1.2 婚姻中的人物（W7020 ～ W7049）
7.1.3 婚姻中的事件（W7050 ～ W7099）
7.1.4 与婚姻有关的其他母题（W7100 ～ W7129）
7.2 性爱（W7130 ～ W7199）
7.2.1 性爱的产生（W7130 ～ W7169）
7.2.2 性爱的特征与类型（W7170 ～ W7184）
7.2.3 与性爱有关的其他母题（W7185 ～ W7199）
7.3 神或神性人物之间的婚姻（W7200 ～ W7259）
7.3.1 神的婚姻（W7200 ～ W7239）
7.3.2 神性人物的婚姻（W7240 ～ W7254）
7.3.3 与神或神性人物婚姻有关的其他母题（W7255 ～ W7259）
7.4 人的婚姻（W7260 ～ W7399）
7.4.1 人与神或神性人物的婚姻（W7260 ～ W7284）
7.4.2 血缘婚、人的异辈血缘婚（W7285 ～ W7299）
7.4.3 人的同辈血缘婚（W7300 ～ W7359）
7.4.4 正常男女婚（W7360 ～ W7379）
7.4.5 群体间的婚姻（W7380 ～ W7389）

7.4.6 与人的婚姻相关的其他母题（W7390 ～ W7399）

7.5 其他特殊的婚母题（W7400 ～ W7539）

7.5.1 人与动物的婚配（W7400 ～ W7489）

7.5.2 人与植物的婚配（W7490 ～ W7499）

7.5.3 人与自然物、无生命物的婚配（W7500 ～ W7509）

7.5.4 动物之间的婚配（W7510 ～ W7529）

7.5.5 与婚配有关的其他母题（W7530 ～ W7539）

7.6 婚配的条件与实现（W7540 ～ W7699）

7.6.1 与指令、裁决有关的婚姻（W7540 ～ W7559）

7.6.2 与媒人、劝说有关的婚姻（W7560 ～ W7599）

7.6.3 与求婚（求爱）、巧遇有关的婚姻（W7600 ～ W7659）

7.6.4 与命运、机缘有关的婚姻（W7660 ～ W7669）

7.6.5 与婚姻的条件与形成有关的其他母题（W7670 ～ W7699）

7.7 婚姻难题考验或验证天意（W7700 ～ W7899）

7.7.1 婚姻难题考验（W7700 ～ W7739）

7.7.2 婚前出难题者（W7740 ～ W7759）

7.7.3 婚前难题的形式（W7760 ～ W7819）

7.7.4 婚前难题的解决（W7820 ～ W7859）

7.7.5 婚前占卜或询问（W7860 ～ W7889）

7.7.6 与婚姻难题有关的其他母题（W7890 ～ W7899）

7.8 与婚姻、性爱有关的其他母题（W7900 ～ W7999）

7.8.1 婚中的变形（W7900 ～ W7909）

7.8.2 婚后的情形（W7910 ～ W7939）

7.8.3 婚姻、性爱的其他母题（W7940 ～ W7999）

8. 灾难与争战
（代码 W8000 ～ W8999）

8.1 灾难概说（W8000 ～ W8099）

8.1.1 灾难的时间（W8000 ～ W8004）

8.1.2 灾难的地点（W8005 ～ W8009）

8.1.3 灾难的原因（W8010 ～ W8029）

8.1.4 灾难的预言与征兆（W8030 ～ W8059）

8.1.5 灾难制造者（W8060 ～ W8064）

8.1.6 躲避灾难（W8065 ～ W8079）

8.1.7 灾难幸存与丧生（W8080 ～ W8094）

8.1.8 灾难的消除与结果（W8095 ～ W8099）

8.2 洪水（W8100 ～ W8549）

8.2.1 洪水时间、地点（W8100 ～ W8114）

8.2.2 洪水原因（W8115 ～ W8199）

8.2.3 洪水预言（W8200 ～ W8269）

8.2.4 洪水制造者（W8270 ～ W8289）

8.2.5 洪水的情形（W8290 ～ W8299）

8.2.6 避水方式与工具（W8300 ～ W8399）

8.2.7 洪水幸存者与丧生者（W8400 ～ W8499）

8.2.8 洪水的消除（W8500 ～ W8539）

8.2.9 与洪水相关的其他母题（W8540 ～ W8549）

8.3 常见的灾难（W8550 ～ W8699）

8.3.1 地震（W8550 ～ W8569）

8.3.2 天塌地陷（W8570 ～ W8589）

8.3.3 城陷为湖（陆地陷海、陆沉）（W8590 ～ W8599）

8.3.4 旱灾（W8600 ～ W8619）

8.3.5 火灾（W8620 ～ W8639）

8.3.6 瘟疫、疾病（W8640 ～ W8659）

8.3.7 黑暗、寒冷（W8660 ～ W8669）

8.3.8 世界末日（W8670 ～ W8674）

8.3.9 与灾难有关的其他母题（W8675 ～ W8699）

8.4 争战概说（W8700 ～ W8789）

8.4.1 争战的时间与原因（W8700 ～ W8719）

8.4.2 争战预言与准备（W8720 ～ W8729）

8.4.3 军队与战士（W8730 ～ W8739）

8.4.4 武器（W8740 ～ W8754）

8.4.5 争战的手段（W8755 ～ W8769）

8.4.6 争战中的帮助者（W8770 ～ W8779）

8.4.7 争战的结果（W8780 ～ W8789）

8.5 与神或神性人物有关的争战（W8790 ～ W8899）

8.5.1 神的战争（W8790 ～ W8799）

8.5.2 神性人物间的争斗（W8800 ～ W8819）

8.5.3 人与神、神性人物之争（W8820 ～ W8829）

8.5.4 斗妖魔（W8830 ～ W8869）

8.5.5 斗雷公（W8870 ～ W8879）

8.5.6 斗龙（W8880 ～ W8894）

8.5.7 与神或神性人物之争有关的其他母题（W8895 ～ W8899）

8.6 人之间的争战（矛盾）（W8900 ～ W8949）

8.6.1 人的群体间的争战（W8900 ～ W8919）

8.6.2 家庭内部之争（残杀）（W8920 ～ W8939）

8.6.3 与人的矛盾有关的其他母题（W8940 ～ W8949）

8.7 与争战有关的其他母题（W8950 ～ W8999）

8.7.1 与动植物、无生命物有关的争战（矛盾）（W8950 ～ W8959）

8.7.2 争吵与纠纷（W8960 ～ W8969）

8.7.3 抓捕与关押（W8970 ～ W8979）

8.7.4 营救与逃脱（W8980 ～ W8989）

8.7.5 与争战有关的其他母题（W8990 ～ W8999）

9. 其他母题
（代码 W9000 ～ W9999）

9.1 魔法与巫术（W9000 ～ W9199）

9.1.1 魔法（W9000 ～ W9014）

9.1.2 魔物（W9015 ～ W9099）

9.1.3 魔力（W9100 ～ W9119）

9.1.4 巫师（W9120 ～ W9149）

9.1.5 巫术、咒语（W9150 ～ W9189）

9.1.6 占卜（W9190 ～ W9199）

9.2 征兆与预言（W9200 ～ W9299）

9.2.1 征兆（W9200 ～ W9239）

9.2.2 象征（W9240 ～ W9249）

9.2.3 预言（W9250 ～ W9289）

9.2.4 梦（W9290 ～ W9299）

9.3 复活与转世（W9300 ～ W9399）

9.3.1 复活（再生）（W9300 ～ W9349）

9.3.2 转世、投胎（W9350 ～ W9379）

9.3.3 复原（W9380 ～ W9399）

9.4 因果与命运（W9400 ～ W9499）

9.4.1 因果报应（W9400 ～ W9424）

9.4.2 报恩与报复（W9425 ～ W9479）

9.4.3 命运（W9480 ～ W9499）

9.5 变形与化生（W9500 ～ W9599）

9.5.1 变形概说（W9500 ～ W9524）

9.5.2 神与神性人物的变形（W9525～W9529）

附录 2

尧舜神话母题数据基本结构图

中华民族神话人物的塑造与表达在长期的传承过程中，会形成相对稳定的叙事模式。这些模式也是神话资源“创造性转化”与“创新性发展”的内在逻辑与基础。特别是在中华民族文化祖先的塑造与表述上，更体现出这种明显的文化共性。不同的神话人物在产生、传承与积淀方面会有所差异。本书以尧舜神话中的基本母题为例，列举其数据结构，供读者对这个专题的母题数据体系形成宏观方面的整体了解。

2.1 尧神话母题数据基本结构图

- 尧神话数据框架
  - 0. 尧的产生
    - WTY000 尧的产生
    - WTY001 尧自然存在
    - WTY002 尧来源于某个地方
    - WTY003 尧是造出来的(特定人物造尧)
    - WTY004 尧是生育产生的(生尧)
    - WTY005 尧是变化产生的(变化产生尧)
    - WTY006 尧是婚生的(婚生尧)
    - WTY007 尧是感生的(感生尧)
    - WTY008 尧是转生的(托生尧)
    - WTY009 与尧的产生有关的其他母题
  - 1. 尧的特征
    - WTY010 尧的特征
    - WTY011 尧特征的产生
    - WTY012 尧的综合体征
    - WTY013 尧的头部特征(尧的面部特征)
    - WTY014 尧的身体特征(尧的四肢特征)
    - WTY015 尧的性别特征
    - WTY016 尧的其他体征
    - WTY017 尧的性格特征(尧的品质)
    - WTY018 尧具有特定能力(尧的能力；尧的本领)
    - WTY019 与尧特征有关的其他母题
  - 2. 尧的身份与职能
    - WTY020 尧的身份
    - WTY021 尧是神
    - WTY022 尧是祖先(尧是祖先神)
    - WTY023 尧是其他特定神性人物
    - WTY024 尧是首领(尧是管理者)
    - WTY025 尧是特定的人(尧是人)
    - WTY026 尧其他特定身份
    - WTY027 尧的身份归属
    - WTY028 尧的职能
    - WTY029 与尧身份和职能有关的其他母题
  - 3. 尧的生活
    - WTY030 尧的生活
    - WTY031 尧的成长(尧的成长历程)
    - WTY032 尧的服饰
    - WTY033 尧的饮食(尧的食物)
    - WTY034 尧的居所
    - WTY035 尧的出行
    - WTY036 尧的用品(尧的工具；尧的手持物)
    - WTY037 尧生活的时代
    - WTY038 尧生活区域(尧活动范围)
    - WTY039 与尧的生活有关的母题
  - 4. 尧的事迹与经历
    - WTY040 尧创世(尧的发明；尧的创造)
    - WTY041 尧创造物质文化
    - WTY042 尧创造非物质文化
    - WTY043 尧创造其他特定物
    - WTY044 尧教人(尧教人技能)
    - WTY045 尧其他事迹
    - WTY046 尧征战(尧的争斗)
    - WTY047 尧的特定经历
    - WTY048 *尧事迹研究(尧功绩评价)
    - WTY049 与尧的事迹与经历有关的其他母题
  - 5. 尧的关系
    - WTY050 尧的关系
    - WTY051 尧的祖先
    - WTY052 尧的父母(尧的父辈)
    - WTY053 尧的兄弟姐妹
    - WTY054 尧的妻子(尧的配偶；尧的婚姻)
    - WTY055 尧的后代(尧子女；尧的子孙)
    - WTY056 尧的上下从属关系
    - WTY057 尧的朋友(尧的伙伴)
    - WTY058 尧的敌人(尧的对手)
    - WTY059 与尧的关系有关的其他母题
  - 6. 尧的名称
    - WTY060 尧的名称(尧的名字)
    - WTY061 尧名称的产生(尧名字的来历)
    - WTY062 尧的姓氏
    - WTY063 尧的姓名
    - WTY064 尧的称谓(尧的名号)
    - WTY065 尧的其他名称
    - WTY066 尧名称的特征(尧名称的含义)
    - WTY067 尧名称的类型(尧名称有不同写法)
    - WTY068 尧名称的演变(尧名称的变化；尧读音的变异)
    - WTY069 与尧的名称有关的其他母题
  - 7. 尧的死亡与纪念
    - WTY070 尧的寿命
    - WTY071 尧的死亡
    - WTY072 与尧的死亡有关的其他母题
    - WTY073 尧祭祀的产生
    - WTY074 祭祀尧的时间
    - WTY075 祭祀尧的地点
    - WTY076 祭祀尧者(祭祀尧的参与者)
    - WTY077 祭祀尧的环节(祭尧的方法)
    - WTY078 与祭祀尧的有关的其他母题
    - WTY079 纪念尧(尧的纪念)
  - 8. 尧的遗迹与遗俗
    - WTY080 尧的坟墓(尧墓；尧陵)
    - WTY081 与尧有关的建筑
    - WTY082 与尧有关的自然风物
    - WTY083 与尧有关的地名
    - WTY084 与尧有关的文物
    - WTY085 与尧有关的生产习俗
    - WTY086 与尧有关的生活习俗
    - WTY087 与尧有关的文化习俗
    - WTY088 与尧有关的其他事象
    - WTY089 与尧的遗迹与遗俗有关的其他母题
  - 9. 与尧有关的其他母题
    - WTY090 尧崇拜
    - WTY091 尧神话
    - WTY092 尧传说
    - WTY093 尧的其他载体
    - WTY094 尧形象的内涵
    - WTY095 尧形象的意义
    - WTY096 尧文化
    - WTY097 尧时代
    - WTY098 尧与中华文明
    - WTY099 与尧有关的研究

2.2 舜神话母题数据基本结构图

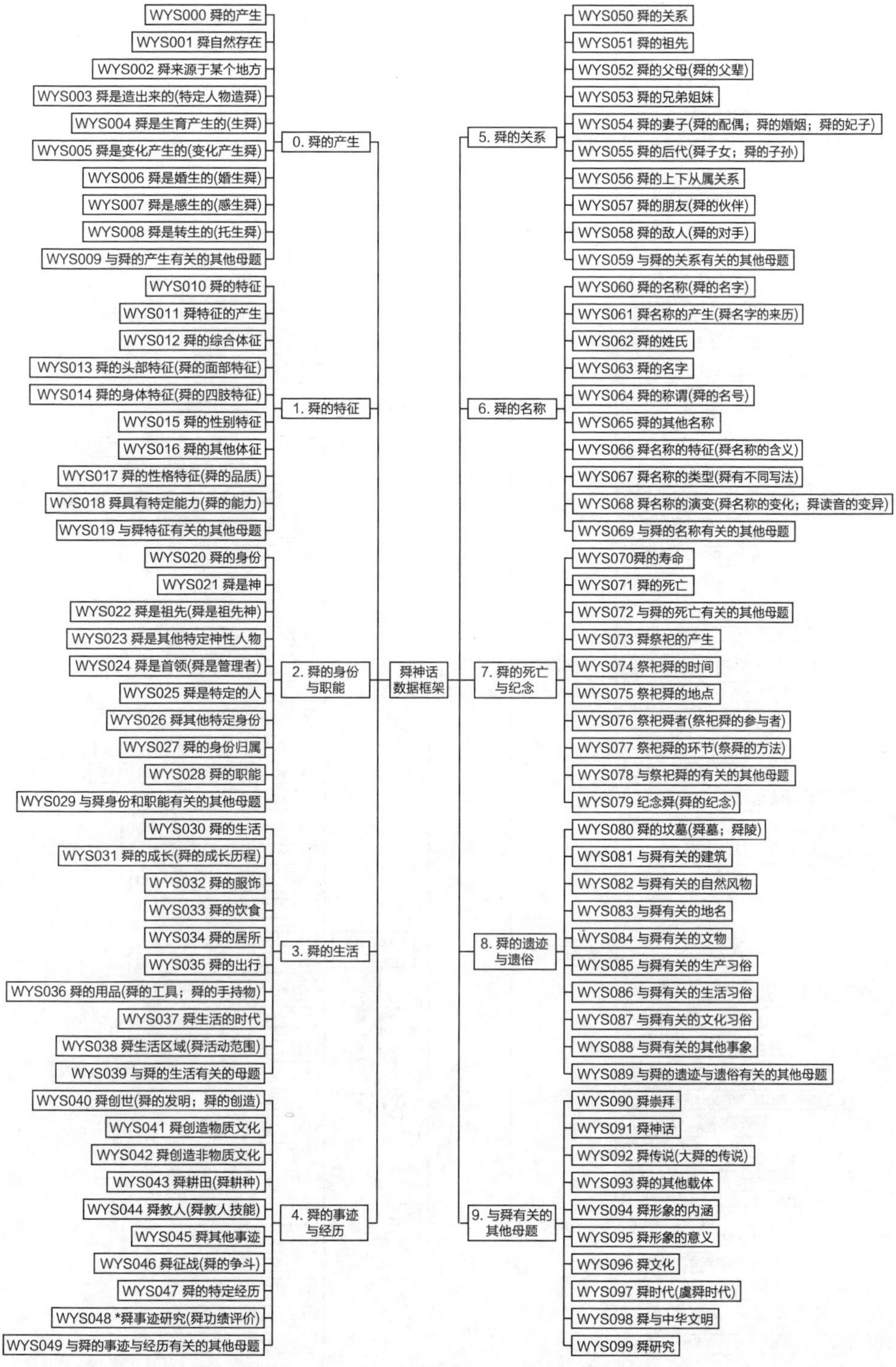

附录 3

3. 尧舜神话母题数据检索表

3.1 尧神话母题数据检索表①

0. 尧的产生【WTY000 ～ WTY009】

① 此检索编目具有本书全部母题实例的检索功能。(a) 通过各层级的“母题代码”，可以直接从本书的页眉中查找出相对应的母题实例。(b) 通过本索引的母题代码与描述之后的页码，可以查找正文中相对应的母题实例。(c) 通过母题层级之间的逻辑关系查找相关联的母题实例。

② 尧是生育产生的（生尧），这种情形只强调生育“尧”的主体和结果，而在叙事中一般不把“婚姻”关系作为“生育尧”的前置条件，与“婚生尧”母题具有区别。

1. 尧的特征

【WTY010 ～ WTY019】

2. 尧的身份与职能
【WTY020 ～ WTY029】

3. 尧的生活

【WTY030 ～ WTY039】

4. 尧的事迹与经历
【WTY040 ～ WTY049】

5. 尧的关系
【WTY050 ~ WTY059】

6. 尧的名称
【WTY060 ～ WTY069】

7. 尧的死亡与纪念
【WTY070 ～ WTY079】

8. 尧的遗迹与遗俗【WTY080 ～ WTY089】

9. 与尧有关的其他母题【WTY090 ～ WTY099】

3.2 舜神话母题数据检索表

0. 舜的产生【WYS000 ～ WYS009】

1. 舜的特征

【WYS010 ～ WYS019】

2. 舜的身份与职能 【WYS020 ～ WYS029】

3. 舜的生活
【WYS030～WYS039】

4. 舜的事迹与经历【WYS040 ～ WYS049】

5. 舜的关系 【WYS050 ～ WYS059】

6. 舜的名称

【WYS060 ～ WYS069】

7. 舜的死亡与纪念【WYS070 ~ WYS079】

8. 舜的遗迹与遗俗

【WYS080 ～ WYS089】

9. 与舜有关的其他母题【WYS090 ～ WYS099】

后　记

全面发掘和科学呈现中华民族优秀传统文化是时代的需要。本成果列入“中华创世神话研究工程系列丛书”非常荣幸，同时也是国家社科基金重大项目“中国少数民族神话数据库建设”（17ZDA161）的阶段性成果。

本成果作为以尧舜神话为专题的数据集成，在资料采录、母题提取、母题编码、母题描述、母题实例甄别、数据呈现方式的确定等方面，都是一项繁杂而有意义的工程。此项出版得到上海市社会科学联合会、上海人民出版社、上海书店出版社、中国社科院民族文学研究所、中国科学院信息中心大数据部等部门大力支持，在此深表感谢！

对本书中所使用成果的作者的辛勤劳动与付出表示衷心的敬意与感谢！

编者

2021年10月

图书在版编目(CIP)数据

尧舜神话基本数据辑录:全二册:基于中国神话母题W编目/王京,熊惠编著. —上海:上海书店出版社,2022.8

(中华创世神话研究工程系列丛书.数据辑录系列)

ISBN 978-7-5458-2179-6

Ⅰ.①尧… Ⅱ.①王… ②熊… Ⅲ.①神话-研究-中国 Ⅳ.①B932.2

中国版本图书馆CIP数据核字(2022)第125137号

责任编辑 胡美娟
封面设计 李 祎

中华创世神话研究工程系列丛书·数据辑录系列

尧舜神话基本数据辑录(全二册)

——基于中国神话母题W编目

王 京 熊 惠 编著

出 版 上海人民出版社 上海书店出版社
(201101 上海市闵行区号景路159弄C座)
发 行 上海人民出版社发行中心
印 刷 苏州市越洋印刷有限公司
开 本 710×1000 1/16
印 张 59.25
版 次 2022年8月第1版
印 次 2022年8月第1次印刷
ISBN 978-7-5458-2179-6/B·118
定 价 318.00元